부모와 자녀가
함께 읽는
어린이책
200선

부모와 자녀가
함께 읽는
어린이책
200선

어린이에게 좋은 책을

제 삶을 돌아보니, 책하고 함께 살았다 해도 지나친 말이 아니라는 생각이 듭니다. 초등학교 4학년부터 지금까지 참 많은 책을 읽었습니다. 물론 4학년 전에도 학교를 다녔고, 아버지가 초등학교 교사라서 학교 도서실 책을 읽었을 겁니다. 2,3학년 때도 학교 도서실에서 놀기도 하고 잠도 자고 했던 기억은 있는데, 읽은 책 제목이나 내용은 기억나지 않습니다. 4학년 때부터 읽은 책 제목과 내용이 또렷하게 기억에 남습니다. 그 뒤 지금까지 참 많은 책을 읽었는데, 그 가운데서도 동화를 비롯한 어린이책을 많이 읽었습니다. 우리 나라에서 책을 가장 많이 읽은 사람이라고 할 수는 없지만 어린이책을 가장 많이 읽은 사람 가운데 한 명이라는 건 분명합니다.

어른이 되어서 동화를 다시 읽게 된 건 이오덕 선생님이 쓴 『시정신과 유희정신』을 읽고 나서입니다. 우리 어린이문학에 대한 날카로운 비판과 나갈 길을 밝혀놓은 책입니다. 그 책에서 아이들을 짓밟고 희롱하는 어린이문학을 짚어주었고, 우리 겨레 어린이들 삶을 지키고 가꿔줄 수 있는 어린이문학의 전통과 전망을 밝혀 놓으셨습니다. 그리고 '교사와 부모들은 이런 저질 작품 시장에서 그래도 이따금 나오는 훌륭한 작가의 작품을 찾아 줌으로써 불행 속에 살아가는 아이들에게 정신의 양식을 공급하고, 한편 어린이문학을 키우는 일에 힘이 되어주면 좋겠다.'창비/1977년 초판/173쪽고 했습니다.

이 글을 읽고 1979년에 서울양서협동조합 소모임으로 어린이책독서모임을 만들었습니다. 서울양서협동조합은 좋은 책을 읽자는 시민독서운동단체였습니다. 1979년이 유엔이 정한 세계아동의 해였는데, 서울양서협동조합에서 어린이들한테 권장할 수 있는 좋은 책 목록도 만들어 보자고 제안하면서 몇몇 뜻을 같이 하는 조합원들이 모여서 어린이책을 읽기 시작하였습니다. 어린이책을 읽는 소모임이 어린이도서연구회로 발전하게 되었고, 1990년대 이후 다양한 '동화읽는어른모임'으로 발전하면서 전국에서 들꽃처럼 피어났습니다.

저는 교사와 부모, 그리고 독서문화를 가꾸는 단체 활동가로서 어떤 어린이책이 좋은 책인가에 대한 생각을 끊임없이 해 왔습니다. 제 독서 경험이 제 삶에 끼친 영향을 볼 때 어떤 책이든 어떤 독서 방법이든 모두 좋다고 할 수 없었기 때문입니다. 저는 책읽기에 너무 빠져서 중학교 때 학업을 중단할 뻔 했고, 백일몽에서 헤어나지 못해 현실부적응아가 되기도 했고, 고등학교 때는 염세주의 철학책에 빠져 자살을 결정했고, 자살을 위한 테러를 실행에 옮겼다가 법정에 서기도 했습니다. 그런가 하면 그런 문제를 극복하고, 새로운 삶을 가꾸면서 지금에 이르는 삶을 살 수 있게 된 것 또한 독서 때문에 가능했습니다.

인간이 만든 모든 도구는 인간의 삶을 가꾸기 위해 창조한 것이지만 쓰기에 따라 파괴하는 도구도 됩니다. 책은 인간이 만든 가장 힘이 센 도구입니다. 어떤 책을 어떻게 읽느냐에 따라 삶을 올바르게 가꾸는 데 도움을 받기도 하지만 동시에 피해를 입기도 합니다. 도구는 도구를 사용하는 사람한테 맞아야 합니다. 곧 자기한테 맞는 좋은 도구를 잘 골라야 합니다. 책도 마찬가지입니다. 어린이들은 어린이 각자 자기한테 좋은 책을 골라서 읽어야 합니다. 좋은 책이란 단순한 교훈성이나 수준의 높낮이를 이야기하는 게 아닙니다. 그 책이, 그 작품이 담고 있는 기본 정서와 가치관이 독자가 갖고 있는 문화의 정체성과 어떻게 서로 교류할 수 있는가를 고려해야 합니다.

이 책은 제가 이런 눈으로 골라본 어린이책을 소개하는 글을 모은 것입니다. 그동안 초등학교 교사로 아이들과 함께 책을 읽으면서, 사회에서 어린이독서문화운동을 하면서 신문이나 회보에 어린이책을 소개하는 글을 쓸 기회가 생길 때마다 소개한 책 가운데서 200권을 골랐습니다. 곧 그때그때 형편에 따라 읽은 책 가운데서 골라서 소개했던 책이지 어린이책 전체를 놓고 그 가운데서 골라낸 책은 아니라는 뜻입니다. 이 책에 소개하지 않은 어린이책 가운데서도 더 간절하게 소개하고 싶은 좋은 책도 많습니다.

이 책은 복간이라고 할 수 있습니다. '어린이와 어른이 함께 읽어야 할 어린이책 200선'이라는 제목으로 2005년에 '너른들'이라는 출판사에서 낸 적이 있습니다. 2000년 7월부터 5년 동안 한겨레신문에 매주 한 편씩 쓴 200권을 소개한 책인데, 출판사가 문을 닫는 바람에 절판이 되었습니다. 글 쓴 시기도 10년이 넘고, 그동안 어린이책 시장도 상당히 바뀌었기 때문에 복간할 생각을 안 했습니다. 그런데 조영진 대표가 복간하면 좋겠다고 했습니다. 그때 소개한 어린이책들이 계속 시장에서 생명력을 갖고 있다면서 되살리고 싶어 했습니다. 죽은 자식 되살려주겠다 하니 고마웠습니다. 그래서 1980년부터 2012년까지 간간히 어린이도서연구회 회보 '동화읽는어른'과 한국글쓰기교육연구회 회보 '우리 말과 삶을 가꾸는 글쓰기'에 청탁을 받아 실었던 글 몇 편 더 보태고, 한겨레신문에 소개했던 책에서 그만큼 빼서 다시 펴냅니다.

거의 10년이 지난 책을 복간하면서 그 뒤에 나온 어린이책을 다 읽고 더 많이 골라서 소개하지 않은 게 마음에 걸리기는 합니다. 그러나 그동안 어린이책을 읽고 서평을 쓰는 어린이책 서평활동가들이 많이 늘었고, 일산 알모 어린이서

점처럼 새로 나온 어린이책을 평가해서 소개하는 어린이들도 활발하게 활동하고 있습니다. 또 어린이도서연구회, 어린이책시민연대, 학교도서관문화네트워크, 한국어린이책연구소, 한국어린이도서관협의회를 비롯한 여러 단체와 '고래가숨쉬는도서관', '학교도서관저널', '창비어린이', '어린이와 문학', '어린이문학', '동시마중' 같은 잡지에서도 새로 나오는 좋은 어린이책을 소개하고 있으니 새삼 제가 다시 살펴서 고르려고 애쓰지 않아도 되겠다 싶기도 했습니다. 또 건강도 그런 큰일을 하기에 맞지 않은 상태고요. 그래서 좀 아쉽고 부족하기는 하지만 그동안 제가 그때그때 소개한 책 가운데서 어린이와 교사와 부모들에게 꼭 권하고 싶은 어린이책 200선을 다시 냅니다.

이 책에서 권장하는 어린이책이 우리 겨레 어린이와 교사와 부모들 마음과 정신에 좋은 밥이 되고, 삶을 가꾸고 지키는 데 좋은 도구가 되고, 우리 겨레와 인류와 지구촌 생명들이 함께 더불어 살아가는데 작은 힘이라도 될 수 있을 거라고 생각합니다. 이렇게 좋은 책이 100년이 지나더라도 사람들에게 좋은 책밥이 되어주기를 기대합니다. 절판되었던 이 책을 귀하게 여겨 되살려준 조영진 대표, 실무를 맡아준 최영아 님, 책 표지와 인용구를 사용할 수 있도록 흔쾌하게 허락해주신 여러 작가와 출판사에 고개 숙여 감사드립니다. 겨레의 희망, 인류의 미래, 어린이에게 좋은 책을!

2013년 5월 5일
제91회 어린이날을 맞으며

이 주 영

200선 목차

저학년
함께읽기

가로수 밑에 꽃다지가 피었어요 강아지똥 개구리가 알을 낳았어 고구마는 맛있어 귀머거리 너구리와 백석동화 끼약눈 삼디기 꽃이파리가 된 나비 꿀벌나무 나무 위의 아이들 나무야 나무야 겨울나무야 날개 달린 아저씨 너하고 안 놀아 노란 우산 노래 노래 부르며 눈사람 아저씨 도대체 그동안 무슨 일이 일어났을까? 똥 선생님 똥종오줌 멀리서 온 귀한 손님 모기는 왜 귓가에서 앵앵거릴까? 무지개꽃이 피었어요 바위나리와 아기별 변신 별을 사랑하는 아이들아 보리타작 하는 날 비나리 달아네 뼛속에 숨었어요 뽀끼뽀끼 숲의 도깨비 사물놀이 이야기 산골 총각 새롱이와 함께 일기 쓰기 생쥐와 고래 서울 아이들 선 따라 걷는 아이 세상에서 제일 힘센 수탉 세상이 생겨난 이야기 쇠똥 먹는 불가사리 순둥이 시골 개 서울 개 신토불이 우리 음식 아기 아기 우리 아기 아톰 애벌레의 모험 언제까지나 너를 사랑해 오른발, 왼발 오소리네집 꽃밭 우리, 그림자 바꿀래? 우리에게 사랑을 주세요 우쉬 윗몸 일으키기 이원수 선생님이 들려주는 이순신 입말로 들려주는 우리 겨레 옛이야기 저만 알던 거인 전쟁과 아우 창밖의 사람들 큰도둑 거믄이 토끼불알을 만진 노루 튀겨질 뻔했어요 팥죽 할머니와 호랑이

가로수 밑에 꽃다지가 피었어요

이태수 글·그림
우리교육

봄이 성큼 다가서고 있다. 아이들 감기를 몰고 다니던 꽃샘추위가 지나가고, 산에는 참꽃이 피어나고 들에는 아지랑이 피어오르는 새봄이 오고 있다. 하얀 자두꽃 앞에 한 무더기 개나리가 노랗게 피어나 재잘거린다. 들마다 쑥이 쑥쑥 자라고, 산마다 연둣빛 잎싹이 나뭇가지들을 한껏 기쁨에 겨워 춤추게 한다. 온갖 생명이 살아나는 때다. 이렇듯 봄이면 온갖 생명이 땅에서 피어나야 하는데 자연의 법칙을 가장 크게 거스르는 곳이 도시다. 사람이 살기 편하게 만든다고 시멘트와 아스팔트로 땅을 다 덮어 버렸다. 생명이 숨 쉬고 살 수 없게 만들었다.

 이 책은 자연 법칙을 거스르는 도시 속에서도 억척스럽게 살아가는 나무들, 풀들, 작은 벌레들에 대한 이야기다. 보도블록 틈 사이를 따라가며 고개를 내미는 달맞이꽃과 망초, 콘크리트 담장 아래 마른 이파리 사이로 소복소복 돋아나는 돌나물, 그 옆에 내려앉은 네발나비, 가로수 밑둥에 모여 사는 꽃다지와 개불알풀, 제비꽃, 별꽃……. 올 봄에는 꽃소식이 늦다지만 필 꽃은 다 피어나고, 꽃잔치에 설렌 무당벌레들이 부산스럽게 맴돌아 다닌다. 담장 따라 노랗게 피어난 개나리꽃 밑으로 밀려가는 유모차에서 노란 모자를 쓴 아기가 콜콜 자고 있고, 그 뒤에 할머니가 무언가를 들고 무심히 따라간다. 포장마차 한쪽에서는 노란 웃옷을 입은 가난한 엄마와 남매가 다정하게 앉아서 무언가를 먹고 있다. 이처럼 도심에서 살아가는 작은 동식물과 가난한 사람들 이야

기를 세밀화로 담아냈다.

한 장 한 장 넘길수록 점점 더 여러 가지 식물과 동물이 보인다. 점점 더 살아 있다는 기쁨이 커진다. 인간의 닫힌 마음과 사람들이 만들어 낸 매연과 공해까지도 그들을 몽땅 몰아내지 못했다. 도심 곳곳에서 그 작은 틈새를 열어젖히고 살아가는 수많은 억센 생명력을 보면 참 대단하다는 생각이 든다. 그들은 마치 사람들을 향해 끊임없이 우리와 함께 살아야 한다고 속삭이는 전령 같다. 아파트에 갇혀 사는 아이들이 이 책을 다 읽고 길을 걷다가 시멘트 틈새로 고개를 내밀고 웃는 작은 풀 한 포기를 눈여겨 볼 수 있게 되면, 무심하게 발로 밟지 말고 같이 웃어 주며 한 걸음 피해 가는 마음을 갖게 되면 좋겠다.

강아지똥

권정생 글
정승각 그림
길벗어린이

어느 날 문득 자신이 혼자 떨어진 개체임을 느낄 때가 있다. 아무도 자기를 알아주지 않고, 모두 자기를 흉보는 것 같고, 스스로 너무나 보잘것없다는 생각이 드는 때가 있다. 어른만 이런 생각에 빠진다고 생각하면 오산이다. 사춘기 청소년, 어린이, 유아도 이런 감정의 늪에서 허우적거릴 때가 많다. 심지어는 모체의 주변 상황이나 감정에 따라 태아까지도 자살을 시도할 때가 있다는 의견도 있다.

어느 날 문득 자신이 길 가에 떨어진 하찮은 똥 덩어리, 그것도 강아지가 누고 간 똥, 흙덩어리보다도 못한 똥, 참새도 퉤퉤거리는 똥이 바로 자신임을 깨닫게 된다. 아무도 친구가 되어주려고 하지 않을뿐더러 오히려 놀리거나 무시한다. 스스로 아무런 쓸모도 가치도 없다고 생각하게 된다. 이런 외로움과 두려움에 차 있던 강아지 똥이 정성과 사랑을 작은 풀 한 포기에 쏟는다. 그리고 어느 날 문득 민들레꽃으로 피어난 자신을 발견하게 된다. 하늘에 빛나는 아름다운 별처럼 땅 위에 작은 별이 되어 피어난 기쁨, 세상에 태어난 이상 누구나 꼭 쓸모 있음을 깨닫는 환희, 진정 가치 있는 삶을 살았을 때 이뤄지는 사랑의 힘이 얼마나 아름다운 것인가를 가슴 저 밑바닥에서 소곤소곤 들려주고 있다. 그 소곤거리는 아주 작은 소리를 가만히 듣는 일이 곧 이 동화에 담긴 작가의 혼을 마음속으로 받아들이는 길이 될 것이다.

이 동화는 권정생 선생님이 쓴 수많은 단편 동화 가운데서 가장 많은 독자의

저학년

사랑을 받아 온 작품으로 꼽을 수 있다. 이 책은 초등학교 아래 학년과 취학 전 유아까지 독자로 삼아 다시 태어난 그림책이다. 어머니와 자녀가 한 쪽씩 번갈아 읽기를 하고, 이야기놀이를 하기에 좋다. 이미 이야기 줄거리는 다 알고 있으므로 책을 덮고 식탁 위에다 수저나 그릇들을 활용해서 돌담길 같은 배경을 만든다. 숟가락으로 수레를 대신해도 좋고, 밥을 조금 뭉쳐서 똥이라고 해도 좋다. 민들레꽃은 색종이로 만들어도 좋고, 어려우면 그림책을 복사해서 색칠해 쓰면 된다. 젓가락 끝에 노란 별을 붙여서 민들레라고 해도 된다. 이렇게 아이와 도란도란 의논하다보면 아이의 참 기발한 생각에 어른들이 더 놀라게 된다. 그리고 이야기 줄거리를 따라 놀다보면 어느새 아이는 결코 외롭지 않은, 너무나 신나는 강아지 똥이 되어 있다.

개구리가 알을 낳았어

이성실 글
이태수 그림
다섯수레

　　오늘 선생님이 우리들한테 올챙이를 세 마리씩 나눠주셨다. 우유곽을 씻어서 물을 반쯤 채우고 올챙이를 담았다. 올챙이가 쏟아질까 봐 조심조심 들고 왔다. 집에 와서 보니 가만히 있어서 죽은 줄 알았는데 우유곽을 툭툭 치니 꼬리를 흔들면서 움직인다. 살았다. 유리병에 물을 채우고 올챙이를 넣었다. 선생님 말씀대로 올챙이를 잘 길러서 개구리가 되면 학교에 가져갈 거다. 올챙이야 잘 자라 줘.

초등학교 3학년 어린이가 선생님이 나눠주신 올챙이를 집에 갖고 온 날 쓴 일기다. 지구촌 한쪽에서는 폭탄으로 불바다가 되고, 뭇 생명들이 수없이 죽어가지만 지구촌 또 한쪽에서는 수많은 생명들이 태어나고 살아간다. 그리고 이처럼 자기가 책임진 올챙이 세 마리를 잘 키워서 개구리로 자라는 걸 보고 싶어하는 해맑은 아이들 마음이 있다. 해맑은 우리 아이들이 올해도 무사히 올챙이를 잘 키워서 개구리가 되는 걸 볼 수 있어야 할 텐데, 개구리가 어디로 뛸지 모르듯 이번 전쟁의 불똥도 어디로 튈지 모르니 봄을 맞이하는 마음이 결코 가볍지 못하다.

　　알에서 올챙이가 되고, 다시 개구리가 되기까지를 그림으로 보여주는 이 책 첫 장을 펼쳐보자. 눈앞에 하나 가득 펼쳐지는 그림, 사람이 만든 도구인 낫에 싹둑싹둑 잘려진 채 겨울을 난 벼 그루터기 사이로 하얀 우무질에 쌓인 까만

알들이 만지면 뭉클뭉클하게 느껴질 것처럼 그득 차있다. 아, 이게 모두 생명이지. 이 생명들이 깨어나 꼬리치며 돌아다닐 때쯤이면 인간들이 만든 죽음의 흔적들이 사라지겠지? 바로 한 장을 넘기면 푸른색과 함께 금방이라도 올챙이 몇 마리가 튀어오를 듯한 생동감을 느낄 수 있다. 한 장 한 장 넘기면서 올챙이가 개구리가 되고, 개구리가 습지에서 어떻게 살아나가는지를 글쓴이와 그린이가 함께 호흡을 맞춰 다정다감하게 풀어나간다. 마지막 장에 이르면, 또 다시 수많은 생명을 낳는다.

이 책은 개구리 한살이를 통해 자연을 보여주고, 자연과의 만남을 이끌어주고 있다. 초등학교 어린이들의 과학 학습에 도움이 되도록 개구리 생활과 가까운 관계에 있는 물장군, 물방개, 물자라, 게아재비, 잠자리 애벌레와 천적인 뱀과 왜가리에 이르기까지 세밀하게 그려서 보여주고 있다. 그리고 '개구리에 대해 물어보세요'를 덧붙여 놓았다. 어린이들이 이 책을 천천히 한 장 한 장 넘기면서 개구리 한살이에 대한 이해와 함께 작은 생명도 소중함을 느낄 수 있다면 좋겠다.

고구마는 맛있어

도토리 기획
양상용 그림
보리

겨울 찬바람이 불면 어두운 밤길, 퇴근하는 도시 서민들 발걸음을 붙잡는 가난한 장사꾼들이 나타난다. 군밤장수나 군고구마 장사다. 따끈따끈한 군고구마가 담긴 봉지를 들고 총총 걸음을 걷는 사람들 모습을 보면, 집으로 돌아가 아이들과 둘러앉아 구수한 군고구마를 먹는 식구들 풍경이 떠올라 더욱 정겹게 느껴진다.

1763년 조엄이 일본을 오가는 길에 쓰시마에서 고구마 종자를 구해 조선으로 보내왔다. 그 뒤로 고구마는 200여 년 동안 가난하고 배고픈 사람들이 의지했던 음식이고, 먹거리가 넘치는 요즘도 겨울밤을 따뜻하게 녹여주는 간식 자리를 지켜주고 있다. 온갖 인공 조미료 범벅인 인스턴트 간식거리가 소아 성인병을 부추기는 현실을 감안할 때, 고구마 같은 자연식품이 좀더 소중한 간식거리로 사랑을 받았으면 좋겠다는 바람을 갖고 있다.

≪고구마는 맛있어≫는 이런 바람을 가진 사람들한테 반가운 책이다. 이 책을 기획하고 그려낸 사람들도 이런 마음으로 더욱 정성을 기울였을 것이다. 책을 읽으면서 고구마를 싹틔우고, 심고, 기르고, 캐는 과정을 알게 된다. 그리고 나아가 삶아 먹고 구워 먹고 밥에 얹어서도 먹는다는 이야기를 아이들한테 소곤소곤 들려주는 시골 할머니 같은 마음도 느껴진다.

고구마는 달고 맛있어요. 또 몸에도 좋고 기르기도 쉬워요. 고구마는 삶아

저학년

서 먹고, 구워서 먹고, 튀겨서 먹고, 날로도 먹어요. 납작하게 썰어서 말렸다가 죽을 쑤어 먹기도 해요. 고구마 순은 김치도 담가 먹고, 지져 먹기도 하고, 무쳐 먹기도 하지요. 고구마 가루로는 떡이나 엿을 만들어 먹어요. 이렇게 고구마는 버릴 것이 하나도 없는 귀한 먹을거리랍니다.

올 겨울에는 우리 아이들이 이런 자연 간식에 입맛을 길들였으면 좋겠다. 식구들이 둘러앉아 고구마를 먹으면서 이야기도 나누고, 책도 읽으면 좋겠다. 책 속에 나온 여러 가지 고구마 먹거리를 만들어 먹기도 하고, 책상 앞머리 창가에 고구마 한두 개도 길러보면 좋을 것 같다. 조금 더 욕심을 낸다면 이렇게 고구마를 먹어보고, 길러보고, 읽어보고 나서 고구마를 소재로 그림 동화책 한 권쯤 만들어 보라고 권하고 싶다. 겨울밤 군고구마보다 더 구수한 정감이 묻어나는.

귀머거리 너구리와 백석 동화나라

백석 글
이수지 그림
웅진주니어

19₃₆년, 시집 '사슴'을 발표하면서 당시 문단에 큰 충격을 던져주고, 당대에 손꼽히는 천재 시인이라고 평가받던 백석이 쓴 시를 음미하면 그 시대가 그림처럼 되살아난다. 그림 속에 사람들이 살아 움직이고, 작은 곤충들이 움직이는 소리까지 들린다. 무엇보다도 백석이 쓴 시에서는 우리 겨레가 살아가는 내음이 묻어난다.

백석은 말년에 이르러 '동화시'를 쓴다. 아니 '동화시'라는 새로운 문학 형식을 개척했다. 1957년에 출판한 '집게네 네 형제'에 동화시 열두 편을 발표했는데, 작가 사상과 문학이 잘 어우러진 작품들이다. 작가 사상이 뚜렷하게 들어가 있으면서도, 완성도가 높은 데다 쉬운 우리말을 골라 운율까지 재미있게 살려내고 있기 때문이다.

《귀머거리 너구리와 백석 동화나라》는 '집게네 네 형제'에 실려 있는 열두 편 가운데서 네 편을 골라 표현이나 느낌을 해치지 않을 선에서 요즘 맞춤법에 맞게 손질했다. '귀머거리 너구리'는 산짐승들이 너구리가 귀머거리인줄 모르고 대장으로 삼았다가 낭패를 당하는 줄거리로 '현상과 본질을 똑바로 볼 줄 알아야 한다'는 교훈을 주고 있다. '개구리네 한솥밥'은 '개구리가 먹을 것을 구하러 가던 길에 어려움에 빠진 소시랑게, 방아깨비, 쇠똥구리, 하늘소, 개똥벌레를 구해 준다. 그리고 돌아오는 길에 반대로 그들의 도움을 받게 된다'는 줄거리로 '사람은 서로 도우면서 함께 살아야 한다'는 마음을 담고 있다.

귀머거리 너구리와 글 백석 | 그림 이승희
백석 동화나라
용진닷컴

'집게네 네 형제'는 자기 것을 부끄럽게 여기고 다른 사람 겉모습만 흉내 내다가 목숨까지 잃게 되는 줄거리다. '자신을 있는 그대로 인정하면서 당당하게 살자'는 의식이 깔려있다. '오징어와 검복'도 '내 것은 내 힘으로 찾아야 한다'는 강한 의지가 드러나 보이는 작품이다.

유아나 초등학교 저학년 어린이들한테는 교사나 부모가 동화시 장점인 운율을 살리면서 되풀이해서 읽어주면 좋겠다. 초등학교 고학년이나 중고등학생은 작품을 통해 작가가 독자한테 하고 싶은 말이 무엇인가를 찾아 요즘 우리들 생활과 견주어 이야기를 나누어 보면 좋겠다.

까막눈 삼디기

원유순 글
이현미 그림
웅진주니어

새 학기가 되면 교사나 아이나 한 학기를 새로운 마음으로 시작하겠다는 결심을 한번쯤은 다지게 된다. 또 방학 기간에 이사를 해서 학교를 옮기는 아이들이 많다. 학부모들은 자녀 손을 잡고, 전입서류를 들고 교실 문 앞에서 담임을 기다리면서도 연신 교실 안을 훔쳐본다. 내 아이가 함께 지낼 아이들 모습이 궁금한 것이다. 그 모습에는 혹시 내 아이를 따돌리지나 않을까 걱정하는 마음이 느껴진다. 사실 이미 한 학기 동안, 또는 더 오랫동안 함께 지낸 아이들 틈에 한두 아이가 새로 들어왔을 때 자칫하면 따돌림 대상이 될 수 있다. 공부를 못하거나 행동이 굼뜨거나 하면 더 걱정이다.

《까막눈 삼디기》는 교실 안에서 따돌림 당하던 아이와 전학 온 아이가 오히려 새로운 우정을 만들어 나가는 과정을 그려낸 작품이다. 올해 아홉 살, 초등학교 이학년인 삼디기 원래 이름은 삼덕이다. 어려서 부모를 잃고 까막눈 할머니와 단둘이서 충청도 산골에서 살다 도시로 이사 온 삼디기는 이학년이 되었는데도 글을 깨치지 못했다. 그래서 동무들 사이에서 놀림감이 되고, 글을 모르니 공부 시간에도 장난만 하게 된다. 그러다보니 선생님한테까지 천덕꾸러기가 되고 말았다. 그런데 경남 통영에서 새로 전학 온 씩씩한 촌뜨기 여자애 연보라가 아무도 같이 앉기 싫어하는 삼디기 옆자리에 앉으면서 모든 것이 달라지기 시작한다. 전학 온 첫날부터 자기를 놀리는 아이들한테 꿋꿋하게 대하고, 놀림 당하는 삼디기를 위로해 준다. 그리고 삼디기한테 학급 문고

에 있는 그림동화책을 갖다 읽어준다. 또 옆에서 받아쓰기 공부를 도와주고, 삼디기 눈높이에서 가르치고 격려한다. 그 모습을 본 선생님이 보라한테 '네가 선생님의 선생님이다'라고 말한다.

 아름다운 사회가 될 수 있는 조건으로 잘나고 잘사는 사람들이 못나고 못사는 사람들을 똑같은 사람으로 대하고 자기 것을 나눠주면서 함께 사는 것이라고 생각할 때 연보라는 학급에 그런 마음을 되살려낸 아이다. 작년에 이학년을 담임했을 때 우리 반 교실에서 이 작품과 비슷한 경험을 했었기에 더욱 마음에 와 닿고, 글쓴이가 우리 아이들한테 거는 희망에 동감한다. 어른과 아이들이 함께 이 책을 읽고 보라처럼 부족한 동무의 눈높이에서 바라보고 도와주고 자기 것을 나누어 갖는 마음과 실천하는 용기에 대해 이야기 나누기를 바란다. 그리고 우리 반 동무들에 대해서도.

꽃이파리가 된 나비

이주영 엮음
우리교육

初등학교 일학년 입학은 인생에서 아주 중요한 출발점이다. 학교 교육이라는 길고 긴 터널에 들어서기 때문이다. 누구나 이 긴 터널을 지나갈 수 있는 것이 아니다. 도중에서 그만 두는 아이들도 있고, 또는 옆으로 나가는 아이들도 있다. 얼마나 될까? 초등학교는 정확한 통계가 나와 있지 않지만 초중고를 합해서 해마다 10만에 가까운 아이들이 학교 부적응으로 문제를 일으키고 있다. 요즘 아이들이 학교 생활에서 가장 어렵게 느끼는 일이 친구 문제이다. 왕따니 은따니 하는 유행어처럼 다른 친구와의 관계가 나쁘면 너무 힘들어진다. 그런데 많은 학부모들이 모두 자기 자녀는 친구를 따돌리지 않을 거라고 생각하고 자기 아이가 따돌림당할 것만 염려한다. 사실 40명 학급에서 따돌림 피해자는 한두 명이고 대부분은 가해자이다. 적극적이건 소극적이건 가해자 패에 가담하기 때문이다. 따라서 따돌림 문제는 대다수 보통 아이들이 친구를 따돌리지 않도록 지도해야 되는 것이다. 아이들이 행복한 학교 생활을 할 수 있게 하려면 아주 어려서부터 친구 관계를 잘 맺을 수 있는 마음을 기르고, 생활 태도를 갖도록 해야 한다. 초등학교 일학년 입학 시기도 새출발이라는 점에서 친구 관계를 잘 맺도록 가정에서 부모들이 관심을 갖고 지도해야 한다. 그 한 가지 방법으로 아이들이 동시를 좋아하게 하는 일도 인성 교육 방법이다. 친구들과 사이좋게 노는 마음이나 모습이 담긴 시를 읽도록 해보자.

≪꽃이파리가 된 나비≫는 20년 동안 학급 아이들한테 시 감상 지도를 하면

서 아이들과 같이 고른 시를 학년, 계절, 월, 주로 나눠서 날마다 한 편씩 일주일 단위로 바꿔서 읽을 수 있게 엮은 동시집이다. 전래 동요 '끼리끼리'를 3월 첫 주에 실은 까닭도 일 학년 아이들이 처음부터 친구들과 사이좋게 놀기를 바라는 뜻에서이다. '키 대보기', '버섯', '줄넘기'처럼 친구들과 즐겁게 노는 모습, 소나기 맞는 개미한테 사알짝 우산을 받쳐주는 버섯과 같은 태도, 줄넘기 같은 놀이 동요나 동시를 읽으면서 아름다운 마음을 키워나갈 것이다. 억지로 읽으라고 하지 말고 아침이나 저녁에 같이 한두 번씩 낭송해보자. 복사해서 책상 옆이나 식탁에 깔아놓으면 된다. 화장실 변기 맞은편에 붙여도 좋다. 아이들은 한 편을 일주일 읽으면 어느새 외워버린다. 좋은 시는 영혼의 양분이 되어 평생을 살아가는 동안 좋은 친구가 될 수 있다.

꿀벌나무

패트리샤 폴라코 글·그림
서남희 옮김
국민서관

책 읽기를 싫어하고 나가 놀기만 좋아하는 아이를 어떻게 지도하면 좋겠냐는 질문을 가끔 받는다. 그럴 때마다 나는 책 읽기를 강요하지 말라고 한다. 책을 읽는 버릇도 중요하지만 밖에 나가서 뛰어노는 일도 중요하기 때문이다. 아이들한테 책 읽기를 강요하거나 억압하는 건 옳지 못하다. 개인의 삶이나 인류 역사를 올바르게 나가도록 하기 위해서는 좋은 책을 좋은 방법으로 읽어야 한다. 아무리 좋은 일도 강제로 하도록 억압해서는 결코 좋은 일이 될 수 없듯이, 아무리 좋은 책이라도 강제로 읽게 해서는 역효과가 나기 쉽다.

이 책은 바로 이런 책 읽기에 관한 책이다. 첫 문장에서 '할아버지 책 읽기 싫어요. 밖에 나가 뛰어놀고 싶어요.'라며 아이가 한숨을 내쉰다. 그러자 할아버지가 대뜸 '아이구, 이제 책 읽기 싫어? 밖에서 뛰어놀고 싶다고? 그럼 꿀벌나무를 찾으러 가면 딱 좋겠다.'고 하면서 먼저 신바람을 내며 밖으로 놀러 나간다. 할아버지는 아이를 데리고 어릴 때 놀았던 꿀벌나무 찾기 놀이를 신나게 한다. 그 놀이에 이웃집 아이들, 동네 사람들, 염소들까지 동참한다. 꿀벌나무 찾기 놀이가 끝나자 모두 모여 악기를 불고, 춤을 추고, 부드러운 빵과 갓 끓인 홍차를 마시며 그날의 달콤한 모험을 되새기느라 흥겨운 이야기와 시끌벅적한 웃음이 넘쳐 난다. 그리고 할아버지가 권해 주신 책을 아이가 즐겁게 읽는 장면으로 끝난다.

　책 읽기를 싫어하는 아이한테 강제로 책 읽기를 강요하는 것이 아니라 먼저 함께 놀아 주고, 아이가 스스로 책을 읽도록 이끌어 주는 어른의 마음과 문화가 담겨 있다.

　'책 속에도 바로 그렇게 달콤한 게 있단다. 모험, 지식, 지혜……. 그런 것들 말이야. 하지만 그건 저절로 얻을 수 있는 게 아니야. 네가 직접 찾아야 한단다. 너는 책장을 넘기면서 그것들을 찾아가야 하는 거란다.'라는 이 책 속 할아버지 말씀을 머리가 아니라 마음으로, 지식이 아니라 체험으로 느낄 수 있는 기회가 우리 아이들에게도 늘어나면 좋겠다.

나무 위의 아이들

구드룬 파우제방 글
김경연 옮김
비룡소

드넓은 바다 저편 남아메리카 대륙
울창한 원시림 가장자리에
산티나네 가족이 살고 있단다.
아버지와 어머니와 아홉 아이들.
얼마 안 있으면
열번째 아이가 태어날 거야.

이 책은 시작부터 자연과 인간이 하나가 되어 살아가는 모습을 구수한 입말로 술술 풀어나가고 있다. 구드룬 파우제방이 어린이들을 위해 환경 보호와 평화와 정의를 담아 쓴 작품이다. 구드룬 파우제방은 아들이 태어난 후부터 어린이들한테 주는 주옥같은 작품들을 쓰기 시작했는데, 작품마다 어린이들이 평화로운 세상에서 살기를 소망하고, 어린이들이 스스로 그러한 세상을 만들어나가는 주체로 우뚝 서기를 희망하는 마음이 가득 담겨 있다.

이 작품에서도 시작부터 아이들 아홉 명이 곧 열번째로 태어날 어린이를 맞이하는 기쁜 마음을 노래하고 있다. 어린이들이 곧 인류의 희망임을 굳게 믿는 작가 마음이 느껴진다.

가난한 농장 일꾼인 산티나네 아이들이 원시림 속에서 뛰어 노는 평화로운 모습은 마치 인류가 오래 전에 잃어버린 삶을 되살려내고 있는 듯하다. 그 놀

이에 농장 주인집 외동아들도 끼어든다. 그런데 농장 주인은 농경지를 더 넓히기 위해 숲을 불태우려고 한다. 이를 알게 된 산티나네 가족은 너무나 슬퍼하고, 숲에 사는 동식물들이 죽는 것을 염려한다. 아이들 아버지인 농장 일꾼은 숲을 살려둬야 한다면서 반대하지만 농장 주인은 숲에 기름을 뿌리고 불을 붙이려 한다. 그때 숲 가장자리 큰 나무에 처음 보는 열매가 열린다. 아이들이 나무에 올라가 가지에 매달린 것이다. 농장 주인집 외동아들도 다른 아이들하고 같이 나무에 올라가 나무 열매가 된다.

어떻게 보면 환경 보호를 위해 행동하는 상당히 과격한 아이들 모습이 전혀 과격하지 않게, 오히려 아주 신선하게 느껴진다. 이 책을 읽는 독자라면 누구나 그 행동이 옳다고 믿을 수 있도록 이끌어갔기 때문이다. 어린이들이 환경 보호를 지식으로 배우지 말고 이처럼 행동으로 실천하기를 바라는 마음으로 권한다. 생활 주변에서 종이 한 장 아껴 쓰는 일도 곧 나무 열매가 되어 나무를 살리는 길임을 알고 실천하는 어린이들이 늘어나기를 바란다.

나무야 나무야 겨울 나무야

. . . .

이원수 동시
이수지 외 그림
웅진주니어

독서의 계절이라는 가을에 들어서는가 했는데, 어느새 학교 운동장 가족에 둘러선 은행나무들이 올해 들어 유난스레 더 어여쁜 노오란 편지를 흩날린다. 아직 몇 장이 남아 동무 찾아 기웃거리고, 앙상한 가지가 파란 하늘에 무늬를 새긴다.

이렇게 겨울이 오면 생각나는 어린이문학가 한 분이 계시다. 근 백 년 동안 이 땅을 휘몰아쳐 간 추운 역사 속에서 찬바람 맞으며 자라나는 어린이들을 한평생 마음 가득 보듬어 안고, 아이들 삶과 꿈을 고스란히 동시와 동화로 써 내신 '겨울들 이원수 선생님'이다.

우리나라 많은 사람들이 '이원수' 이름 석자는 몰라도 '고향의 봄'은 거의 다 안다. 우리 민족이 애국가보다도 많이 부르는 노래기 때문이다. 이밖에도 '겨울 나무', '겨울 물오리'처럼 좋은 동시에 붙인 동요가 많다.

≪나무야 나무야 겨울 나무야≫는 평생 쓰신 수백 편 동시 가운데서 요즘 우리 아이들한테 꼭 읽히고 싶은 동시 50편을 골라 놓았다. 모두 3부로 나눠서 실었는데, 1부 작은 제목은 '동무 동무 씨동무'다. 어린이들 생활 모습을 소재로 저학년 어린이들이 읽기에 좋은 동시들을 모아놓았다. 2부는 '햇살 한줌 사랑 한줌'이라는 소제목에 어울리게 가족 이야기를 시로 승화시켰다. 어린이들이 한 식구가 갖는 의미를 느낄 수 있다. 3부는 소중하고 고마운 자연과 아름다운 생명을 노래하는 동시다.

이원수는 다른 작가에 견주어 유난히 겨울을 소재로 한 동시를 많이 썼는데, 가슴 찡한 동시들이 많다.

어린이들과 천천히 읽고, 마음에 와 닿는 동시를 서로 이야기한다. 두 아이 이상이 같은 동시를 골랐을 때는 격려를 해 준다. 그리고 어린이가 뽑은 좋은 동시를 골랐듯이 어른도 어린이한테 꼭 권하고 싶은 좋은 시를 한 편 골라 함께 읽는다. 각자 고른 시를 소개하는 시간을 갖는다. 또 작은 시 낭송회 같은 자리를 만들고, 앞에 나와서 시 낭송을 하고, 자기 생각이나 느낌을 조금씩 덧붙여 말한다. 시화를 그려 잘 보이는 자리에 예쁘게 붙여 놓고 시간 날 때마다 읽는다. 꾸준히 되풀이 해 읽다보면 깨끗하고 쉬운 우리말로 쓴 동시 몇 편을 외우게 될 테고, 이렇게 자연스럽게 외운 좋은 동시가 마음에 담겨 있는 동안은 평생 어떤 어려움도 쓸쓸함도 외로움도 이겨낼 수 있는 마음을 길러주는 노래가 될 것이다.

날개 달린 아저씨

이현주 글
창비

'웃음의 총', '바보 온달', '알게 뭐야', '육촌형', '살꽃 이야기' 같은 좋은 동화를 우리 겨레의 어린이들한테 선물해준 이현주 목사가 1960년부터 1982년 사이에 쓴 단편 가운데서 30여 편을 골라 엮었다. 이 책을 우리 어린이들이 되새김질하기를 바라는 마음으로 '날개 달린 아저씨'를 권장하고 싶다. 감리교 신학대학교를 나와 목회 활동을 하는 이현주 목사가 쓴 동화를 보면 우리가 사는 세상 곳곳에서 천사와 예수를 만날 수 있다. 글쓴이는 동화 속에서 가난하더라도 열심히 살아가는 사람들 옆에서, 가난하고 버림받고 외로운 사람들 속에서 살아가는 예수와 같은 삶을 보여준다.

'날개 달린 아저씨'는 몸이 아파 일을 못해서 아내와 세 딸이 먹을 끼니거리를 구하는 모습으로 나타난 천사다. '종이 우산'은 자기를 버리고 떠난 아들을 광화문 네거리에서 우산을 만들면서 기다리는 우산쟁이 할아버지로, '빈 배'는 가난한 어부로 살다 그나마 더 이상 살 수 없어 고향을 떠나간 항이 소원인 빈 배를 지켜주는 아저씨로, '달 뜨는 산'에서는 재개발 위원회 등쌀에 시달리는 보름이네를 도와주는 발가숭이 아기 도깨비 슬슬이로, '할아버지의 싸움'에서는 세상 사람들이 쓰레기통에 버리는 양심을 주워다 되살려서 키우는 넝마주이 할아버지로 나타난다. '살꽃 이야기'에서는 오랜 옛날 옛날에 우리나라 허리를 가로지른 강과 그 강에 사는 붉푸른 용 때문에 갈라진 사랑을 이뤄주는 어린 아이들 모습으로, '밤 비'에서는 괜스레 까치는 좋아하고 까마귀는

무조건 싫어하던 아이가 소나기가 쏟아지는 밤에 까마귀까지 평등하게 사랑하는 마음을 되살린 아이로 나타난다.

 그는 나와 이웃에 대한 사랑과 함께 평등에 대한 관심도 많다. '여우와 곰'은 평등이란 무엇인가를 생각하고 실천하기를 바라는 작품이다. 같은 굴에서 사는 여우와 곰이 서로 평등하게 살자고 다짐한다. 똑같이 먹고, 똑같이 일하자고 한다. 그러면서 어린이들한테 덩치가 큰 곰과 곰보다 훨씬 작은 여우가 똑같이 먹는 게 정말 평등한 것인지, 홍수가 진 날 둑을 쌓기 위해 한 번에 돌한 개씩 나르는 게 정말 평등한 것인지 되묻고 있다. 좋던 나쁘던 뭐든지 무조건 다른 아이들과 똑같이 해야 한다고 우기기를 좋아하는 요즘 어린이들한테 정말 무조건 똑같이만 하는 것이 옳은 건지, 아니면 능력과 필요에 따라 나누는 것이 옳은 건지 이야기를 나누기 위한 출발점으로 삼기에 좋은 동화다.

너하고 안 놀아

현덕 글
송진헌 그림
원종찬 엮음
창비

'**아**이들은 싸우면서 큰다'는 옛말이 있다. 아이들 생활을 가만히 들여다보면 틀림없는 말이다. 그런데 사실 그 말은 '아이들은 놀면서 큰다'는 말에 포함된다. 자기들끼리 놀면서 다투기도 하고, 다투는가 하면 금방 다시 어울려서 노는 게 아이들이다. 아이들이 이렇게 어울려 놀아야 몸과 마음이 제대로 건강하게 쑥쑥 자랄 텐데, 요즘 아이들은 이렇게 놀 수 있는 기회가 없어 안타깝다. 그래서 어떤 심리학자는 '어른들이 아동기를 빼앗았다'고 탄식하기도 한다. 아이들이 또래끼리 어울려 놀면서 자라나는 모습, 아이들이 노는 모습을 보면서 그 속에서 희망을 찾아낸 동화작가로 현덕만한 사람이 없는 듯싶다. 우리 겨레가 어렵게 살던 1938년부터 1940년 사이에 발표했던 현덕 작품을 모아놓은 ≪너하고 안 놀아≫에 실린 단편동화 37편은 하나같이 '놀면서 자라는 아이들, 제대로 놀아야 바르게 자라날 수 있는 아이들'을 그려낸 주옥 같은 글이다.

현덕 작품을 읽어보면 아이들이 논다는 게 어떤 것인지 알 수 있다. 방 안에서 혼자 누워있는 것은 노는 게 아니다. 텔레비전을 보는 것도, 컴퓨터 게임을 하는 것도 노는 거라고 할 수 없다. 좋은 장난감이 있어야만 놀 수 있는 것도 아니다. 공장에서 찍어낸 장난감이 없더라도 아이들은 인류 역사가 축적해온 지혜로 수많은 놀이를 만들어 낼 수 있다. 담벽 오르고 뛰어내리기, 고양이 놀이, 토끼 놀이, 소꿉놀이처럼 생활 주변에서 볼 수 있는 모든 것을 활용

해서 재창조한다. 현덕이 주인공으로 창조한 노마, 기동, 영이, 똘똘이가 서로 어울리면서 드러내는 심리 갈등과 변화, 그리고 성장하는 모습은 60년이라는 시간을 훌쩍 뛰어넘어 요즘 아이들과 그리 다르지 않다. 달라진 것은 그런 티없이 맑고 깨끗하고 솔직한 아이들 마음을 헤아려야 하는 어른들과 그런 어른들이 주도하는 사회 환경이다.

이 책에 나오는 아이들은 초등학교 입학을 앞뒤로 하는 아이들이다. 그 무렵 아이들한테 들려주거나 읽어줘도 좋고, 그 또래 아이들이 소리내 읽기에도 좋다. 말투나 낱말 가운데 가끔 60년 전 옛 말투나 요즘 쓰지 않는 말이 나오기는 하지만 내용을 이해하는 데 걸림돌이 될 정도는 아니다. 아이들이 이 책을 읽으면서 잃어버린 놀이 세계를 되찾았으면 한다. 아니 어른들이 빼앗은 놀 수 있는 시간을 되살렸으면 한다. 이 책을 덮고 밖으로 나가 보자. 그리고 노마처럼 자기 주변을 살펴서 스스로 새로운 놀이 한 가지 창조해 신나게 놀아보기 바란다.

노란우산

류재수 그림
신동일 곡
재미마주

해마다 3월이면 많은 학부모들이 설레임 반 두려움 반으로 자녀 손을 꼭 잡고 초등학교 입학식에 참석한다. 요즘은 대다수가 유치원에 입학해서 다닌 경험이 있기는 하다. 그래도 유치원은 공교육을 위한 준비기간일 뿐이고 이제부터 정말 학교를 다닌다는 생각 때문에 '나도 어느새 학부모가 되었구나. 우리 애가 학교생활에 잘 적응할까? 적응하지 못할까? 요즘 왕따 문제가 심각하다는데 우리 애가 따를 당하면 어떡하지?' 하는 여러 가지 생각을 하게 된다. 이런 마음은 학부모 뿐 아니라 당사자인 아이도 마찬가지다. 아이들도 학교 가는 길이 즐겁기도 하지만 동시에 불안하기도 하다.

≪노란우산≫은 학교에 대한 설레임과 두려움을 느끼는 초등학교 저학년 자녀와 부모가 같이 읽기에 좋은 책이다. 이 책은 글자는 단 한 마디도 없이 그림으로만 이야기를 풀어나간 그림책이다. 첫 장을 펼치면 노란 우산을 쓴 아이가 서 있다. 마음이 따스하면서 편안해지는 느낌이 든다. 그 아이가 노란 우산을 쓰고 학교로 간다. 회색 길을 노란 우산 하나가 걸어가는 모습은 처음 학교를 가는 1학년 어린이들의 희망과 두려움이 섞인 마음을 느끼게 한다. 그때 저만치에서 파란 우산이 걸어온다. 파란색 우산이 등장하는 장면은 용기가 생기는 모습같다. 노란 우산과 파란 우산이 다정하게 걸어가는데 빨간 우산이 저만치에서 걸어오고, 이어서 녹색 우산이 걸어오고, 학교 가까이 갈수록 여러 가지 색깔의 우산이 옹기종기 모여들고, 끝내는 우산을 쓴 어린이들

이 물결처럼 학교로 걸어간다. 모든 걱정과 두려움은 풀빛에 바람처럼 사라지고, 풀빛 세상 속을 걸어가는 아이들 떠드는 소리가 들린다. 끝장에 우산꽂이에 꽂혀진 우산을 보면서 마음이 차분하게 가라앉는다.

　1학년 어린이들과 그림을 보면서 학교와 관련해 이야기를 나눌 수 있는 그림책이다. 부록으로 만든 음악 CD를 들으면서, 같이 노래하면서 책장을 한 장 한 장 천천히 넘기면서 여러 가지 이야기를 나눌 수 있다. 오늘 학교 가면서 어떤 친구를 만났는지? 그 아이 마음은 어떤 색일까? 아이들은 우산을 꽂아 놓고 교실에 들어가서 무얼 하고 있을까? 너는 오늘 교실에서 무엇을 했니? 어떤 공부를 했니? 책에 글자가 없기에 이처럼 글자를 채워 넣는 일은 독자들이 해야 할 몫이다.

노래 노래 부르며

이원수 외 작사
장홍을 그림
길벗어린이

'누렁아 놀자'라는 연극을 보고 온 뒤로 우리 교실에서 자주 부르는 새로운 노래가 몇 가지 생겼다. 아이들이 연극에 나오는 노래를 즐겨 부르게 되었기 때문이다. 백창우가 이원수 시와 어린이들이 쓴 시에 우리 옛 노래 맛을 되살려 작곡한 노래 여러 편을 넣어 만든 연극인데, 관람 전에 한두 시간 가르쳤을 뿐인데도 2학년 아이들이 즐겁게 잘 부른다. 연극을 할 때 가수 김현승이 직접 참여해서 불러준 것도 효과가 좋았다. 우리 반 아이들이 기회만 나면 그 노래를 부르고, 월말에 하는 학급 노래 자랑 시간 때는 '누렁아 놀자'에 나오는 노래를 가장 많이 불렀다. 아이들이 동요를 싫어하고 대중 가요만 좋아한다고 걱정하는 어른들이 많은 상황에서 보면 특이한 현상이다. 그러나 당시 우리 반 아이들을 생각해 보면 아이들이 동요를 싫어하는 것이 아니라 동요를 즐길 수 있는 기회가 없어 안 부르게 되었다고 말하고 싶다. 동요를 즐겁게 들을 수 있는 기회를 많이 주고, 신나게 부를 수 있는 기회를 자주 주면 우리 아이들이 동요를 다시 부르게 될 거라고 본다.

동요그림책 ≪노래 노래 부르며≫는 우리 겨레가 20세기에 가장 많이 불렀던 동요 가사들을 동양화 맛을 흠뻑 느끼게 하는 그림으로 그렸다. 가사와 그림이 잘 어울리게 만들어 낸 책이다. 아리랑 다음으로 많이 불렀다고 할 수 있는, 현재 7500만 우리 겨레가 애국가보다 많이 부른다고 하는 이원수 작사 홍난파 작곡 '고향의 봄'을 시작으로 이십여 편을 실었다. 일제 때 어린이문

화운동을 하던 어른들이 어린이들한테 열심히 가르쳤던, 윤극영이 작사 작곡한 '반달', '따오기'를 비롯해 60~70년대에 많이 부른 '과수원 길', '꽃밭에서', 80년대에 널리 퍼졌던 '노을'까지 동요 가사들이 동양화와 어울려 새로운 정감을 자아낸다.

이 책에 실린 동요에는 어른들이 부르던 노래가 담겨 있다. 그 노래가 오늘을 사는 어린이들한테도 이어지기를 바라는 마음으로 이 책을 권장한다. 한 겨레가 세대와 장소를 넘어 함께 부를 수 있는 정겨운 노래가 이어지기를 바라는 마음에서다. 노래가 이어지려면 집과 학교와 사회에서 자주 즐겁게 부를 수 있어야 한다. 아련하게 잊어버렸을 수 있는 동요지만 가사를 보면 곧 되살아날 동요들이다. 책 뒤에 악보까지 실려있으니까 자녀들과 함께 책을 펼쳐들고 흥얼흥얼 불러보기에 좋다.

눈사람 아저씨

레이먼드 브리그스 지음
마루벌

우리 땅은 사계절이 있어 살아가면서 각 계절 맛을 가슴에 담을 수 있다. 꽃 피는 봄, 푸르른 여름, 풍요로운 가을, 하얀 겨울 등 사람마다 조금씩 다르기는 하겠지만 겨울은 하얀색으로 떠오른다. 그리고 눈사람이 생각난다. 겨울이 오면 무엇을 하고 싶냐는 질문에 많은 아이들이 '눈사람 만들기요!'하고 소리친다. 손이 꽁꽁 얼어도 호호 불어가면서 눈사람을 만든다. 발이 시려도 콩콩 뛰면서 만든다. 눈사람은 차가운 눈으로 만들었지만 어른들 마음속에 따스하게 살아 있는 추억이고, 아이들에게는 살아 있는 겨울 동무다.

이 책은 1978년 영국에서 태어났는데, 지금까지 30여 나라에서 많은 사람들한테 꾸준하게 사랑을 받아 오고 있다. 바로 어른들 마음속에 즐거운 추억을 되뇌이게 하고, 어린이들에게 살아 있는 친구로 다가서기 때문이다. 표지 한가득 차지한 눈사람이 참 푸근하고 따스하고 웃긴다. 그래서 한참 바라보고 있으면 내 마음 저 밑에서 잔잔한 웃음이 피어오른다. 눈이 하얗게 내리는 날, 눈사람을 닮은 한 아이가 자기를 닮은 커다란 눈사람을 만든다. 아마 이다음에 큰 자기 모습일 거다. 그날 밤 눈사람한테 아버지 옷을 입혀 주고, 같이 신나게 놀았다. 스케이트보드도 타고, 공치기도 하고, 차도 타고, 맛있는 음식을 먹기도 하고, 하늘을 날아다니며 온 세상을 구경하기도 한다. 그리고 아침에 일어나자마자 마당으로 달려나가 보니 눈사람이 녹고, 작은 눈 무더기 위에 모자와 목도리만 놓여 있다.

　처음부터 끝까지 글이 없다. 그림으로 끌어가고 있다. 독자가 그림을 따라가면서 눈으로 보고, 마음속으로 이야기를 만들어 가야 한다. 그리고 마지막 그림, 주인공이 잠옷 바람으로 눈사람이 녹아내린 눈 무더기를 내려다보고 있는 그림을 보면서 생각의 늪으로 깊이 빠져든다. 이야기를 만드는 데 독자가 쉽고 즐겁게 참여할 수 있는 책이다. 세 살부터 여든까지 누구나, 그러나 다 다른 이야기를 만들 수 있는 책이다.

단군신화

이형구 글
홍성찬 그림
보림

'**우**리가 물이라면 새암이 있고, 우리가 나무라면 뿌리가 있다' 개천절 노래 첫 구절이다. 우리 겨레가 처음 세운 나라인 고조선 건국을 후손 만대로 이어 가면서 기리자는 노래인데, 요즘 이 노래를 부를 수 있는 아이들이 몇이나 될지 궁금하다. 그 뜻을 새기면서 불러본 아이들이 얼마나 될까? 학교 교정에 세운 단군 동상을 우상숭배라고 목을 자르는 시대, 남북이 싸운 6.25는 알아도 남북이 같은 단군 후손임을 일깨워주는 개천절이 무엇인지 모르는 아이들이 많은 시대다. 그러기에 우리 겨레가 어려울 때마다 구심력을 강화시켜 준 단군 신화가 더욱 소중하다. 어느 겨레나 자기네 창조 신화와 건국 신화를 소중하게 간직하고, 시대에 맞게 끊임없이 재해석한다. 정체성을 다지기 위해서다.

보림출판사 전통문화 시리즈인 솔거나라 ≪단군신화≫는 글과 그림 두 가지 면에서 모두 단군 신화를 오늘에 알맞게 새로 해석해 쓰고 그려낸 책이라고 할 수 있다. 환웅이 하늘에서 내려와 신시를 세우고, 널리 사람들을 모아 가르친다. 그 감화력이 짐승에까지 미쳐 곰과 호랑이가 사람이 되게 해 달라고 빌자 환웅은 마늘과 쑥을 주어 동굴에서 백일기도를 하게 한다. 호랑이는 못 견디고 뛰어나가지만 곰은 끝까지 견뎌내어 여자가 된다. 환웅과 웅녀가 결혼해서 단군을 낳고, 단군이 나라를 세웠다는 기본 줄거리는 같다. 그러나 여기에 단군이 왕이 될 수 있는 덕과 용기와 지혜가 있음을 알 수 있는 이야기

를 상상해서 더 보태고, 영웅 한 사람보다는 서로 도우면서 힘을 합해 살았던 삶을 보여주고 싶어 하는 마음이 담겨 있다. 또 수염이 길게 난 할아버지 단군 표준 영정에 매이지 않고 어린 단군과 젊은 단군을 창조했다.

이처럼 신화 줄거리에 새로운 생각을 더 보탤 때 자칫하면 거슬리기 쉬운데, 이 책은 크게 거슬림 없이 자연스럽게 펼치고 있다. 그리고 책 뒤에 그 시대 사회와 정치 모습, 신화에 담겨있는 조화와 평화를 중시하는 사상, 곰과 호랑이 토템 사상에 대한 해설을 간략하게 붙여 놓았다. 또 단군 표준 영정과 삼국유사에 실린 단군 신화를 소개해 놓았다. 어린이들이 단군 신화에 대한 이해와 함께 남북 민족이 모두 단군 후손이라는 정체성을 길러주는데 도움이 될 수 있다. 또 삼국유사에 실린 단군 신화와 새로 쓴 단군 신화 줄거리에서 같은 점과 다른 점을 표로 만들어 볼 수도 있다.

도대체 그 동안 무슨 일이 일어났을까?

이호백 글·그림
재미마주

15년쯤 전 이야기다. 딸애가 어찌나 조르는지, 어느 날 길거리 노점에서 하얀 토끼하고 까만 토끼를 사 왔다. 베란다에다 토끼집을 놓고 길렀는데, 틈만 나면 창문을 넘어 마루로 들어와서 깡충깡충 구석구석 돌아다니며 놀았다. 똥오줌을 치우기는 귀찮아도 참 귀여웠고, 오랜 시간이 흐른 지금도 조그만 입을 오물거리고, 귀를 쫑긋거리고, 구석에서 콜콜 자던 그 모습이 생각난다.

말썽꾸러기 귀여운 우리 집 토끼, 하얀 토끼를 이 책에서 다시 만났다. 식구들이 집을 비운 밤에 베란다 문을 슬그머니 열고 들어와 여기저기 돌아다니는 하얀 토끼를 보니 우리 집 마루에서 돌아다니던 토끼가 자꾸 눈에 밟힌다. 요란한 색으로 뒤범벅한 그림책이 판치는 세상에 어쩜 이렇게 소박하고 단순한 색과 선으로 우리들 마음을 끌어당기는 편안한 그림책을 만들 수 있을까? 요리조리 다니며 떨어뜨려 놓은 까만 똥을 따라가면서 찾아보는 재미도 있고, 방 안을 마음껏 어질러 놓고 콜콜 자는 모습을 보노라니 나까지도 느긋한 해방감에 온몸이 나른해지면서 하품이 난다.

이 책 주인공인 하얀 토끼는 사실 토끼가 아니다. 유치원이나 학교에서 돌아와 아무도 없는 집 안에서 냉장고를 열고 평소에 먹고 싶었던 것을 꺼내서 마음껏 먹어 보고, 보고 싶었던 비디오도 실컷 보고, 과자를 먹으면서 텔레비전

도 혼자 독차지해서 보고, 엄마 화장품을 꺼내서 얼굴이나 입술에 발라 보기도 하고, 헐렁헐렁한 아빠 옷도 입어 보고, 방 안에서 타지 못하게 하는 롤러 블레이드도 신나게 타 보고, 그러다 자기도 모르게 의자 모퉁이에 머리를 쑤셔 박고 세상모르게 콜콜 자 본 경험이 있는 아이들이라면 금방 눈치 챌 것이다. 이 책에서 마음껏 놀고 있는 토끼는 바로 자기 자신이라고. 또는 내가 해 보고 싶었던 거라고. 그렇기 때문에 아이는 책 속의 토끼하고 같이 신나게 놀고, 즐거운 마음으로 책을 읽고, 베란다 집으로 돌아간 토끼를 보면서 마음이 느긋하고 편안해 질 것이다.

똥 선생님

윤태규 글
장순일 그림
고인돌

똥

똥 똥
똥 똥 똥

이렇게 읽어보면 귀엽고 재미나다. 이렇게 예쁜 말이 또 있을까 싶다. 그런데 요즘 똥이라는 말 대신에 소변이나 대변, 변이라고 하는 어른들이 많다. 똥이라고 말하면 냄새가 나고 대변이라고 말하면 냄새가 안 난다나? 대변이라고 말하면 유식하고 점잖아 보이고 똥이라고 하면 어리고 무식하게 보이나?

이렇게 우리말을 우습게 여기고 중국한자말이나 일본한자말이나 서양말을 마구 쓰는데 아직까지 똥이라는 말이 살아있는 게 신기할 정도다. 어찌되었든 아이들 책은 ≪강아지똥≫이나 ≪누가 내 머리에 똥 쌌어?≫처럼 똥을 살린 말이 잘나간다. '강아지대변'이나 '누가 내 머리에 대변 쌌어?'하면 참 보기 흉하고, 아이들도 별로 좋아하지 않았을 것 같다.

연암 박지원은 열하일기에 똥이 소중하다는 이야기를 진지하게 한다. 이 책을 쓴 윤태규도 평소에 똥 누기 교육을 아주 진심으로 하는 선생님이다. 대한민국에서 똥 교육을 가장 열심히 하는 선생님일 거다. 아마 전 세계에서 가장 열심히 하는 선생님일지도 모른다. 그래서 아이들한테 '똥 선생님'이라고 불린다고 한다. 아니 스스로 그렇게 불러주기를 바라는 선생님이다. 그렇게 자신이 평생 해 온 '똥' 교육 철학을 초등학교 1,2학년 아이들 눈과 마음이 되어,

52

어린이들이 재미있게 읽을 수 있는 동화로 담아냈다.

'정규의 똥 싼 일기'는 글쓴이가 실제로 교실에서 겪은 몇 가지 일을 바탕으로 쓴 동화로 보인다. 초등학교 1,2학년 담임하다 보면 누구나 몇 번은 똥이나 오줌을 싼 아이들을 만났을 것이다. 그때 교사가 어떻게 행동하느냐에 따라 그 날은 아이한테 평생 지울 수 없는 아픔과 멍에가 될 수도 있고, 평생 잊을 수 없는 따스하고 웃기는 추억으로 남을 수 있다. 주인공 정규도 평생 '똥 싼 일기'를 쓴 그날을 잊지 못할 것이다. 이 동화를 읽는 아이들도 쿡쿡 웃으면서 재미있게 볼 테고, 보고 나면 마음이 훈훈해지고 편안해질 것 같다.

'똥 선생님'은 서사구조 없이 등장인물들이 주고받는 말을 통해서 선생님이 하고 싶은 말을 맞추어 놓았기 때문에 긴장감이나 재미는 떨어진다. 그러나 왜 아침마다 집에서 똥을 누는 것이 좋은지, 아침밥을 먹는 게 좋은지, 그 까닭을 아이들도 읽기 쉽게 설명한 글이라고 볼 수 있다. 다만 아이들 대부분이 집에서 먹는 밥보다 식당에 가서 먹는 게 좋다고 대답한다고 해서 '밥은 나가서 먹는 것이 좋지만'이라는 말에는 동의하고 싶지 않다. 밥도 어머니 정성과 사랑이 담긴 집밥이 더 좋다.

'똥 누고 가는 집'은 글쓴이 소망을 상상으로 그려낸 동화라고 할 수 있겠다. 학교에서 집으로 돌아가다 똥이 마려워서 길가 집에 들어가 누고, 그 집 할아버지와 할머니가 아이들을 위해서 거실에 작은 도서실을 만들고, 동네 아이

똥 선생님

들 누구나 자유롭게 드나들면서 책도 보고 놀기도 하는 집. 아이들이 눈 똥으로 거름을 만들어 텃밭에 뿌리고, 그렇게 키우고 거둔 감자나 과일을 아이들한테 간식으로 주는 집. 그런 집이 마을마다 있다면 얼마나 더 살기 좋은 세상이 될까? 그러나 현실은 그렇지 못하다. 학원 원장들이 이상한 집이라고 고발하고, 경찰이 와서 조사하고……. 그런 사건 속에서도 아이들은 자란다. 책을 덮고 가만히 생각하니 '똥 누는 집' 할아버지가 조사하는 경찰한테 '내가 무슨 죄가 있냐'고 대꾸하는 대목이 자꾸 내 머릿속을 맴돈다.

'아이들이 좋아하니까 책도 사 놓고 간식도 만들어 주고 합니다. 간식은 내가 직접 농사 지은 감자와 고구마와 과일입니다. 그게 뭐가 잘못 되었나요? 아이들이 학원에 덜 가게 되니 미안하기는 하지만 내가 학원 가지 말고 여기 오라는 말은 한 마디도 한 일 없습니다. 여기 와서 놀고 말고는 한 치의 에누리도 없이 아이들 스스로 선택한 겁니다. 아이들도 제 스스로 선택할 권리가 있습니다.'

그렇다. 우리 아이들한테 최소한 스스로 선택할 수 있는 기회라도 주어야 한다. 이 동화 속 아이들처럼 책을 읽을지, 놀지, 학원에 다닐지……. 그리고 착한 이웃과 살 수 있는 기회를.

똥줌오줌

김영주 글
고경숙 그림
재미마주

자살하는 아이들이 해마다 늘어나고 있다. 꽃다운 나이에 제대로 피어보지도 못하고 스스로 죽음을 택하는 아이들을 생각하면 숨이 막힌다. 아이들을 죽음으로 내모는 것은 무쇠 솥뚜껑처럼 숨 쉴 구멍하나 보이지 않게 아이들을 짓누르고 있는 교육현실이다. 그 교육현실에 적응하기만을 강요하는 가정과 사회 관습이다. 이러한 억압은 우리 가정이나 학교 교실에서 알게 모르게 끊임없이 일어나고 있다. 그래서 이런 억압을 당연하게 생각하는 교사와 어른들이 아직도 많다.

≪똥줌오줌≫은 제목이 생소하기는 하지만 교실에서 아이들을 짓누르는 억압이 어떤 모습으로 나타나고 있는지를 잘 보여주는 글이다. 아침부터 조회서는 태도가 나쁘다고 매를 대고, 걸핏하면 지각한다고 더 세게 때리고, 어린 아이가 손바닥이 아프다고 움츠리니까 엉덩이를 후려친다.

수업 시간에 오줌 누러 가고 싶다고 했다가 모멸 당하고 벌까지 서야 한다. 쉬는 시간에 복도에서 뛰다가 걸려서 어머니까지 호출 당한다. 담임 선생님이 안 계시는 날이면 반장이 작은 담임이 되어서 막대기를 휘두르고, 칠판에 이름을 적는다. 초등학교 교실에서 일어나는 이런 모습 하나하나가 어린 마음을 생명을 억압하고 두려움에 떨게 하고 자아를 찾지 못하는 사람으로 자

라나게 한다.

글쓴이가 아이들을 마음 깊이 이해하고 사랑하는 초등학교 교사이기에 자신이 속한 사회에서 일어나는 이런 억압을 세세하게 보여줄 수 있다고 생각한다. 그리고 단순히 억압의 모습을 보여주는 데서 끝나지 않고 아이들이 어떻게 스스로 그런 억압에서 해방되는 길을 찾아내는 지도 보여주고 있다. 그래서 아이들이 글 속에 나오는 아이들을 자기들 모습으로 여기며 함께 아파하고, 함께 즐거워하면서 해방감을 느끼게 된다.

사실 어떤 어려움 속에서도 실낱 같은 희망만 보이면 살고 싶어 하는 게 무릇 모든 생명체들 본능이다. 스스로 생각하기에 어떤 희망도 보이지 않을 때, 어떤 탈출구도 찾을 수 없다고 지레 좌절하는 순간 자살하게 된다. 어려서부터 이처럼 억압에서 벗어나는 경험을 하고, 스스로 해방 공간을 창조하는 아이들을 사랑의 마음으로 인정해 줄 필요가 여기에 있는 것이다.

멀리서 온 귀한 손님

전영재 글
김창희 그림
마루벌

하루하루 똑같은 날이 이어지는 것이지만 그 날을 한 주, 한 달, 한 해, 십 년, 백 년으로 나누어 생각하는 사람들 버릇은 수천 년 이어내려와 몸에 배인 것이다. 해마다 묵은해를 털어버리고 새해를 맞이하며 또 다시 희망을 품어보는 것도 지구촌 어느 곳에 사는 사람들이나 모두 비슷한 문화다. 그 희망이야 새해를 맞이하는 사람들마다 처지에 따라 다 다르겠지만, 우리 겨레가 지난 반세기 동안 품어온 희망은 한반도 통일과 평화다. 우리 겨레의 희망은 20세기 전반부는 독립이 희망이었고, 20세기 후반부는 통일과 평화다. 20세기 후반 50여 년 동안 우리 겨레가 살아가는 삶의 터전 한반도가 반 동강이 나서 질러대는 절규는 비단 사람들뿐 아니다. 한반도에서 함께 살아가야 할 작고 큰 동식물과 벌레들까지도 같이 겪어온 아픔이고, 이 산 저 산 허리마다 누워있는 바위까지도 총탄 자국에 눈물을 담아낸다.

'자연과 나, 희망의 땅 비무장 지대'라는 소제목을 달고 있는 이 책은 바로 이러한 한반도에 사는 동식물에 대한 이야기다. 전쟁과 죽음을 상징하는 땅, 비무장 지대에서 살아가는 동식물 가운데서 해마다 그 땅을 찾아오는 자연의 손님들을 관찰하고 그려낸 그림책이다. ≪멀리서 온 귀한 손님≫이라는 제목으로 짐작할 수 있듯이 이 책은 정말 멀리서 해마다 찾아오는 수많은 철새들, 수만 마리의 기러기와 전 세계 두루미의 3분의 2가 찾아온다. 무엇보다 세계에 500마리밖에 남지 않았다는 귀한 호사비오리가 찾아드는 곳임을 보여주는

책이다. 겨울이면 온통 새들의 나라가 되는 비무장 지대는 하늘을 까맣게 뒤덮는 독수리와 까치가 먹이다툼을 벌이는 살아있는 땅임도 보여주고 있는 책이다. 그리고 두루미와 두루미 춤, 동래학춤의 관계를 통해 새와 우리 겨레가 함께 살아왔듯이 새는 앞으로도 함께 살아가야 할 대상임을 보여주고 있다.

이런 책은 세계에서 유일하게 남아있는 분단국 철책선 사이 사람이 갈 수 없는 죽음의 땅에 대한 생각을 바꾸고 싶은 작은 희망의 편지다. 그 희망이란 비무장 지대가 20세기에는 전쟁과 죽음을 상징하는 말이었지만 21세기에는 평화와 희망을 상징하는 말로 바꾸는 것이다. 비무장 지대라는 말이 언젠가 우리 겨레와 세계 모든 사람들 마음에 사람과 자연의 평화를 상징하는 말로 자리잡을 때, 그렇게 바꿔냈을 때 한반도는 평화를 맞이할 수 있기 때문이다. 이 책은 이런 관점에서 비무장 지대를 생태 평화지역으로 만들자는 꿈을 알리는 책이고, 이 땅에 사는 어린이와 어른 모두한테 권하고 싶은 새해 희망의 편지다.

멀리서 온 귀한 손님

모기는 왜 귓가에서 앵앵거릴까?

∎ ∎ ∎ ∎ ∎ ∎ ∎

버나 알디마 글
리오 딜런·다이앤 딜런 그림
김서정 옮김
보림

한여름 무더위를 피해 산이나 바다로 간 사람들이 겪는 어려움 가운데 하나가 아마 모기일 것이다. 열흘 전 어린이도서연구회에서 마련한 동화읽는 교사모임 연수를 계룡산 기슭에서 했다. 저녁에 뒷마당에서 책 읽고 할 수 있는 여러 가지 활동을 직접 해 보는 시간이 있었다. 학교에서 어린이들과 직접 할 수 있는 활동이라 선생님들이 아주 열심히 즐겁게 참여했다. 모기들이 발과 팔과 얼굴에 달려들어 무는 통에 연신 자기 몸을 찰싹찰싹 때리면서도. 활동 시간을 끝내고 내려오면서 모기도 생명인데 문다고 때려죽이면 되겠냐는 둥 이런 저런 이야기가 많았다.

이 책은 서아프리카 사람들이 모기가 귓가에서 앵앵거리면 찰싹찰싹 때려죽이는 까닭을 쓴 옛이야기다. 어느 날 아침 모기가 작은 샘에서 물을 마시고 있는 이구아나한테 허풍을 떨었다. 어떤 농부가 고구마를 캐는데 나만큼이나 큰 고구마를 캐더라면서. 이구아나는 그런 헛소리를 듣느니 차라리 귀를 막겠다면서 나뭇가지로 두 귀를 막아 버린다. 나뭇가지를 두 귀에 꽂고 가는 이구아나를 본 비단뱀이 자기한테 주문을 거는 줄로 오해하면서 숲 속에는 작은 소동이 이어진다. 그리고 그 소동이 점점 커져서 올빼미 새끼가 죽는다. 사자가 회의를 소집하고, 올빼미 새끼가 죽은 까닭을 찾아 거슬러 올라가다 보니 마침내 모기의 헛소리에까지 이르게 된다. 그때부터 모기는 사람들 귓가를 맴돌면서 아직도 나한테 화가 나있냐고 앵앵거리면 아주 솔직한 대답이 돌아오

는데, 바로 '찰싹'이라는 것이다.

우리보다 모기한테 훨씬 더 시달리면서 살아온 아프리카 사람들도 당장 아프게 물고, 피를 빨아 먹으니까 찰싹 찰싹 때려죽이기는 하지만 한 생명을 죽이는 것이 마음에 걸리니까 이런 이야기를 지어냈을 터이다. 짧은 옛이야기지만 사람들 간에 혼란과 다툼이 일어나는 까닭을 잘 보여 준다. 쓸데없는 자만이나 오만 때문에 내뱉은 거짓말이 다른 사람들한테 얼마나 큰 피해를 주는지, 또 다른 사람의 말이나 행동을 잘 보지 못하고 성급하게 오해를 하는 것이 얼마나 어리석은 일인지를 생각하게 해 준다. 등장인물들의 말과 행동을 점점 보태면서 되풀이하는 구조와 독특한 아름다움을 느끼게 하는 그림이 인상적이다. 저학년 어린이부터 읽어도 좋은 책이다.

무지개꽃이 피었어요

마이클 그레니엣 글·그림
길지연 옮김
국민서관

미술 시간에 색연필로 무늬 꾸미기를 하는데, 교실 한쪽에서 갑자기 우당
탕하면서 다투는 소리가 났다. 한 아이가 자기 뒤 아이 색연필통을 집어던지
자 색연필 주인이 벌떡 일어나면서 책상을 앞으로 밀어버린 것이다. 둘이 금
방이라도 엉겨붙을 듯이 노려보면서 씩씩대고 있다. 왜 싸우냐고 물으니 '얘
가 제 색연필을 막 가져갔잖아요' 한다. 그러자 앞자리 아이가 더 큰 소리로
'색연필을 안 가져왔단 말이에요!' 하고 소리친다. '색연필을 안 가져왔으면
친구 색연필을 막 가져가도 되나? 안 가져왔으니 빌려줄 수 있겠냐고 먼저 허
락을 받아야지' 하니까 '앤 빌려달라고 해도 안 빌려준단 말이에요'라며 씩
씩거린다.

이렇게 아이들이 학교에서 다투는 까닭 대개가 아주 작은 일에서부터 시작
한다. 어른들 싸움도 대부분은 아주 작은 이기심에서부터 시작하듯이.

이 책은 이렇듯 우리 생활에서 흔히 볼 수 있는 아주 작은 이기심보다 아주
작은 이타심에서 출발하는 한 포기 꽃과 그 꽃한테 도움받는 친구들 이야기
다. 이 아름다운 이야기는 긴 겨울을 이겨내고 돌아난 무지개꽃이 해님을 보
면서 '이 기쁨을 나누어 주고 싶어요'로 시작한다. 무지개꽃은 웅덩이를 건너
가야 하는 개미한테 '내 꽃잎을 한 장 따 가렴', 파티에 입고 갈 옷이 없어 시
무룩해 있는 초록도마뱀한테 '그럼 내 꽃잎 중에서 어울리는 색이 있으면 골
라 봐', 더워서 헉헉거리고 있는 쥐돌이한테 '그럼 내 꽃잎을 따서 부치면 어

떨까?', 딸 생일 선물을 구하지 못해 걱정하는 파랑새한테 '내 꽃잎 중에서 따님이 좋아하는 색이 있나요?', 비가 와서 걱정하는 고슴도치에게 '내가 뭘 도와줄 수 있을까요?' 한다. 무지개꽃 도움을 받은 그들은 긴 겨울 내내 무지개처럼 아름다운 그 마음을 생각하고, 새 봄이 되어 무지개꽃이 다시 피었을 때 해님은 무지개꽃을 반갑게 맞이한다.

　무지개꽃처럼 내가 가진 것 중에서 친구들에게 필요한 것이 있으면 나눠줄 수 있는 작은 행동이 교실 평화의 첫걸음이고, 이 세상 평화의 바탕이 된다. 그런데 우리 반에서 싸운 두 아이를 볼 때 자기 것을 나눠쓰는 마음도 중요하지만 그보다 한 걸음 먼저 남한테 나눠달라고 말하는 태도다. 자기한테 없다고 무조건 남의 것을 갖다 쓰고, 안 빌려준다고 색연필을 집어던지는 태도를 고쳐야 한다. 이 책을 볼 때도 어린이들한테 나눠주는 행동과 동시에 무지개꽃한테 자기 형편을 정중하게 말하는 친구들 말을 유심히 볼 수 있도록 이끌어야 한다. 우리 아이들이 자기 형편을 정중하고 솔직하게 말하고, 부탁하는 마음과 태도를 길렀으면 좋겠다.

바위나리와 아기별

마해송 글
정유정 그림
길벗어린이

몇 년 사이에 어린이 책, 그 가운데서도 낮은 학년 어린이들을 겨냥한 창작
동화가 많이 출판되고 있다. 언뜻 반가운 일인 듯하지만, 현실은 꼭 그렇지만
도 않다. 큰 서점에 나가 보면 넘쳐나는 어린이 책 때문에 오히려 좋은 책 찾기
가 더 어렵다. 포장만 낮은 학년 아이들을 대상으로 하는 것처럼 그럴듯하게
꾸민 책들이 너무 많기 때문이다.

얼마 전 시내 큰 서점에서 우리 창작동화로 좋은 평을 받고 있는 ≪바위나
리와 아기별≫이 보이기에 판수를 살펴보았다. 최근에 찍는 횟수가 초기보다
많이 줄어든 것 같았다. 우리나라 최초로 나온 창작동화이기도 하지만 외로운
바위나리를 생각하는 아기별 마음이 참 따스하다. 슬프면서도 아름다운 동화
다. 그런데 마구 쏟아지는 책들 때문에 정작 우리 아이들한테 따스한 마음과
어려운 이웃이 내는 아픈 소리를 들을 수 있는 귀를 열어주는 이런 동화들이
묻혀버리는 것 같아서 씁쓸했다.

따뜻한 남쪽 나라 바닷가 모래밭에 홀로 핀 오색 꽃 바위나리는 동무가 하나
도 없어 슬프게 운다. 그 외롭게 우는 소리가 멀리멀리 퍼져 남쪽 하늘에 맨 먼
저 뜬 아기별 귀에까지 들렸다. 아기별은 '누가 저렇게 슬프게 울까 내가 가
서 달래주어야겠다'고 생각한다. 이렇게 해서 아기별은 밤마다 바위나리를 찾

아와 놀다 가게 되었다.

　그러던 어느 날 바위나리가 아프게 되고, 옆에서 돌봐주던 아기별이 하느님 노여움을 사서 하늘나라에서 쫓겨난다. 그 후 바위나리는 해마다 바닷가에 다시 피어나고, 하늘나라에서 쫓겨난 아기별은 바다 물속에서 한때 잃었던 빛을 찾아 환하게 빛난다. 슬픈 이야기지만 다 읽고 나면 마음이 따스해진다.

　이렇게 아름답고 따스한 사랑의 마음이 담긴 작품을 최초의 창작 동화로 갖고 있다는 것은 우리 겨레의 복이기도 하다. 1923년 〈샛별〉에 발표 된 뒤로 여러 잡지에 실렸고, 단행본으로도 출판되었고 초등학교 교과서에도 실렸다. 그러다 1998년에 길벗출판사에서 그림을 새로 그려서 낮은 학년 어린이들이 보기 좋게 출판했다.

　나보다 조금이라도 약하거나 외롭게 보이는 아이한테 아기별처럼 좋은 동무가 되어주지는 못할망정 오히려 괴롭히는 아이들이 많아지는 요즘이기에 이 동화를 더욱 여러 아이들이 읽었으면 좋겠다.

변신

로렌스 데이비드 글
델핀 뒤랑 그림
고정아 옮김
보림

내가 어릴 때 살았던 강원도 원주에는 쌍다리가 있다. 그래서 부모님 말을 안 듣고 떼를 쓸 때, 또는 동네 아주머니들이 모여서 일하다가 심심풀이로 '너는 쌍다리 밑에서 주워온 아이'라고 놀렸다. 그런 말을 들은 아이들은 겉으로는 아니라고 우기지만 그래도 속으로는 혹시나 싶어서 어머니 눈치를 살피게 된다. 쌍다리를 지나갈 때면 다리 밑에 사는 거지들을 내려다보면서 '정말 나를 저기서 주워다 기르고 있나?' 하는 걱정을 하게 된다. 그러다 간혹 부모님들이 나를 이해하지 못하고, 내 말을 들으려고도 하지 않고 야단을 칠 때는 부모님이 나를 하나도 사랑하지 않는 것 같아 불안하기 짝이 없다. 그래서 어린이들은 끊임없이 자신이 사랑받고 있음을 확인하고 싶어 한다. 자기 자신이 누구인지? 지금 부모가 나를 낳아준 부모가 맞는지? 정말 나를 사랑하고 있는지 확인하고 싶어 한다. 그리고 그때마다 마음으로 믿게 되었을 때 비로소 안정감을 찾는다.

이 책의 주인공 초등학교 2학년짜리 그레고리 샘슨도 그런 어린이다. 날마다 소원이 다르고, 부모님이나 친구들이나 선생님 관심과 사랑을 확인하고 싶다. 그 모든 것들이 확실하지 않아 불안하다. 그런데 어느 날 아침 눈을 떠 보니 커다란 딱정벌레로 변신해 있는 자신을 보게 된다. 얼마나 황당하고 놀랍겠는가? 아침을 먹으러 내려갔는데 부모님은 자기가 어떻게 변했는지에 대해 전혀 관심이 없다. 선생님도, 친구들도, 여동생까지도. 그런데 다행스럽

게도 단짝 친구 마이클만 자기가 딱정벌레로 바뀐 것을 알아보았다. 자기가 바뀐 것을 알아주는 친구가 한 명이라도 있어 그레고리는 너무나 좋았다. 같이 도서관에 가서 백과사전을 찾아 자기가 무슨 벌레로 변한 것인지도 알아보고, 사람으로 다시 돌아올 방법을 생각해 본다.

식구들한테 자기가 바뀐 것을 알리려고 학교에서 오자마자 오후 내내 천정에 매달려있다. 결국 방에서 안 나오는 아들을 찾으러 온 아버지한테 딱정벌레로 바뀐 자기를 확인시킨다. 놀라서 쫓아온 어머니한테도, 그리고 여동생한테도. 샘슨은 식구들이 자기 모습을 싫어하지 않을까 걱정이 태산 같다. 그런데 부모님이 '네가 어떻게 변해도 우리는 늘 너를 사랑한단다. 사람이건 벌레건 말이야.'라면서 뽀뽀를 해 주신다. 안심하고 잠이 든 다음 날 아침에 샘슨은 말짱한 사람 모습으로 되돌아 왔다. 부모와 자녀가 함께 이 그림책을 보면서 따뜻한 이야기를 나눈다면 어떤 어린이도 벌레로 변신하지는 않겠지?

별을 사랑하는 아이들아

윤동주 글
조경주 그림
신형건 엮음
푸른책들

태양을 사모하는 아이들아
별을 노래하는 아이들아
밤이 어두웠는데
눈 감고 가거라
가진 바 씨앗을
뿌리면서 가거라
발부리에 돌이 채이거든
감았던 눈을 와짝 떠라…….

윤동주가 쓴 동시 일부다. 북간도 용정 명동촌에서 태어나 민족혼을 키우며 어린 시절을 보냈던 윤동주는 29살이라는 젊은 나이에 일제 감옥에서 생체 실험을 당하다 해방을 불과 6개월 앞두고 세상을 떠났다.

이 시는 일본제국주의 침략에 나라를 빼앗겨 어둡고 괴롭더라도 밝은 해를 사모하고, 밤하늘을 아름답게 수놓는 별을 사랑하는 아이들이 있다면 우리 겨레의 앞날에 희망이 있다는 내용이다. 그러니 어두운 길을 비록 눈감고 걷더라도 자신이 가지고 있는 씨앗을 뿌리면서 가면 나중에 그 씨앗이 싹틈을 볼 수 있을 것이라는 희망을 담고 있다.

　윤동주가 쓴 작품은 많지 않다. 작품집도 ≪하늘과 바람과 별과 시≫라는 시집이 한 권 있다. 그나마 그가 살아 있을 때는 내지 못한 시집이었다. 연희전문학교를 졸업할 즈음에 졸업 기념으로 내려고 하다가 일제 경찰의 검열을 통과할 수 없을 것 같아 손으로 써서 세 권을 만들어 자신이 한 부 갖고, 스승과 동무 한 사람한테 나눠주었던 것을 해방이 되자 출판한 것이다.

　≪별을 사랑하는 아이들아≫는 윤동주가 중학교 때부터 연희전문학교 다닐 때까지 꾸준히 쓴 동시를 모은 책이다. 일부 시는 '카톨릭 소년'에 발표되기도 하였다. 윤동주 동시는 그가 쓴 다른 시들처럼 참 맑고 깨끗하다. 그래서 읽고 나면 내 마음까지 맑고 깨끗해지는 느낌이 든다. 그리고 윤동주가 쓴 동시를 읽다보면 어디서 본 듯한 동시도 꽤 있다. '별을 사랑하는 아이들아'나 '산울림'처럼 입에서 입으로 떠도는 노래 가사에 들어 있기도 하고, '오줌싸개 지도'처럼 그 후에 다른 동시 작가들이 엇비슷하게 흉내 내어 쓴 동시들이 많기 때문이다. 이 책을 통해 우리 겨레 아이들 가슴에 별처럼 빛나는 맑고 깨끗한 윤동주 동시가 담겨지기를 바란다.

보리타작 하는 날

윤기현 글
김병하 그림
사계절

이웃집에 초등학교 1학년에 입학한 남자 아이가 있었다. 꽤 개구쟁이다. 골목 담에 낙서는 기본이다. 하수구에 빠진 죽은 쥐를 꺼낸다고 막대기로 휘젓다가 어머니한테 머리를 쥐어 박히기도 하고, 툭하면 자동차 위에 올라가 뛰어놓아서 골목에 세워놓은 차들이 성할 날이 없다. 그 아이 부모가 시골로 체험 학습을 보내고 싶은데 어떻게 하면 되냐고 물었다. 시골에 사는 친척집에 보내서 자연 속에서 뛰어 놀게 하고 싶다고 한다. 그리고 아이가 그곳 생활을 좋아하면 내년에는 아예 이사를 가고 싶다고 한다. 가려고 하는 곳 환경을 물어보니 그 아이한테 알맞은 동네 같다. 아주 좋은 생각이라고 격려해 주고, 학교에 체험학습 신청 하는 방법과 절차를 자세히 일러주었다. 이제 그 아이는 담벼락보다는 맨 흙 위에 낙서를 할 수 있고, 냄새나는 하수구가 아니라 맑은 냇물에서 놀 수 있고, 자동차 위가 아니라 넓은 들판에서 뛰어 놀 수 있을 것이다.

이 책은 초등학교 저학년을 대상으로 펴낸 책으로 농촌에 사는 아이들 생활 모습을 담아냈다. 석이와 현이라는 두 형제가 시골에서 살아가는 모습과 그 아이들 눈으로 보는 시골 사람들의 삶을 잔잔하게 보여주고 있다. 비 오는 날 마루 끝에 앉아 추녀에서 떨어지는 빗방울을 바라보고, 마당 빗물에 동동 떠내려가는 물방울을 바라보면서 두 형제가 토닥거린다. 보리타작하는 날 들판에서 콤바인 뒤를 쫓아다니며 작은 일이라도 거들고, 냇가 모래밭에서 모래성

을 쌓으며 놀고, 발가벗고 물속으로 뛰어들고, 추석 잔치에 흥겨워 한다. 그러면서 가을이 깊어가고, 아이들 마음도 감처럼 영글어 간다.

　감성이 메말라가는 도시 아이들 때문에 마음이 울적해질 때는 나도 모르게 이 책으로 손이 간다. 아이들이 어릴 때 냇가와 들판과 숲 속에서 자연이 속삭이는 소리를 들을 수 있고, 시원한 바람을 느낄 수 있고, 따뜻한 햇볕에 온몸을 내맡겨봐야 하는데⋯⋯. 이런 생각이 들게 하는 책이다. 책으로 시골을 온전하게 느낄 수는 없겠지만 그래도 이 책을 읽는 아이들이 올 여름에는 시골에 가서 놀고 싶다는 마음이 생길 수 있겠다. 어린 시절을 온통 도시에서만 자라 빌딩 골목이나 자동차가 없는 시골에 가면 불안하다는 사람이 늘어나는 세상이라 이런 책이 더 소중하게 느껴진다.

비나리 달이네 집

권정생 글
김동성 그림
낮은산

인류가 절대 해서는 안 될 것이 전쟁이다. 국가와 국가, 민족과 민족, 종교와 종교 사이에서 끊임없이 일어나는 전쟁은 사람을 비롯한 수많은 생명체들을 위협한다. 사람이 만든 칼이나 총 같은 차가운 쇠붙이들이 자연이 만든 따스한 생명체들을 다치게 하고, 아픔과 슬픔을 준다. 아픔과 슬픔을 주는 것은 비단 전쟁뿐이 아니다. 우리들 생활 곳곳에서 차가운 쇠붙이들이 만들어 내는 아픔과 슬픔이 존재한다.

《비나리 달이네 집》은 전쟁을 겪으며, 전쟁에 온몸으로 저항하는 삶을 살아온 글쓴이가 평생 소망해 온 평화로운 세상을 꿈꾸는 이야기다. 주인공은 신부 자리를 떠나 농사를 지으면서 살아가는 한 아저씨와 조그만 달이라는 이름으로 불리는 강아지다. 아저씨는 전쟁의 고통을 직접 경험하였고, 달이는 사람이 산짐승을 잡으려고 만든 덫에 한쪽 다리를 잘렸다. 둘 다 생명을 위협하는 차가운 쇠붙이에 대한 아픔과 슬픔을 가슴 속에 담고 살아간다. 나아가 그러한 아픔과 슬픔을 이겨내고 평화로운 사회에서 살기를 소망한다. 사람이 만든 차가운 쇠붙이에 빼앗긴 다리 한쪽이 다시 살아나 푸른 들판을 자유롭게 뛰어다니기를 소망한다.

"아빠, 아빠, 하느님이 많이 무서워?"

"아냐, 하느님은 안 무서워."

"그런데, 사람들은 미사 때 무서워서 조마조마해하던데……."

신부였던 아저씨와 달이의 이런 이야기는 하느님이 더 이상 사람한테 무서운 대상이 아니기를 희망한다. 하느님의 이름으로 더 이상 전쟁이 일어나지 않기를 소망한다. 그래서 하느님도 성당 안에만 있지 말고 찔레꽃 냄새, 아카시아 냄새가 날아다니는 들판에서 아저씨와 달이와 함께 평화롭게 살았으면 좋겠다고 한다.

이 동화를 읽어주는 어른과 이 동화를 읽는 어린이들 가슴에 더 이상 전쟁은 없어야 한다. 차가운 쇠붙이를 우리 삶에서 버려야 한다는 생각의 씨앗이 바람따라 날아오는 민들레 씨앗처럼 보인다.

뻘 속에 숨었어요

．．．．．．

도토리 기획
이원우 그림
보리

서울시 교육청에서 운영하는 대천 임해수련원에서 해양지도교사 연수를
받을 때였다. 썰물이 멀리 빠져나간 아침, 바닷가를 맨발로 걷는 느낌이 상
쾌하기 그지없었다. 방금 물이 빠져나간 모래밭 위로 하얀 김이 안개처럼 발
목까지 휘감았다. 아직 남아있는 바닷물에 발바닥이 시원했고, 바닷물 위로
촘촘히 서 있는 대롱들이 발바닥에 밟히는 감촉이 간질간질했다. 갯벌 쪽으
로 갈수록 그 연한 풀 대궁 같은 대롱들이 더 촘촘히 늘어서 있었다. 마치 갈
색 풀밭 같았다.

  문득 이렇게 많은 생명들이 저 밑에서 어떤 모습으로 있을까 궁금했다. 바
닷물이 다시 들어오기를 기다리면서 한숨 자고 있을지, 아니면 그 좁은 대롱
끝에서 숨구멍을 짓밟고 지나가는 커다란 짐승들 때문에 두려움에 떨고 있을
지. 무심코 밟고 지나가다 갑자기 미안한 마음에 움찔했다. 조금이라도 덜 다
치게 조심스레 살펴보면서 걸었다. 내가 대롱들을 유심히 보면서 걸으니 옆
에서 걷던 여선생님 한 분이 이 대롱들이 뭐냐고 물었다. 갑자기 질문을 받으
니 생각이 안 났다. 오래 전에 아이들 데리고 갯벌 체험학습을 갔을 때 파보기
도 했고, 대롱 모양에 따라 다른 여러 가지 이름을 배웠는데 갯지렁이밖에 생
각이 나지 않았다.

그래서 집에 돌아와 바닷가 생물에 대한 책을 찾아보았다. 이 책은 갯벌에 사는 여러 가지 생물들을 여덟 폭 병풍 모양으로 죽 펼쳐놓고 볼 수 있게 하였다. 뻘 위와 속까지 볼 수 있게 단면으로 그렸기 때문에 그 속에 살고 있는 생물을 쉽게 알아볼 수 있다. 살펴보니 대롱 속에 사는 생물은 갯지렁이가 맞다.

이제 곧 여름 방학이 된다. 그래서 아이들한테 여름 방학 계획을 세워보라고 했더니 가족 여행으로 바닷가에 가는 아이들도 있고, 계곡으로 가는 아이들도 있다. 바닷가로 가는 아이들은 이 책처럼 바닷가 생물을 쉽게 알아볼 수 있는 책 한 권 정도는 짐 속에 넣어 가면 좋겠다. 바다로 간다면 어린이 갯살림, 계곡으로 간다면 냇물에 뭐가 사는지 알려주는 어린이 들살림에 관한 책을 들고 가기를 권하고 싶다.

뽀끼뽀끼 숲의 도깨비

이호백 글
임선영 그림
재미마주

도깨비는 우리 겨레와 오랫동안 함께 살아온 존재다. 도깨비가 태어나는 과정은 유럽 옛이야기에 나오는 여러 가지 요정이나 일본 옛이야기에 나오는 오니와 다르다. 요정이나 오니나 트롤과 달리 도깨비는 사람과 자연이 주고받는 교감으로 태어난다. 사람이 오래 쓴 몽당비나 도리깨나 부지깽이나 장롱 같은 낡은 물건이 도깨비가 되기 때문이다. 사람 손때를 오래 탄 낡은 물건들이 밤에는 도깨비가 되었다가 낮에는 다시 물건이 된다.

황선미가 쓴 《샘마을 몽당깨비》가 옛이야기에 맞춰서 충실하게 태어난 도깨비라면 권정생이 쓴 《밥데기 죽데기》는 옛이야기를 조금 바꿔서 태어난 도깨비다. 이호백이 쓴 《뽀끼뽀끼 숲의 도깨비》는 옛이야기에 속에 살던 도깨비들하고는 다르게 태어난 새로운 현대판 도깨비들이다.

이 책에 태어난 도깨비들은 아주 작은 도깨비와 아주 큰 도깨비로 나뉘어 있다. 뽀끼뽀끼 숲에 사는 도깨비들은 깨알같이 작은 꼬마 도깨비들이고, 뭉기뭉기 숲에 사는 도깨비들은 아주 큰 도깨비들이다. 두 도깨비들이 서로 얽히고 설키면서 장난친다. 서로 잡아먹기도 하고 잡아먹히기도 하면서 난리를 친다. 잡아먹어도 잡아먹힌 쪽이 죽어서 잡아먹은 쪽 몸이 되는 게 아니라, 둘이 한 몸에서 자기 정체성을 갖고 고스란히 살아 있다. 그 도깨비들이 꼬마덩찌 도깨비들이다. 그러니 이름이 자꾸 길어지고, 결국 모두가 하나가 되어서 아

주 긴 이름이 되고 말았다. 그래서 그 이름 첫 자와 가운데 자와 끝 자를 따서 '도깨비'라는 이름이 생겼다는 것이다.

　새로 쓴 도깨비 유래담이라고 할 수 있는데, 초등학교 저학년 어린이들과 말놀이를 하기 좋은 책이다. 이 책에 나오는 스물세 가지 도깨비 이름처럼, 우리 생활에서 감정이나 행동을 나타내는 말을 조금씩 바꿔 만들어 도깨비 수를 늘리는 말놀이를 할 수 있다. 짝이나 모둠끼리 누가 더 그럴듯한 새로운 도깨비 이름을 빨리 만들 수 있을까 놀이를 해도 좋겠다. 또 낮은 학년 어린이들한테 사물 크기에 대한 상대성 개념을 가르칠 때 먼저 읽어주면 좋겠다.

사물놀이 이야기

■■■■■■■

김동원 글
곽영권 그림
사계절

우리 겨레가 만들어 낸 신명이라면 풍물놀이를 빼놓을 수 없다. 수천 년 동안 새해맞이를 비롯해 좋을 때마다 신명나게 놀았던 풍물놀이 악기는 꽹과리, 징, 장고, 북, 태평소, 소고, 나발 등이다. 풍년이 들어도 풍물놀이를 즐겼고, 전쟁터에서도 풍물놀이에 쓰던 악기들이 앞장서 사기를 북돋웠다. 이처럼 풍물놀이는 우리 겨레가 수천 년을 이어오는 힘을 살려준 문화라고 할 수 있다.

1978년, 유신독재가 점점 더 가혹하게 사람들 삶을 옥죄일 때 김덕수를 비롯한 국악기 연주자 네 명이 모여 새로운 공연물을 만들었다. 풍물놀이 악기 가운데서 네 가지를 골라 만들었다고 해서 '사물놀이'라 이름 붙이고 공연하기 시작했다. 80년대 민주화운동을 하던 사람들이 사물놀이를 즐겨 배웠고, 사물놀이는 항상 행사장 맨 앞머리에서 신명을 돋우었다. 그리고 지금은 우리나라를 대표하는 공연문화로 세계 속에 당당하게 자리매김하게 되었다.

이 책 ≪사물놀이 이야기≫는 바로 이런 풍물, 사물놀이에 담긴 뜻, 우리 겨레가 간직해 온 생각과 정신을 새롭게 드러내 보여 주기 위해 만든 그림책이다. 우리 겨레가 꿈꾸던 소망을 담아내 새로 쓴 옛이야기다. 옛이야기 전통을 잘 이은 창작동화라고 할 수 있다.

백두산 아래 착한 사람들이 살았다. 어진 임금님과 씩씩한 두 아들과 두 딸이 있었다. 그런데 어느 날 잿빛귀신들이 쳐들어와 세상을 온통 뒤죽박죽으로 만들고, 온 세상에 고통과 슬픔이 가득 차게 하였다. 두 아들과 두 딸이 죽

음을 무릅쓰고 천지사방으로 나가 네 신으로부터 네 가지 신물을 받아온다. 받아온 신물이 내는 소리를 온 세상이 다 듣도록 신명나게 친다. 그 소리 힘으로 온 세상 사람들과 자연이 함께 신명을 내서 잿빛 귀신을 몰아낸다. 나아가 온갖 더러움을 씻어내서 세상을 바로잡고 평화를 되찾는다는 줄거리다. 이야기도 통쾌하고 그림 또한 볼수록 장엄하다.

　이 책에서는 사람들이 온갖 힘을 모으고, 하늘의 도움을 받아 잿빛 귀신들을 물리친다. 그러나 잿빛귀신들은 언제고 다시 밝은 세상을 차지하려고 꿍꿍이를 하고 있다. 이건 신화나 동화 세계에만 있는 일이 아니라 바로 사람 사는 세상 이야기다. 우리 사회에서 잿빛 귀신이 더 이상 밝은 세상을 침범하지 못하기를 빌어본다. 이 책에서 잿빛 귀신을 무력이 아닌 음악으로 물리쳤듯이 신명나는 소리로 평화를 이룰 수 있도록 온 세상 사람들이 더욱 신명을 내면 좋겠다.

산골총각

백석 글
오치근 그림
산하

우리 반 아이가 원뿔대의 전개도를 묻는 문제를 들고 와서 정답을 묻기에 주변에서 같은 모양의 물건을 찾아서 직접 오려 보라고 했다. 그런데 다음 날 와서 못 찾겠다고 한다. 주변에 많이 있으니 더 잘 찾아보라고 했는데, 다음 날 원뿔대 전개도라면서 들고 온 것을 내밀었다. 스스로 찾아본 것은 아니고 학원 선생님한테 물었더니 가르쳐 주었다고 한다. 옆에 있던 종이컵을 하나 주면서 직접 오려 원뿔대 전개도와 견주어 보라고 했다. 좀 어려워도 직접 해결하려는 마음이 필요한데, 요즘 아이들은 쉽게 정답만 맞추려고 한다. 이런 마음이 커지니까 수능 부정까지 당연하게 여기는 것이다.

대부분의 옛이야기나 동화의 기본 구조는 주인공이 문제 해결을 위해 서너 차례씩 되풀이하면서 앞으로 나아간다. 한번에 목표에 도달하거나 정답을 알게 되어 있지 않다. 백석이 새롭게 개척한 동화시 12편도 이런 구조를 잘 갖추고 있다. 그 가운데 한 편인 '산골총각' 주인공은 문제 해결을 위해 먼저 스스로 도전해 보고, 실패해도 좌절하지 않고 계속 도전한다. 산골총각은 사람들을 못살게 구는 백년 묵은 오소리를 이기는 방법을 찾기 위해 사방으로 물어보고 다니며 문제 해결을 향해 한 걸음씩 나아간다. 동쪽으로 가서 소한테도 물어보고, 서쪽으로 가서 장수바위한테도 알아보고, 남쪽으로 가서 늙은 영감한테도 배운다. 삶을 올바르게 살려면 정답만 알아서는 안 되고, 이렇게 끊임없이 배우면서 도전해야 한다.

　정지용과 함께 서정시의 쌍벽을 이루는 백석이 개척한 동화시는 문학 형식으로 보면 옛이야기와 동화의 가운데쯤 위치한다. 판소리와 닮은 면도 있다. 아쉽게도 그 이후로 계속 발전하지는 못했지만 우리 어린이 문학이 더 발전시켜야 할 문학 형식이다. 평안북도 정주가 고향이라 평안도 말과 요즘은 쓰지 않는 옛말, 씨름에서 쓰는 말이 일반인이나 초등학교 어린이들에게 낯설어 조금은 걸림돌이 되기는 하지만 그것 자체를 우리말을 더 공부하는 기회로 삼을 수 있다.

산골총각

새롬이와 함께 일기쓰기

이새롬 글
이성인 엮음
보리

初등학교 2학년을 담임하면, 1학년을 끝마치고 막 올라온 아이들이 노란 병아리 떼처럼 귀엽기만 하다. 그렇게 귀여운 아이들이 쓴 일기를 읽으면 즐거운 일도 많고, 교사로서 아이들 눈높이에서 배우는 것도 많다. 그런데 일기를 안 써 오는 아이들이 있다. 어떤 아이는 일기 쓰기가 힘들다고 써 왔다. 쓸게 없다는 거다. 어느 학년을 담임하던 해마다 겪는 일이다. 이쯤에서 아이들한테 읽어주는 책이 있다. ≪새롬이와 함께 일기쓰기≫다.

이 책은 새롬이라는 한 아이가 2학년부터 4학년까지 3년 동안 쓴 일기 가운데서 일기를 써야 하는 어린이와, 일기 지도를 해야 하는 어른들한테 보기 글로 보여주고 싶은 일기를 담임이 뽑아 엮은 책이다. 새롬이가 쓴 일기는 특별한 이야기들이 아니다. 집과 마을과 학교에서 보고들은 평범한 이야기들, 도시 어린이들 누구나 흔히 겪을 수 있는 일들을 썼다. 서점에 나와 있는 많은 아이들 일기 모음 가운데서 이 책에 있는 일기를 보기 글로 읽어주는 까닭이 바로 여기에 있다. 특별한 이야기가 아니라 아이들 누구나 자기 생활 주변에서 자주 볼 수 있고, 들을 수 있는 일들을 본 그대로 자세히 썼기 때문이다. 자기 생각이나 느낌을 비롯한 반성하는 말을 쓰기 위해 끙끙거리지 않았다. 오히려 자기가 보고들은 것들을 자세히 살펴보고, 자기 생각과 느낌을 더 잘 드러낸 일기다. 그리고 엮은이가 애써서 다양하게 뽑았겠지만 일기 소재와 문체도 다양하다.

　책 끝에 엮은이가 '어린이들에게'와 '학부모님께' 쓴 글도 일기를 쓰는 어린이와 일기를 잘 지도하고 싶은 교사와 부모들한테 좋은 지침이 된다. '일기는 왜 쓸까요?', '일기에는 무엇을 쓸까요?', '일기는 어떻게 쓸까요?', '새롬이 일기에서 무엇을 배워야 할까요?', '어린이일기를 어떻게 보고, 어떻게 가르쳐야 할까요?'는 읽을수록 그 의미가 새록새록 마음에 와 닿는다. 일기 쓰기에 대해 짧으면서도 핵심을 짚어준 글이다. 일기 쓰기가 어려울 때, 무엇을 어떻게 써야 할지 망설여질 때 이 책 아무데나 펼쳐서 서너 편을 읽어보고, 일기를 써 보자. 훨씬 쉬워질 것이다.

생쥐와 고래

윌리엄 스타이그 글·그림
이상경 옮김
다산기획

사는 공간과 방법이 전혀 다르다고 서로 우정을 나눌 수 없을까? 서로 도움을 주고받을 수 없을까? 하나는 아주 크고 힘이 세고, 다른 하나는 아주 작고 힘이 약하다고 서로 친구가 될 수 없을까? 서로 도와줄 수 없을까? 우리 사회가 함께 사는 사회로 나가기를 바라는 사람들은 이런 질문을 끊임없이 하게 된다. 이런 다름이 개인과 개인, 집단과 집단을 가로막는 벽이 될 때가 많기 때문이다. 이런 다름의 벽을 넘어 서로를 이해하고 존중하는 사회를 꿈꾸는 손바닥만한 동화책이 있다.

'생쥐와 고래'는 그런 벽을 넘어서는 마음의 눈을 열어주고 싶은 소망이 담긴 작품이다. 생쥐는 작은 젖먹이 동물로 뭍에 산다. 고래도 가장 큰 젖먹이 동물이지만 바다에 산다. 바닷가에 살던 생쥐 아모스가 바다 저편의 세계가 어떻게 생겼는지 궁금하여 배를 만들어 타고 나갔다가 폭풍을 만나 바다에 빠진다. 망망대해에서 표류하게 된 아모스는 이러다가 바다에 빠져 죽는 게 아닐까? 얼마나 무서운 기분이 들까? 내 영혼은 천당에 갈 수 있을까? 천당에도 생쥐들이 살고 있을까? 이런 무섭고도 슬픈 생각을 하고 있을 때 커다란 고래가 나타난다. 고래 보리스는 처음 보는 동물한테 관심을 갖는다. 자기와 같은 젖먹이 동물이면서도 전혀 다른 곳에서 다른 방법으로 살고, 아주 작은 아모스의 처지를 이해하고, 등에 태워 고향으로 데려다 준다. 둘은 함께 여행하면서 서로에 대해 잘 알게 되고, 이해하게 되고, 믿게 되고, 깊은 우정을 느끼면

서 헤어진다. 헤어지는 자리에서 아모스가 보리스한테 생명을 구해줘서 고맙다면서 언제고 네가 어려울 때 도와주겠다고 한다. 보리스는 그런 일이 없을 거라고 생각했다. 그러나 뜻하지 않은 사건으로 보리스가 곤경에 빠지게 되고, 아모스가 구해준다.

크기와 사는 곳이 뚜렷하게 대비되고, 두 동물이 모두 아이들한테 친숙하고, 이야기 배경이 크고 아름다우면서 빠르게 진행하기 때문에 아이들이 좋아한다. 부모가 유아들한테 읽어주기도 좋고, 교사가 저학년 어린이들한테 들려주기에도 적당하다. 고래가 곤경에 빠진 부분까지 읽거나 들려주고 '이런 큰일이네. 보리스가 죽게 되었네? 아모스가 구해주겠다고 약속을 하고 숲으로 갔는데, 네가 생쥐 아모스라면 어떻게 도와줄 수 있을까?' 이야기를 나누면 참으로 여러 가지 방법을 생각해보는 기회가 될 것이다. 자신이 진짜 주인공이 된 마음으로.

서울 아이들

．．．．．．．

윤동재 글
박승순 그림
창비

어린이 교육과 인권 운동으로 평생을 살다 나치의 유대인 학살 때 자신이 가르치던 아이들과 함께 가스실에서 죽은 야누슈 코르착은 "어린이는 미래를 살 사람이 아니라 바로 오늘 여기에 사는 사람"이라고 했다. 아이들은 지금 여기에서 어른의 이해와 사랑과 믿음을 받아야 올바른 삶을 행복하게 살 수 있는 것이다. 그런데 요즘 우리 사회는 아이들의 미래를 위한다면서 현재의 삶을 황폐하게 만들고, 나아가 미래까지 빼앗고 있다.

'우리 엄마는 내가 학교 다니고부터는/ 점수 얘기 빼고 나면 해주실 얘기가 없나 봐요/ 점수에 행복이 있다고/ 점수에 내일이 있다고/ 점수란 점수는 다 따 모으래요/ 피아노 학원 다니게 하는 것도/ 음악 점수 때문이라 하고요/ 미술 학원 다니게 하는 것도/ 미술 점수 잘 받게 하기 위해서라나요/ 내가 받는 점수는 내 점수일 뿐인데/ 엄마는 내가 받는 점수가/ 엄마 체면을 깎기도 하고/ 세우기도 한다나요/ 그런데 우리 엄마 말대로 정말/ 점수에 행복이 있을까요/ 점수에 내일이 있을까요/ 그렇다면 난 그런 행복이 싫어요/ 그렇다면 난 그런 내일 싫어요.'

윤동재 시인이 쓴 「점수」라는 이 시는 소중한 자식의 모든 행동과 생활을 점수로 계산하는 어른들을 비판하고 있다. 아이들은 내일의 행복을 위해 시험공부만 해야 한다고 강요당하고, 오직 다른 아이들보다 높은 점수를 따기 위해 현재의 삶을 빼앗기고, 미래까지 잃어버리는 아이들의 현실도 잘 보여 주고 있다.

 시인이 이 시를 쓸 무렵만 하더라도 도시 아이들 이야기였는데, 요즘은 도시 아이들이나 시골 아이들이나 다를 바 없게 되었다. 이 시집은 병든 어른들 생각, 자연을 죽이고 세운 도시 환경 속에서 살아가는 아이들이 겪는 아픔과 고통과 갈등을 들여다보고 있다. 또한 자연과 사물의 정겨움과 아름다움을 살펴보고 있다. 시인은 아이들한테 가난 속에서도 오히려 빛나는 따스한 마음과 모든 생명 있는 것들에 대한 깊이 있는 이해와 끝없는 사랑을 가르쳐 주고 싶어 한다. 또 우리 아이들이 시 속에 나오는 아이들이 느끼는 슬픔과 고통과 기쁨과 꿈을 함께 나눌 수 있기를 바라고 있다.

선 따라 걷는 아이

. . . .

크리스틴 베젤 글
알렝 코르크스 그림
김노엘라 옮김
꿈교

"**와**아!"

그루가 작은 탄성을 낸다. 그루는 다섯 살짜리 남자 아이다. 11월 10일 첫눈이 내린 날이다. 첫눈이 그냥 내린 게 아니다. 아주 펑펑 쏟아져 내렸다. 9일 저녁에 변산 공동체에 가서 공동체 식구들과 학생들한테 영화 「몽실언니」를 보여주고, 10일 윤구병 선생님과 함께 내려온 글쓰기공부 모임 식구들하고 유명한 곰소 염전에 갔을 때다. 반듯반듯하게 나눠놓은 끝없이 넓은 소금밭 사이사이로 겨우 한 사람 걸어 다닐 수 있는 길이 있는데, 그 길에 하얀 눈이 쌓였다. 아주 반듯한 하얀 눈길이다. 그 소금밭 앞에서 그루가 까만 눈빛을 반짝이며 내지른 탄성이다. 그루는 글쓰기공부 모임 고순덕씨가 데리고 온 아이다. 아직 엄마는 저 뒤에서 주뼛주뼛 조심스레 소금창고 옆길을 내려오는데, 나하고 먼저 내려온 그루가 소금밭을 보자 내지른 한 마디, '와아!'는 더없는 감탄사다. 그렇게 한 마디 내뱉고 나를 올려다보는 까만 눈빛에 기쁨이 가득하고, 입가로 배시시 번지는 웃음빛깔이 참 곱다. '가도 돼?' 하는 눈짓이다. '그럼, 가도 되지' 속말을 하면서 고개를 끄덕였다. 그루가 소금밭 사잇길로 대뜸 발을 내딛으면서 "흐응, 따라라라" 흥얼거리며 두 팔을 춤추 듯 흔들흔들하며 뛰어간다.

"그루야, 조심해. 빠질라!"

그루 엄마가 큰 소리로 불러도 앞만 보고 뛰어간다. 나도 뒤따라갔다. 그루

가 소금밭에 빠질까 뒤따라가는데, 다섯 살 배기를 못 따라가겠다. 신명나게 달려가더니 십자로에서 멈춘다. '어디로 가지?' 하더니 윤구병 선생님이 서 있는 쪽으로 뛰어간다. 사방으로 나 있는 소금밭 사잇길로 너무나 즐겁게 돌아다닌다. 마치 하얀 선 위를 아장 아장 걷는 아기 오리처럼 보이다가, 갑자기 쪼르르 굴러가는 작은 구슬처럼 보이기도 한다.

　문득 '도대체 이 길이 그루 눈에는 어떻게 보이기에 저리도 좋아할까?'라는 생각이 들었다. 무릎을 굽히고 그루 키만큼 눈높이를 낮추어 바라보았다. 마치 까만 물감 사이로 길고 긴 하얀 선이 끝없이 펼쳐지는 것 같았다. 한 뼘 넓이 하얀 선이 주욱 뻗어 있고, 그 옆으로는 살랑살랑 흔들리는 물결선이 끝없이 펼쳐졌다. 물색은 투명한 까만색으로 보였다. 참으로 동적(動的)이면서도 정적(靜的)인 아름다움이었다. 그 선을 따라 걷고 뛰고 달리며 즐기는 그루 마음이 느껴졌다. 나도 저런 시절이 있었는데, 어느새 오십을 훌쩍 넘었다. 마치 그 하얀 선 위에 오십이 넘은 나와 다섯 살짜리 내가 같이 서 있다는 환상이 일어났다.

> 아이는 혼자서 / 놀이를 시작해 / 선 따라 걷기 놀이
> 선 밖으로 / 벗어나면 절대로 안 돼
> 그러다간 깊은 구멍으로 / 떨어지고 말 테니까

선 따라 걷는 아이

붉은 하늘에 노란 달, 아니면 해가 떠 있다. 땅은 까맣고, 그 위에 딱딱한 네 모들이 줄지어 서 있다. 정이라곤 느낄 수 없는 도시처럼. 곧게 뻗은 노란 길 위로 초록색 여자 아이가 부지런히 걸어가고 있다. 혼자서……. 그 노란 선은 다음 표지를 넘겨도 곧게 뻗어 있다. 고 작은 아이가 신나게 걷고 걸어 다음 장 에서 새로운 세계로 들어간다. 그 세상은 빨강색이 왼쪽으로 밀려나고, 빨강 색 해가 연두색 하늘에 달처럼 떠 있다. 검은 색이 화면 반 이상을 차지하고, 아이는 대각선 끝까지 올라가고 있다. 높은 산을 올라가느라 헉헉 내뿜는 입 김이 금방 터져 나올 것 같다. 노랑색 선은 마치 아이를 지켜주는 생명선 같다. 그 선을 따라 걷기 놀이를 하는 아이를 따라가다 보면, 독자는 아이가 선을 벗 어날까 봐, 선에서 굴러 떨어질까 봐 조마조마하다. 길이 물에 막혀 더 갈 수 없자 아이는 땅바닥에 선을 그린다. 선으로 상상의 나라를 그린다. 아이는 집 에 와서는 공책에 선을 그리며 논다. 꿈속에서도 선을 따라 논다. 그러다 기 어코 검은 구멍으로 떨어진다. 책장을 넘기는 순간, 새 빛으로 가득 찬 세상을 본다. 모든 걱정이 사라지고 가슴이 탁 트인다. 선이 없는 세상이다. 이제 작 은 아이는 선을 밟지 않는 놀이를 즐긴다.

읽을 때마다 '참, 좋다' 하기도 하고, '아, 이 장면은 이런 걸 의미하는구나' 하는 새로운 깨달음이 일었다. 처음에는 한 장 한 장 넘기면서 '아이가 선 밖 으로 떨어지면 어떡하지? 책에서 암시하는 깊은 구멍에 빠지면 어찌하겠다는 거지?' 하면서 읽어나갔다. 기어코 아이가 구멍에 빠지고, 아이가 만나는 그 다음 세상을 보는 순간 내 마음은 해방감과 함께 깊은 편안함을 느꼈다. 이렇게 단순한 색과 색, 선과 선, 간결한 말로 재미와 의미가 어우러진 책을 오랜만에 만났다. 무슨 선이 있거나 없거나 관계없이 땅과 하늘 사이에 즐거운 세상을 만들어 함께 뛰어노는 초록 노랑 빨강 주황색 아이들, 그 장을 펼칠 때마다 즐거움과 두려움이라는 벽을 한방에 허물어 버리는 해방된 세상을 느낀다.

올해 첫눈이 펑펑 내려서 염전에 만들어준 길고 긴, 사방으로 뻗어가는 하얀 선을 아무런 두려움 없이 즐기는 다섯 살 그루를 보면서 ≪선 따라 걷는 아이≫ 장면 장면이 내 마음에 다가왔다. 곰소 소금밭 하얀 선 위에서 즐겁게 뛰어다니는 아이와 그런 아이를 지켜보면서 조마조마해 하는 어른들을 보면서 ≪선 따라 걷는 아이≫에 담긴 의미가 새록새록 떠올랐기 때문이다. 내가 오십 여 년 걸어온 길을 돌아보면 길고 긴 선이다. 그러나 또 짧고 짧은 선이다. 인생이라는 선. 인생이란 어떤 때는 헉헉거리며 올라가는 선, 어떤 때는 빙글빙글 돌아가는 선, 어떤 때는 지그재그로 왔다리갔다리 하는 선이다. 그 위를 따라 뛰거나 달려왔다. 옆으로 떨어질까, 함정에 빠질까 두려워하면서. 그런데 그루는 하늘이 만들어 준 그 하얀 길을 그냥 즐기고 또 즐긴다. 그래서 집에 오자마자 책을 펴서 다시 읽고, 글을 쓴다. 그리고 생각한다. 나도 선 따라 걷는 놀이를 즐겨야지. 이제는 그럴 수 있을 것 같다.

세상에서 제일 힘 센 수탉

이호백 글
이억배 그림
재미마주

어린 시절을 시골에서 보낸 사람들은 새벽을 깨우는 신선하고 장쾌한 수탉 소리를 잊지 못할 것이다. 한낮에도 가끔 지붕 꼭대기에 올라가 해를 향해 당차게 서서 길고 우렁차게 소리치는 광경은 정말 볼 만하다. 그 당당한 수탉이 무슨 뜻을 가지고 그러는지 모르겠지만 우리 조상들은 새로운 시작을 세상에 알리고, 온갖 잡귀를 쫓는 소리라고 여겼다. 우리 문화에서 닭은 액을 막는 수호 동물이다. 고구려 무용총 벽화나 신라 건국초기 경주 김씨 시조인 김알지 탄생 설화에서도 그 위상을 짐작할 수 있다. 민간 풍속으로는 정월 첫날 벽 위에 닭과 호랑이 그림을 그려 붙여 액막이를 했다고 하고, 새해 첫 번째 닭의 날에는 몸가짐을 조심했다고 한다.

《세상에서 제일 힘 센 수탉》을 보면 이런 옛 정취가 느껴진다. 아버지로 상징되는 수탉이 힘차고 당당하게 살다가 나이가 들어 젊은 수탉한테 자리를 빼앗기고 풀이 죽어 산다. 그렇게 풀죽어 지내는 늙은 수탉을 따스하게 감싸는 아내와 젊은 시절 자기를 빼닮은 아들 딸을 바라본다. 꼬리 깃털을 활짝 펴고, 꽉 다문 부리와 해처럼 빛나는 눈을 45도로 들어 하늘을 응시하고 있다. 앞으로 걸어 나가는 자세로 땅을 딛고 선 다리는 굳건하다. 땅을 믿고, 땅을 굳건하게 딛고, 후손들이 살아갈 새로운 세계인 내일을 바라보는 그 앞에 어떤 잡귀도 얼씬거리지 못할 것 같다.

이 책은 이야기보다는 민화 속 닭을 되살려낸 듯이 강한 힘을 느낄 수 있는

그림과 그 그림을 부드럽고 따스하게 감싸주는 바탕 색상과 판형을 선택한 편집이 돋보인다. 이 책을 읽을 때 먼저 그림을 죽 넘기면서 감상하고, 이야기를 천천히 소리 내어 읽고, 다시 그림과 이야기를 연결시켜가면서 읽으면 좋겠다. 그 다음에 마음에 드는 그림을 보면서 감상을 하면 책 맛을 더 잘 느낄 수 있다. 생활 속에서 경험했던 닭에 대한 이야기도 나누고, 닭에 관한 자료도 찾아보고, 끝에 당당하게 내일을 향해 서 있는 수탉 그림으로 환경 꾸미기를 해 볼 수 있다. 금방 부리를 벌려 새벽을 열라고 소리칠 것 같은 수탉 그림을 투명 셀로판지에 칼라 복사하거나 옮겨 그린 다음에 색 한지를 오리거나 찢어서 꾸며주고, 벽 위나 유리창에 붙이면 보기 좋다. 이왕이면 소망도 한두 가지 써 붙이고.

세상이 생겨난 이야기

．．．．．．．

김장성 글
노기동 그림
사계절

초등학교 1~3학년 어린이들. 아직 '말의 시대'에 있는, 이제 '글의 시대' 문턱을 넘어서는 이 무렵 어린이들 인식 세계는 신화 시대와 같다고 볼 수 있다. 신화는 바로 인류가 '말의 시대'에서 '글의 시대'로 넘어가면서 남겨놓은 인식의 세계가 아닌가?

그래서 아직은 모든 만물을 과학적 인식보다는 신화적 인식으로 파악하기 좋아하는 초등학교 2학년 어린이한테 해와 달의 운행을 과학 지식으로 가르치는 게 아쉽다. 이렇듯 만물에 대한 과학적 인식은 4학년부터 가르치는 게 나을 것 같고, 저학년 때는 풍부한 상상력을 촉발시킬 수 있는 신화 세계로 들어가는 문을 열어주는 것이 더 좋을 것 같다.

신화는 창조 신화와 건국 신화가 있는데, 근대에 들어와 창조 신화보다 건국 신화가 우세했었다. 그러나 사계절 출판사를 비롯한 여러 출판사에서 무속이나 민담에서 뽑아낸 창조 신화를 새롭게 써서 속속 출판하고 있어 반갑다. 도대체 이 세상은 어떻게 창조되었을까? 근대 이후로 기독교 창조 신화, 그리스-로마 창조 신화, 중국 창조 신화에 익숙해졌던 아이들한테 바로 우리 창조 신화가 새 옷을 입고 힘차게 나타난 것이다. 우리 창조 신화를 아이들이 만날 수 있게 된 것이다.

≪세상이 생겨난 이야기≫는 이렇듯 우리 겨레 창조 신화를 새롭게 되살려낸 여러 책 가운데 하나다. 창조 신화도 잘 선택하였고, 글 구성과 문장이 저학

년 어린이가 흥미롭게 읽기 좋다. 더욱 민화의 선과 색을 되살려낸 삽화들이 시원하고 아름답다. 아름답고 힘찬 수탉과 용, 친근감이 드는 거인 장길손, 마음을 한껏 넓혀주는 설문대 할망은 푸근한 웃음이 감돌기에 넉넉하다.

책을 읽고, '미륵님은 사람을 금쟁반과 은쟁반, 하늘 벌레로 만들었지? 내가 미륵님이라면 사람을 이렇게 만들었을 텐데. 네가 미륵님이라면 사람을 무엇으로 어떻게 만들고 싶니?'하고 묻거나 또는 대별왕과 소별왕처럼 수수께끼 내기를 하거나 설문대 할망처럼 '내 섬 만들기'를 해 볼 수 있겠다. 초등학교 저학년 어린이 머릿속에서 펼쳐지는 꿈의 세계, 신화의 세계를 엿볼 수 있지 않을까?

쇠를 먹는 불가사리

정하섭 글
임연기 그림
길벗어린이

지난 주 봄빛이 흐드러지는 지리산 화엄사에 들렸는데, 많은 관광객들 사이에 불공을 드리면서 계단을 오르는 사람이 한 명 있었다. 그러고 보니 탑 앞에서 합장하고 무언가 비는 사람들이 자주 보였다. 남자들도 가끔 있지만 대부분 아주머니들이다. '저 사람들은 무엇을 소망하는 것일까?' 하는 생각에 문득 '지금 이 땅에 사는 수많은 어머니들 소망은 무엇일까? 아니 무엇이어야 할까?' 하는 생각이 들었다. 가장 큰 소망, 이 땅에 사는 모든 어머니들이 간절히 소망해야 할 것은 바로 전쟁이 일어나지 않는 것이 아닐까? 인류사에서 전쟁만큼 어머니들 가슴을 찢어지게 한 것은 없을 테니까. 동티모르 어머니들, 유고슬라비아 어머니들, 체첸 어머니들, 아프카니스탄 어머니들, 그리고 이라크 어머니들. 그 다음에는 또 어느 곳에 사는 어느 어머니들 가슴이 찢어지게 될까?

쇠를 먹는 불가사리는 깊은 산골 외딴집에 사는 한 어머니가 전쟁으로 남편과 아들을 잃은 뒤, 간절하게 빌고 빌어 태어난, 평화를 지키는 영물이다. 전쟁 무기가 너무나 싫은 이 어머니는 끼니마다 먹는 밥그릇에서 조금씩 남긴 밥풀을 손으로 주무르고 주물러서 작은 인형을 하나 만들었다. 그리고 손바닥에 올려놓고 노래를 불렀다. '밥풀떼기 불가사리야 너는 너는 자라서 쇠를 먹고 자라서 죽지 말고 자라서 모든 쇠를 먹어라 다 먹어 치워라' 이렇게 해서 쇠를 먹는 불가사리가 태어난다. 그리고 전쟁 무기를 만드는 쇠를 먹으면서

쇠를 먹는 불가사리

자라기 시작했다. 사람들이 쇠로 만들어 쓰는 도구들을 하나씩 하나씩 다 먹어치우고, 나중에는 우리나라를 쳐들어온 나쁜 나라 무기들을 몽땅 먹어치운다. 불가사리는 쇠만 먹었지 사람들은 해치지 않았기 때문에 모두 좋아했지만 사람들을 억누르고 다스리는 임금은 불가사리가 자기 자리를 빼앗을까 겁이 나서 죽이려고 한다.

어머니가 간절한 소망을 담아 빌고 빌어, 사람 생명을 살려주는 밥을 몸으로 하고 태어난 불가사리가 이 세상 모든 전쟁 무기를 다 먹어치운다는 옛이야기. 이 이야기는 고려 말 송도에 나타나서 온갖 쇠를 다 먹어치우다 사라졌다는 불가사리 이야기를 새롭게 다듬어 쓴 것이다. 어릴 때 이 이야기를 듣고 나도 불가사리를 만들어보고 싶었다. 그래서 몰래 밥 한 숟가락 퍼서 뒷동산 밤나무에 올라가 조물락거리던 추억이 되살아난다. 이 땅에 평화를 기원하는 수많은 어머니들이 쇠를 먹는 불가사리 이야기를 어린 아이들한테 소곤소곤 들려주고, 같이 상상의 동물을 만들면서 이 책 앞과 끝에 나오는 노래를 불러보자. 평화를 불러오는 마음으로.

순둥이

김일광 글
김재홍 그림
봄봄

어제 서울글쓰기회 공부모임에 나갔다. 공부할 거리인 ≪글쓰기 어떻게 가르칠까≫를 같이 읽고 이야기를 나누는 자리다. 무얼 해도 글쓰기를 싫어한다는 아이가 있는데 어떻게 하나? 아무것도 하기 싫어하는 무기력한 아이들이 늘어나고 있는데 어찌하나? 방송 업무 때문에 교실에서 아이들 가르칠 시간을 자꾸 빼앗겨서 속상하다. 이런저런 궁금한 이야기, 속상한 이야기를 털어 놓았다. 털어 놓는다고 그 자리에서 당장 뾰족한 수가 나오는 건 아니다. 그러나 이렇게 털어 놓고 이야기를 주고받는 가운데 교사 마음도 풀고, 다시 한 번 깊이 생각하면서 아이들과 마음을 나누며 살아갈 수 있는 교사가 되는 것이다. 그런 교사로 한 뼘 두 뼘 자라는 것이다. 요즘도 교육이 말 한 마디에 뭐 칼 같은 한 수가 나올 거라고 생각하는 사람들이 있는 모양이다. 정말 교육이 뭔지, 교사와 아이들이 함께 살아가면서 어떻게 삶을 가꾸어야 하는지 모르는 투기꾼 같은 사람들이다. 남을 속이는 한이 있더라도 눈곱만큼 투자해서 한 방에 몇 배가 되는 이익만 챙기려는 사기꾼들이다.

교육은 사람과 사람이 만나서 함께 삶을 지키고 가꾸는 일이다. 그러기 위해서는 서로 마음을 열고 이야기를 나눌 수 있어야 한다. ≪순둥이≫를 읽으면서 그런 교사의 마음을 보았다. '우리 집에는 마음을 읽어내는 개가 있답니다. 틈만 나면 넌지시 눈을 마주쳐 오며 조근 조근 이야기를 시작합니다. 한낮에 새, 나비, 잠자리, 개, 고양이가 다녀간 일을 들려준답니다. 그런데 안타깝

게도 나는 한 마디도 알아들을 수가 없습니다. 조금만 더 귀가 열리면, 뭔가 한 꺼풀만 벗겨지면 환하게 알아들을 수 있을 것 같은데 그게 되지 않는답니다.' 글쓴이가 머리글에 쓴 이 말처럼 아이들 말을 알아듣기가 쉽지 않다. 아니 많은 교사들은 아이들 말을 알아들으려고도 하지 않는다. 아이들이 말하는 걸 싫어한다. 아이들이 말하는 걸 두려워하기도 한다. 그래서 아이들이 말을 하지 못하게 억누르고 야단치고 못 들은 척 한다.

평생 교단에서 아이들과 오순도순 살면서 동화를 써 온 글쓴이는 아이들 이야기를 잘 들으면서 살아왔고, 그 아이들 이야기를 동화에 담으려고 애 써왔다. 아이들 뿐 아니라 새 이야기도 듣고 싶고, 나무 이야기도 듣고 싶고, 바다 이야기도 듣고 싶고, 이 책에서처럼 개 이야기도 듣고 싶어 한다. 지구촌에 사는 모든 생명들이 서로 생각을 주고받으면서, 이야기를 나누면서, 서로 돕고 기대며 살아가는 세상을 꿈꾸기 때문이다.

개도 사람처럼 성격이 갖가지이다. 사나운 개도 있고 순한 개도 있다. ≪순둥이≫는 순한 개다. 새끼를 낳아서 기르기 전까지는 누구 보고 한번 짖지도 않던 개다. 그래서 식구들은 벙어리 개인가? 생각할 정도였다. 그렇게 순하던 순둥이가 새끼를 낳아서 기를 때는 고양이가 나타나면 온힘을 다해 짖고, 주인이 다가서도 함부로 새끼를 손대지 못하게 막아선다.

순둥이

"짖을 수 있으면서도 짖지 않았단 말이야?"
〈짖을 일이 있어야지요〉

글쓴이는 굳이 짖을 일이 없어 짖지 않았고, 짖어야 할 때가 돼서 짖는 순둥이를 끌어안으며, "장하다. 우리 순둥이. 장하다, 장해."라고 되뇌인다. 짖지 않는다고 겁쟁이나 벙어리로 오해를 했던 자기가 얼마나 못난 사람인지 깨달았던 것이다. 그때부터 글쓴이는 순둥이한테 말을 걸고, 순둥이가 하고 싶은 말이 무엇일까 눈여겨본다. 순둥이가 새끼 네 마리를 키우면서 겪는 마음을 함께 하려고 한다. 장난꾸러기 튼실이, 입이 까다로운 떼쟁이, 호기심 많은 얼룩이, 수줍음 많고 하늘 보기를 좋아하는 막내 희동이. 각각 다른 강아지 네 마리 성격을 자세히 알게 된 것도 엄마인 순둥이 하고 같이 강아지들을 보살피다보니 자연스럽게 알게 된 것이다. 지금 우리나라 교육 현장을 보면, 교실에서 함께 사는 아이들 성격을 이렇게 낱낱이 알 수 있는 교사들이 몇이나 될까 궁금하다. 교사들이 집에서 기르는 강아지만큼도 교실에서 함께 사는 아이들을 알지 못한다면, 이야기를 나누지 못한다면, 사랑하지 못한다면……. 어떻게 아이들 삶을 지키며 가꾸는 교사라고 할 수 있을까?

이 책을 읽으면서 평생 아이들과 오손도손 이야기 나누며 살아가는 교사 모습이 떠올랐다. 집에서 기르는 개하고 조근조근 이야기하며 살아가는 사람 냄새를 맡았다. 지구촌 모든 생명들하고 이런저런 살아가는 이야기를 나누고 싶어 하는 마음을 읽었다. 개, 고양이, 호랑이, 새, 나비, 매미, 굼벵이……. 뭇 생명들을 함께 더불어 살아갈 이웃으로 삼아야 하는 건 사람들이 해야 할 일이다. 그들이 살아가는 모습을 자세히 보고, 그들이 하고 싶은 이야기를 들어야 하는 책임은 사람한테 있다. 큰 강 네 줄기를 정말 살리는 일이 무엇인가는 그 강에 사는 생명, 그 강에 기대어 살아가는 사람들, 그 강과 함께 살아갈 다음 세대 이야기를 귀담아 들을 때 알 수 있는 것이다.

《순둥이》는 그런 마음을 열어주고, 그런 생각을 키워주고, 그런 삶을 꿈꾸는 글이다. 시골 바닷가에서 평생 아이들 이야기를 들으며 살아온 늙은 교사가 개하고 어떻게 살아가야 하는지를 쓴 이야기이다.

순둥이

시골개 서울개

수잔 스티븐스 크럼엘·도로시 도너휴 공저
도로시 도너휴 그림
국민서관

'위인전' 대신 '인물 이야기'라고 쓰는 경우가 늘고 있다. 아이들이 '위인'이라는 말 뜻을 잘 이해하지 못하기도 하거니와, 자기 나라 세력을 늘리기 위해 다른 나라를 침략하는 왕이나 장군까지 훌륭한 위인으로 다룬 책이 많아 '위인'에 대한 거부감이 많이 형성돼 있기 때문이다. 그런데 이 책은 유명한 화가 이야기를 쓴 것인데도 전혀 위인전을 닮지 않았고, 새롭게 나오고 있는 여러 인물 이야기와도 다른 방법으로 쓰여져 독특하다.

'시골개 서울개'라는 제목을 처음 볼 때 금방 이솝 우화인 '시골쥐 서울쥐'가 떠오른다. 아마 처음 볼 때 얼핏 '개'라고 읽으면서도 '쥐'라고 생각한 사람도 있을지 모르겠다.

'천재 화가 고흐와 로트레크의 우정이 이솝우화로 거듭나다!'라고 써 놓았듯이 표지 그림도 이솝 우화를 연상하게 하고, 글 줄거리도 이솝 우화 '시골쥐와 서울 쥐'를 그대로 빌려 왔다.

두 화가를 앙리 티 발바리와 빈센트 반 삽사리로 이름을 붙이고, 두 사람이 주고받았던 편지를 바탕으로 이야기를 풀어 나가고 있다. 아니, 새로운 옛이야기를 만들고 있다. 그리고 마지막 장에 빈센트 반 고흐와 앙리 드 툴루즈 로

트레크에 대한 간략한 소개와 두 사람 사이에 주고받은 우정, 두 사람의 대표 작으로 볼 수 있는 그림 3편 씩을 실어 놓았다. 그러니 어린이들이 다 읽고 나 서야 '아, 이게 유명한 화가 이야기구나' 하고 알 수 있고, 두 사람에 대한 관 심을 갖게 이끌어 준다.

이 책을 보고 또 하나의 '사람 사는 이야기'라는 생각이 들었다. 이렇게 쓰면 취학전 어린이나 저학년 어린이들도 옛사람 이야기를 재미있게 읽을 수 있겠 다. 두 사람의 대표작인 '장 아브릴', '여배우 마르셀 랑더', '빈센트 반 고흐 초상', '별이 빛나는 밤', '붓꽃', '해바라기'가 이야기 여기저기에 자연스럽게 배치되어 있어 그에 맞는 그림을 찾아보는 재미도 있다.

신토불이 우리 음식

우리누리 글
최서영 그림
주니어중앙

조선시대 한양에 늙은 장님 거지가 살았는데, 그 거지가 집안 운세를 기가
막히게 잘 맞추었다고 한다. 어떤 집이 앞으로 흥할 것이라고 하면 정말 흥했
고, 어떤 집이 망할 거라고 하면 정말 망했다고 한다. 사람들이 신기해서 어떤
방법으로 그 집안 흥망성쇠를 말할 수 있냐고 하니까 바로 음식 맛을 보고 알
수 있다고 했다. 수십 년 동안 한양 집집을 다니면서 음식을 얻어먹어 보니 그
집안 음식 맛이 바뀌면 그 집 운세도 바뀌더라는 것이다. 곧 음식 맛에 따라 사
람 성질이 바뀌더라고 했다. 성질이 좋아지면 자연히 집안이 흥하고, 성질이
나빠지면 결국 집안도 망하더라는 것이다. 짧은 옛이야기 한 편이지만 음식
이 성질에 미치는 영향을 잘 이야기했다고 생각된다. 어떤 학자는 자주 먹는
음식 종류에 따라 얼굴 모양까지 바뀐다고 했다.

≪신토불이 우리 음식≫은 우리 민족이 많이 먹어 온, 자주 먹고 있는 음식
들에 대한 이야기다. 김, 불고기, 빈대떡, 궁중 음식, 한과와 음료, 술, 장, 떡,
국, 밥 이야기다. 이런 음식에 얽힌 이야기와 음식 특성을 알기 쉽게 이야기로
풀어냈다. 김치 이야기는 평안도에서 시집 온 며느리와 전라도에서 시집 온
며느리가 김치를 같이 담그면서 주고받는 이야기를 중심으로 풀어나간다. 우
리 겨레가 가장 많이 먹는 김치가 지역에 따라 어떻게 다른지를 이야기하면
서 자연스럽게 전국 팔도 김치가 갖고 있는 역사와 특성을 설명했다. 또 돌아
오는 생일에는 우리 겨레가 아주 오랜 옛날부터 먹어 온 떡으로 생일상을 차

리면 더 뜻이 깊을 것이라면서 은근히 우리 음식 문화를 되살려보자고 말하고 있다. 그리고 음식 이야기와 이야기 사이에 팔도를 돌아가면서 그 지역을 대표할 수 있는 음식을 골라 사진과 함께 만드는 방법을 소개하였다.

이렇게 우리 음식 20여 가지를 언제부터 만들어 먹었는지, 그 음식이 우리 몸에 왜 좋은지를 저학년 어린이들도 알기 쉽게 소개하고 있다. 어린이들이 이 책을 읽고 우리 집 음식을 자세히 살펴보고 조사해서 더 보충하는 글을 쓸 수 있다. 예를 들면 우리 집 김치는 어느 지역 김치에 가까운지? 왜 그런지? 책하고 같은 점이나 다른 점은 무엇인지를 조사해서 색종이에 써보자. 그걸 김치 이야기 끝에 붙여놓는다. 그리고 팔도 별미는 사진과 함께 만드는 재료와 방법을 자세히 설명해 놓았으므로 직접 만들어 먹고, 만드는 방법을 더 자세히 보충해서 써 넣는다. 직접 만든 음식 사진을 찍고, 사진에 감상문을 써서 붙여도 좋겠다.

신토불이 우리 음식

아기 아기 우리 아기

⬛ ⬛ ⬛ ⬛ ⬛ ⬛ ⬛

윤구병 글
이주용 외 그림
보리

올 겨울은 나한테 무척 우울한 계절이다. 재작년에 아버지가 돌아가시고, 1년 반 만인 작년 연말에 어머니까지 돌아가셨기 때문이다. 아버지가 돌아가셨을 때는 너무 갑작스럽게 돌아가신 거라 무척 황당하고 당황스러운 데다 어머니 간병으로 정신이 없어서였는지 크게 슬프다는 생각이 들지 않았다. 돌아가시기는 했지만 치매이신 어머니가 아버지를 살아있는 사람으로 굳게 믿고 행동하셨기 때문에 나도 그렇게 생각하고 행동했던 거 같다. 아버지가 돌아가셨다는 생각이 들지 않고 같이 살고 있다는 느낌이 강했기 때문이다. 그런데 어머니가 돌아가시고는 그렇지가 못했다. 오랫동안 아프시다가 마지막 자락에 가서는 몇 번이나 생과 사를 오락가락 하셨기 때문에 돌아가실 것을 예견하고 있었고, 돌아가셨을 때도 슬픔을 넘어서 오히려 마음이 놓였다. 이제 어머니가 더 이상 아프지 않으셔도 되겠구나, 그 오랜 아픔에서 해방되셨구나, 아버지가 먼저 가서 자리 잡으신 곳에서 편안히 사실 수 있겠구나 하는 생각이 들었기 때문이다. 정말 이제는 더 아프지 않으셨으면 좋겠다. 저 세상이 그런 세상이었음 좋겠다.

어머니가 안 계시는 올 겨울은 너무 이상하다. 마음이 허전하기도 하고 울적하기도 하고 무엇을 하다가도 누가 어머니 어쩌고 하면 괜히 눈물이 나서 자리를 피하게 된다. 이러다가 우울증이 되는 게 아닐까 싶기도 했다. 어머니 물건을 정리하는 것도 어려웠다. 다행히 어머니가 가장 아끼시던 자개장롱을 버

리지 않고 이부영 선생 집으로 보낼 수 있어 얼마나 고마운지 모르겠다. 그 농을 버리려고 했던 나와 버리지 않으려고 했던 어머니하고 부딪친 일이 생각나 버리기는 게 너무 죄스러웠는데 이부영 선생이 잘 쓰겠다고 해서 그 집에 갔다 둔 것이다. 내가 이러니 내색은 잘 안 하지만 사실은 아내가 나보다 더 마음 고생이 크다. 며칠 전에 미장원에 갔다 오더니 원형탈모가 생겼다고 해서 머리카락을 들춰보니 정수리 뒤쪽으로 십 원짜리 동전 만하게 뽑혀 있었다. 20년 가까이 함께 산 세월에 얹혀 있는 무게가 만만치 않다.

 이렇게 우울한 겨울 한가운데서 보리출판사에서 펴낸 ≪아기 아기 우리 아기≫를 만났다. 처음에는 그냥 '예쁜 아기 그림책이 또 하나 나왔구나' 하는 생각으로 보았다. 그런데 한 권 두 권 읽으면서 '어? 재미있네?', '좋은데?' 하는 생각이 들었다. 두 권까지는 마루에 엎드려서 읽다가 세 권 째는 벌떡 일어나 앉아서 읽었다. 그리고 옆에서 텔레비전을 보고 있는 아내한테 "이 책 읽어봐" 하고 건네주었다. 아내도 처음에는 텔레비전을 보면서 심드렁하게 받아 앞뒤로 들춰보다 펼쳐서 읽더니 "응, 재미있네" 하였다. "그렇지? 우리나라 어린이 책 수준이 이정도 되었네. 참 잘 만들었다" 하니까 아내가 "그러네?" 하면서 텔레비전에서 눈을 돌려 다음 책을 또 읽었다. 세 권씩 다섯 묶음이니까 열다섯 권인데, 처음부터 끝까지 다 읽었다. 이렇게 주고받으면서 다 읽는 데 한 30분 걸린 것 같다. 다 읽고 나서 "이거 잘 두었다가 손주 태어나면 읽어

아기 아기 우리 아기

줘야겠네" 하니까 아내도 "좋아" 한다. 내 마음속으로는 '학교 갖고 가서 애들한테 읽어줘야지. 그땐 더 좋은 책 나올 텐데 뭐' 하면서 "그림도 잘 그렸고 글도 좋은데 누가 쓴 거지?" 하고 찾아보니 읽기도 힘들게 작은 글씨로 '기획 토박이, 글 윤구병 그림 누구누구'라고 써 놓았다. 교육 철학 냄새가 몽글몽글 난다 했더니 윤구병 냄새가 배어서 그런가 보다. 이건 어디까지나 좋은 뜻으로 하는 말이다.

　15권 제목은 '맛있겠다 먹어 보자, 냠냠 꿀떡, 우리 부리 좋은 부리, 내 발이야 내 발, 우리 엄마 냄새야, 너희 엄마 어디 있니? 찾아라 찾았다, 어디 어디 숨었니? 나 도깨비 꽃이야, 콩다닥 콩콩, 팔랑팔랑 달랑달랑, 아니 아니 나 겨울 눈이야, 쭉쭉 벋어라, 덩더 궁따 깽매깽매, 탈탈 탈바가지'다. 각 권마다 주제가 있고, 소재가 있고, 맛있는 말이 있다. 그렇다. 이 책은 말이 맛있다. 어릴 때 우리들이 하던 말을, 어머니들이 아이들한테 하던 우리 말을 윤구병 교육 철학을 요리조리 버무려서 맛깔나게 조리해 놓았다. 아직 덜된 농투성이 손으로 만들다가 티껍지가 조금 묻어난 말도 있기는 하지만, 말 가락이 혀끝에서 조금 걸리는 것도 있지만 세심히 보지 않으면 눈치 채기 어렵다. 그래도 내가 어릴 때 하던 말과 가락, 어머니가 쓰던 말 가락을 참 오랜만에 오롯이 되새겨 볼 수 있다. '퉁퉁 발, 못난이 발, 누구누구 발일까? 내 발이야, 내 발'처럼 '내 발이야 내 발'을 읽으면 어린 시절 추운 겨울철이면 엄마하고 누나하고 동생들하고 이불 속에 발을 넣고 둘러앉아 장난치던 생각이 난다.

"둘레둘레 둘러봐도, 너희 엄마 안 보이네. 왜 그래? 나 여기 있어."
"이리저리 살펴봐도, 너희 아빠 없구나. 왜 그래? 나 여기 있어."
"이곳저곳 훑어봐도, 너희 엄마 없구나, 왜 그래? 나 여기 있다니까."
"아가야, 잠을 깨라. 너희 아빠 어디 있니? 왜 그래? 나 여기 있어."
"눈비비고 찾아봐도. 너희 아이 안 보인다. 왜 그래? 나 여기 있어."
"명주잠자리야, 명주잠자리야, 너희 새끼 어디 있니? 나 여기 있어."
"꿈틀꿈틀 배추벌레야, 너희 엄마도 꿈틀 대냐?"
"팔랑거린다. 왜? 흥, 별꼴이야."

위 글은 여섯 번째 책인 '너희 엄마 어디 있니?'에 나오는 말들을 옮긴 것이다. 단순한 되풀이 구조지만 가만히 뜯어보면 이렇게 저렇게 살아가는 사람 사는 이야기, 아이들 삶이 들어 있다. '배추벌레야, 너희 엄마 (나는 '너희 엄마'보다는 '너네 엄마'가 더 입말에 가깝고 쉽다고 생각하지만)도 꿈틀 대냐?'고 놀리는 말에 '팔랑거린다. 왜? 흥 별꼴이야'는 대꾸가 참 통쾌하다. 이 말을 쓰면서 글쓴이 표정이 어떠했을 지 상상이 간다. 우리 아이들이 다들 이처럼 시간 건너에 있는 사실, 현실 너머에 있는 진실, 내 안에서 자라고 있는 내

아기 아기 우리 아기

일을 통찰하는 직관을 갖고 당당하게 살아가면 좋겠다. 그러면 누가 나를 뭐라고 놀리거나 얕보거나 괴롭히더라도 당차게 씩씩하게 해맑게 살아갈 수 있을 텐데. 혹 영어만 잘해야 잘살 수 있다는 꾐에 빠져 비굴하게 사는 일이 없을 텐데. 그리고 여러 번 되풀이해서 읽으면, 둘이서 역할을 서로 주고받으면서 마주이야기를 하면 할수록 우리 말 맛이 살아난다. 이렇게 살아 있는 쉬운 우리 말로 각 책마다 일곱 가지 문장을 만들어 놓았는데, 그 일곱 가지 짧은 문장으로 세상을 보는 눈과 삶을 통찰하는 생각을 열어주고, 모두가 더불어 손잡고 신명나게 살아가는 마음을 심어주고 싶어 하는 글쓴이 마음이 엿보인다. 그 마음이 결코 욕심으로만 끝나지 않아 다행이다.

눈으로 보는 색깔하고 책을 손으로 잡는 느낌이 부드럽고, 둥그렇게 잘라서 딱딱한 모서리를 없앤 것도 좋다. 그리고 세밀화와 글을 연결시켜주는, 또는 세밀화를 글로 담아낸 대상에 또 다른 상상을 더해주는 그림. 이 세 가지가 잘 어우러지는 특성이 돋보인다. 또 하나 내 눈길을 끈 것은 세밀화다. 내가 초등학교 6학년 1학기에 키우던 새가 있는데, 그 새 이름을 잘 몰랐다. 나는 매라고 생각하였는데 어떤 어른이 말똥가리라고 해서 그런 줄 알았다. 그런데 몇 해 전 어느 동물원에 갔을 때 말똥가리를 보았는데 어릴 때 키우던 새하고 비슷하기는 한데 뭔가 마음에 딱 들어맞지 않았다. 그래서 집에 와서 '그때 키우던 새 이름이 정말 뭐지?' 하는 마음에 조류 사전을 찾아보았는데 딱히 짚어지지가 않았다. 그런데 3권 '우리 부리 좋은 부리'에 말똥가리가 나와서 반가운 마음에 보면서도 '어릴 때 기르던 새하고 다른데?' 하는 느낌을 떨칠 수가 없었다. 그러다 4권 새매를 보는 순간 '어? 이 새다' 하는 느낌이 들었다. 내가 기르던 새보다 목가슴 부분이 조금 더 불룩하게 나온 것을 빼고는 꼭 닮았다. 네 발가락으로 딱 버티고 서 있는 모습이며, 야무지게 다문 부리며, 나를 바라보는 눈빛이 똑같다. 지금 다시 봐도 마음속에 담아 두었던 옛 동무를 만난 듯하다. ≪아기 아기 우리 아기≫는 이렇게 옛 동무를 찾아 준 책이기도 하지만 나한테는 마치 '엄마 엄마 우리 엄마' 같다. 우울할 때 이 책을 펼쳐서 읽으면 마음이 편해지기 때문이다. 13권 '쭉쭉 뻗어라' 일곱 번째 장면, '잠자리 잡았다. 풍뎅이도 잡았다. 아닌데, 우리가 네 위에서 쉬는 거야!'를 그린 그림을 가만히 들여다 보면 어느새 나도 그 옆에 들어가 앉아 있다. 풀과 벌레와 아이가 함께 사는 세상으로.

아툭

미샤 다미안 글
요챕 빌콘 그림
최권행 옮김
한마당

밤새 내린 눈이 멈추지 않고 저녁 어둠이 찾아올 때까지 펄펄 내린다. 어둠이 짙어지면서 하얀 눈꽃송이가 더욱 아름답다. 이렇게 눈 내리는 겨울밤에 텔레비전을 끄고, 전등 대신 촛불 한 자루 켜 놓고 읽기에 좋은 책이 (가끔 식구들이 이런 색다른 분위기 속에서 좋은 그림책을 함께 읽으면 얼마나 좋을까) ≪아툭≫이다.

첫 장을 펼치면 눈보라 속에서 다섯 살짜리 에스키모 어린이 '아툭'과 썰매를 끄는 개 '타룩'이 정말 천진난만하게 뒹굴며 뛰어 놀고 있다. 가만히 들여다보면 아툭과 타룩의 눈빛이 말을 걸어온다. 그림마다 표정이 다르고, 그림마다 눈빛이 많은 이야기를 한다. 이별과 죽음, 미움과 사랑을 주제로 삼은 그림책답게 암회색과 청색이 주조를 이루어 무겁고 슬픈 이야기를 뒷받침한다. 그리고 흰색으로 강약을 준 그림이 강렬한 사랑과 희망을 느끼게 한다. 또 질박한 원시성이 느껴지는 암각화를 닮은 그림은 사냥하는 인간을 대하는 뭇 생명체들의 두려움처럼 다가온다.

아툭과 타룩은 둘도 없는 단짝이다. 어느 날 아버지 사냥 썰매를 끌고 나갔던 타룩이 돌아오지 않는다. 툰드라 푸른 늑대한테 물려 죽은 것이다. 아툭은 깊은 슬픔에 빠지고, 사랑하는 타룩을 죽인 툰드라 푸른 늑대한테 복수를 하겠다고 결심한다. 그러려면 힘이 세야 하기 때문에 활쏘기, 창던지기, 헤엄치기, 썰매타기를 열심히 연습한다. 작은 나무와 키 재기를 하면서 아툭은 가장

강한 사냥꾼이 되고, 타룩을 죽인 늑대를 찾아 죽인다. 그러나 정작 마음이 풀리지 않고, 아툭은 외로움에 빠지게 된다. 증오와 복수는 상대를 해치고 자신을 외롭게 만든다는 것을 알고, 오직 사랑만이 참된 용기와 희망임을 깨닫는다. 아툭은 툰드라에 핀 작은 꽃을 사랑하고, 꽃을 보호하기 위해 무릎을 꿇으면서 속삭인다. '내가 너를 기다려 줄게, 작은 꽃아. 겨울 내내 너를 기다려 줄게. 햇님이 눈을 다 몰아낼 때까지. 내가 너를 기다려 줄게.'

천천히 읽고, 한 번 더 읽고, 그림을 자세히 살펴본다. 그리고 아툭이나 타룩, 푸른 늑대나 푸른 여우, 툰드라에 피는 작은 꽃 가운데서 하나를 정해 귓속말로 소곤소곤 속삭여 주는 다정한 편지를 쓰자.

애벌레의 모험

이름가르트 루흐트 글·그림
김경연 옮김
풀빛

20 00년대 초반이었다. 학교 청소년 단체를 맡아서 여름방학 단체여행을 추진했는데, 신청한 어린이들을 보니 남학생보다 여학생이 많았다. 교직에 들어온 1970년대에는 청소년 단체 활동에 여자보다 남자가 훨씬 많았다. 여자는 야영교육이나 단체 활동이 중요하지 않다는 생각 때문이었다. 그런데 언제부터인가 비율이 비슷해지더니 2000년대 무렵에는 남자보다 여자가 더 많아졌다. 그 까닭이 우습게도 하나밖에 없는 아들이 행여 잘못될까봐 잘 안 보낸다는 것이다. 조금 어이가 없는 현상이었다.

우리 어린이들 생활은 교통사고를 비롯한 각종 사고로 위협받고 있다. 우리나라 교통사고율은 다른 선진국에 견주어 높은 편이고, 특히 어린이들 사고율이 높다. 평생 사고를 안 당하고 살면 좋고, 사고가 나지 않도록 안전규칙을 잘 지키고 조심해야 하는 건 당연하다. 하지만 그렇다고 사고를 당할까 두려워서 단체 활동이나 여행 같은 여러 체험활동 자체를 아예 포기한다는 것은 오히려 삶에 도전할 수 있는 힘마저 줄일 수 있다.

≪애벌레의 모험≫은 수많은 위험에 직면한 작은 생명이 좀 더 나은 삶을 향해 도전하는 치열한 모습이 담겨 있다. 생생하고 강렬한 그림 때문에 위험을 무릅쓰고 길을 건너는 애벌레가 느끼는 절실함이 마음을 아프게 한다. 그리

고 그 아픔만큼 작은 애벌레가 위험, 자신의 능력으로는 헤아릴 수 없고, 예측할 수 없고, 피하거나 막을 수도 없는 온갖 위험을 넘어 새로운 터전에 도착했을 때 깊은 안도의 숨을 쉬게 된다. 나아가 아름다운 날개를 가진 산호랑나비가 되어 하늘을 날아오르는 장면에 이르러서는 함께 기뻐하게 된다. 그 산호랑나비가 마치 나 자신이 된 것 같은 느낌으로.

이 책을 읽으면서 처음에는 애벌레 무모함에 동의하기 어려웠다. 이렇게 아무런 계획 없이 위험에 온몸을 그대로 드러내놓다니! 그러나 책 뒤에 붙여놓은 '풀쐐기가 운 좋게 길을 건너네'라는 시를 읽으면서 우리 모두가 사실은 이 풀쐐기와 같은 운명임을 자각하게 되어 비장함까지 느끼게 되었다. 누가 우리 삶에 아무런 위험이 없다고, 어떤 위험도 피할 수 있다고 자만할 수 있을까. 살면서 피하거나 막을 수 있는 위험이란 얼마 되지 않는다. 그것이 어디에서 올지도 알기 어렵다. 그렇다고 위험이 두려워서 삶이라는 긴 여행을 더욱 풍요롭게 해 줄 수 있는 여러 가지 체험 활동을 포기해서는 안 되겠다.

언제까지나 너를 사랑해

· · · · · · · ·

로버트 먼치 글
안토니 루이스 그림
김숙 옮김
북뱅크

너를 사랑해 언제까지나
너를 사랑해 어떤 일이 닥쳐도
내가 살아 있는 한
너는 늘 나의 귀여운 아기

잠든 아이를 부드럽게 토닥이면서 '자장 자장 자장' 자장가를 부르는 모든 어머니 마음은 이 짧은 자장가에 담긴 바로 그것이다. 지구촌 어디에 살든 모든 어머니들은 이러한 마음으로 아이들을 기를 것이다. 한국 어머니, 미국 어머니, 아프가니스탄 어머니, 아프리카 어머니……. 모두 이러한 마음으로 아이들을 가슴에 품고 살아갈 것이다. 불교를 믿는 어머니나 기독교를 믿는 어머니나 이슬람교를 믿는 어머니……. 어떤 종교를 믿는 어머니건 모두 이 같은 마음일 것이다. 이 책은 이러한 어머니 마음을 새삼스럽게 강렬하게 느끼게 해 주는 그림책이다. 10세 전후 어린이부터 삼사십 대 부모들, 칠팔십 되는 할아버지 할머니들도 모두 자기 삶을 되새기면서 읽을 수 있는 책이다. 이 세상 모든 어린이와 어머니와 할머니들이 자신이 살아온 삶을 깊은 사랑으로 되돌아보지 않을 수 없는 책이다.

어머니가 갓 태어난 아기를 가슴에 꼭 안고 이 노래를 부르고, 온 집안을 헤집고 돌아다니면서 방 안을 사정없이 어지르는 아이가 잠들 때를 기다려 이

저학년

노래를 소곤소곤 들려준다.

10세 전후의 아이를 꼭 안고 이 노래를 부르고, 이유 없는 반항의 시기에 들어선 15세 전후의 아이를 토닥이면서 이 노래를 들려주고, 자녀가 자라고 자라서 자식을 낳은 어른으로 등장했을 때도 이 노래를 부른다. 그리고 반전이 이뤄지면서 너무 늙어 자리에 누운 할머니를 그 아들이 찾아와서 자기가 어릴 때부터 들어온 이 노래를 불러드린다. 자리에 누운 어머니를 가슴에 꼭 안고 불러드린다.

사랑해요 어머니 언제까지나
사랑해요 어머니 어떤 일이 닥쳐도
내가 살아 있는 한 내가 살아 있는 한
당신은 늘 나의 어머니

자장가로 부르는 이 노래를 되풀이하다가 끝에 가서 아들이 어머니를 부르는 노래로 아주 멋진 반전을 보여주고 있다. 여러분이 이 노래에 관심이 있으면, '나는 어머니가 주무시면 어떻게 할까?'를 생각하면서, 어머니나 아버지가 주무실 때 '이런 노래나 시를 불러드리면 좋겠다'는 가사를 붙여서 노래로 불러보자.

오른발, 왼발

토미 드 파올라 글·그림
정해왕 옮김
비룡소

문명과 의학 발전으로 평균 수명이 높아지면서 노인 세대가 늘어나고 있다. 그런데 핵가족화 영향으로 3세대가 함께 사는 가정은 줄어들고 있다. 점점 1세대인 할아버지와 할머니, 2세대인 아버지와 어머니, 3세대인 손자 손녀가 함께 사는 세대가 줄어들고 있다. 따라서 늘어나는 노인 세대를 위한 양로원을 비롯한 사회 시설이 늘어나고 있다. 또 3세대가 같이 사는 집이 있다고 해도 3세대가 각각 다른 생활을 하는 시간이 늘어나고 있다. 같은 집에만 산다뿐이지 함께 생활하거나 상호 교류를 하는 경우는 줄어들고 있다. 안타까운일이다. ≪오른발, 왼발≫은 이러한 3세대가 사는 한 가정의 삶을 가슴 찡하게 담아낸 그림책이다.

1세대인 할아버지와 2세대인 아버지와 어머니, 3세대인 손자가 함께 사는이야기다. 할아버지는 보비가 태어나면서부터 보비를 돌보며 이야기를 해 준다. 걸음마도 할아버지가 가르친다. 할아버지가 보비 손을 잡고 '오른발, 왼발' 하면서 걸음마를 도와준다. 할아버지는 보비와 하나하나 함께 하면서 기쁨을 맛본다. 그러던 어느 날 할아버지가 갑자기 뇌졸중으로 쓰러져 병원으로 간다. 그러나 어린 보비는 문병조차 갈 수 없다. 오랜만에 집으로 돌아오신 할아버지는 몸을 못 움직이시고, 말도 못하신다. 보비는 무서워 어머니한테로 도망간다. 어머니한테 이야기를 듣고 난 뒤에 겨우 한 걸음 두 걸음 할아버지 침대로 다가가게 되고, 할아버지한테 이야기를 해 드릴 수 있게 된다.

보비가 어릴 때 할아버지가 자기한테 이야기를 해 주셨듯이. 그러던 어느 날 마당에 나가 할아버지 손을 잡고 '오른발, 왼발' 하면서 할아버지가 다시 걷는 일을 도와 드린다.

　텔레비전, 컴퓨터 게임, 전자오락 같은 문명이 만들어낸 숱한 기계한테 빼앗긴 어린이들을 다시 찾는 길이 바로 이처럼 3세대가 함께 사는 것이 아닐까 생각한다. 같은 집에만 사는 것이 아니라 함께 생활하는 삶을 되살려야 하겠다. 할아버지 할머니가 손자 손녀들 손잡고 데리고 다니면서 세상을 보여주는 모습을 더 흔하게 볼 수 있고, 할아버지 할머니가 해 주시는 이야기를 들으면서 자라는 어린이들이 더욱 늘어났으면 좋겠다. 집 안에 있는 기계를 다 끄고, 조용한 방 안에서 3세대가 머리를 맞대고 함께 이 동화책을 읽고, 이야기 나누기를 하면 좋겠다.

오소리네 집 꽃밭

권정생 글
정승각 그림
길벗어린이

우리나라는 겨울 끝자락 이른 봄에 하얀 눈을 녹이며 피는 복수초부터 가을 끝까지 온갖 꽃들이 피어난다. 그 가운데서도 오월은 그야말로 갖가지 꽃들이 산과 들에 아름답게 피어나는 계절이다. 아무리 삭막한 도시라 하더라도 조금만 마음에 여유를 갖고 찬찬히 돌아보면 아파트 담 밑이나 도로 중앙 분리대 풀 사이에 핀 민들레나 애기똥풀을 찾을 수 있다.

오늘날 도시인들은 이미 변화하는 계절을 느끼지 못하는 무감각한 사람들이 되었다. 사계절이라는 지식만 남고 그 감성은 잃어버렸다. 봄이 되어도 다른 나라에서 들여와 온상이나 꽃밭에서 곱게 키워낸 화려한 꽃만 좋은 줄 알고, 우리 생활 주변이나 들이나 산에 스스로 자라고 피어나는 아름다운 꽃을 잊고 있다. 아니 보지 못하고 있다.

≪오소리네 집 꽃밭≫은 언제부터인가 다른 나라에서 들여 온 꽃들에 밀려 이름마저 잊어가는 우리 꽃, 너무 흔하다고 거들떠보지도 않던 아름다운 들꽃을 새롭게 발견하는 동화다. 주인공인 너구리 아줌마가 갑작스런 회오리 바람에 날려갔다가 겨우 정신을 차리고 허둥지둥 집으로 돌아오다가 다른 나라 꽃들이 화려하게 피어있는 학교 꽃밭을 보고 반한다. 우리 것보다 다른 나라 것을 더 아름답다고 가르치는 우리 교육 현실을 닮은 학교 꽃밭이다. '나도 집에 가면 이렇게 아름다운 꽃밭을 만들어야지' 생각하면서 집에 온다. 바깥 세상에서 보고 온 화려한 꽃밭을 만들려고 괭이질을 하려다 보니 패랭이꽃이

저학년

있다. 패랭이꽃을 피해 다른 쪽을 괭이질 하려고 보니 잔대꽃이 있다. 그 옆에는 용담꽃, 까마중, 애기똥풀같은 꽃들이 이른 봄부터 늦가을까지 피고 진다. 남의 것을 흉내내려다 비로소 자기 것의 아름다움과 소중함을 새롭게 발견한 것이다.

  이 작품 소재는 꽃이지만 속마음이 말하고 있는 것은 꽃에만 머물러 있는 것이 아니다. 꽃을 소재로 회오리처럼 몰아치는 바깥바람에 정신을 잃지 말고, 남의 것만 아름답다고 보지 말고 가까이에 있는 자기 것의 아름다움을 되찾으라는 이야기다. 이 동화를 읽고 이런 속생각은 이야기 안 해도 된다. 부모와 자녀가 손을 잡고 오소리네집 꽃밭인 우리나라 산과 들에서 피고 지는 예쁜 꽃들을 찾아보는 것만으로도 그 속생각을 스스로 깨치게 될 테니까.

오소리네 집 꽃밭

우리, 그림자 바꿀래?

미리암 프레슬러 글
사라 발 그림
김경연 옮김
국민서관

그림자 인생이라는 말이 있다. 자신을 드러내지 않고 다른 사람을 그림자처럼 따라다니면서 받쳐주는 사람, 다른 사람이 잘되도록 자신을 모두 희생하면서 살아온 사람한테 쓰는 말이다. 다른 주체를 위해서 비주체로 살아가는 인생을 그림자 인생이라고 한다. 그러나 엄밀하게 말하면 그림자는 비주체가 될 수 없다. 주체가 만들어 내는, 주체에 의해 만들어질 수 있는, 주체와 다른 또 하나의 주체일 뿐이다. 나 때문에 만들어지는 여러 가지 다른 모습의 하나일 뿐이다. 이렇게 나와 다른 모습이지만 사실은 평생 나와 함께 가는 것, 나 때문에 만들어지는 것, 또 다른 나의 모습이라는 점에서 '그림자'는 자아를 의식하고 형성하는 시기인 어린이 문학에서도 즐겨 다루는 소재 가운데 하나다.

이 책에 나오는 그림자들은 자기 주인을 바꾸고 싶어 한다. 거북이 그림자는 거북이가 느리다고 불평하면서 캥거루한테 가고, 박쥐 그림자는 햇빛 속에서 살고 싶다며 두꺼비한테 가고, 꿩 그림자는 약자가 싫다고 여우한테 간다. 자기 주인의 단점을 말하면서 다른 주인을 찾아 간다. 이렇게 여러 가지 동물 그림자들이 서로 주인을 바꾸지만 곧 다시 자기 주인한테 돌아간다. 거북이 그림자는 캥거루가 너무 빨리 뛰어 멀미가 나서 헤어져 돌아오고, 박쥐 그림자는 두꺼비가 물 속으로 들어가는 바람에 헤어져 돌아오고, 꿩 그림자는 여우한테 잡아먹힐 꿩을 구하기 위해 급히 돌아온다. 나를 그림자라는 또 다른 내

눈으로 바라보면서, 나를 다른 주체들과 견주면서 마음껏 놀고 있다. 그리고 나를 재확인하고 돌아와 진정한 하나가 된다. 자기를 보는 불안한 마음이 사라지고, 그만큼 자아가 성장했음을 느낄 수 있다.

자아가 눈을 뜨기 시작하는 초등학교 저학년 어린이들이 읽기에 좋은 책이다. 그림자를 소재로 한 이런 상상의 놀이를 즐기면서 스스로 그림자가 되어 자기를 볼 수 있다. 아이들은 그림자 자체를 무척 신비롭게 여기기도 하고, 실제 생활에서도 그림자놀이를 즐긴다. 그림자밟기를 얼마나 신나게 하는가? 이 책을 덮고 환한 마당에 나가 그림자하고 놀아 보자. 그림자 모양 바꾸기도 좋고, 다른 아이들이나 나무나 꽃이나 강아지 그림자하고 만나서 새 그림자도 만들어 보자.

우리에게 사랑을 주세요

데스몬드 투투 머리글
존 버닝햄 외 그림
캐롤린 캐슬 엮음 | 이명희 옮김
마루벌

20 04년 9월 3일은 우리 인류사에 아픔과 분노로 기록되어야 할 날이다. 러시아 남부 북오세티야 공화국의 베슬란 제1중학교에서 일어난 비극 때문이다. 입학식에 참여하기 위해 모인 어린 학생과 학부모들을 인질로 잡았던 체첸 독립군과 러시아 정부군의 무차별 총격으로 어린이 156명을 포함해 400여 명 가까이 죽는 등 1000여 명의 사상자를 냈다니 정말 기가 막히는 일이다. 어린이를 인질로 잡는 사람들이나 수백 명의 어린이들이 잡혀 있는데도 오직 총으로만 해결하겠다는 정부나, 모두 어린이는 조금도 생각하지 않는 무뢰한들이다. 유엔 어린이권리협약 제6조에는 모든 어린이는 생명을 존중받을 권리를 가지고 있으며, 당사국 정부는 어린이의 생존과 발달을 최대한 보장해야 한다고 돼 있다. 러시아도 이 협약에 조인했고, 지킬 의무가 있는 당사국이니 이번 사태에 체첸독립군보다 더 큰 책임을 져야 한다.

《우리에게 사랑을 주세요》는 1989년 유엔이 제정하고, 지구촌 대부분의 나라가 지키겠다고 조인한 국제협약을 담아 엮은 책이다. 이 책은 세상 모든 어린이들이 가지고 있는 권리를, 모든 어른들과 어린이들이 깨우칠 수 있도록 하기 위해 만든 책이다. 전문 42조 가운데서 15조를 뽑아 그 뜻을 짧고 쉽게 썼으며, 화가 14명이 그림을 그리고 데스몬드 투투 대주교가 머리글을 썼다. 15개 조항을 요약한 글과 그림을 한 장 한 장 보면, 어린이들의 권리가 무엇인

가를 가슴으로 느낄 수 있다.

　이 책은 한번 읽고 덮어 버릴 책이 아니다. 천천히 되풀이해 읽어야 할 책이다. 저학년은 저학년 수준에 맞게 느끼고, 고학년은 고학년 수준에 맞게 이해하고, 어른은 어른의 처지에서 반성과 다짐을 하면서 읽어야 할 책이다. 어려서부터 되풀이해 읽으며 자란다면 어른이 되더라도 최소한 어린이를 인질로 잡거나 어린이가 인질로 잡혀있는데도 총칼을 휘두르는 사람은 되지 않겠지.

우쉬

프레드 베르나르·프랑수아 로카 공저
심재중 옮김
한마당

가을이 시작되면서 집에서 가까운 석촌호수로 새벽 운동을 나가는데, 가을이 끝나는 요즘 호숫가 나뭇잎들이 하루가 다르게 바뀌고 있다. 어느새 노랗고 빨갛게 물드는가 했더니, 여기저기서 나뭇잎들이 떨어져 내린다. 오늘 새벽 나무들 아래 걸음을 멈추고 눈을 감고 서 있으니, 내 주변에서 떨어지는 낙엽들이 땅에 몸을 누이는 소리가 정겹게 들려온다. 낙엽소리, 바람 스치는 소리, 나뭇가지들이 흔들리는 소리가……. 땅은 모든 생명을 탄생시키고 잠재우는 어머니다. 그런데 이 땅 위에서 오직 사람, 그 사람들 가운데서도 백인, 그 백인들 가운데서도 북미 백인들 세계관이 독주하고 있다. 그들은 지구촌 인류들에게 오직 자신들과 같은 눈으로 세계를 보라고 강요한다. 다른 눈으로 보는 것을 용납하려 하지 않는다.

황금을 찾는 백인들한테 부족이 몰살당하고 홀로 살아남은 인디언 소년, 우쉬는 앞을 보지 못 한다. 앞을 못 보는 우쉬는 오직 귀에 의존해서 자신이 살 수 있는 세상을 찾아 떠난다. 할아버지 정령이 가르쳐 준 이 세상 꼭대기, 세상의 중심을 찾아간다. 앞을 볼 수 있는 힘을 빼앗긴 우쉬가 오직 듣는 힘만으로 새로운 세상으로 가는 길은 온갖 위험과 장애가 도사리고 있다. 도중에 군인이 아니라 민간인이라도 절대로 백인한테 들키면 안 된다. 우쉬는 여러 동물을 만나 도움을 받기도 하고 싸워서 물리치기도 한다. 그리고 마침내 이 세상 중심, 백인과 멀리 떨어져 아직은 평화롭게 사는 이누이족 세상에 도착하

여 온 세상을 빛으로 가득 채우는 아름다운 아침해를 본다. 눈을 뜬다. 북미 백인들 눈이 아니라 바로 자기 눈으로 새로운 세상을 볼 수 있게 되는 것이다. 우쉬가 찾아간 새로운 세상은 아직은 북미 백인들 세계관이 지배하지 못 하는 상상의 공간, 신화의 세계다. 역사 속에서 인디언들이 멸종 위기에 처했던 것 처럼 우쉬가 가는 길에서 만나는 동물들 역시 자신이 살던 공간에서 쫓겨나 멸종 위기에 처한 생명들이다. 굶주린 여우나 늑대, 남극에서 쫓겨온 펭귄과 바다코끼리……. 이 땅 위에 사는 모든 생명체들이 평화롭게 살 수 있는 길은 무엇일까? 그들이 자기 눈으로 세상을 다시 볼 수 있고, 세상 꼭대기뿐 아니 라 세상 곳곳에서 함께 살아갈 수 있는 길은 무엇일까? 인류에게 그 길을 찾을 수 있는 희망이 아직은 남아있는 것일까?

윗몸일으키기

서정홍 글
안태성 그림
현암사

사회와 역사는 일하는 사람들이 만들었고, 만들어 간다고 한다. 사람이 일하는 방법은, 수만 가지나 되는 직업 종류만큼이나 많다. 그런 수많은 직업 가운데서 '노동'이라는 말로 묶을 수 있는 직업이 가장 많고, 가장 많은 사람들이 여기에 속해 있다.

직업에 귀천이 없다고 하지만 우리 사회 문화 속에는 이런 일꾼들, 특히 육체노동자들을 낮게 보는 정서가 깔려 있다. 어린이부터 학교에서 배우는 교과서에 손발로 일하는 사람들에 대한 글이 거의 없고, 어린이들이 읽는 문학에도 이런 일꾼들 삶에 관심을 갖고 쓴 작품들이 너무 적다. 어린이들한테 손발로 하는 일이 얼마나 소중한지 알려주고, 손발로 일하는 사람들 삶을 자주 보여주었다면 지금처럼 일하기를 싫어하는 사람들이 많이 늘어나지는 않았을 것이다.

이 책은 아버지가 노동을 하는 집 아이들 눈으로 세상살이를 바라본 동시다. 물론 동시를 쓴 사람은 어린이가 아니고 어른이다. 따라서 엄격하게 말하면 노동자인 어른이 노동자 자녀인 어린이들한테 보여주고 싶은 세상이고, 자녀한테 바라는 세상 보는 눈이고, 세상을 살아가는 삶의 지혜와 태도와 희망을 담은 노래라고 할 수 있다.

글쓴이는 이 책을 펴내면서, 공장에서 땀 흘려 일하는 아버지를 친구들에게 말하기 부끄러워 하는 아이들에게 이 시집을 안겨 주고 싶다고 했다. 일을 한다는 것이 얼마나 소중하고 아름다운지, 땀 흘려 일을 한다는 것이 얼마나 사람을 사람답게 만드는지 말해주고 싶기 때문이라는 것이다.

시 한 편 한 편을 읽으면서 글쓴이가 이러한 소망을 참 건강하게 잘 담아냈다는 생각이 들었다. 이오덕 선생님은 이 책을 추천하는 말에서, 이 시집을 읽은 어린이들이 '어떻게 하면 우리 모두가 하고 싶은 일을 즐겁게 하면서 살아가는 세상을 만들 수 있을까' 하는 문제를 생각하고, 이 문제를 풀기 위해 애쓰면서 살아가기를 바란다고 했다.

이 동시집은 3학년 이상 어린이에게 알맞다. 5·6학년 어린이들이 사회나 도덕 교과서를 공부할 때 관련 단원과 연계해서 감상하고 이야기를 나눌 수 있는 좋은 교육 자료라고 생각한다. 이 동시집을 다 읽고 덮을 때 일하는 사람들을 사랑하는 마음이 조금이라도 더 자라날 수 있을 것 같다.

이원수 선생님이 들려 주는 이순신

이원수 글
김용선 그림
산하

4월 28일은 충무공 이순신 탄신일이다. 우리 겨레가 이어온 역사를 지키고 가꿔오는 데 많은 사람들이 애를 썼다. 충무공 이순신 역시 온 마음과 몸을 바쳐 우리 역사를 지켜낸 훌륭한 인물 가운데 한 사람이다. 그를 위대한 인물로 기리게 된 가장 큰 까닭이 다른 나라 침략에 맞서 나라를 지켜냈기 때문이다. 그러나 그를 왜적을 무찌른 장군을 넘어서 더욱 훌륭한 인물로 보는 까닭은 그의 삶을 통해 느낄 수 있는 인품 때문이다. 겨레와 나라를 지켜내겠다는 큰 뜻과 그 뜻을 이루기 위한 노력, 전쟁으로 짓밟히는 백성들에 대한 사랑, 온갖 중상모략과 아픔을 꿋꿋하게 버텨내는 의연함은 전쟁 영웅을 넘어선 훌륭한 사람으로 칭송받기에 충분한 삶이다.

충무공 이순신에 대한 책은 그동안 수없이 나왔다. 20세기에 와서 크게 두 가지가 있다. 하나는 단재 신채호가 1900년 초 매일신보에 연재했던 글이고, 또 하나는 1930년대 춘원 이광수가 동아일보에 연재했던 글이다. 신채호가 쓴 글은 곧 일제에 의해 판금 조치가 되었고, 이광수가 쓴 이순신 전기는 일제 치하에서도 연재되었다. 어떻게 일제가 창씨개명과 내선일체를 내세우면서 황국신민화 정책을 강화하던 무렵에 연재될 수 있었을까? 그 까닭은 분명하다. 신채호가 쓴 이순신 전기는 이순신의 인품과 지혜를 밝히면서도 힘을 합해 싸운 장졸과 백성을 모두 소중하게 서술했다. 반면 이광수는 이순신만 미화하면서 당시 조선 관료들을 형편없게 보도록 비방했기 때문이다. 곧 이순

신 같은 성웅을 알아보지 않고 비참하게 죽게 한 조선 왕조와 조선 민족은 당연히 망해야 할 패륜아 집단으로 비하시켰기 때문이다.

이경훈이 쓴 '이광수의 친일문학 연구/태학사/1998'를 보면 이광수가 쓴 모든 문학이 일제 식민지정책을 따라가면서 쓰고 있음을 보여준다. 곧 그가 쓴 모든 작품이 독자들이 은연중 친일정책에 동조하도록 몰아가는 작품을 썼음을 밝혀놓았다고 한다. 나는 그 중에서도 이순신 전기를 가장 악랄한 작품으로 본다. 어린문학가들 가운데는 이광수가 쓴 글을 적당히 줄여서 쓴 책이 있고, 신채호가 쓴 글을 바탕으로 쓴 글이 있다. 이 책은 신채호가 쓴 이순신 전기를 많이 따른 것 같다. 나아가 감정에 치우친 찬양이나 비방보다는 정확한 사료와 객관성에 근거한 판단을 통하여 이순신이라는 한 사람이 살아온 참 모습과 당시 상황을 올바르게 알려주려고 애쓴 흔적이 보인다. 이래서 같은 인물 전기문이라도 잘 보고 골라야 한다.

입말로 들려 주는 우리 겨레 옛이야기

이향숙 글
유현아 외 그림
영림카디널

'사람이란 이야기 속에 태어나 이야기를 만들다가 이야기 속으로 사라지는 존재다' 라는 말이 있다. 이야기 속에는 사람이 언제 어디서 어떤 일을 겪으면서 살았는지, 그 일을 어떤 마음과 생각으로 어떻게 풀어나왔는지, 꼭 이렇게 되었으면 좋겠다는 강한 소망이 담겨 있다. 곧 옛이야기란 같은 말을 쓰는 사람들이 오랜 옛날부터 수없이 되풀이해 겪으면서 그런 일은 이렇게 하면 좋겠다는 마음을 표현한 것이다. 그래서 한겨레란 같은 이야기 속에서 태어나 같이 이야기를 만들어 나가는 사람들이라고 할 수 있다.

우리 겨레가 옛날부터 만들어온 이야기도 말로 이어져 왔다. 같은 부모한테서 태어난 형제자매도 다 다르듯 같은 이야기라도 말하는 사람에 따라 달라지고, 듣는 사람에 따라 조금씩 달라진다. 이 책에 실린 이야기들도 우리 겨레가 옛날부터 좋아한 옛이야기이면서 동시에 오늘 새롭게 살려내는 새 이야기라고 할 수 있다.

모두 세 권으로 되어 있는데, 첫째 권은 말과 관련 있는 옛이야기 아홉 편을 모아놓았다. 말을 왜 소중히 해야 하는지, 그 의미를 왜 잘 파악해야 하는지를 알 수 있다. 둘째 권은 경제생활 태도와 관련이 있는 옛이야기 일곱 편을 모아 놓았다. 돈을 대하는 올바른 태도를 가르치고 있다. 셋째 권은 생명과 관

련 있는 옛이야기 일곱 편을 모아놓았다. 사람을 비롯한 모든 생명체가 소중함을 느끼게 한다.

곧 사람이 살아가는 데 가장 중요한 말과 경제와 생명에 대한 우리 겨레가 가꿔온 마음과 지혜가 담겨 있는 이야기들이다. '우리 겨레 어린이들이 이런 마음과 생각을 키우면서 자랐으면 좋겠다'는 소망이 담긴 이야기라고 할 수 있다.

좋은 이야기를 함께 나누지 못하는 겨레는 역사에서 쉽게 사라진다고 했다. 어린이들이 이 책을 통해 우리 겨레가 즐겨온 좋은 옛이야기를 읽고, 서로 들려주면서 미래를 위해 좋은 새 이야기를 만들어가기 바란다.

저만 알던 거인

오스카 와일드 글
이미림 옮김
분도

'대우주 뇌신경의 말초는 늙은이에게 있지 아니하고, 젊은이에게도 있지 아니하고, 오직 어린이에게만 있는 것을 늘 생각하여 주시오.' 1923년 방정환이 앞장서 만든 제1회 어린이날 행사 때 나눠준 전단에 있는 글이다. 어린이를 우주 뇌신경에 닿아 있는 끝신경이라고 했다. 방정환은 천도교인이었다. 천도교 뿌리인 동학 2세 교주였던 최시형 법설에 어린이에 대한 말이 많다. 가장 널리 알려진 법설이 '아이를 때리는 것은 곧 한울님을 때리는 것과 같은 것입니다. 한울님이 싫어하고, 한울님 기운이 상하게 됩니다.'는 말씀이다. 어린이는 곧 한울님이라는 것이다. 기독교에서도 어린 아기 예수를 높이 찬양하고, 불교 사상을 배경으로 한 이야기에서도 동자승이나 어린 아이가 부처를 대신해서 나타나는 경우가 많다. ≪저만 알던 거인≫은 이런 어린이 본질을 잘 보여주는 동화다.

거인이 7년 동안 집을 떠난 사이에 동네 아이들이 날마다 거인 집 마당에 와서 즐겁게 논다. 그 동네에는 아이들이 놀 곳이 마땅히 없기 때문이다. 그러던 어느 날 거인이 돌아와 '이 정원은 내 것이야! 알았지! 그러니까 이제부터는 아무도 여기서 놀아선 안 돼.'라고 소리치면서 아이들을 쫓아낸다. 거친 거인 말에는 우리를 슬프게 하는 세 가지가 모두 들어 있다. 소유욕에 사로잡힌 '내 것이야', 아무것도 알려고 하지 않고 자기 생각만 강요하는 '알았지!', 어른들이 하루에도 수없이 무심하게 내뱉는 '안 돼'라는 말이다. 이 세 가지 말

을 어른들이 얼마나 무심하게 습관처럼 아이들을 향해 던지고 있는지 되돌아 봐야 한다. 요즘 우리 어른들이 만들고 있는 사회가 바로 이 거인의 정원과 너무나 비슷하지 않은가?

이런 거인의 정원에 다시 봄이 와 아름답게 살아날 수 있었던 것은 거인이 한 아이를 만났고, 그 사랑에 감동하였기 때문이다. '얘들아, 이제 이곳은 너희들 정원이란다' 하면서 도끼로 담을 부쉈을 때다. 이렇게 해서 거인의 정원이 살아나고, 거인은 아이들과 평생을 행복하게 살다 아기 예수 인도를 받아 천국으로 간다. 이 동화를 읽고 어른들은 '내가 쌓아놓은 담은 무엇인가?' 깨달아 그 담을 도끼로 부수면 좋겠다. 어린이들은 '아름다운 정원에서 아이들과 거인이 함께 놀고 있는 장면, 또는 스스로 그려보고 싶은 장면'을 골라 그려보면 좋겠다.

전쟁과 아우

이르멜라 벤드트 글
안토니 보라틴스키 그림
유혜자 옮김
현암사

인류가 지구촌에서 계속 살아가기 위해서 해결해야 할 문제가 많은데, 그 가운데서 가장 중요하게 기본이 되는 숙제가 평화로운 삶을 보장하는 것이다. 서로 다투지 않고 존중하면서 함께 더불어 살 줄 아는 세상, 나와 다르다고 해서 미워하거나 차별하거나 윽박지르지 않고 사는 세상, 스스로 자유롭고 평화롭게 살면서 동시에 남의 삶도 침해하지 않고 살아가는 세상을 만드는 일이다. 요즘 우리 사회가 겪는 진통을 보면서 이러한 평화를 소망하는 마음이 더욱 간절하다.

≪전쟁과 아우≫는 제목으로 척 알 수 있듯이 '전쟁'이 주제다. '전쟁이란 무엇인가?', '전쟁은 왜 일어나는 걸까?', '전쟁은 어떻게 해서 일어나는가?'에 대한 이야기다. 그리고 '전쟁은 어떻게 해야 멈출 수 있는가?'까지 이야기하고 있다. 참으로 무거운 이야기고, 쉽게 설명하기 어려운 주제다. 이 책 역시 가볍다거나 재미있다고 하기는 어렵다. 그러나 천천히, 아주 천천히 읽으면 마음에 깊은 울림을 주는 책이다.

'전쟁'이 너무 늙자 세상의 권력자들은 '전쟁'이 갑자기 죽어버리지나 않을까 걱정이 많았다. 권력자들은 생각이 제각기 달랐지만 딱 한 가지만은 같았다. 세상에 전쟁이 없어지면 절대 안 된다는 것이다. 세상의 권력자들은 전쟁이 늙어서 죽을 수 있다는 사실을 모든 교과서에서 지우고, 전쟁이 전쟁을 더욱 즐기도록 새로운 무기를 만들어 준다. 신무기로 인류를 멸망시키고, 지구

를 파괴할 수 있는 능력을 갖게 된 전쟁은 갈등하게 된다. 지구를 파괴하고 싶은 끝없는 유혹에 시달리던 전쟁은 어느 날 갑자기 자신에 대해 다시 생각하게 되고, 자신이 누구인가를 알기 위해 과거로 여행을 떠난다. 과거로 거슬러 가면서 전쟁이 바뀌는 모습을 보게 되고, 죽음에 이르기 전에 자신을 만난다. 아벨을 죽인 자신을 찾게 된 전쟁, 곧 카인은 눈물로 아벨이 흘린 피를 씻어낸다. 그러자 아벨이 살아나고, 자신의 잘못을 뉘우친다.

이 책에서 만나는 기쁨 가운데 하나가 전쟁의 씨앗인 작은 다툼이 일어나는 까닭을 카인과 함께 아벨 스스로 자신한테도 잘못이 있다고 깨닫게 하는 데 있다. 초등학교 교실에서 일어나는 다툼에서부터 서로 상대편을 죽이는 집단과 집단의 전쟁이 일어나는 까닭은 욕심과 질투, 그리고 그러한 욕심과 질투를 포장하는 잘못된 신념 때문이다. 곧 다투는 서로가 자신은 아벨이고 상대편은 카인이라고 믿기 때문이다. 나와 다르면 틀렸다는 생각, 우리 편은 '선'이고 상대편은 '악'이라는 믿음에서 벗어날 때 다툼을 멈추고 함께 더불어 살아가는 참 세상을 만들 수 있다.

창밖의 사람들

올리비에 두주 글
이자벨 시몽 그림
박화원 옮김
낮은산

集이 있는 사람과 집이 없는 사람, 따스한 집 안에 사는 사람과 추운 집 밖에서 살아가는 사람, 집에서 창밖을 내다보는 사람과 쫓기듯 걸어가면서 흘낏흘낏 창문너머 집 안 넘보는 사람들. 세상은 이렇게 집 안과 집 밖으로 나뉘어 있다. 서로 이야기도 나누지 않고, 따스한 손도 내밀어 잡지 못하고, 간혹 마주치는 눈빛에도 서로 놀라 고개를 돌린다. 그런 현실 사회를 또렷하게 보여주는 책이 있다.

한 아이가 창밖을 바라보고 있습니다. 거리에는 어둠이 내렸습니다. 성에 낀 유리창에 얼굴 하나 그려져 있습니다. 창문 안쪽은 따뜻한 방안, 유리창 위에는 착한 사람 하나. 창문 안쪽 세상입니다. 눈은 있지만 볼 줄 모릅니다. 입은 있지만 말을 할 줄 모릅니다. 귀가 있지만 들을 줄 모릅니다. 머리가 있지만 생각할 줄 모릅니다. 그 사람은 행복합니다. 하지만 그걸 알지 못하죠.

창문 너머는 추운 거리. 길 위를 걷는 사람들이 입을 열자, 말 대신 하얀 입김만 피어오릅니다. 밖은 너무너무 춥습니다. 창문 바깥세상입니다. 길 위에 사람들이 중얼거립니다. 담벼락에 말을 겁니다. 하수구에 귀를 기울입니다. 그러나 귀 없는 담벼락은 듣지 못하고, 벙어리 하수구는 대답하지 않습니다. 사람들은 힘없이 두 팔을 늘어뜨리고, 길바닥에 쓰러지고, 얼굴을 감싸 쥔 채, 서로에게 등을 돌립니다. 불행입니

다. 삶의 또 다른 모습입니다.

　이 책 줄거리다. 창문 안 따뜻한 세상에 사는 어린이와 창문 바깥 추운 거리에 사는 사람들 사이에 가로막고 있는 얇고 투명한 유리창 하나. 그러나 정말 두 사람 사이를 가로막고 있는 것은 유리창이 아니다. 마음이다. 볼 줄 모르고, 들을 줄 모르고, 생각할 줄 모르고, 말할 줄 모르는 마음이다. 바로 사람다운 눈과 귀와 생각을 잃어버린 모습이다. 창문 안과 밖을 한쪽씩 넘어가면서 견주고, 흙으로 빚은 입체 조형물과 유리창에 손가락으로 그린 평면 그림들이 선명하게 대비되면서 여러 가지 생각을 하게 한다. 우리 사회에서 창밖의 사람들은 누구인가 그들은 어떻게 살고 있을까.

큰도둑 거믄이

∙∙∙∙∙∙∙
황해도 구전 민화
이철수 그림
분도

投박하고 굵은 선과 소박하고 부드러운 색채로 새로운 미술 세계를 열어준 판화가 이철수. 판화를 우리 생활에 성큼 한 걸음 가깝게 다가서게 한 이철수 예술 세계를 어린이들이 감상할 수 있는 책이 있다. 1986년에 초판을 낸, 비록 많이 팔려서 널리 알려진 책은 아니지만 느릿느릿한 걸음으로 꾸준하게 어린 독자들과 함께 걸어온 ≪큰도둑 거믄이≫다.

거믄이는 한반도 서쪽 바닷가 황해도 장산곶에서 태어났다. 가난한 홀어머니는 사랑하는 아들에게 먹을 것을 차려 준 뒤 방 안에 가두고 하루 종일 엿을 팔러 다닌다. 몸이 다 크도록 제대로 걷지도 못해 바보 거믄이로 불리던 거믄이가 마음까지 다 컸을 때다. 시렁 위로 뛰어 올라 엿을 먹고, 또렷하고 우렁찬 목소리로 '어머니의 소원'을 들어드리겠다고 말한다. 너무 놀라고 화가 난 어머니가 '도둑놈이나 되어라'고 고함을 지른다. 거믄이는 엿을 떼어먹던 끌 한 자루, 망치 한 자루 지니고서 장산곶 절벽 꼭대기 동굴로 들어간다. 거믄이는 도둑이 되었는데, 조선 땅에 쳐들어와 사납게 노략질하고 가난한 백성들 재산을 털어가는 오랑캐 배에 실린 양식과 보화를 되찾아왔다. 그 식량과 보화로 가난한 어머니와 굶주린 백성을 먹여 살리는 큰도둑이 되었다. 거믄이는 어느새 민중의 구원자가 된 것이다. 그는 죽어서도 서해 바다 인당수에 거친 물살을 일으켜 오랑캐들을 경계하였다.

많은 옛이야기가 그렇듯이 거믄이도 오랜 세월 억압과 수탈에 빼앗기고 굶

저학년

주리고 살면서도 결코 희망을 잃지 않았던 민중들이 만들어 낸 이야기다. 외세 침략에서 해방되고자 했던 사람들 염원이 만들어낸 구원과 해방을 소망하는 이야기다. 여기에 이철수 마음과 정신이 담긴 질박한 판화가 어우러져 새로운 맛을 담아낸 어린이 책으로 태어났다. 책장을 넘기면서 판화를 한 장 한 장 눈여겨보면 볼수록 정감이 가는 책이다. 그림을 복사해 색칠을 한 다음에 나무젓가락에 붙여서 움직이면 또 다른 즐거움을 주는 막대 인형극 공연이 된다.

토끼 불알을 만진 노루

어린이도서연구회 엮음
우리교육

人류는 긴 세월을 동식물과 함께 살아왔다. 그러면서 동식물을 사람인양 내세워서 살아가는 지혜를 이야기로 풀어냈다. 이런 글을 우화라고 하는데, '우화' 하면 대부분이 '이솝 우화'를 떠올린다. 우리 겨레도 긴 세월을 살아내면서 수많은 우화를 풀어냈는데도 말이다. 우리 겨레가 동식물을 사람인양 내세워 서로 지혜 겨루기, 살아남기 위해 온갖 꾀내기, 어떻게 살아가는 것이 올바른 삶인가에 대한 생각을 깊이 있게 이야기로 풀어내고 있다.

이 책은 그런 수많은 이야기 가운데서 동물이 주인공인 이야기만 골라 저학년 어린이들이 읽기 좋게 고쳐 실었다. 사자, 코끼리, 기린, 팬더, 코알라 같은 다른 나라 동물에 익숙한 우리 겨레의 아이들한테 이렇게 오랜 세월을 우리 겨레와 함께 살아온 호랑이, 토끼, 여우, 두꺼비, 가재, 굼벵이, 멸치, 노루, 까치, 거북이들을 다시 만나게 하는 책이다. 이러한 동물들의 말과 행동과 성격은 바로 우리 겨레의 말과 행동과 성격을 그대로 되살려낸 것이다.

초등학교 1~3학년한테 권하고 싶다. 저학년에 알맞은 여러 가지 이야기가 실려 있고, '노루 꼬리가 짧아진 까닭', '벼룩과 이', '멸치의 꿈'처럼 동물 모양이 왜 그렇게 되었을까? 그 까닭을 풀어낸 이야기 속에서 우리 겨레의 숨결을 느낄 수 있을 것이라고 생각하기 때문이다. 나아가 어린이들 스스로 '왜 그렇게 생겼을까?', '어찌하다 그렇게 되었을까?'를 생각해 볼 수 있다. 보기를 들면 '멸치의 꿈'을 듣고 물고기들이 각각 다른 반응을 보이다가 지금

과 같은 생김새가 되었다. 멸치한테 깔려 납작해지면서 눈이 한쪽으로 몰리는 가자미, 이런 가자미를 보고 놀라 제 눈을 빼서 꽁무니에 감춘 꼴뚜기, 이를 보고 어처구니없다고 웃다 입이 찢어진 메기, 이런 메기를 보고 얼른 자기 입을 움켜쥐고 데굴데굴 웃다가 오므려 쥔 작은 입이 된 병어…… 이렇듯 이야기 속 물고기 행동과 현재 물고기 모양새를 생각하면서 '고래 몸이 커진 까닭, 새우허리가 굽은 까닭, 미꾸라지가 진흙 속에 잘 숨게 된 까닭'을 상상해 낼 수 있다면 좋겠다.

튀겨질 뻔했어요

박문희 편집
이오덕 풀이
고슴도치

길을 가다 보면 몬테소리 유치원이니 프뢰벨 유치원이니 하는 간판이 종종 보인다. 그런 간판을 볼 때마다 쓸쓸한 마음이 든다. 다른 나라에서 개발한 좋은 교육 철학과 방법을 배우고 실천하는 일이야 좋다. 그러나 우리 현실에 맞게 받아들여야 하는데 무조건 수입하면서 그 교육이 지향하는 어린이를 위한 참된 정신은 빼놓고 겉치레만 요란하게 하는 경우가 많기 때문이다. 그런 겉치레가 오죽이나 많으면 교사들 사이에 몬테소리교육을 못된소리교육이라고 비꼬는 말이 나오겠는가. 몬테소리 여사한테는 미안하기 짝이 없는 일이다.

이런 상황에서, 가끔 마주이야기 교육을 하는 유치원 간판을 길거리에서 만날 때마다 반가운 생각이 든다. 마주이야기 교육은 20여 년 동안 유치원 교육에 헌신한 유치원 원장이자 한국글쓰기교육연구회 회원인 박문희 선생님이 글쓰기 교육 기본 정신을 바탕으로 만들어낸 교육 철학이고 새로운 교육 방법이기 때문이다.

마주이야기 교육은 어린이들에게 이것 해라 저것 외워라 끊임없이 끌고 다니는 교육이 아니다. 어디까지나 어린이 편에 서서 모든 것을 보고 듣고 느끼고 생각하면서 어린이들 말을 들어주는 교육이다.

이 책은 이런 교육을 실천하는 과정에서 유아들이 자유롭게 뱉어낸 말들을 모아놓았다. 한자리에서 20분이면 다 읽을 수 있는 이 책은 마주이야기가 하고자 하는 교육이 무엇인가를 알게 한다. 이제 막 자신과 주변 세상에 눈을 뜨는 초등학교 취학 전후 아이들의 순수한 눈과 깨끗한 마음을 느낄 수 있게 한다. 그 아이들 말이 어른들 눈과 마음까지 열어주는 마주이야기 시다.

마주이야기 시 1권인 ≪침 튀기지 마세요≫와 마주이야기 시 2권인 ≪튀겨질 뻔했어요≫는 아주 어린아이부터 할아버지 할머니까지 모두 즐겁게 볼 수 있는 책이다. 한장 한장 넘겨가면서 순수한 어린이들 마음이 담긴 글과 그림이 내 마음까지 즐겁게 한다.

팥죽 할머니와 호랑이

. . . .

조대인 글
최숙희 그림
보림

옛이야기는 가난한 사람들이 억눌리고 빼앗기면서도 끝까지 희망을 지켜 온 이야기라고 볼 수 있다. 따라서 자연스럽게 그 어려움을 이겨내는 슬기와 용기가 담겨 있다.

우리 겨레 어린이들도 과거에는 할머니와 어머니가 들려주는 구수한 옛날 이야기를 들으면서 자랐고, 나이가 들어 자녀와 손자 손녀들한테 더 보태거 나 빼면서 들려주었다. 이렇게 옛이야기는 민들레 씨앗이 바람 따라 퍼져나 가듯이 사람들 입과 입을 따라다니면서 민족 정서에 뿌리를 내리는 것이다.

≪팥죽 할머니와 호랑이≫는 우리 겨레가 만들어낸 수많은 옛이야기 가운 데서도 널리 알려져 있다. 무엇보다 재미있고, 아무리 보잘 것 없어 보이는 사 람들이라도 자기 개성이나 장기를 살려서 협동하면 어렵고 힘든 일도 해낼 수 있다는 교훈까지 주는 이야기다.

깊은 산 속에 호랑이는 혼자 사는 할머니 앞에 나타나 자기 맘대로 내기를 걸 고, 내기에서 이겼다고 잡아먹으려고 한다. 호랑이한테 물려가도 정신만 차 리면 살 수 있다는 속담처럼 그 경황에도 할머니는 당황하지 않고 지혜롭게 위기를 넘긴다. 그러나 호랑이와 약속한 팥죽 쑤는 날이 되었다. 할머니는 눈 물을 흘리면서도 커다란 가마솥 가득 팥죽을 쑨다. 그 팥죽을 알밤, 자라, 개 똥, 송곳, 절구, 멍석, 지게한테 나눠준다. 딱한 사정을 알게 된 그들이 힘을 모아 호랑이를 이기고 행복하게 산다.

저학년

　요즘 가정 교육·학교 교육·사회 교육이 모두 경쟁이나 개인 특성만 중요하게 여길 뿐 함께 사는 삶은 소홀히 하고 있다. 이 옛이야기는 개인 특성을 잘 살리면서 협동하는 삶이 중요하다는 지혜, 어려운 사람들이 서로 도우면서 함께 살아야 한다는 희망이 담겨 있다. 이 옛이야기를 읽고, 어린이들이 나는 어떤 특성을 갖고 있는가? 그리고 어떻게 하면 내 개성을 살리면서도 다른 사람들과 함께 사는 길이 있을까를 생각해 보기 바란다.

하느님의 눈물

권정생 글
신혜원 그림
산하

우리 밥상에 때마다 꾸준하게 오르는 음식이 있고, 때에 따라 바뀌는 음식이 있다. 어린이들 마음의 양식이 되는 책도 마찬가지다. 두고두고 꾸준히 되풀이해서 읽어야 할 책이 있고, 한때 읽고 지나갈 책이 있다. 어린이 가까이 놓아두고 꾸준하게 되풀이해서 읽기를 권하고 싶은 책을 뽑으라면, 가장 먼저 ≪하느님의 눈물≫을 권하고 싶다.

이 책에는 17편의 짧은 이야기들이 옹기종기 담겨 있다. 이 17편의 동화들은 눈물나게 우스운 이야기도 아니고, 요즘 많은 어린이들이 생각 없이 따라하는 말장난으로 채워져 있지도 않다. 그저 옛날 시골 할아버지가 손자 손녀를 앞혀놓고 다정하게 들려주던 이야기 같다. 실제로 시골 종지기로 평생을 산 할아버지가 겨레의 귀여운 손자 손녀들이 사람답게 자라기를 바라는 마음, 나만이 아니라 남의 처지도 생각하면서 함께 살 수 있기를 바라는 마음, 자연과 생명을 소중하게 여기는 마음, 통일의 씨앗을 꼭꼭 심어주고 싶은 간절한 마음을 기도하듯 쓴 동화들이다.

17편의 동화들은 각각 다른 색깔이다. 그래서 17편의 동화를 다 읽고 책을 덮으면 어릴 때 산골짜기에 걸쳐있던 무지개가 떠오르는 듯하다. 제목으로 뽑은 '하느님의 눈물'은 모든 사람들이 서로 남의 목숨을 소중히 여기는 세상이 오기를 간절히 소망한다. '아름다운 까마귀 나라'는 진짜 훌륭하고 아름다운

저학년

모습은 자기 모습 그대로 사는 거라고 속삭인다. '다람쥐 동산'은 갈라놓은 울타리를 뚫고 통일 동산을 만든다. 울타리 너머에 산다는 무서운 도깨비를 두려워하지 않고 다람쥐 두 마리가 울타리를 뚫고 넘어가 서로 만나고, 네 마리가 만나고……. 나중에는 뚫린 벽을 허물고 함께 사는 다람쥐 통일 동산을 만든다. 울타리를 걷어내 서로 오가고, 결혼도 하고, 이사도 하며 함께 사는 평화로운 세상을 꿈꾼다.

이 책 겉표지에 유년동화집이라고 써 놓았듯이 초등학교 아래 학년 어린이들에게 읽어주기 알맞은 책이다. 우리나라 부모나 교사들의 잘못 가운데 하나가 초등학교 1학년이 되면 책을 안 읽어주려고 한다. 글씨를 아니까 혼자 읽어야 하고, 그래야 독서력이 향상되는 것으로 안다. 그래서 집이나 학교 교실에서 책 읽어주기나 옛날이야기 들려주기가 어느새 슬그머니 사라지고 말았다. 참으로 아쉬운 일이다.

물론 어린이가 혼자서 이 책을 단숨에 다 읽을 수도 있다. 혼자서 읽고 싶으면 읽어도 좋다. 그러나 비록 어린이가 혼자서 다 읽었다고 해도 부모나 교사가 한 달에 한 편씩 다정한 목소리로 읽어주면 좋겠다. 듣는 어린이 반응에 따라 몇 마디를 더 보태거나 빼면서 읽을 수도 있다. 밥을 천천히 꼭꼭 씹어 먹어야 몸에 좋듯이 이 책에 실린 동화들도 되풀이해서 몇 번이고 읽자. 어른과 어린이 모두의 마음을 키워줄 수 있는 동화다.

중학년
함께읽기

광포 아니아요! 남북공동초등학교 글쓰기가 좋아요 나의 라임오렌지 나무 나의 사직동 낫짱이 간다 내 어머니 사는 나라 다섯시 반에 멈춘 시계 돌아온 진돗개 백구 루이 브라이 마지막 박쥐공주 미가야 말더듬이 원식이 모래밭 학교 밥데기 죽데기 백두산 산상과 메산이 백두산 이야기 버들붕어 하킴 벌 레구멍 속으로 벌풍벌 아줌마가 들려주는 우주 이야기 사람은 무엇으로 사는가 새처럼 날고 싶은 화 가 장욱진 숲 속 나라 시튼 동물기 씨앗을 지키는 사람들 아주 특별한 우리 형 안내견 단실이 알록달 록 우리 옷 양파의 왕따 일기 엄마의 런닝구 여우야 여우야 뭐하니 영혼의 수호신 바리공주 우리 모 두 시를 써요 이봉창 장난꾸러기 코피트코 재인 구달의 아름다운 우정 조선의 여걸 박씨 부인 종이밥 진경산수화를 완성한 화가 정선 최열 아저씨의 지구촌 환경 이야기 평화는 어디에서 오나요 하느님 이 우리 집집에 살고 있어요 하늘로 날아간 집오리 학교에 간 사자 할아버지 요강 헨쇼 선생님께 현 우는 바바, 바바는 현우

꽝포 아니야요! 남북 공동 초등학교

신천희 글
백명식 그림
문원

새천년을 맞이하면서 열린 남북정상회담으로 동북아 지역 긴장이 완화되고, 남북교류와 화해협력이 발전하였다. 남북경제공동체와 동북아경제권을 발전시킬 수 있는 서울-신의주선과 동해선 철도와 도로를 잇는 공사도 시작했고, 금강산 관광이 활발했고, 개성공단이 만들어지면서 날마다 서울 광화문에서 개성까지 버스가 오갔다. 그런데 2007년 정권이 바뀌고 얼마 안 가 남북 관계가 악화되기 시작했다. 무슨 까닭인지 금강산 관광객이 금지선을 넘어갔다가 총에 맞아 사망하면서 금강산 관광이 막혔고, 개성공단 입주 업체들이 도산을 하고, 천안함 침몰과 연평도 포격 사건으로 전쟁 일보 직전까지 갔다. 참 안타깝고 두려운 일이다. 역사가 한 걸음이라도 앞으로 나아가기 위해서는 앞장서는 사람이 있어야 하지만 동시에 진심으로 그것을 소망하고 지원하는 민심이 함께 해야 한다. 모든 백성이 남북전쟁을 반대하며 함께 살기를 소망할 때 진정한 남북 평화를 향한 행진이 멈추거나 퇴보하지 않고 전진할 수 있을 것이다. 이 책도 이렇게 남북이 서로 도와가면서 함께 더불어 사는 날이 하루빨리 오기를 바라는 꿈을 그려본 이야기다.

≪꽝포 아니야요! 남북 공동 초등학교≫는 비무장지대 안에 있는 자유 마을에 세워진 학교다. 통일을 대비해서 통일 시대에 학교 교육에서 생길 수 있는 문제점을 찾기 위해서 세운 통일 시범 학교인 것이다. 남한 대성동에 있는 대성초등학교 어린이들과 북한 장단에 있는 장단인민학교와 평산인민학교 어

린이들 가운데서 남한 어린이 23명과 북한 어린이 21명이 이 학교에 입학한다. 태극기와 인공기가 나란히 걸린 새로 지은 학교에 들어서는 어린이들은 걱정스런 마음과 설레는 마음과 궁금한 마음이 뒤섞인다. 처음부터 서로 탐색하고, 반장 선거를 하면서 주도권을 잡으려고 패가 갈리고, 말이나 행동에 대한 오해로 다툼이 생긴다. 그러나 어린이들은 이러한 다툼과 패 갈림을 넘어서서 서로를 이해하고, 도와주고, 친구가 된다. 방학 동안에는 서로 방문하여 남북 체험학습을 하기도 한다.

남북공동초등학교는 결코 꿈에서 끝날 이야기가 아니다. 남북이 함께 사는 사회로 나가기 위해서는 빠른 시일 안에 실천해야 할 일이다. 실제로 내가 관련하는 단체에서 소규모로 진행했던 탈북청소년과 남한청소년 통일학교에서 일어났던 사건과 분위기와 비슷하다. 이런 현실을 동화로 간접체험하면서 남북공동체 사회를 지향하는 마음을 기를 수 있을 것이다. 학급 어린이들이 함께 읽고 등장인물이 되어 모의 학급회의를 하거나 연극으로 해보면 더 좋겠다. 등장인물마다 살아있는 성격과 풍부하게 사용한 남북 언어, 재미있는 사건들이 연극으로 바꿔 볼만하다. 이 작품 주인공들이 무궁화와 목란을 접목해서 만든 통일 꽃이 활짝 피어나길 바란다.

글쓰기가 좋아요

김옥성·최창의 공저
해오름

어린이들은 하루하루 여러 가지 일을 보고 듣고 겪으며 느끼고 생각한 것에 반응하고 표현하면서 한 사람으로 자라난다. 글쓰기는 그 반응과 표현의 중요한 방법이다. 곧 어떻게 말하고 글로 쓰느냐는 어린이나 어른에게나 모두 중요한 삶을 지키고 가꾸는 일과 관계가 깊다. 어린이들이 어떤 글을 어떻게 쓰느냐는 어린이들이 처해 있는 환경과 학부모나 교사들이 어떻게 지도하느냐에 따라 달라진다. 거짓 글을 좋은 글이라고 인정하는 환경 속에서 거짓 글을 쓰도록 강요받는 어린이들은 거짓 글만 자꾸 쓰게 되고, 결국 거짓되게 자라날 것이다. 솔직한 글이 좋은 글이라고 인정받는 환경 속에서 솔직한 글을 쓰는 어린이들은 진실하게 자라날 것이다.

이 책은 보고 듣고 겪은 일을 솔직하고 자세하게 쓰는 글이 소중하다는 생각을 가진 두 사람, 목사와 교사가 만나서 쓴 글쓰기 길잡이다. 어린이들이 자기 경험과 느낌과 생각을 솔직하고 즐겁게 글로 쓰면서 삶을 가꾸는 글쓰기를 공부하는 데 도움을 주고 싶은 마음으로 쓴 책이다. 10년 전에 세 권으로 펴냈던 책을 다시 간추리고 다듬어 두 권으로 펴냈다. 겪은 일 쓰기, 시 쓰기, 일기 쓰기, 편지 쓰기, 감상문 쓰기, 설명하는 글 쓰기, 책을 읽고 글 쓰기, 주장하는 글 쓰기, 기행문 쓰기, 조사 보고문 쓰기, 신문 기사문 쓰기를 쉽게 설명하였다. 어린이들이 직접 읽으면서 갈래에 따른 글의 성격과 쓰기에 대한 설명

을 읽고, 스스로 쓸거리를 찾아서 쓸 수 있다. 어른이 쓴 동시를 흉내 내거나, 동시 일부를 바꿔 쓰거나, 산문을 줄이고 연이나 행을 적당히 나눠서 운문으로 고치는 따위로 거짓말 쓰기를 가르치는 책이 넘치는 현실을 생각할 때 반가운 책이 아닐 수 없다.

글쓰기 공부를 처음 하는 어린이들이나 글쓰기를 지도하고 싶은 부모와 교사들이 도움을 받을 수 있다. 1권은 초등학교 아래 학년부터 위 학년까지 볼 수 있고, 2권은 실어 놓은 글 갈래가 초등학교 4학년부터 알맞다. 글을 잘 쓴다는 뜻이 거짓말 꾸미는 재주가 좋다는 것이 아니라 우리 삶을 올바르게 지키고 가꾸는 글을 쓰는 것임을 어린이들은 물론 학부모와 교사들이 모두 알았으면 좋겠다.

나의 라임 오렌지나무

J.M.바스콘셀로스 글
최수연 그림
박동원 옮김
동녘

처음 이 작품이 번역되어 나왔을 때 나는 세 가지 점에서 반가웠다. 첫째는 우리한테는 거의 알려지지 않았던 브라질 어린이 문학이 소개되었다는 점이고, 둘째는 끊임없는 호기심으로 주변 상황과 충돌하는 살아있는 어린이를 만났다는 점이고, 셋째는 풍부한 상상력과 감수성을 가진 어린이가 가난과 폭력 때문에 겪는 아픔과 그 아픔을 이겨내는 심리 변화가 아주 잘 그려진 작품이라는 점이었다.

나는 이 책이 처음 나왔을 때, 가끔 교실에서 아이들한테 읽어주면서, 이희재씨가 만화로 그린 책을 읽으면서, 이번에 글을 쓰기 위해 다시 읽으면서도 몇 번이나 눈물을 훔쳤다. '슬픈 크리스마스' 아침에 무심코 던진 실업자 아버지에 대한 말과 그 말을 들은 아버지의 슬픈 눈빛, 그 눈빛이 너무나 가슴아파 자신이 한 말을 뉘우치면서 구두를 닦아 번 돈으로 아버지 선물을 사 오는 장면. 아버지를 위로해 드리려고 시장바닥에서 배운 노래를 부르다가 오히려 두들겨 맞은 일, 처음에는 무섭고 인정머리 없는 식인종이라고 생각했던 포르투칼 아저씨한테 나중에는 깊은 관심과 사랑을 받으면서 마음이 바뀌는 장면. 그리고 자신한테 사랑을 깨우쳐주었던 포르투칼 아저씨가 기차 사고로 돌아가시고 나서 받은 너무나 큰 충격을 묘사한 장면들이 눈물을 훔치게 한다. 이처럼 자신이 가장 사랑하는 식구들한테 날마다 매 맞고, 상처받으면서 자라는 어린아이의 마음을 생생하게 느낄 수 있다. 또 사랑하는 아들을 때리는 아버

지, 동생을 때리는 누나와 형의 마음도 느껴진다. 이 작품은 이렇게 서로 사랑하는 사람들 사이에 일어나는 피하고 싶은 갈등을 잘 붙잡아 보여주고 있다.

이 작품은 주인공인 제제가 초등학교 1학년을 들어가는 전후 1~2년 동안에 겪는 수많은 일을 집 뒤뜰에 있는 어린 라임오렌지 나무한테 들려주는 형식으로 펼쳐진다. 초등학교 4학년 이상이면 읽기에 별 부담은 없을 것이다. 특히 자녀들 기르는 어른이라면 꼭 권하고 싶다. 부모와 자녀가 함께 읽고, 스스로의 경험과 연관시켜가면서 대화를 나누면 좋겠다. 등장인물들의 행동과 심리 변화를 나는 어떻게 생각하는가? 왜 그렇게 생각하는가? 등등 토의나 토론을 하기에 좋은 작품이다.

나의 사직동

한성옥·김서정 공저
보림

요즘 도시에서 '이 동네 많이 발전했다', '이 동네 아주 확 바뀌었네'라는 말은 재개발을 했다는 뜻이다. 또 이 재개발은 하나같이 낡은 주택이나 아파트를 부수고 고층 아파트를 지었다는 뜻이다. 도심이나 변두리나 마찬가지로 우뚝우뚝 솟아오른 높다란 아파트나 주상복합 건물을 보면 마음이 착잡하다. '꼭 저렇게 멋없이 높아지기만 하면 좋은가?' 하는 생각도 든다. 인간 중심으로 자연의 어머니인 땅을 마음대로 갈고 엎고 헤집어 내는 개발이라는 말이나 그렇게 개발한 것을 다시 다 부수고 더 높고 더 큰 시멘트와 철근 덩어리를 세워놓은 걸 보면 땅이 너무 무겁고 답답하겠다는 생각에 내 가슴까지 무겁고 답답하게 느껴진다. 사실은 땅보다도 그 덩어리 안에 사는 사람들, 그 덩어리를 보는 사람들 마음이 점점 더 눌리고 눌려 납작해지고 삭막해지는 것이겠지 싶다. 이래서 개발이나 재개발이나 마음에 안 든다. 그 방향이 자연과 사람이 다시 함께 숨쉬며 살 수 있는 되살림으로 가면 좋겠는데 아직 그 길이 보이지 않는다.

이 책은 우리나라 사람의 반이 모여 산다는 수도권, 4분의 1이 산다는 서울, 그 서울에서도 중심지라는 광화문 사직동이 발전(?)하는 모습이다. 옛집을 다 허물고 재개발해서 도심 주상복합 고층 건물을 짓고 화려하게 변신한 사직동, 그 사직동이 고향인 한 사람이 왜 사직동이 내 고향인지, 그 고향에서 살던 사람들 삶이 어떠했는지, 재개발하면서 고향이 어떻게 해체되었는지, 고

향이라는 공간이 해체되면서 한 사람의 마음에서 어떻게 사라지고 또 어떻게 남게 되는지를 담담하게, 그러나 가슴 저미게 들려주고 있다. 이 책은 지금까지 '고향'이라는 말이 곧 '시골'이 아니라 '도시'가 될 수 있음을 실감나게 해 주는 최초의 책이 아닌가 싶다. 이제 도시가 고향이 되는 아이들이 전체 인구의 과반수가 되는 시대에 도시도 고향이 될 수 있음을 느끼게 해 주는 책이 갖는 의미가 있을 것 같다.

이 책을 같이 읽은 우리 반 5학년 아이들한테 '어때? 어떤 느낌이 들어요?' 하니 첫마디가 '슬퍼요'다. 그다음이 '새로워요'였다. 맞다. 이 책은 어둡고 슬프고 새롭다. 같은 그림 안에서도 어두움과 밝음이 뚜렷하게 대비되는가 하면 어느새 서로 섞이면서 어스름한 듯 하고, 사진과 그림의 경계가 보이면서도 보이지 않고, 과거와 현재가 같은 공간 안에서 뚜렷하게 나뉘면서도 그 모든 것이 한 사람의 기억 속에 함께 있다. 고향을 잃었으면서도 그 고향을 영원히 잃지 않을 것임을 암시하고 있기 때문이다. 우리 현실을 독특한 개성으로 표현한 책이다.

낫짱이 간다

김송이 글
홍영우 그림
보리

'**차**별에 맞선 조선 아이 낫짱 이야기'라는 부제가 붙은 ≪낫짱이 간다≫는 다른 나라에서 힘겹게 살아온 한 사람이 자기가 살아낸 어린 시절 이야기를 생생하게 풀어놓은 글이다. 다른 나라에서 산다는 게 쉬운 일은 아니지만, 그 다른 나라가 일본이었기 때문에, 일본 사회 안에서 '조센진'으로 살아야 했기에 더욱 어렵게 어린 시절을 보내야 했다. 글쓴이가 그 어려움을 꿋꿋하게 이겨내면서 당차게 살아나온 모습을 진솔하게 담아낸 글이다.

초등학교 3학년 여자 어린이가 새 학년이 돼서 한 학기를 보내는 동안 성장하는 과정을 담아낸 글이다. 아홉 살짜리 여자 아이가 단지 조선인이라는 까닭 하나 때문에 9년 남짓 살면서 얼마나 시달림을 받았는지, 이미 그 어린 마음속에서 '난 왜 조선 사람이지? 왜 일본 사람으로 태어나지 않았지?' 생각하고 또 생각해보았지만 그 까닭을 알 수가 없었다고 한다.

'난 내가 조선 사람이라는 게 밝혀질까 봐 무지무지 겁나. 일본 사람처럼 살고 싶어. 하지만 성이 가네모토(金本)라서 그럴 수가 없다구. 우리 아빠는 왜 일본 사람 같은 성을 쓰지 않았을까?'

이 어린이는 최소한 아버지가 성이라도 조선 사람이 아니라 일본 사람 같은

성을 썼더라면 얼마나 좋았을까 하는 의문을 줄곧 품고 자랐다고 한다. 수많은 재일교포 어린이들 대부분이 이런 의문을 품고 살았을 것이다. 재일교포 홍영우씨도 이 책에 그림을 그리면서 자기 어린 시절을 보는 것 같다고 했다.

"야, 가네모토. 센진! 가난뱅이라서 줄넘기 줄도 못 산 게지. 가난뱅이! 빌어먹을 센징. 여자 깡패. 메롱!"

이 말에는 일본 아이가 낫짱을 놀리는 까닭 세 가지가 함축되어 있다. 가난하다는 것, 조선인이라는 것, 말썽꾸러기 여자라는 것이다. 이 세 가지 가운데서 글쓴이가 도저히 이해할 수 없는 것이 바로 '빌어먹을 조선인'이라는 놀림이다. 이런 차별과 폭언을 또래 아이들한테서만 받는 것이 아니라 어른, 그것도 담임교사한테서까지 받으니 더욱 속이 뒤집히는 것이다.

그 선생은 조선인 학생을 나무랄 때, 차마 귀에 담지 못할 말을 예사로 썼다.
"이러고도 네가 사람이냐? 어이구, 이렇게 막바우처럼 구니까 사람 축에도 못 끼지. 에잇, 더러워!"
낫짱은 이 소리만 들으면 속이 뒤집혔다. 게다가 이 선생은 반 아이 가운데 머리가 좋거나 집이 부자거나 예뻐 보이는 여자 애들을 무척 좋아했다.

낫짱이 간다

초등학교 1학년과 2학년을 이런 비열한 폭언을 일삼는 담임이 가르치는 교실에서 살았으니 그 속이 얼마나 분하고 답답했을지 짐작이 간다. 이런 어른들, 교사들이 있으니 일본 아이들이 조선인 아이들을 놀리고 괴롭히면서도 그것이 잘못이라는 것을 깨닫지 못하는 것이다. 이 때문에 낫짱은 자주 싸우게 되고, 그때마다 점점 더 불량한 말썽꾸러기로 찍히게 되는 것이다.

'조선 사람이나 일본 사람이나 다 같은 사람이잖아? 그치? 그래서 말야, 난 날 깔보는 애들하고 싸우는 거야. 나쁜 짓거리와 싸울 뿐이야. 난!'
낫짱은 학년이 올라갈수록 이런 생각이 점점 깊어져서 자기 일이 아니어도 옳지 못한 일을 그냥 보아 넘기지 못했다. 특히 조선 애들이 해코지를 당하면 상대가 누구든 거머리처럼 달라붙어 끝내 결판을 내고야 말았다. 이렇게 자꾸 말썽꾸러기들과 싸우다 보니 '여자 깡패'라는 불명예스러운 별명까지 얻었다.

낫짱이 이렇게 당차게 살아낸 그 힘은 아버지한테서 이어받았음을 글 속에서 여러 번 밝히고 있다. "올바르지 않은 것과는 철저하게 싸울 줄 아는 강한 사람이 되어야 해. 약한 사람들 형편을 모르는척하지 말고 도와야 된다. 사람은 모름지기 마음씨가 올곧아야 하는 거야. 알겠지?"라고 이야기해주는 아버지. 그러나 어린 동생을 괴롭히고 뒤에서 돌멩이까지 던지고 도망간 남자 아이를 속여서 골탕 먹인 사건을 놓고 '싸우더라도 당당하게 싸워야지 비겁하게 싸워서는 안 된다'고 가르치는 아버지, 딸이 학교에서 싸운 일 때문에 차별 대우를 받았을 때 교장 선생님한테 가서 당당하게 따지는 아버지. 낫짱은 그런 아버지가 있었기 때문에 부당한 차별과 집단 괴롭힘에 굴복하지 않는 당당한 조선인으로, 올곧은 한 사람으로 성장할 수 있었던 것이다. 아직도 귀화하지 않고 조선인으로 사는 수많은 재일동포들과 함께.

글쓴이는 붙임 글에서 자기는 이름이 셋이고, 세 얼굴로 살았다고 했다. 어린 시절에는 일본식 발음인 낫짱으로 살았고, 고등학교 때는 우리식 발음인 '하강'으로 살았고, 대학 시절에 한국식 이름인 '송이'로 살았다고 한다. 글쓴이 김송이씨는 단지 조선인이라는 까닭으로, 조선인으로 산다는 것 때문에 이렇듯 부당한 차별과 괴롭힘을 당해야 했다. 일본인으로 귀화를 하거나 성씨까지 일본식으로 바꾸기만 해도 우선은 벗어날 수 있는 멍에다. 그러나 멍에를 벗어버리지 않고 살았다. 오히려 그 멍에를 자신의 정체성을 올바르게 세우는 멋진 깃발로 만들어 세우고, 지금은 일본에서 우리말과 글을 가르치는 일에 마지막 생을 바치고 있다.

나아가 이 책이 이 시대 우리 아이들한테 더 소중한 까닭은 일본에 대한 집단 편견을 갖게 하지 않고 일본인을 개별화시켜 보도록 한다는 점이다. 일본

낫짱이 간다

교사 중에도 1, 2학년 담임교사처럼 차별을 하는 교사도 있고, 3학년 교사처럼 차별하지 않는 교사도 있다. 3학년 교사는 좀 더 과감하고 적극적으로 조선인 차별에 대처하지 못하는 자신을 부끄럽게 여긴다. 담임교사의 그런 마음까지 읽어내고 이해하는 어린 송이가 대견스럽다. 또 송이한테 가장 친한 친구, 서로 '샘샘바리'를 맺는 동무도 이웃에 사는 일본 어린이다.

 이렇게 어떤 문제를 집단 행위로 보지 않고 개별 행위로 분별해서 볼 수 있는 눈과 마음이 중요하다. 일본제국과 일본을 나눠볼 수 있는 눈, 일본사람을 대할 때도 올바른 사람과 그렇지 못한 사람을 구별해서 대할 수 있는 눈이 필요하기 때문이다. 이런 눈은 일본을 대할 때만이 아니다. 미국 사람을 대할 때도 필요한 눈이고, 중국 사람을 대할 때도 필요한 눈이고, 이라크 사람을 대할 때도 필요한 눈이고, 이스라엘 사람을 대할 때도 필요한 눈이다. 그리고 우리나라 사람을 대할 때도 마찬가지로 꼭 필요한 눈이다. 우리 사회에서 빠르게 늘어나고 있는 어머니가 외국인인 혼혈 어린이나 새터민 어린이들이 낫짱이 아니라 송이로 살아갈 수 있도록 하기 위해서는 꼭 필요한 눈이고 마음이다. 이런 눈과 마음이 곧 집단 논리에 빠지지 않고, 집단 광기에서 벗어날 수 있도록 해주기 때문이다. 집단 편견에 매이지 않을 때 무엇이 옳고 무엇이 옳지 않은 것인지, 어떤 것이 참이고 어떤 것이 거짓인지 볼 수 있고, 참삶을 살 수 있는 힘을 가지게 하기 때문이다. 우리 겨레 아이들과 일본 아이들이 모두 그런 참된 눈으로 세상을 보고, 그런 마음을 모아 함께 올바른 세상을 만들면서 살아가기를 바라는, 그런 마음이 바로 낫짱이 살아낸 어린 시절을 되돌아보는 김송이 할머니 마음 아닐까?

내 어머니 사는 나라

이금이 글
이선주 그림
푸른책들

1970년대 노래 가운데 '늙은 군인의 노래'가 있었다. 그 노래를 80년대 참교육운동을 하던 교사들이 '늙은 교사의 노래'로 바꿔 불렀는데, 노래 가사 가운데 '내 평생 소원이 무엇이더냐. 우리 제자 손목 잡고 금강산 구경일세'라는 구절이 있었다. 그 시절 많은 교사들이 그 노래를 참 많이도 불렀다. 그리고 90년대에 금강산 구경을 가는 길이 뚫렸다. 98년 11월 18일 현대 금강호가 첫길을 연 뒤 십여 년 동안 수십만 명이 금강산 구경을 했다. 몇 년 동안은 마음만 먹으면 제자들 손목 잡고 금강산 구경을 가는 꿈은 이뤄진 셈이었다. 그러다 2008년 금강산 관광객 사망 사건 뒤로 다시 막혀버렸다. 관광객이 북한 군이 쏜 총에 맞아 죽은 건 가슴 아픈 일이다. 그러나 그런 사고 때문에 금강산 관광이 막힌 건 참으로 안타까운 일이다.

　이 작품은 금강산 구경길이 맨 처음 열릴 무렵 이야기다. 노래 가사처럼 손자 손목을 잡고 금강산에 가는 할아버지, 아니 할아버지 손을 잡고 북녘 땅에 다녀오는 수빈이가 보고 느낀 이야기다. 글쓴이가 직접 금강산을 다녀오면서 만난 사람들, 그 무렵 언론에 보도된 이야기들을 비롯해 취재한 이야기를 바탕으로 쓴 동화다. 남북 문제를 수빈이 눈과 마음으로 보게 하고 있다. 금강산 구경을 가는 길이 단순히 자연 풍경을 보러 가는 길이 아니라 우리 역사와 만나는 자리, 남북통일을 향해 나가는 앞날과 만나는 자리라는 것을 보여 주고 있다.

　　초등학교 4학년부터 읽을 수 있겠다. 지금은 못 가지만 이 책을 읽고 금강산 관광을 다시 꿈 꿀 수 있고, 그 의미를 되새겨보는 기회가 되면 좋겠다. 금강산 관광이 단순히 단풍이나 바위나 계곡만 보고 오는 게 아니라 우리 겨레가 평화롭게 살아갈 길이라는 생각을 키울 수 있는 글이기 때문이다. 어른들도 함께 읽으면 좋겠다. 금강산 구경길이 처음 열리던 무렵 설렘과 감동을 다시 기억하기를 바라는 마음 때문이다. 이 책을 읽는 모든 사람들이 5학년 수빈이가 되기를 바란다. 이 책을 읽는 우리 겨레 아이들이 할아버지 세대가 겪은 아픔과 앞으로 열어 나가야 할 통일 세상을 조금이라도 생각하고 느낄 수 있기를 기대한다. 그리고 더 많은 우리 아이들이 다시 자유롭게 금강산을 갈 날이 오길 바란다.

다섯시 반에 멈춘 시계

강정규 글
박문희 그림
문원

이정향 감독이 두 번째로 만든 영화 '집으로'는 제목부터가 가다가 멈춘 느낌이다. 카메라로 잡아낸 할머니, 곧 자연 역시 우리가 오래 전에 잊었던 시간을 오늘 다시 꺼내서 보여주는 것 같다. 어머니의 어머니, 그리고 그 어머니의 어머니인 자연을 다시 만나게 해 준다. 영화를 보는 내내 할머니가 보여주는 느릿느릿한 움직임이 곧 멈출 것 같아 조마조마했다. 그리고 빨리빨리에 빠져있는 상우, 곧 우리들과 부딪혀 깨질까봐 안쓰러웠다. 어릴 때 추억이 감상을 자극해서 이런 느낌을 받은 것이 아닐까 했는데, 우리 반 아이들한테 보여주면서 꼭 그렇지 않음을 느낄 수 있었다. 내가 담임했던 5학년 아이들한테 '집으로' 영화를 보면서 가슴이 뭉클했는데, 같이 볼 마음이 있느냐고 물었다. 모두 좋다고 해서 가까운 극장으로 가서 단체 관람을 했다. 영화를 보고 난 아이들 반 이상이 우느라 일어서지를 않았다. 이 영화가 12살 아이들 마음에 어떤 느낌을 준 것일까?

이 영화를 보면서 동화 한 편이 떠올랐다. ≪다섯시 반에 멈춘 시계≫다. 요즘은 손목 시계가 아주 흔하고 흔한 것이지만 한때는 아무나 가질 수 없는, 더구나 시골 아이는 쉽게 볼 수 없는 때가 있었다. 그 시계를 잃어버리고 도둑 누명을 쓰게 된 아들한테 평소에는 무뚝뚝하고 무섭게만 여겨지던 아버지가 보여준 사랑 역시 오늘 우리들이 잊어버린 또 하나의 소중한 모습이다. 아들이 시계를 빠트렸다는 읍내 공중 변소 똥통에서 묵묵히 똥을 퍼내 학교 밭으

중학년

로 퍼 나르는 아버지, 온갖 사람들이 오랫동안 싸 놓아 푹 썩은 똥 냄새가 몸에 가득 밴 채로 피곤한 몸을 끌고 집으로 와 천천히 눕는 아버지, 그리고 똥통 바닥까지 퍼내고 찾아낸 시계를 깨끗하게 씻어서 아들 손에 쥐어주는 아버지 모습이 가슴 뭉클하다.

빠른 속도로 움직이는 스마트폰이나 게임, 폭력성을 재미로 느끼게 하는 영상물이 판치는 세상이다. 그런 세상에 온통 마음을 빼앗긴 것 같은 아이들이 이렇게 느린 영화를 끝날 때까지 조용히 보면서 무슨 생각을 했을까? 할머니한테 마구 대하는 상우 행동을 보면서 어떤 생각을 했을까? 그리고 상우의 심리 변화에 어떻게 공감하게 되었을까? 어른한테는 ≪다섯시 반에 멈춘 시계≫처럼 오래 전에 멈추었던 그 시간의 벽을 훌쩍 뛰어넘어 마음속에 묻어놓았던 부모를 돌아보게 해준다. 반면에 아이들한테는 '집으로'와 ≪다섯시 반에 멈춘 시계≫처럼 무조건 자신을 믿어주고 사랑하고 언제나 손 내밀어 안아주는 부모, 어른들을 만나게 해 주는 것이 아닐까?

돌아온 진돗개 백구

송재찬 글
송진헌 그림
대교

'세상에 이런 일이'라는 프로에서 2년 만에 집으로 돌아온 개 이야기가 언론에 보도되어 보는 사람들 가슴을 뭉클하게 한 적이 있다. 취재하던 중에 다친 두 뒷다리를 치료해주기 위해 동물 병원에 데리고 갔는데, 주인 할머니가 눈물을 훔치면서 '성한 개도 얻어먹기 힘들텐데 이렇게 다친 몸으로 얻어먹으면서 다녔으니 얼마나 힘들었겠냐'고 말했다. 그러자 이 말을 듣고 앉아있던 개 눈에서 눈물이 주루룩 흘러내렸다.

예전에도 진도에서 대전으로 팔려갔던 진돗개가 7개월 만에 3000Km를 달려서 돌아온 사건이 신문에 크게 보도된 일이 있었다. 풍산개, 삽살개와 함께 우리나라 개를 대표하는 천연기념물 53호 (1962년 지정)인 진돗개여서 더 많은 관심을 끌기도 했다. 이렇듯 인간에 대한 끊임없는 믿음을 보여주는 개를 보면서 개만도 못한 사람이 늘어나는 부끄러운 현실을 돌아보게 하는 사건이었다.

이 기사를 보고 얼마 뒤에 직접 진도에 찾아가 개를 살펴보고, 상상력을 발휘하여 쓴 동화가 ≪돌아온 진돗개 백구≫다. 가정 형편 때문에 팔려갔고, 팔려간 부잣집도 좋았지만 어려운 형편인 옛 집으로 다시 돌아왔다는 사실 하나를 보고, 돌아오는 과정에서 일어났을 수 있는 사건을 덧붙였다. 덧붙인 줄거리에서 진돗개 눈으로 본 인간과 짐승들이 살아가는 여러 가지 모습을 볼 수 있다. 그리고 인류 역사에서 가장 오랫동안 함께 살아온 인간과 개가 이런 관

계를 만들었으면 좋겠다는 소망을 충실히 담고 있다. 백구가 자기를 사랑하고 아껴주는 편안한 부잣집을 떠나 옛집으로 돌아오는 까닭을 귀소본능에다 가난하고 외로운 할머니와 약한 서연이를 지켜줘야 한다는 백구 의지를 더해준 것도 결코 무리하지 않게 마음에 와 닿는다.

　초등학교 3학년 어린이부터 읽기에 넉넉하다. 읽고 나서 백구, 진돌, 장군, 번개, 서영이, 태범이, 할머니 얼굴을 상상해 그려보기를 하기 좋다. 그 성격이나 역할이 뚜렷하기 때문이다. 얼굴을 그린 다음에 그 밑에 '나는 왜 이렇게 그렸나?'라는 질문에 대한 대답을 쓰거나, '내가 해주고 싶은 말 한 마디'를 쓴다.

루이 브라이

마가렛 데이비슨 글
자넷 캠페어 그림
이양숙 옮김
다산기획

사람 몸 가운데서 중요하지 않은 부분이 없겠지만 눈은 여러 가지 의미에서 더욱 소중한 부분이라고 할 수 있다. 나 아닌 모든 것들, 바깥세상을 볼 수 있는 것이기 때문이다. 눈을 잃으면 함께 잃게 되는 것이 수없이 많은데, 그 가운데서 글을 읽을 수 없다는 것 또한 너무나 큰 손실이다. 글을 읽지 못하면 세상을 볼 수 없는 것과 마찬가지로 세상을 읽을 수가 없기 때문이다. 세상을 보고 읽을 수 있는 눈이 보이질 않으면 마음이 닫히고, 마음이 닫히면 희망을 잃기 마련이다.

그러나 다행히도 눈먼 사람들이 자유롭게 이 세상을 볼 수는 없지만 글을 읽고 쓸 수는 있어 마음을 활짝 열고 지식의 세계로 나아가 세상을 알아볼 수 있고, 희망을 갖고 살 수 있다. 바로 눈먼 사람들이 쉽게 읽고 쓸 수 있도록 만든 점자 때문이다.

세상을 볼 수 없고 읽을 수 없는 눈먼 사람들한테 최소한 읽을 수 있는 길을 열어준 사람이 바로 프랑스의 작은 마을 쿠브레이에서 150여 년 전에 태어난 루이 브라이라는 사람이다. 쿠브레이 마을에 가면 '루이 브라이 광장'이 있는데, 광장 한구석에 있는 기념물에 '이분은 앞을 볼 수 없는 모든 이들에게 지식의 문을 열어 주었습니다'라는 글이 새겨져 있다고 한다. 그가 이런 찬사를

받을 수 있는 까닭은 눈먼 사람들이 쓰고 읽을 수 있는 점자를 만들었기 때문이고, 모든 창조가 그렇듯이 그 점자를 새로 만드는 과정이 너무나 어렵고 힘들었기 때문이다.

　루이 브라이는 자신도 눈먼 사람이었다. 그러나 처음부터 눈이 멀었던 것은 아니고 세 살 때 아버지가 일하시는 작업장에서 놀다가 뾰족한 송곳에 찔려 세상의 빛을 볼 수 없게 되었다.

　이 책은 그가 그때부터 겪게 되는 절망과 좌절, 고통, 불안한 삶, 그리고 다른 눈먼 사람들과 함께 어떻게 그 벽을 넘는지 등 혼신을 다해 점자를 만드는 과정을 잘 보여주고 있다. 이 책을 읽을 수 있는 사람들, 눈으로 세상의 빛을 볼 수 있는 어린이와 어른들 마음에, 빛을 볼 수 없는 사람이 남긴 따스한 빛이 오롯이 담길 것이다.

마지막 박쥐 공주 미가야

이경혜 글
양혜원 그림
문학과지성사

생태 평화란 지구촌 생태계가 평화롭게 살아가는 것을 일컫는 말이다. 이러한 꿈이 현실로 이뤄지려면, 개개인이 그 꿈을 간절하게 소망하면서 실천해야 하고, 나아가 대다수 사람들이 함께 꿈꿔야 한다.

그런데 지금 지구촌에 사는 생명 가운데서 가장 힘센 무리로 자리잡은 인류는 다른 생명체들을 무시하고 억압하고 갈취하기에 바쁘다. 바쁜 정도가 아니라 자기들 탐욕과 편견 때문에 수많은 생명들을 씨까지 말리고 있다. 국제 야생물보호단체 보고에 따르면 지난 2000년 동안 지구상에서 멸종된 포유류 종수가 100여 종에 이르는데, 그 가운데 3분의 2는 개발 열풍이 드세던 20세기에 멸종했다고 한다. 인류 문명이 드러내고 있는 포악성을 가라앉히고 생태 평화를 향한 지성과 실천 의지를 인류가 계발하지 않으면 21세기에는 더 빠른 속도로 더 많은 생물이 지구촌에서 사라질 것이다. 그리고 끝내는 인류도 스스로 멸망하는 길에서 벗어날 수 없을 것이다.

이 작품은 이러한 인류가 추구하는 탐욕과 편견 때문에 멸종 위기에 빠진 토끼박쥐들 이야기다. '어느 날 경동 시장에서 본 죽어서 말라가는 박쥐 넋이 들어와 이 글을 쓰게 한 것인지도 모르겠다'는 글쓴이 고백처럼 이 작품을 읽으면서 마치 내가 한 마리 토끼박쥐가 되었다가 돌아온 느낌이다. 그리

고 '어느 면에서는 우리 박쥐가 인간보다도 뛰어나다고 할 수 있지. 그러면서 동시에 지렁이보다 모자라기도 하단다. 그러니 애야, 중요한 것은 어느 동물도 서로 비교될 수 없는 거란다.'라는 박쥐의 말처럼 인간의 편견이 내 마음속에 어떻게 자리잡고 있었던가를 확인하고, 그 편견을 씻어내는 데도 한 몫해준 동화다.

초등학교 3, 4학년 어린이들도 재미있게 읽을 수 있겠고, 고학년 어린이들도 인간이 다른 생명체들과 어떻게 관계를 맺어가야 하는가를 생각하면서 읽을 수 있겠다. 지구촌이 평화롭게 계속 살아가려면 생태계를 파괴해서는 안 된다. 생태계가 서로 깊은 관계를 유지하면서 살아갈 때 지구촌은 지속가능할 것이다. 이러한 동화들이 많이 나와서 우리와 함께 이 땅에서 살아가야 하는 모든 생명체와 생태 평화로 나아가는 길을 찾아주는 등대가 되어주면 좋겠다.

말더듬이 원식이

김일광 글
남수진 그림
우리교육

우리 사회를 들여다보면 가장 안타까운 부분이 다른 사람에 대한 배려가 너무 부족하다는 점이다. 장애 어린이를 위한 학교를 세운다고 하는데, 집값 떨어진다고 반대할 정도다. 학교에서도 다른 아이한테 맞은 부모는 항의를 하는데, 남을 때린 아이 부모는 죄송하다는 말 한마디 안 하는 경우도 많다. 맞은 아이 집에 위로 전화라도 하라고 하면 오히려 아이들이 싸우면서 크는 건데 뭘 그러냐고 되받기까지 한다. 사회에서나 교실에서나 이웃에 대한 배려, 다른 사람을 이해하려는 마음이나 태도가 너무 부족하기 때문이다.

이 책은 학교에서 아이들과 생활하면서 보고 듣고 겪은 그런 이야기들을 바탕으로 쓴 단편 모음이다. 열네 편의 짧은 동화들 속에 우리 아이들이 다른 사람의 처지를 이해하고 배려하면서 화해와 사랑으로 살아가는 마음과 태도를 가지길 바라는 마음이 담겨 있다. 우리 사회가 그런 마음의 눈을 뜨기를 소망하는 글이다. 담임교사로서 아이들을 이해하고 배려하는 마음을 갖기 바라는 마음, 공사 때문에 허물게 된 새집을 옮겨 주는 아이들 마음이 널리 퍼지기를 바라는 마음, 이제는 자라서 쓸모없지만 소중하게 간직해 온 어릴 때 쓰던 물건들을 이웃에 나눠 주는 마음, 장애인 자녀들이 전학 오는 것을 반대하던 마을 사람들의 마음이 주인공 어린이들이 함께 부르는 노래를 들으면서 바뀌는 모습 등을 올곧게 담아내려고 애쓴 작품들이다.

　글쓴이는 머리글에서 "언제부터인가 사람들은 사랑과 화해의 마음을 잃어
버리고, 자연을 업신여기면서 함부로 대해 왔습니다. 그것도 모자라 이제는
친구와 이웃 사이에도 높은 벽을 쌓게 되었습니다."라면서 우리 어린이와 어
른들이 이런 마음을 버리고, 이런 벽을 허물게 하는 동화를 쓰지만 늘 제대로
쓰지 못해 안타깝다고 한다. 물론 더 재미있고 감동을 느끼게 썼다면 좋겠지
만, 독자가 읽으면서 그 진실한 씨앗을 찾아내서 키우는 일을 해낼 수 있는 동
화라고 생각한다.

모래밭 학교

이금이 글
윤영진 그림
푸른책들

우리나라 어린이들은 거의 모두가 초등학교에 다닌다. 취학률이 99% 수준이다. 문자 해독비율 또한 99.8% 수준으로 세계 어느 나라보다 높다. 초등학생이 학교에 안 다니는 건 물론 결석하는 것도 용납하지 못할 정도로 학교는 꼭 가야 한다는 우리 사회 풍토 때문에 초등학교 취학률이 이렇듯 높은 것이고, 누구나 어디서나 쉽게 배울 수 있는 한글 때문에 문맹률이 낮은 것이다.

이 책에 등장하는 주인공 호돌이는 빵학년이다. 빵학년 백호돌은 누구나 가는 초등학교 1학년에 들어가지 못한 아이다. 출생 신고가 늦어서 어린이집을 졸업한 다른 동무들하고 같이 학교에 가지 못하고, 어린이집에서 동생들하고 한 해 더 공부하기가 싫어서 학교를 가지 않았다. 집에서 혼자 지내게 되었는데, 막상 혼자 지내게 되니 할 일도 없고 갈 데도 없었다. 그래서 호돌이는 자기가 사는 가난한 동네를 벗어나 아파트 단지에 있는 모래밭 놀이터까지 간다. 그 모래밭에서 자기처럼 갈 데가 없다는 듯이 혼자 앉아 있는 할아버지를 만난다. 할아버지는 시골에서 초등학교 선생님을 하다가 정년퇴임을 하고, 서울에 사는 자식 집에 와서 산다. 아들 며느리가 다 직장에 나가고, 손주들도 학교에 가니 방 안에 혼자 있기가 너무 힘들어서 놀이터에 나와 앉아 있는 것이다. 호돌이와 할아버지는 곧 친구가 된다. 할아버지는 호돌이한테 글을 가르치고, 호돌이는 할아버지가 혼자 하는 목마 장사를 도와드린다.

학교에 못 가고 이웃 할아버지한테 글을 배우기도 하고, 이웃 할아버지를 도
와드리면서 1년을 보낸 호돌이는 학교에 가서 1년 배운 것보다 훨씬 많은 것
을 배웠다. 또 할아버지도 호돌이와 만나는 과정을 통해서 평생을 몸 바친 교
육 현장을 떠나 골목길이나 놀이터에서 또 다른 아이들을 만날 수 있게 된다.
이렇듯 어린 아이 세대와 할아버지 세대가 만나는 새로운 학교가 모래밭 학
교다. 가난하고 외롭더라도 서로에게 관심을 갖고 함께 어울려 살아가는 삶
을 엿볼 수 있다.

밥데기 죽데기

권정생 글
박지훈 그림
바오로딸

어릴 때 들었던 옛이야기에는 무서운 귀신들이 많이 나온다. 그 가운데 하나가 달걀 귀신이다. 입도 없고, 눈도 없고, 귀도 없고, 코도 없는 귀신이 히히히 하고 웃으며 쫓아온다는 이야기다. 또 우리나라 산에 득시글득시글 하던 늑대도 무서워하던 대상이었다. 어릴 때 달밤이면 이 골짜기 저 골짜기에서 서로 주고받으면서 울던 늑대 소리, 어느 동네 누가 겨울 눈길에 고개를 넘어오다 늑대를 만나 혼이 났다는 이야기들을 심심찮게 들으며 무서워했다.

동화 ≪밥데기 죽데기≫는 이런 달걀과 늑대를 주인공으로 하고, 우리 사회에서 점점 천대받는 똥을 금싸라기보다 더 소중하게 여기는 마음으로 쓴 동화다. 작가는 사람이 무서워하고, 미워하고, 더럽다고 천대하던 대상을 사람을 되살려낼 수 있는 화해와 사랑과 평화의 사자로 자리매김 시키고 있다.

이 동화는 시작부터 옛이야기를 듣는 느낌이다. '솔뫼골 골짜기 깊이깊이 들어가면 더 들어갈 곳이 없어지는 막장에 오두막 한 채가 있습니다.' 이 오두막에 늑대가 변신한 할머니가 살고 있다. 늑대 할머니는 50년 전에 몰살당한 식구들 원수를 갚기 위해 오랜 공력을 몽땅 털어 달걀과 똥으로 두 아이를 만들어 훈련을 시킨다. 드디어 원수 갚을 실력이 되어 산삼을 캐다 판 돈을 가지고 서울로 온다. 서울에 와서 돌아다니면서 죽어가는 원수, 원폭 피해로 죽어가는 불쌍한 사람을 비롯해 많은 사람들을 만난다. 결국 원수도 용서하고, 사람들의 평화로운 삶을 위해 자신의 목숨을 다해 똥으로 금가루를 만들고, 서

울의 밤하늘을 두둥실 날아다니면서 골고루 뿌린다. 똥 금가루에 휴전선 철
조망이 녹아내리고, 모든 전쟁 무기들이 녹아내리고, 새로운 생명들이 태어
난다. 그리고 달걀귀신인 두 아이도 사람으로 살아가게 된다. 책장을 덮으면
서 이 동화는 21세기 평화를 기원하는 20세기 마지막 옛이야기라는 생각을 떨
칠 수가 없다.

이 동화는 옛날이야기 하듯이 읽어주기나 들려주기를 하면 더 재미있고, 어
린이들 마음을 따뜻하게 해 줄 수 있다. 그리고 식구나 모둠끼리 커다란 종이
에 높은 하늘을 둥둥 떠다니면서 똥으로 만든 금가루를 뿌리는 장면을 그리
고, 그 가루에 녹아야 할 것들을 그려 넣고, 한 쪽에 평화를 위한 기도문 쓰기
를 권한다.

백두산 산삼과 메산이

이야기동네 글
강효진 그림
산하

고구려사를 중국사라고 우기는 중국 역사학계의 움직임과 이에 반발하는 남북한 역사학계와 국민의 반대 열기가 뜨겁다. 사실 이 문제는 어제 오늘의 일이 아니다. 중국은 고구려와 발해를 자신들의 지방사라고 주장해 왔고, 우리 역사학자나 관광객이 만주 일대에 산재해 있는 고구려와 발해 유적지를 연구하거나 관람하는 것을 방해해 왔다.

몇 년 전 백두산 천지에서 찍은 사진이 있는데, 사진에는 백두산이 아니라 장백산으로 찍혀 있었다. 중국 쪽으로 올라갔기 때문이다. 백두산을 온전하게 우리 민족의 백두산으로 부를 수 있는 날이 고구려사를 우리 민족의 역사로 분명하게 자리매김할 수 있는 날이 아닐까 싶다.

이 책은 이렇듯 우리 겨레의 역사와 함께 숨 쉬어 온 백두산에 얽힌 이야기들을 모아 놓았다. 백두산은 우리 민족국가의 탄생부터 오랜 세월 동안 우리 겨레가 살아오면서 입에서 입으로 전해 내려온 이야기가 담겨있다. 백두산 천지를 비롯해 봉우리와 계곡, 다리 이름 하나하나에 갖가지 옛이야기들이 깃들어 있다. 신화도 있고, 전설도 있고, 사슴이나 산삼 같은 동식물에 얽힌 이야기들도 있다. 시샘 때문에 산신령을 죽게 한 옥장천 샘물, 사람을 괴롭히는 자라왕을 물리치기 위해 자기 몸을 던진 여진의 제사대, 사슴과 노루들이 종족의 벽을 넘어 함께 살아야 한다는 마음을 일깨워준 관일 폭포 이야기, 가난한 나무꾼 바우돌이와 삼천년 묵은 산삼 동자 메산이의 우정, 아버지 원수를 갚

으러 백두산 호랑이와 맞서 싸우는 천덕이, 모든 일에는 때가 있으니 욕심을 부리면 안 된다는 마반산 이야기들이 재미있게 펼쳐지고 있다.

　이런 백두산 이야기를 우리 아이들한테 들려주고 싶은 초등학교 선생님들 몇 명이 모여서 백두산에 얽힌 신화와 전설과 민담들을 골랐다. 고른 이야기들을 요즘 어린이들이 읽기 쉽게 고치고 다듬어서 펴낸 책이다. 우리 겨레의 삶이 담긴 백두산을 오롯이 우리 겨레의 산으로 느끼고 사랑하게 하고 싶은 마음으로 해낸 일이라고 할 수 있다. 이런 선생님들 소망대로 어린이들이 이 책을 읽으면서 백두산이 우리 겨레의 산임을 마음속으로 느끼고, 이야기 속에 담긴 삶의 지혜와 용기를 배울 수 있기를 바란다.

백두산 이야기

류재수 글·그림
보림

좋은 책은 책마다 자기만이 갖고 있는 독특함이 느껴진다. 글쓴이가 혼신을 기울여 담아놓은 창조성과 진실성이 읽는 사람한테 공감을 일으킬 때 독특한 느낌은 강렬하다. '좋은 우리 동화책 만들기 운동 1'이라는 깃발을 내세우면서 출판한 ≪백두산 이야기≫도 그런 독특함이 한여름 대낮에 내리쏟는 뙤약볕 같은 책이다.

우리나라 그림책 세계에 새 문을 열었다는 찬사를 받기도 하는 이 책은 화가 류재수가 우리 겨레 역사를 신화로 풀어낸 웅장한 서사시다. 힘찬 기운을 거침없는 그림으로 그려내고, 고난과 극복 과정을 거인들 싸움으로 보여준다. 우리 겨레가 품어온 간절한 소망을 '나는 일어나리라, 그대가 북을 치고 노래하면 그때 우리는 조선의 먼동을 다시 보리라'며 노래하고 있다.

아주 까마득한 먼 옛날, 하늘과 땅이 갈라지고 해와 달이 생겨나는 천지 창조 과정을 웅장한 그림으로 그 느낌을 충분히 전달하고 있다. 한울왕 아들이 하늘에서 내려와 조선을 세우고, 조선이 번성하는데 이를 시기하는 흑룡 거인이 쳐들어온다. 흑룡 거인이 조선을 침략하는 장면, 커다랗고 시커먼 발목과 발톱이 닥치는 대로 사람과 가축과 땅을 짓밟는 장면은 광주 대학살 바로 그 자체다. 무자비한 흑룡 거인을 물리치는 백두 거인은 바로 굳게 뭉쳐진 민중의 힘이다. 흑룡 거인을 물리친 백두 거인이 엎드려 잠든 거대한 산으로 변해갔고, 사람들은 이 산을 백두산이라고 부른다. 조선 사람들은 재앙이 닥치

면 언제든 저 백두산이 다시 깨어날 것임을 굳게 믿는다. 천지 창조 신화와 단군 신화, 그리고 흑룡 거인과 백두 거인이라는 신화를 잘 뒤섞어서 '백두산 이야기'라는 새로운 신화를 창조한 것이다.

　이 책에 실린 그림들은 모두 한 장 한 장 펼쳐놓고 말없이 감상하기에 넉넉하다. 가만히 들여다보고 있노라면 그림이 말을 걸어오는 느낌이 든다. 그러면 나도 무슨 말인가 하고 싶어진다. 책을 읽고 나서 눈을 감고 고요히 생각해 본다. 그리고 가장 선명하게 떠오르는 그림을 다시 펼쳐놓고 천천히 바라보면서 그림과 대화를 시도해 보라. 독서의 새로운 기쁨을 맛볼 수 있을 것이다.

버들붕어 하킴

박운규 글
아이완 그림
푸른숲주니어

21세기에 지구촌이 겪어야 할 여러 가지 문제 가운데 하나가 '물'이다. 물 부족이 인류생존을 심각하게 위협할 문제로 떠오르고 있는 것이다. 세계에서 가장 좋은 물이 풍부하다고 자랑할만 한 우리나라도 이미 그 위험 수위가 심각한 지경이다. 20년 안에 물 파산에 이를 것이라는 실태 보고서를 무시할 수 없는 현실이다. 지구촌 표면의 전체 70%나 차지하는 물, 우리 인체에서도 70%나 차지하는 물이 부족해진다. 한쪽에서는 온난화 현상으로 남극과 북극의 빙하가 녹아 대홍수를 예견하는데, 한쪽에서는 환경오염으로 먹을 물이 없어질 것을 예견하고 있다. 물속에 빠져 죽게 생겼으면서도 먹을 물이 없어 죽어가야 할 판이 될 수도 있다.

이러한 환경오염, 물 오염의 심각성을 일깨워주고 싶은 일념으로 쓴 동화가 바로 《버들붕어 하킴》이다. 작가는 우리나라 토종 민물고기인 버들붕어 하킴이라는 주인공이 되어 깊은 산 속 냇물에서부터 넓은 강과 바다에 이르기까지 두루 돌아다니면서 온갖 모험을 통해 수질 오염 실태와 민물고기 생태를 보여주고 있다. 수백만 년 평화롭던 깊은 산 속의 아름다운 물 속 나라가 군인들의 포격과 산림 파괴, 외래종 물고기의 침략으로 무참히 파괴되고, 넓은 강에 살던 물고기들이 수질 오염으로 흉측한 기형고기가 되고, 기름 띠 때문에 수많은 물고기가 허연 배를 뒤집고 죽어간다. 그런 비극 중에도 작은 희망이 있다. 골프장 건설을 반대하는 지역주민들이 있고, 민물고기를 살리려고 애

쓰는 사람들도 있고, 비로용담과의 사랑이 있다.

그렇다. 바로 사랑만이 희망이다. 물고기도 우리 사람과 함께 지구촌에서 살아야 할 생명임을 깨닫고 사랑할 수 있어야 우리는 20년 뒤에도 그들과 함께 물을 먹고, 우리 몸의 70%를 깨끗한 물로 채울 수 있을 것이다. 수많은 민물고기 이름과 낯선 낱말이 많아 읽기가 조금 어렵기는 하지만 초등학교 4학년 어린이부터는 권장하고 싶다. 4학년 때 물고기를 배우기도 하고, 낯선 만큼 다양한 어휘를 배울 수 있고, 자연에 대한 관심을 조금이라도 더 일찍 갖게 하고 싶기 때문이다. 읽고 나서 책에 나오는 물고기 계열표를 만들어보고, 민물고기 탐사에 참여해 보면 더 좋겠다.

벌레구멍 속으로

. . . .

문선이 글
한수진 그림
시공주니어

여느 때는 점심을 먹자마자 운동장에 뛰어나가 놀기 바쁘던 남자 아이 넷이 서로 열을 올리면서 논쟁을 했다. 점심을 천천히 먹으면서 무슨 일인가 가만히 듣고 있자니 블랙홀이라는 말도 튀어나오고, 벌레구멍이 어쩌고저쩌고 한다. 한참 떠들던 아이들이 내가 가만히 듣고 있는 것을 눈치챘나 보다. 머리를 맞대고 수군수군하더니 그 가운데 평소 토론을 잘하던 영택이가 나한테 묻는다. "선생님, 4차원 세계가 정말 있나요?", "글쎄? 나도 가 보지는 않았으니 있다 없다 말하기 힘들어. 나도 어려서는 4차원이나 5차원 세계가 있을 거라고 생각했는데, 어른이 되면서 없다고 생각했거든? 그런데 요즘 나이가 점점 들면서는 있을 수도 있겠다는 생각이 들기도 해. 그런데 무슨 문제로 그렇게 심각한 토론을 하는데?", "≪벌레구멍 속으로≫처럼 다른 공간이 있느냐 없느냐 때문이에요."

아이들이 읽고 토론을 벌이게 된 책인 ≪벌레구멍 속으로≫는 개미를 무척 좋아하는 아이 이야기다. 재민이는 개미를 너무 좋아해서 이사를 가면서도 기르던 개미를 부모 몰래 숨겨서 데리고 가는데, 벌레구멍 속으로 들어가 다른 세계에서 모험을 즐긴다. 아버지한테 개미집이 들통 나지만 그 덕분에 잃어버렸던 개미 '왕돌이'를 만나고, 왕돌이하고 엘리베이터에서 열린 벌레구멍을 통해 낯선 개미세계로 들어간다. 함께 간 호석이와 개미만한 크기로 줄어든 채 곤충들 세계를 돌아다니면서 거미줄에 걸리거나 겨우 살아나기도 한

다. 재민이는 그렇게 여러 가지 모험을 즐기다가 겨우 다시 벌레구멍을 찾아 현실 세계로 돌아온다.

책 제목 때문에 ≪벌레구멍 속으로≫가 개미구멍 속으로 들어가는 게 아닌가 여기게 된다. 그러나 '벌레구멍'은 개미구멍이 아니라 시간과 공간을 연결해 주는 구멍이다. 이 구멍 어귀가 상상할 수 없을 정도로 아주 작아서 '벌레구멍'이라고 한다. 1935년 아인슈타인이 이 '벌레구멍'으로 시간여행을 할 수 있다고 한 뒤, 모리스를 비롯한 많은 물리학자들이 이 구멍을 찾고 있지만 아직은 못 찾고 있다. 하여튼 우리 반 개구쟁이들이 이 책 읽고, 진지하게 토론을 하는 모습을 보니 반가웠다. 벌레구멍(Worm holes)은 정말 있을까? 없을까?

별똥별 아줌마가 들려주는 우주 이야기

이지유 글·그림
창비

한 해가 가고 또 다른 새해가 올 때마다 사람들은 사뭇 새로운 의미를 부여하려고 한다. 사실 이런 시간의 흐름은 사람들이 만들어 놓은 것으로, 광활한 우주 질서에 견주어 보면 너무나 하잘 것 없이 느껴진다. 이렇듯 사람이 만들어 놓은 시간과 끝없이 펼쳐지는 광활한 우주를 견주면서 이 책을 읽어보는 것도 의미가 있겠다. 방정환 선생님이 1923년 제1회 어린이날에 쓴 선언문에 보면 어린이들한테 아침에 뜨는 해와 저녁에 지는 해를 보자고 했다. 그리고 어린이들이 대우주의 말초신경에 닿아있음을 기억하자고 했다. 우리 어린이들이 인간이 만든 시간에서 벗어나 경이로운 우주 질서와 흐름을 느끼면서 살아가는 마음을 가질 수 있기를 바라는 마음에서였을 것이다.

≪별똥별 아줌마가 들려주는 우주 이야기≫는 제목에서 알 수 있듯이 어머니가 자녀들한테 소곤소곤 들려주는 해와 달과 별, 그리고 우주의 일부로 살아오고 살아가야 하는 사람살이에 대한 이야기다. 우주를 살펴온 수많은 사람들에 대한 이야기다. 우주를 삭막한 과학이라는 영역에만 묶어두지 않고 사람 사는 이야기가 들어있는, 사람 냄새가 나는 과학책이라고 할 수 있다. 그러면서도 천문학을 전공한 사람답게 어린이들이 우주에 대한 지식, 천문학에 대한 자료를 쉽게 이해하고, 천문학 정보를 쉽게 찾아볼 수 있도록 정리해 놓았다. 태양계에 속한 행성인 수성·금성·화성·토성·목성·천왕성·해왕성·명왕성이 어떤 사람들에 의해 어떻게 발견되었는지, 왜 그런 이름을 붙였는지, 그 특

성은 무엇인지에 대한 이야기도 폭넓게 다루고 있다. 그리고 천문학 발달 과정과 한계, 곧 앞으로 천문학을 연구하는 사람들이 더해야 할 일이 무엇인가를 한 마디씩 던지고 있다. 마치 '이건 네가 할 일이야'라는 속삭임처럼. 유성이 우주 쇼를 한다는 기사를 보고 산으로 유성을 보러 온 사람들이 정작 유성을 볼 수 있는 준비를 제대로 하고 오지 않았다는 글쓴이 경험담을 보면서 우리가 우주 과학에 대한 기초 상식이 너무 부족하다는 의견에 수긍이 갔다. 초등학교 각 학년 과학 교과서마다 우주에 관한 단원이 있지만 그동안 너무 지식 암기 위주로만 교육해 온 결과다. 해와 달과 별의 크기, 자전과 공전을 지식으로만 외우도록 했다. 실제로 관찰 체험을 하거나 생활과 연관 지어서 볼 수 있도록 가르치지 못했기 때문이다. 이 책이 그러한 아쉬움을 조금이나마 덜어주고 있다. 어린이들이 우주에 관심을 갖게 하고, 우리 생활 곳곳에서 우주의 질서를 발견하게 하는데 도움이 되겠다.

사람은 무엇으로 사는가

레프 니꼴라예비치 똘스또이 글
이상권 그림
이종진 옮김
창비

옛 소련이 무너진 뒤 새로운 사회로 변화하려고 애쓰는 러시아에 대해 사람들마다 보는 눈이 다를 것이다. 자기가 서 있는 처지나 관심이 다르니까. 나는 러시아의 교육이 어떻게 바뀌고 있는가에 관심이 많다. 소련을 필두로 공산 국가들이 무너지는 데 교육이 져야할 책임도 크다고 보기 때문이다. 그래서 새로운 러시아 건설을 위해 노력하는 러시아 교사들 이야기를 들을 때마다 가슴이 뭉클하다. 몇 해 전부터 러시아 교사들이 펼치고 있는 '아름다운 학교 만들기 운동'에 관심이 간다. 또 100여년 만에 똘스또이 학교가 100여개나 생겼다고 하니 귀추가 주목된다.

'전쟁과 평화', '부활'을 비롯해 수많은 소설을 써 러시아는 물론 세계에 많은 영향을 끼친 똘스또이, 그가 100년 전에 꿈꾸던 '새로운 사회', '평화로운 인류 사회'를 만들기 위해 세웠던 '똘스또이 학교'들이 공산주의 사회에서 폐교되었다가 러시아 개방 이후 다시 조명을 받고 있다. 똘스또이는 자기 교육 사상에 따라 세운 학교에서 어린이들한테 들려주고 싶은 러시아 옛이야기를 골라서 고쳐 썼다. 그는 민화 가운데서 민중을 참다운 삶으로 이끌어 줄 수 있다고 판단한 것을 골라 남녀노소 누구나 쉽게 읽을 수 있는 문장으로 다시 쓰면서 자신의 새로운 가치관을 담았다. 농민의 자유로운 삶, 민중의 참다운 삶, 인류의 평화를 사랑하는 마음을 담아내려 했다. '사람은 무엇으로 사는가', '일리야스', '두 형제와 금화', '사람에게는 땅이 얼마나 필요한가', '작

은 악마와 농부' 모두 사람들에게 올바른 삶을 깨우쳐 주는 교훈이 담겨 있으면서도 날카로운 재미를 맛볼 수 있다.

초등학교 4학년부터 권하고 싶다. 더 아래 학년도 읽을 수 있지만 4학년 이상은 되어야 이야기 속에서 담아내려 한 톨스토이 뜻을 조금이나마 이해할 수 있겠다. ≪사람은 무엇으로 사는가≫를 읽고, 이야기에서 제시한 '무엇'에 대한 자기 생각을 쓰고, 여기에 덧붙여 '나는 지금까지 무엇으로 살아왔는가?'에 대해 살펴보고, 이를 바탕으로 '그 무엇'에 대한 글쓰기를 해볼 수 있다.

새처럼 날고 싶은 화가 장욱진

김형국 글
장욱진 그림
나무숲

우리나라 화가 가운데 아이들을 많이 담아 그린 화가들이 있다. 이중섭과 박수근과 장욱진이다. 이중섭이 그린 발가벗고 뛰어노는 아이들을 보면 냇가에서 세상모르고 뛰어놀던 어린 시절이 생각난다. 아기를 업고 가는 여자 아이를 보면 권정생 동화에 등장하는 몽실언니가 떠오른다. 장욱진 그림에 나오는 아이들은 단순하다. 어른도 아이처럼 단순하다. 어른과 아이들이 함께 사는, 장욱진이 그린 세계는 마치 이원수가 꿈꾸던 나라, 어른이 어린이 마음을 갖고 있어야 들어가 함께 살 수 있는 동화 '숲 속 나라' 같다.

새처럼 날고 싶은 화가 장욱진, 그는 어릴 때부터 좋은 소식을 알려준다는 까치를 열심히 그렸고, 어른들 반대를 무릅쓰고 그림을 그렸다. 그림을 그린 죄로 가난하게 살아야 했던 그는 더 좋은 그림을 그리고 싶은 마음 때문에 국립박물관 연구원이나 서울대학교 교수 자리까지도 버렸다. 그리고 덕소와 수안보와 용인 같은 농촌에서 살면서 그가 꿈꾸는 세계를 그리다가 새처럼 하늘나라로 갔다. 이처럼 그의 삶 자체가 정말 어린애같이 단순하고 소박하고 순수하다.

이 책은 장욱진 초기 그림부터 새가 되어 날아가기 바로 전 그림까지 수많은 그림 가운데서 어린이들이 그가 살아온 삶을 느끼고 생각할 수 있는 그림들을

골라서 보여주는 데 성공했다고 볼 수 있다. 이 책에 실린 그림들을 보면서 아이들부터 어른까지 누구나 자기 마음을 비춰볼 수 있다. 자기 눈으로 장욱진이 꿈꾸는 세상을 볼 수 있다.

까치와 참새와 닭과 돼지와 아이와 어른과 나무와 집과 산과 달과 해가 그림 한 폭 속에서 제각기 사는 것 같다. 그러면서도 서로 무언가 이야기를 나누면서 함께 살아가는 소박하고 따스한 세상을 읽을 수 있다. 그리고 '어! 내가 그렸던 그림하고 닮았네' 하는 즐거움을 느낄 수 있을 것이다.

숲 속 나라

이원수 글
김원희 그림
웅진주니어

인류는 끊임없이 새로운 세상을 꿈꾸며 살아 왔고, 살고 있고, 살아갈 것이다. 새로운 세상을 꿈꾸는 일은 개인이나 민족, 인류 모두에게 생명과 같은 것이다. 곧 우리에게 새로운 세상을 꿈꾸는 씨앗으로 어린이가 읽는 문학, 동화를 빼놓을 수 없을 것이다. 어린이들은 동화 속에서 펼쳐지는 새로운 세상을 읽으면서 자신의 마음 속에 새로운 세상을 여는 씨앗을 품게 되기 때문이다.

우리 겨레의 어린이들한테 '새로운 세상을 꿈꾸는 동화'를 한 권 소개하라고 한다면, 평생을 어린이를 위한 동요·동시·동화·역사 이야기를 쓰신 이원수 선생님의 첫 장편 동화 《숲 속 나라》를 권하고 싶다.

《숲 속 나라》는 제목 그대로 어린이들이 현실 세계를 떠나 숲 속에 만드는 새로운 나라다. 1949년대는 우리 민족이 큰 혼란을 겪던 시대였다. 민족 분단을 막고 통일 국가를 세우려던 백범 선생님이 흉탄에 맞아 돌아가시고, 우리 민족 최대의 비극인 동족상잔의 폭풍 전야였다. 그런 시기에 집을 나가 돌아오지 않는 아버지를 찾아 숲으로 간 아이들, 아이들이 만드는 어린이 나라는 바로 우리 겨레가 꿈꾸던 새로운 나라다. 자연 친화적 산업 시설, 각자 자기 소질과 능력을 최대한 펼치면서 자유롭고 평등하게 일하는 사회, 외세의 침략을 막아낼 수 있는 지혜와 힘이 있는 나라, 그러면서도 어린이들답게 일과 놀이가 하나되는 세상이 '숲 속 나라'다.

중학년

나는 이 동화를 초등학교 5학년 때 읽은 기억이 새롭다. 그때는 숲에서 길을 잃은 주인공이 나무와 이야기하고, 신비한 안경으로 숲 밖 세상을 보는 일 따위가 재미있었다. 그런데 돌이켜 생각하면 어른이 된 지금 꿈꾸는 세상이 어릴 때 읽었던 ≪숲 속 나라≫에 이원수 선생님이 펼쳐놓은 꿈, 바로 그것이다. 나는 우리 겨레의 아이들이 숲 속 나라와 같은 새로운 세상을 꿈꾸기를 바라는 마음으로 권한다. 3,4학년 정도면 읽을 수 있다. 책을 읽고 '내가 만일 어린이 나라를 만든다면?'을 주제로 글을 쓰거나, 그림 한 장 그려보면 좋겠다.

시튼 동물기

어니스트 톰슨 시튼 지음
햇살과 나무꾼 옮김
논장

지구촌에 엄청나게 많은 생명이 살고 있는데, 그 가운데 인류가 약 70억에 달한다. 이렇게 많은 인류 가운데서 과연 몇 명이나 지구촌 식구로 살아온 야생 동물을 알고 있을까? 단지 어떤 동물을 한두 번 만났거나 짐승 우리에 가두어 놓고 키우는 것이 아니라, 야생하는 동물을 오랫동안 가까운 이웃으로 알고 지내면서 그 생활을 꿰뚫는 사람 말이다. 이렇게 야생 동물을 잘 살펴보고 그 생활을 우리 어린이들한테 가깝게 이끌어다 보여준 사람을 몇 명 손꼽아 보라고 하면 파브르, 도오튼 버어지스, 시튼을 꼽을 수 있다. 이들은 야생 동물을 연구한 학자이면서 동시에 야생 동물들의 생활을 생생하게 보고 느낄 수 있는 동물문학을 썼다. 그래서 수많은 어린이들이 그 작품을 읽으면서 야생 동물들을 지구촌에서 우리와 함께 숨 쉬며 살아가는 이웃으로 깨닫게 해 주었다.

어니스트 톰슨 시튼은 캐나다의 원시림에서 어린시절을 보내면서 자연의 아름다움을 만끽하며, 그 속에 살아가는 야생 동물들과 친해졌다. 그는 런던과 파리에서 박물학과 그림을 공부하고 캐나다로 돌아가 줄곧 야생 동물을 관찰하였다. 시튼은 세밀한 관찰을 바탕으로 40편이나 넘는 야생 동물 이야기를 썼고, 평론가와 독자들한테 뜨거운 갈채를 받았다. 특히 어린이들은 동물에 대한 정확한 지식과 관찰, 경험을 바탕으로 쓰고 그린 따뜻한 글과 그림을 보면서 마치 자신이 직접 그 동물과 이야기를 주고받는 느낌을 받았고, 오래

된 친구로 느끼면서 함께 울고 웃을 수 있었다. '늑대 왕 로보'의 당당하고 용감한 삶과 가슴저릴 정도로 애틋한 사랑, 그리고 장렬한 죽음. 어려서 어미와 형제들을 잃고 험한 세상에 혼자 버려져 온갖 위험을 혼자 힘으로 이겨내며 살아가는 외로운 '회색 곰 왑'의 일생. 까마귀가 어떤 새들보다 머리가 좋고 무리 생활을 하기 위해 자기들끼리 여러 가지 소리로 신호를 주고받는 사실을 채보까지 해 가면서 꼼꼼하게 보여주는 '지혜로운 까마귀 실버스팟'. 이러한 이야기를 어릴 때 읽은 어른들은 지금도 그 주인공들을 마음 속 깊이 간직하고 있을 것이다.

시튼 동물 이야기 가운데서 처음 펴낸 '내가 알던 야생 동물들', 당당하고 의연한 삶을 보여주는 '동물 영웅들', 동물들도 우리와 똑같이 기뻐하고 슬퍼하고 외로워한다는 사실을 보여주는 '회색곰 왑의 일생'. 이 3권을 완역해서 5권으로 엮었다. 3학년 정도 독서력이면 재미있게 읽으면서 야생 동물들과 이야기를 나눌 수 있겠다.

씨앗을 지키는 사람들

．．．．．．．

안미란 글
윤정주 그림
창비

지구촌에 굶주리는 사람이 있는 건 식량이 부족해서가 아니라 먹을 것을 나눠주는 마음이 부족하기 때문이라는 말이 생각난다. 지구촌 한쪽에서는 먹을 것이 없어서 굶주림으로 죽어가는 사람들이 무수한데, 다른 한쪽에서는 식량이 남아 썩어나간다. 당장 한반도 남북한만 보더라도 그렇다. 남쪽은 음식 쓰레기 문제가 심각한 수준을 넘어서고 있고, 북한은 식량난에 시달리고 있다. 앞으로 이러한 식량 생산과 공급의 불균형으로 일어나는 지구촌 식량 문제가 더욱 심각해질 것이다. 그런 예상 가운데 하나가 선진국이 선점하고 있는 지적 재산권이 강화되면서 모든 곡식 종자에 대한 지적 재산권까지 독점할 경우다. 곡식 종자에 대한 지적 재산권을 선진국이 독점할 경우, 인류의 삶에 끼치는 그 영향이 현재 공산품이나 장미를 비롯한 관상용 식물에 대한 지적 재산권하고는 질적으로 다를 것이다.

　이 책은 이러한 어두운 미래를 가상해서 쓴 작품이다. 유전자 공학을 활용해 개발한 모든 곡식 종자에 대한 지적 재산권을 외국 회사들이 갖고 있다. 따라서 모든 곡식 종자를 수입해야 하고, 개인은 쑥갓 한 포기도 꽃 피울 수 없다. 아니 꽃을 피우고 씨를 받아 다시 심을 수 없다. 모든 야채며 곡물 씨앗은 '21세기 콜럼버스사' 같은 외국 기업에서 사 와야 한다. 그런 회사들이 유전자 정보를 밝혀 특허를 신청해 놓았기 때문이다. 농부들은 그런 외국 회사에서 종자를 사다가 농사를 지을 수는 있지만 씨를 받을 수는 없다. 씨앗으로 쓸 수도

없게 유전자 조작을 해 놓았지만 씨를 받는 것 자체가 특허를 침해하는 불법 행위가 되기 때문이다.

주인공 진희 아버지는 연구소에서 근무하다 그런 규정을 어겼다고 쫓겨났다. 같은 연구소에 근무하던 진희어머니와 진희아버지 사이에 일어나는 갈등은 그러한 미래에 대한 문제로 현재 겪게 되는 갈등이다. 곧 진희를 비롯한 우리 아이들이 살아갈 미래를 위해 현재를 사는 우리들이 무엇을 어떻게 해야 하는가, 지금 선택해야 하는 문제다.

90년대 활발했던 '우리 밀 살리기' 운동도 이런 식량 전쟁, 종자 전쟁에 대비하기 위해 우리 곡물 씨앗을 보존하기 위한 마음에서 시작했던 것이다. 그러나 우리 씨앗을 보존하는 데 더 많은 노력이 필요하고, 계속 떨어지는 식량 자급율도 다시 높여야 한다. 쌀을 빼고는 대부분 식량을 수입에 의존하고 있는 현실이기 때문이다.

이 작품을 읽고 씨앗 보존이라는 문제가 왜 중요하고, 곡식 씨앗을 보존 하느냐 하지 못하느냐에 따라 우리 겨레가 살아갈 미래 사회가 어떻게 바뀔 것인지를 생각해보는 기회가 될 수 있을 것이다. 그리고 지구촌 모든 사람이 건강에 좋은 음식을 자유롭고 평등하게 먹을 수 있는 미래를 만들기 위해 오늘 우리가 무엇을 선택해야 할지도 돌아보게 될 것이다.

아주 특별한 우리 형

고정욱 글
송진헌 그림
대교

'우리는 누구나 행복해질 권리가 있습니다. 행복해져야 할 의무도 있습니다. 비록 각자의 처지가 다를지라도 인간이라면 누구나 행복해야 합니다. 그런데 이 행복은 남이 주는 것이 아니랍니다. 바로 내 마음속에서 찾아내야 하는 것입니다. 주인공 종식이와 종민이가 찾은 행복이 소중한 까닭은 스스로 노력해서 찾아 낸 것이기 때문입니다. 이제 아주 특별한 우리 형 종식이와 그 동생 종민이를 만나 보고 많은 어린이들이 행복을 찾았으면 합니다. 그리고 남들도 행복을 찾을 수 있게 도와 줄 수 있다면 더 바랄 게 없겠습니다.'

이처럼 마음을 따스하게 이끌어 주는 머리글을 보기가 쉽지 않다. 이 책을 끝까지 읽고 나면 이 말이 글쓴이가 정말 우리 아이들한테 꼭 해주고 싶은 것임을 느낄 수 있다.

초등학교 3학년 종민이는 다정한 부모와 행복하게 살고 있던 외아들이었다. 그런데 어느 날 갑자기 충북 제천에 살고 계시다는 먼 친척 할머니가 돌아가셨다는 연락을 받는다. 종민이 부모는 급히 제천으로 가신다. 그리고 뜻밖에도 뇌성마비 종식이를 데리고 오신다. 더구나 친형이라고 소개한다. 종민이는 새로 나타난 종식이 형이 뇌성마비라는 것도 놀랍지만 지금까지 자신을 속여 온 부모에게 배신감을 느낀다. 무엇보다 부모 사랑과 생활 중심이 자신한테서 형에게로 옮겨간 사실을 괴로워한다. 그동안 아무 거리낌없이 친하게 지내던 친구들한테도 선뜻 형에 대해 말할 수 없게 된다. 그래서 친구들과도

거리가 멀어진다. 3학년 어린 나이로는 감당하기 어려운 문제가 분명하다. 그 어려움을 이겨내고 다시 행복을 되찾는 과정이 눈물겹고, 글쓴이가 책 앞에 쓴 머리글처럼 행복이란 스스로 찾아서 만들어 가는 과정임을 느끼게 한다.

 이 작품을 쓴 고정욱씨는 지금까지 장애인 삶을 진지하게 다뤄왔다. 이 작품도 꿋꿋하게 살아가는 뇌성마비 장애인 안종혁·최지영·김범준이 살아온 삶을 모범으로 삼았다고 한다. 그는 이들이 장애를 극복했기 때문이 아니라 열심히 살아가기 때문에 존경한다고 했다. 내가 가르쳤던 아이 가운데도 범철이라는 뇌성마비 장애우가 있었다. 범철이가 열심히 살기를 바라는 마음으로, 범철이와 같은 반 아이들이 범철이하고 행복하게 살기를 바라는 마음으로, 나아가 모든 어린이들이 교실에 몸이 좀 불편하거나 외톨이 같은 친구가 있으면 먼저 좋은 친구가 되어주기를 바라는 마음으로 이 책을 권장한다.

안내견 탄실이

고정욱 글
김동성 그림
대교

누구나 살아가면서 서로 믿고 의지할 수 있는 참된 벗을 단 한 명이라도 만날 수 있다면 행복한 일이다. 내 마음을 털어놓고 마음껏 이야기할 수 있고, 위험한 길도 믿고 같이 갈 수 있고, 화가 나거나 슬플 때 그 앞에서 실컷 울을 수 있는 벗은 사람한테나 짐승한테나 모두 필요하다. 무릇 모든 생명체한테는 이처럼 믿고 의지할 벗이 있어야 한다. 이런 벗을 사귀려면, 서로 마음을 열고, 열린 눈으로 바라보고, 마음에서 우러나와 손을 잡을 수 있도록 노력해야 한다.

《나의 눈이 되어 준 안내견 탄실이》는 초등학교 3학년 때 녹내장으로 눈이 멀게 된, 화가를 꿈꾸던 소녀 예나와 안내견 탄실이 눈으로 본 세상이야기다. 탄실이는 어려서 안내견으로 선택되어 교육을 받는다. 조금씩 자라면서 자기 의사와는 관계없이 사람들 마음대로 결정된 자기 삶에 화를 내기도 하지만 점차 좋은 안내견으로 자라난다. 그리고 예나의 안내견이 되면서 자신한테 주어진 길, 봉사하는 삶의 소중함을 느끼게 된다.

예나는 탄실이를 고맙게 여기고 믿게 되지만 초등학교 때부터 가장 친했던 동무인 송이에 대한 오해로 쌓여 있던 감정 때문에 한순간 탄실이에 대한 믿음까지 버리게 된다. 그래서 자신도 크게 다치고 탄실이도 죽을 뻔한 위험을

겪게 된다. 또 아버지가 사업에 실패하면서 또 다른 어려움을 겪게 된다. 그런 어려움을 이겨내면서 5Km 단축 마라톤에 나가 끝까지 달리는 탄실이와 예나 한테 모든 사람들이 박수를 보낸다.

이 동화는 읽는 사람들마다 그 마음의 문을 두드려 열고 싶어 하는 동화다. 안내견 탄실이를 믿고 앞세워 다니는 눈먼 예나가 살아가야 하는 세상살이, 시각 장애인들이 겪는 어려운 세상살이에 대해 마음의 눈을 열게 하고 싶은 소망이 담긴 동화다. 글쓴이는 다음과 같이 말하고 있다.

"눈을 감아야만, 그리고 마음의 문을 열어야만 보이는 또 다른 세상이 있습니다. 눈에 보이는 것만이 전부는 아닙니다. 어려움이 다가왔을 때, 눈앞이 캄캄해지는 바로 그 순간, 눈을 꼭 감고 뒤로 한 걸음 물러서서 생각해 보세요. 마음 깊은 곳에서 반짝이는 마음의 눈이 더 큰 세상을 보여 줄 것입니다."

알록달록 우리 옷

오명숙 글
김종호 그림
즐거운 학교 기획
문학동네어린이

학교 교육에서 바뀌고 있는 좋은 방향 가운데 하나가 현장 견학이나 체험 학습 기회가 늘어나는 것이다. 학년이나 학급별로 현장 학습을 할 수 있고, 가족 여행을 비롯한 여러 가지 집안 행사 참여도 체험 학습으로 신청하면 출석으로 처리하고, 두 달까지는 다른 학교에 가서 공부하고 확인증만 받아다 내면 출석으로 인정된다. 물론 아직 법이나 제도가 미비하고, 사회 문화 환경이 부족해서 이런 변화를 학부모들이 잘 활용하지 못해서 아쉽다.

그런 아쉬움 가운데 하나가 현장 학습 장소로 높은 비중을 차지하는 박물관 현실이다. 어린이들을 데리고 박물관에 갔을 때 어린이 눈높이에서 볼 수 있는 여건이 제대로 갖춰져 있지 않은 경우가 대부분이다. 전시 방법이나 전시 내용물은 물론이고 전시물에 대한 설명조차 대부분 어린이보다는 어른 중심이다. 어른들도 전문가 아니면 알기 어려운 설명문이 많다. 더 안타까운 일은 어린이 현장 학습을 적극 유치하는 박물관들도 어린이들이 그 박물관에서 무엇을 어떻게 보면 좋을까에 대한 안내 책자나 학습 활동지를 제대로 만들어 주는 데가 드물다는 것이다. 이런 안타까운 현실에서 그나마 박물관 견학을 안내하는 책자가 출판되고 있어 반갑다. 그러나 대부분 박물관 이름, 특성, 위치, 교통편 같은 단순 정보를 개괄하는 안내서가 많았다.

그런 개괄 안내서에 견주어 볼 때 이 책은 한 걸음 더 나간 박물관 현장 학습 지도서라고 할 수 있다. 국립민속박물관에 갔을 때, '우리 옷을 어떻게 하

면 재미있게 볼 수 있을까? 어떻게 하면 폭넓고 깊이 있게 볼 수 있을까? 어떻게 하면 우리 겨레가 창조하고 가꿔온 문화를 새롭게 볼 수 있을까?' 같은 관점으로 다양하게 접근하고 있다. 그리고 박물관 관람 방법 안내와 관련 박물관 소개를 덧붙여 놓아 다른 의식주 문화를 전시한 박물관을 견학할 때도 활용할 수 있도록 했다.

이 책은 글쓴이가 수 년 동안 '새롭게 보는 박물관 학교'를 운영하면서 '책과 함께 하는 박물관 교육 연구회'를 이끌어 온 현장 지도 경험을 바탕으로 썼다. 어린이들이 단지 줄서서 앞 사람만 따라가면서 전시장을 스쳐보듯 지나가는 곳이 아니라 정말 관심과 흥미를 갖고 박물관 현장 체험 학습을 할 수 있기를 바라는 마음으로 쓴 책이다. 국립중앙박물관 고구려관 견학을 위해 쓴 ≪그래, 그래! 고구려≫도 있다. 박물관 현장 학습을 좀 더 알차게 하고 싶은 교사나 학부모들이 먼저 훑어보고 어린이가 재미있게 활용할 수 있도록 이끌어주면 좋겠다. 또 이런 책은 각 박물관별로 학년 교육과정에 맞게 만들어 두었다가 찾아오는 어린이들이 활용할 수 있는 지침서로 삼을 만하다.

양파의 왕따 일기

문선이 글
박철민 그림
파랑새어린이

학교 폭력에 가담한 아이들 가운데는 하기 싫어도, 해서는 안 될 일이라는 것을 알면서 가담하는 경우도 있다. 아이들이 해서는 안 될 일, 나쁜 일인지 알면서도 가담하는 까닭은 이익보다는 두려움 때문인 경우가 많다. 나중에 왕따를 당하거나 맞을까 두려워서다. 마을에서, 학교에서, 교실에서 친구들이 한 아이를 괴롭히는데도 아무도 나서서 말리거나 어른들한테 정확하게 알리지 않는 경우가 많은 까닭도 두려움 때문이다. 이래서 두려움을 이겨 내지 못하면 누구라도 올바른 삶을 살 수 없다.

이 작품은 바로 이런 아이들의 두려움과 그 두려움을 이겨 내는 과정을 충실하게 담아 낸 동화다. 4학년 여자 어린이인 주인공 정화는 처음에는 같은 반이 된 미희가 좋고 멋있고 새로워 보여서 친구가 되고 싶어 한다. 정화뿐 아니라 많은 아이들이 미희 친구가 되고 싶어 한다. 미희는 점점 자기 중심으로 친구들을 이끌어 가고, 자기를 따르지 않는 아이를 따돌리고 괴롭힌다. 나중에는 자기 모임에 있던 정선이가 자기보다 남자 아이들한테 인기가 많다는 까닭으로 괴롭히기 시작하고, 결국 정선이는 전학을 가고 만다. 정화는 그 과정에서 많은 갈등을 겪으면서 조금씩 조금씩 자기가 해야 할 일을 찾아가지만 자기도 왕따를 당할까봐 두려워서 적극 나서서 말리지 못한다. 끝내 정선이가 전학을 간 뒤에야 자기 책임도 크다는 것을 깨닫고 글을 써서 밝힌다. 그리고 더 이상 미희의 종이 되지 않고 자아를 찾아 바로 선다.

   초등학교 4학년 때를 교육심리학에서 또래집단이 강하게 형성되는 시기로 설명하고 있다. 또래 친구들이나 선·후배 집단에 소속되고 싶어 하고, 그 집단의 규범을 따르려는 마음이 강해진다. 따라서 이 시기에 형성되는 또래집단 현상을 어른들이 강제로 억압해서는 안 된다. 어른들이 할 일은 아이들이 또래집단을 잘 선택하고, 자기가 선택한 또래집단이 잘못된 규범을 만들거나 행동할 때는 이를 바로잡거나 따르지 않을 수 있는 용기를 낼 수 있도록 도와주는 일이다.

엄마의 런닝구

한국글쓰기연구회 엮음
정승각 그림
보리

새해가 되면 누구나 한두 가지 희망을 가슴에 품어 보게 된다. 내 삶에 희망을 품어 보듯이 겨레의 삶에도 희망을 품어 본다. 겨레의 희망은 어린이다. 겨레의 어린이들이 올바르게 자라나는 모습을 보면서 앞으로 다가올 역사에 희망을 느끼고 싶다. 우리 겨레의 어린이들이 올바르게 자라나는 모습을 보고 싶다. 우리 겨레의 어린이들이 어린이다운 마음을 갖고, 사람다운 마음을 갖고 사는 모습을 보고 싶다. 우리는 어린이들이 쓴 시에서 그런 모습을 찾을 수 있다.

이 책은 한국글쓰기 교육연구회 선생님들이 지도한 어린이들이 쓴 시를 모은 시집이다. '동시'라고 해서 어른들이 쓴 동시를 흉내 내어 말재주로만 예쁘장하게 꾸미는 그런 시가 아니다. 어린이들이 살아가면서 보고 듣고 겪으면서 마음으로 느낀 것을 진솔하게 쓴 시들이다. 오줌이 마려워 고추를 움켜쥐고 폴짝폴짝 뛰어가 시원하게 누는 아이 마음, 공장에 나가 일하는 어머니 일을 도와주는 아이, 문제 아이가 되기는 쉬워도 보통 아이가 되는 것은 어렵다는 아이, 버려진 고양이를 보고 눈물이 나려는 아이, 한여름 매미 소리를 귀기울여 들을 줄 아는 아이, 이런 아이들의 마음이 담긴 시집이다. 고드름과 나무와 풀과 개미와 발가락과 어머니와 아버지와 할머니와 할아버지, 그리고 맨드라미를 착한 마음으로 볼 줄 아는 아이들이 본 세상살이 이야기다. 참 착하게 살아가는 아이들이다. 우리 겨레의 내일에 희망을 느낄 수 있게 하는 어

린이들이다.

　어린이는 모두 시인이라고 했다. 어린이는 어른의 아버지라고도 했다. 정말 이 시집을 읽으면 어린이는 모두 시인이라는 말이 맞다는 것을 알 수 있다. 어린이는 어른의 아버지라는 말에도 고개가 끄덕여진다. 우리 아이들이 이렇게 어린이들 마음이 살아 있는, 아직은 어른들보다 훨씬 더 사람다운 마음을 느낄 수 있는 이런 시를 새해를 맞으면서 한번 읽어 보기 바란다. 그러면 생각이 더 깊어지고, 마음이 훨씬 더 넓어지고, 가슴이 더 따스한 사람으로 자랄 것 같다.

여우야 여우야 뭐 하니

김목 글
산하

전쟁이 났다. 전쟁을 하는 양쪽 군대가 철조망을 사이에 두고 총과 대포를 서로 겨누고 있다. 그들은 서로 먼저 쏘기를 머뭇거리고 있는데, 뒤에서 빨리 전쟁을 하라고 증오심을 부추기고 명령하고 협박하는 사람들이 있다. 서로가 서로에 대한 의심과 두려움에 휩싸여 기어코 누가 먼저라고 할 것도 없이 총을 쏘고 대포를 쏜다. 총소리 폭탄소리가 요란한데 누구 한 사람 죽는 사람이 없다. 그리고 화약 냄새가 아니라 기분 좋은 향기가 가득하다. 총을 쏘면 총구멍에서 사람 죽이는 총알이 아니라 사람 생명을 살리는 과일이 날아오고, 대포가 쏜 폭탄이 터질 때마다 쇠붙이 조각이 아니라 향기로운 꽃송이가 쏟아져 나온다.

이건 동화다. 동화는 바로 우리들의 꿈이다. 동화는 어린이와 어른들이 함께 만들어내야 할 새로운 세상을 이야기한다. 이 이야기는 이 책에 실려 있는 스물 두 편의 동화 가운데 하나인 '위대한 전쟁'의 내용이다. 처음에는 이 동화 제목을 보면서 '전쟁이면 전쟁이지 위대한 전쟁이 무언가' 하는 생각에 기분이 언짢았다. 한국글쓰기교육연구회 이상석 선생은 "아이들은 꽃으로도 때려서는 안 된다"고 했는데, 전쟁이면 다 나쁜 거지 위대한 전쟁이 어디 있겠나 싶었기 때문이다.

그런데 한 번 두 번 되풀이해 읽으면서 마음이 바뀌었다. 그래, 총과 대포를

주면서 싸우라 싸우라 부추기고 협박하는 사람들이 있어도 누구도 그 총을 들고 쏘지 않는다면 전쟁을 할 수 없다. 또 총알과 폭탄을 만드는 사람이 없다면 전쟁을 할 수 없다.

　결국 총알과 폭탄을 과일과 꽃으로 바꿔낼 수 있는 사람들은 손발로 일하는 사람들이다. 손발로 일하는 모든 사람들이 정말 간절히 평화를 꿈꾼다면, 손발로 일하는 사람들이 총알과 폭탄 만들기를 그만둘 수 있을 것이다. 총알과 폭탄을 주고받는 대신에 음식과 꽃을 서로 주고받으면서 사는 세상을 만들 수 있는 것이다. 그리고 이 책에 실린 또 다른 작품 '다시 놓은 다리'처럼 서로 자유롭게 오갈 수 있는 세상을 만들 수 있는 것이다.

영혼의 수호신 바리공주

백승남 글
류준화 그림
한겨레아이들

옛이야기들은 입에서 입으로 전해오는 과정에서 그 시대에 따라 줄거리나 사건 전개가 많이 바뀐다. 우리 겨레 옛이야기도 조선 중기에서 후기로 넘어오면서 많이 달라졌다고 볼 수 있다. 그런데 그 과정에서 아쉽게도 주인공들이 현실 세계에서 좌절하거나 다른 세상으로 도피하는 이야기가 많아졌다. 조선 말기에 대표 동화로 부상하는 해와 달이 된 오누이도 현실세계에서 적인 호랑이를 피해 하늘로 도망간다. 방방곡곡에 흩어져 있던 아기장수 이야기를 보면 알 수 있다. 그 많은 아기장수들 대부분이 관군한테 죽거나 지레 겁먹은 부모 손으로 죽음을 당하거나 장수로 갖춰야 할 힘을 거세당한다. 전국에서 살아남은 아기장수가 거의 없다고 해도 지나치지 않을 정도다. 이렇게 대부분 전래동화 주인공들이 현실에서 좌절하고 도피할 때 무속 이야기 주인공들은 현실 속에서 어려움을 이겨내고 자기 삶을 스스로 일궈낸다. 현실에서는 끝내 행복을 쟁취하고, 죽어서도 저승과 이승 세계를 이어주고 주관하는 신이 된다.

　무속 세계에서 전해온 옛이야기 가운데 최근에 가장 널리 알려진 것이 바리공주 이야기다. 바리공주는 바리데기, 곧 버려진 공주다. 일곱째 딸이기 때문에 버려지는 운명이 되지만 지혜롭고 씩씩하게 자란다. 부모 병을 고칠 수 있다는 저승세계 동대산 약수를 구하러 떠난다. 누구도 가기를 두려워하는 저승세계, 산 사람은 갈 수 없다는 저승세계로 떠난 바리공주는 온갖 어려움을

이겨낸다. 밭을 갈아달라는 할아버지 부탁을 받아 밭을 갈아드리고, 품값으로 길을 안내 받는다. 마고할미를 만나 빨래를 해주고 그 품값으로 저승세계로 갈 수 있는 도구를 선물로 받는다. 그리고 지옥으로 가는 영혼들을 불쌍하게 여겨 도와주기도 한다. 용기와 지혜와 성실과 선행으로 약수를 구해 집으로 돌아오고, 돌아가신 부모를 살려낸다. 나아가 불쌍하고 어려운 이웃을 돕고, 그 공덕으로 죽어서 죄지은 영혼을 도와주는 오구신이 된다.

　바리데기 이야기도 조선 후기 사회를 통과하면서 그 시대가 강요하던 남녀차별 입김을 쏘였지만 동시에 그러한 남녀차별이 잘못임을 통쾌하게 보여준다. 우여곡절 가운데서도 자기 삶을 힘차게 살아내는 주인공 삶이 시원스럽고 살갑다. 같은 책에 있는 '강남국 일곱 쌍둥이'는 바리공주보다 재미는 덜하지만 역시 버려졌던 아이들 이야기다. 주인공이 다시 제자리를 찾아가는 과정을 그린 이야기로 북두칠성과 연결시킨 또 다른 옛이야기다. 어린이들이 저승길 입구에서 영혼들이 죄를 씻고 극락으로 가도록 도와주는 오구신이 된 바리공주에게 지혜와 용기, 사랑을 배울 수 있기를 바란다.

우리 모두 시를 써요

.... 이오덕 글
지식산업사

20 03년 8월 25일 이오덕 선생님이 돌아가셨다. 이오덕 선생님은 평생을 어린이 문학과 글쓰기 교육과 우리말과 글 바로쓰기에 몸 바치면서 어린이를 살리는 일에 온 힘을 쏟으셨다. 특히 어린이 문학을 하는 사람들과 아이들을 가르치는 교사들이 꼭 읽어야 할 중요한 책을 많이 쓰셨는데, 그에 못지않게 어린이들한테 직접 읽히고 싶어서 쓴 책도 많다. 동화와 동시도 있지만 어린이들이 어떤 눈으로 세상을 보고, 어떤 마음으로 글을 쓰고, 어떤 정신으로 살아야 하는지를 가르치는 책도 있다.

그 가운데 중요한 책이 ≪이오덕 글쓰기 교실≫이다. 모두 다섯 권으로 40여 년 동안 초등학교 현장에서 실천한 글쓰기 교육을 총정리 해서 내놓았다고 할 수 있다. ≪신나는 글쓰기≫, ≪우리 모두 시를 써요≫, ≪와아 쓸 거리도 많네≫, ≪이렇게 써 보세요≫, ≪시 이야기 열두 마당≫ 같은 책이다. 제목에서도 느낄 있듯이 억지로 거짓 글을 쓰고, 어른들 글을 흉내 내는 것에서 벗어나 자기 마음으로 솔직하고 즐겁고 쉽게 쓰는 길을 자세히 밝혀 놓았다.

≪우리 모두 시를 써요≫는 ≪이오덕 글쓰기 교실≫ 두 번째 책으로 1980년 중반에 출판돼서 어린이 시 쓰기 길잡이가 되었던 ≪어린이는 모두 시인이다≫를 많이 고쳐서 낸 책이다. 이 무렵 우리말 우리 글 살리기 운동에 앞장선 시기라서 그 전에 ≪어린이는 모두 시인이다≫에 들어가 있던 한자말을 우리말로 바꿨다. 그러면서 글을 새로 쓰듯이 많이 고치고 바꿨다.

　1부 '어린이 말은 시다'에서는 시와 감동, 2부 '어린이 삶은 시다'에서는 좋은 시를 쓰는 방법, 3부 '어른도 어린이와 함께'에서는 어른이 쓴 시와 어린이들이 쓴 시를 같이 보면서 왜 시가 어른과 어린이에게 자유와 희망을 주는 세계인가에 대해 이야기하고 있다.

　이오덕 선생님은 이 책에서 '시의 길이 곧 사람이 길'이라고 하면서 이 땅에 어린이들이, 어른들이 좋은 시로 삶을 가꾸길 바라셨다. 선생님은 돌아가셨지만 선생님이 피땀 흘려 써 놓으신 이 책은 앞으로도 어린이들 곁에서 어린이들이 솔직한 글쓰기로 삶을 가꾸고, 어린이들이 정직한 마음으로 시를 읽고 쓰는 길을 깨우쳐 주는 책으로 남을 것이다. 초등학교 4학년부터 권하고 싶고, 글쓰기를 가르치는 어른들한테는 꼭 권하고 싶은 책이다.

이봉창

최향숙 글
문주희 그림
산하

19 45년 8월 15일 이후 해마다 맞이하는 광복절은 말 그대로 우리 겨레가 사람답게 살 수 있는 빛을 다시 찾은 날이다. 반만년 역사 가운데서 다른 민족한테 나라를 완전히 빼앗겼던 35년이라는 어두운 세월을 걷어내고 새 나라를 세울 수 있었던 것은 많은 애국선열들이 굽히지 않고 독립투쟁을 했기 때문이다. 오직 민족 독립을 위해 자신은 물론 가족들까지 온갖 어려움을 겪으면 가시밭길을 당당하게 걸었던 수많은 선열들이 흘린 피 값으로 얻어낸 열매인 것이다. 이봉창 의사도 그러한 애국선열 가운데 잊을 수 없는 분이다. 우리 역사에서 잊어서는 안 될 분이다.

이봉창 의사 부모는 자기 땅을 갖고 농사를 지으면서 순박하게 살던 사람들이었다. 그러나 일제 침략 과정에서 강제로 땅을 빼앗기고 서울 용산으로 흘러와 도시 노동자가 되었다. 이봉창은 이렇게 힘없는 사람들이 겪어야 하는 아픔을 되씹으며 어린 시절을 가난하게 보냈고, 열댓 살 때부터 일본인 과자 가게 점원과 철도와 공장과 부두 노동자로 일했다. 과자 가게 점원으로 있을 때부터 성실하게 일했고, 철도 노동자로 취직해서도 누구보다 열심히 일했지만 일본인들의 조선인에 대한 차별 때문에 소박한 꿈마저 꺾이게 된다. 일을 아무리 잘해도 품삯을 일본인에 견주어 반밖에 받지 못했고, 승진도 할 수 없었고, 심지어는 조선 사람이라는 이유 하나로 욕을 먹고 발길질을 당해야 했다. 일본인 흉내를 내면서 살아보았지만 억울하게 당하는 동포들 모습까지 외

면할 수는 없었다. 조선인이라는 마음을 버릴 수는 없었던 것이다. 이봉창은 거의 일본인이 다 될 수 있었는데도, 그 마음속에서 싹트는 겨자씨보다 작은 씨앗을 버릴 수 없었다. 끝내 이봉창은 온몸과 마음을 독립운동에 투신하고, 목숨을 걸고 일본 왕을 향해 폭탄을 던지게 된다.

이봉창 의사 마음속에서 끝까지 살아남아 꽃피운 '조선 사람은 조선 사람을 살 수 있을 때 사람답게 사는 거야'라는 말 한마디가 오늘을 사는 이 땅의 사람들 마음에도 깊이 새겨졌으면 좋겠다. 이 책 한 권이 우리 것을 빼앗아 가는 외세에 맞서 싸우다 이름 없이 쓰러져간 사람들, 이봉창이라는 이름 속에 함께 묻혀간 수많은 이름 없는 독립운동가들 삶을 되새겨보는 기회가 되기를 바란다.

장난꾸러기 코피트코

﹒﹒﹒﹒﹒﹒﹒

어린이도서연구회 엮음
이형진 그림
우리교육

기독교 정신에서 가장 중요한 것은 사랑이라고 배워왔다. '원수를 사랑하라', '오른쪽 뺨을 때리면 왼쪽 뺨을 내밀어라'는 말에서 보듯이 복수와는 거리가 멀다. 그런데 그동안 기독교와 이슬람교 관계를 보면 끊임없는 보복과 그 악순환에서 벗어나지 못하고 있다. 뉴욕 테러 사건을 빌미로 아프가니스탄을 폭격하라는 기독교 국가들 여론은 사랑이라고 할 수 없다. 오직 보복과 증오와 파괴를 부추기는 마음들이다. 예전에 절망에 빠진 한 젊은이가 여의도 광장으로 자동차를 몰고 들어가 여러 명이 다치고 죽은 일이 있었다. 그때 어린 손자를 잃은 한 할머니가 그 청년을 용서하고 양자로 삼았다. 보복보다는 이런 사랑이 더 널리 퍼지면 얼마나 좋을까 생각해 본다.

손자를 죽인 원수를 용서하고 양자로 삼은 우리나라 할머니 이야기를 말레이시아 옛날 이야기 속에서도 만날 수 있다. 저학년을 위한 세계 옛날 이야기 모음인 '장난꾸러기 코피트코'에 실려 있는 '악어를 구해준 할머니'라는 이야기다. 저녁 늦게 할머니와 손자가 강으로 물을 뜨러 갔다가 악어한테 손자가 잡아먹혔다. 너무 슬퍼 강가에 울고 있는 할머니한테 악어들이 다가오고, 할머니는 손자를 잃고 돌아가느니 차라리 나도 악어한테 죽자는 마음으로 악어들을 기다렸다. 그런데 가까이 온 커다란 악어가 자기 손자가 할머니 손자를 잡아먹다가 목에 다리뼈가 걸려서 죽게 되었다면서 구해 달라고 한다. 할머니는 깊이 생각한 끝에 이왕 죽은 손자를 되살릴 수는 없지만 죽어 가는 악어

는 살려줄 수 있다는 결론에 다다른다. 손자를 잃은 슬픔을 알기 때문에 손자를 구해달라고 애원하는 악어할머니의 마음을 이해할 수 있었기 때문이다.

　살다보면 이해는 할 수 있지만 행동으로 실천하기에는 어려운 일이 가끔 있다. 그래서 그 벽을 넘어서는 지혜와 용기가 필요하다. 이 책은 세계 여러 나라에서 전해 내려온 이야기 가운데서 그런 지혜와 용기를 갖고 바르게 살아가기를 바라는 마음이 담긴 이야기들을 골라 저학년부터 읽을 수 있게 다듬어 엮은 것이다. 그 가운데서도 특히 '악어를 구해준 할머니'를 읽고, 나는 동생이나 동무들하고 생활하다 어떤 일 때문에 싸웠는지 생각해 보자. 그럴 때 악어를 구해준 할머니라면 어떻게 했을까 생각해 보자.

제인 구달의 아름다운 우정

제인 구달 글
미하엘 노이게바우어 사진
윤소영 옮김
웅진주니어

유명한 동화작가 아스트리드 린드그렌이 어린 시절 이야기를 쓴 ≪사라진 나라≫를 읽었는데, 독서의 중요성과 동화가 삶에 끼치는 영향에 대한 이야기가 재미있었다. 린드그렌은 이 책에서 자신이 독서의 세계로 빠져든 과정을 이야기하면서 '아이에게 희망을 가지려면 어린 시절에 책으로 가는 길을 알려주어야 한다'고 했다. 어렸을 때 그 길을 발견하지 못하면 다시는 발견하지 못할 것이라며, 정말 인류를 위해 무엇인가를 했다고 생각하는 열 사람을 골라서 그들이 지나온 세월을 넘겨보면 열 명의 어린 책벌레를 발견할 거라고 확신한다고 했다. 물론 어려서부터 책을 열심히 읽은 어린이들이 커서 다 잘 되는 것은 아니라고 생각한다. 독서도 다른 것과 마찬가지로 잘못하면 오히려 해가 될 수도 있기 때문이다. 인류를 위해서 좋은 일을 한 사람들 대부분이 책벌레였다면 인류에 해를 끼친 사람들 대부분도 책벌레들이기 때문이다. 그래서 어렸을 때 어떤 책을 어떻게 읽느냐가 아주 중요한 문제인 것이다.

어쨌든 린드그렌 말처럼 어려서 읽은 책 때문에 인류를 위해 좋은 일을 한 20세기 인물 가운데 제인 구달을 빼놓을 수 없다. 제인 구달은 어려서 아프리카를 소재로 쓴 ≪타잔≫, ≪돌리틀 여행기≫ 같은 책을 재미있게 읽은 경험 때문에 아프리카에 가서 살겠다는 꿈을 갖게 되었다. 그 꿈을 이루기 위해 열심히 공부했고, 공부를 마치고 아프리카 탄자니아 밀림에 들어가 야생 침팬지 연구와 보호 활동을 한다. 야생 침팬지를 끈질기게 연구한 결과, 그동안 알

려지지 않았던 침팬지 생활에 대한 것을 많이 밝혀냈다. 그가 한 일은 인류가 아닌 다른 동물들 존엄성을 깨닫게 하는 데 큰 힘이 되었다. 지구촌에 함께 사는 다른 동물에 대해 인류가 얼마나 오만하고 무지한가를 눈뜨게 하고, 그들을 함께 살아야 할 지구촌 식구로 보는 눈을 갖게 해 주었다.

제인 구달 이야기를 쓴 ≪아름다운 우정≫은 제인 구달이 만난 '밀림에서 서로 위하고 도와주며 살아가는 침팬지 식구들'을 스위스 사진작가 미하엘 노이게바우어가 찍은 사진과 함께 보여주고 있다. 책을 읽는 독자가 바로 눈앞에서 침팬지들 표정까지 읽는 느낌이 들 정도로 생생한 사진들이다. 이 책에 실린 침팬지들 눈빛을 읽은 어린이들은 그들도 우리 인간들과 똑같이 서로 사랑하는 식구가 있고, 영혼이 있는 생명임을 느낄 수 있을 것이다. 새끼들을 잡기 위해 어미를 쏘아 죽이고, 새끼들을 잡아다 동물원이나 서커스에 팔고, 애완동물이나 의학 연구용으로 파는 일이 아주 끔찍하고 잔인한 일이라고 말하는 제인 구달에게 공감하게 될 것이다.

조선의 여걸 박씨 부인

정출헌 글
조혜란 그림
한겨레아이들

지금 내가 살고 있는 동네 이름이 삼전동이다. 삼전동은 조선 인조 때 남한 산성에서 청나라와 싸우다 항복했는데, 청나라가 이를 기념해서 세운 삼전도 비와 관련이 있는 동네다. 조선왕조는 500여 년 동안 커다란 외세 침략을 세 번이나 당하는데, 임진왜란과 병자호란과 일제침략이다. 그때마다 쓰라린 패 배와 굴욕을 이겨내려는 마음을 문학으로 표현하였다. 임진왜란 이후 '임진 록', 병자호란 이후 '박씨 부인전', 일제 침략을 비판하고 항거하는 수많은 항일민족 문학들이다. 이러한 문학을 통해서 현실에서 패배한 역사를 정신으 로 이겨왔던 것이다. '박씨 부인전' 역시 실제 역사에서는 패배한 병자호란을 '박씨 부인'이라는 여걸을 창조해서 마음으로 이겨내고 있다. 패배한 까닭을 살펴 깊이 반성하고 교훈으로 되새기면서 전체 싸움에서는 졌지만 박씨 부인 이라는 개인 싸움에서는 통쾌하게 승리하는 것이다.

  박씨 부인은 금강산에 사는 박처사 외동딸인데, 아버지가 전생에 지은 업보 때문에 아주 흉악한 몰골이다. 그러다 박처사와 인조 때 실존 인물인 이시백 아버지가 만나 서로 아들딸을 혼인시키기로 약속하게 된다. 이시백은 아버지 말씀에 따라 결혼했지만 흉물스런 신부 몰골을 보고 놀랍고 무서워서 가까이 하지 않는다. 박씨 부인은 그런 남편한테 '아이들이 애벌레를 보면 놀라고 무 서워하지만 허물을 벗고 나비가 되면 아름답다고 쫓아다니지 않느냐'면서 겉 보다 속을 볼 줄 아는 사람이 되라고 한다. 드디어 아버지 박처사가 지은 전생

의 업이 풀리면서 박씨 부인도 허물을 벗고 아리따운 여인으로 다시 태어난다. 박씨 부인은 지혜와 용기와 도술로 청나라 첩자인 기홍대를 쫓아 보내고, 박씨 부인 별당으로 쳐들어온 용울대 목을 베고, 백성들을 강제로 끌고 가는 용골대를 쫓아가 혼내주고 백성들을 되찾아 온다.

　새로운 역사를 창조한 남자들 뒤에는 훌륭한 어머니와 지혜로운 아내가 있다는 말이 있다. 율곡의 어머니와 신사임당, 이순신의 어머니, 김구의 어머니들을 보기로 들 수 있다. 이 작품에서도 청나라 황제는 황후의 지혜를 존중하여 명나라와 조선을 이긴다. 그런데 조선에서는 임경업 장군을 두만강 쪽을 지키게 해야 한다는 박씨 부인 의견을 여자 말이라면서 무시하다 결국 지게 되었다. 어린이들이 이 작품을 읽고, 성차별 문제와 박씨 부인이 강조한 '모든 것을 겉과 속을 바르게 볼 수 있어야 한다'는 말에 대한 경험과 생각 말하기를 해 보기 바란다.

종이밥

김중미 글
김환영 그림
낮은산

아카시아 하얀 꽃이 활짝 핀 길을 걷다보면 어릴 때 생각이 난다. 그때는 아카시아 하얀 꽃송이를 따서 한 움큼씩 훑어 먹던 생각이 난다. 달콤하기도 했지만 먹을거리가 별로 없던 그 무렵, 시골 아이들은 아카시아 꽃을 질리도록 먹고, 풋풋한 냄새가 가득찬 입을 시원한 맹물로 헹구는 것으로 점심을 대신하는 경우도 꽤 있었다. 지금은 공기 오염 때문에 선뜻 손을 내밀어 따먹을 수 없는 아카시아 하얀 꽃을 보면 배고파하던 그 무렵 아이들 눈빛이 생각난다. 그런데 음식 쓰레기가 수 조원씩 버려지는 요즘도 우리 이웃 가운데는 배를 곯는 아이들이 있다.

　처음에는 이 책 제목이 '종이밥'이라서 고개를 갸웃했다. '종이밥'이 무엇을 뜻하는 걸까? 그런데 한 장 한 장 읽으면서 궁금증이 풀렸다. 하얀 아카시아 꽃 대신 하얀 종이를 씹어 먹으면서 심심함과 배고픔을 이겨내는 어린 송이, 여섯 살 터울지는 여동생 송이를 돌봐야 하는 오빠, 그 사이에 오가는 따스한 마음을 만나면서 나도 모르게 마음이 울컥하면서 눈물이 고였다. '할머니 일 나가고/ 할아버지도 늦게 들어오는 밤/ 내 동생은/ 종이를 먹는다/ 내 동생은/ 종이를 씹으면서/ 꼭 밥풀을 씹는 것 같다고/ 좋아한다/ 하루 종일 혼자/ 놀다가 심심해지면/ 내 동생은/ 종이를 먹는다/ 질겅질겅/ 종이를 씹으며/ 꼭 껌을 씹는 것 같다고/ 좋아한다' 학교 숙제로, 여동생에 대한 시를 쓰는 오빠한테 송이가 말한다. '빨리 밥 줘. 배고프단 말이야', '알았어. 오빠가 나가서

라면 끓여 올게' 밥풀 씹는 기분으로 종이를 씹어 먹는 동생한테 라면을 끓여 줘야 하는 오빠 마음을 생각하니 눈물이 난다.

　이 이야기는 도시에 사는 가난한 집 아이들 이야기다. 글쓴이가 쓴 머리글 '지금의 모습 그대로를 사랑해'를 보니, 부모 없이 할아버지 할머니와 함께 살면서 여동생을 돌보면서 자신을 힘겹게 지켜온 한 작은 남자 아이, 그러나 그 여동생한테는 너무나 크고 믿음직스런 오빠다. 그런 오빠 마음으로 보고 쓴 글이다. 너무 가난해서 식구가 같이 살기 어려워 동생을 절로 보내야 하는 현실, 그러나 종이밥을 먹더라도 동생을 다른 데로 보내지 않고 함께 살고 싶어 하는 마음이 느껴진다. 가난을 진정으로 이겨내려면 단순히 돈만 있어야 하는 게 아니라 바로 이런 마음이 있어야 이겨낼 수 있는 것이다.

진경산수화를 완성한 화가 정선

박은순 글
나무숲

16년 동안 학교 교육을 받으면서 우리나라 미술 교육도 받았다. 그 결과 기억에 남은 것은 솔거니 조선시대 3원인 단원, 혜원, 오원이니 하는 화가 이름이다. 물론 겸재 정선도 기억이 난다. 지금은 수능시험이지만 당시에는 예비고사 시험을 보기 위해 화가 이름들을 달달 외우던 기억이 새롭다. 그러나 화가 이름과 그 화가들이 그렸다는 그림 제목만 달달 외웠지 정작 그림을 즐거운 마음으로 감상한 기억은 없다. 지금 수능시험에 매달리는 대부분 아이들도 나와 별로 다르지 않을 것 같다. 이런 교육은 말 그대로 껍데기 교육에 다름 아니다. 참된 교육이라면 이름을 외우는 교육이 아니라 실제로 그림을 감상하고, 한번이라도 그림을 직접 체험해보고, 그 맛을 느낄 수 있어야 하지 않을까?

이 책은 우리 겨레가 그려온 그림을 아이들이 이해하고, 감상하고, 체험해 볼 수 있기를 바라는 마음으로 기획한 책 가운데 한 권이다. 조선시대 중국 화풍에 빠져있던 시대를 단숨에 바꿔버린 겸재 정선의 삶과 사상과 그 구체적인 작품을 '살아 숨 쉬는 조국 강산의 참된 모습을 그린 화가, 조선 삼백 년 산수화 전통을 깨끗이 바꾸어 버린 정선, 쓰다 버린 붓을 모으면 무덤을 이룰 만큼 그림에 평생을 바친 정선의 세계에 들어가 보세요'라고 책 앞에 쓴 글처럼 좀더 가깝게 만나볼 수 있도록 기획자나 글쓴이가 애 쓴 흔적이 엿보이는 책이다. 겸재가 그린 주요 작품들을 보여주면서 한 편 한 편에 대한 설명을 그의

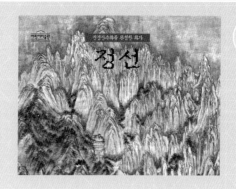

삶과 곁들여서 맛나게 풀어나가고 있다. 우리나라 산과 들과 바다를 붓과 먹으로 생생하게 그려낸 겸재의 그림을 보면 우리 아이들이 내 나이가 될 무렵에도 겸재 정선이라는 이름보다 그가 그린 그림을 머릿속에서 떠올릴 수 있을 것 같다.

　물론 이 책 한 권으로 겸재의 그림에 대한 맛을 다 느낄 수 있다고는 생각하지 않는다. 다만 이 책을 읽고 그의 그림 세계에 한 발 가깝게 다가서고, 박물관이나 미술관에 직접 가서 원화를 보고 싶다는 마음이 생기고, 직접 가서 보았을 때 감상의 폭과 깊이가 더 넓어지고 깊어질 수 있을 거라고 생각한다. 그리고 책 끝에 덧붙인 겸재 정선의 표현 방법에 대한 해설과 겸재 정선이 그린 그림을 따라 그리는 활동을 실제로 해 보면 좋겠다. 그런 체험이 우리 옛 그림에 대한 이해와 감상의 폭을 넓히는 데 도움이 될 수 있을 것이다. 이 책이 아이들한테 우리 그림에 대한 좋은 길잡이가 될 수 있기를 바란다.

최열 아저씨의 지구촌 환경 이야기

최열 글
노희성 그림
청년사

내가 어릴 때 우리나라는 '삼천리 금수강산'이라고 배웠다. 선생님이 금수강산이란 '강산이 비단처럼 아름다운 땅'이라고 했을 때, 그대로 믿었다. 산과 강이 아름다운 나라, 세계에서 가장 맑고 맛있는 물이 풍부한 나라로 믿었다. 그런데 내가 교사가 되어 아이들을 가르치는 요즘은 금수강산이라는 말 뜻을 자신 있게 가르칠 수가 없다. 오히려 환경오염을 어떻게 해결해야 하는가를 가르치기 위해 더 많은 말을 하게 되었다. 유엔발표에 따르면, 현재 25개 나라가 물이 부족하다고 한다. 그리고 2050년에는 전 세계의 3분의 2가 물이 부족해 고통을 받는다고 한다. 그리고 2025년에는 우리나라도 물이 부족해 고통을 받을 거라고 한다. 우리 몸의 70%가 물이라고 하니, 물은 바로 우리 생명이다. 우리 생명이 곧 심각한 위험에 빠진다고 한다.

이 책에는 이런 환경 오염에 대한 문제와 이를 해결하기 위해 우리들이 무엇을 해야 할 것인가를 조목조목 자세히 가르치고 있다. 글쓴이는 우리나라에서 환경 문제를 가장 먼저 앞장서서 사회 운동으로 발전시켰고, 환경 운동연합 사무총장으로 일하고 있다. 그렇게 글쓴이가 20년 넘게 환경 운동을 하면서 겪은 일과 알게 된 사실을 어린이들이 알기 쉽게 알려주고 있다. 먹을거리, 쓰레기, 물, 공기, 에너지, 생태계에 이르기까지 우리가 살고 있는 지구촌을 되살리고 지키기 위해 어린이와 어른들이 함께 알고 실천해야 할 여러 가지 환경 문제를 정확하게 짚어주고 있다. 각 꼭지마다 정확한 통계와 근거 자

료를 들면서 어떻게 실천할 것인가를 안내하는 책이다.

　초등학교 4학년부터 권장하고 싶고, 한번 읽고 말 책이 아니라 꾸준히 되풀이해 읽으면서 생활 속에서 실천하는 길잡이로 삼으면 좋겠다. 초등학교 각 학년 교과서에 흩어져 있는 여러 가지 환경 교육 내용을 좀 더 자세히 공부하는 데 필요한 자료가 될 것이다. 많은 사람들이 상식으로 알고 있던 환경 보호 활동이 오히려 또 다른 환경오염을 일으키는 경우도 많기 때문에 좀 더 넓은 눈으로 환경을 생각할 수 있도록 이끌어 주기 때문이다. 좀 더 많은 사람들이 읽고, 금수강산을 당당하게 가르칠 수 있는 날이 돌아오도록 올바른 환경 보호 활동을 실천하는 가정과 교실이 늘어나기를 바란다.

평화는 어디에서 오나요

구드룬 파우제방 글
민애수 그림
김중철 엮음 | 신홍민 옮김
웅진주니어

'죽느냐 사느냐 그것이 문제로다'라는 독백처럼 '전쟁이냐 평화냐 그것이 문제로다'라는 독백이 절로 나오는 시기다. 우리 겨레가 살고 있는 한반도가 처해 있는 시대 상황이다. 평화로 가지 않으면 결국 전쟁으로 갈 수 밖에 없는 상황이다. 한반도와 우리 겨레가 처한 이러한 전쟁 위기에 대해 몇몇 시민단체가 경고하고 있는데도 대다수 국민들은 무관심하다. '설마 전쟁이 일어나겠어?'하고 생각하는 듯하다. 그러나 설마가 사람 잡는다는 옛말도 있듯이 평화에 무관심하면 전쟁은 언제든 일어날 수 있다는 걸 역사가 보여주고 있다.

이 책은 '평화는 누가 어떻게 만들고 지킬 수 있는 것일까?'라는 물음이 갖고 있는 본질을 생각하게 한다. 곧 평화는 우리 일상생활에서부터 만들고 지켜야 한다는 이야기다. 그리고 평화를 지키려는 마음과 실천력을 가진 일반 국민이 많아져야만 정치 권력자들이 강요하는 전쟁을 막고 국경을 없앨 수 있다는 것이다. 그러한 평화에 관한 이야기를 독일 초등학교 교실에서 일어나는 아주 작은 사례들을 본보기로 짚어가면서 독자들을 설득하고 있다.

멋진 사진기를 선물받은 슈테판은 교실에서 다른 아이들 웃기는 모습을 몰래 찍는다. 이렇게 다른 사람들 행동을 몰래 찍는 것이 다른 사람의 인권을 침해하고, 이런 행동이 평화를 깨는 문제의 씨앗이 됨을 잘 보여주고 있다. 또 굶주리는 인도 어린이를 위해 생일잔치와 선물을 절약해서 구호 기금을 보내는 과정과 동네 말썽꾸러기 자샤가 외로운 할머니한테 마음의 벽을 허물

고 다가서게 되는 과정에서 보여주는 어린이들의 심리 변화와 행동 역시 설득력 있다.

이렇듯 어린이들이 일상생활에서 평화를 싹틔우는 씨앗을 찾고, 스스로 평화를 키우는 씨앗이 되기를 소망하는 책이다. 어린이들이 행동으로 평화를 싹틔우고 키워가는 동화를 쓴 구드룬 파우제방은 독일 초등학교 교사였다. 그는 1970년대 동서독 전쟁을 막아내기 위한, 그 분쟁 가운데 놓여있는 핵무기를 반대하는 서독 국민들과 함께 반전반핵 운동에 참여했다. 그리고 초·중등학교 어린이들한테 이러한 문제를 알려주기 위해 많은 작품을 썼다. 이 책에 실린 작품들 역시 동서독 평화와 통일을 지향하는 힘이 바로 현재 우리들이 생활 속에서 실천하는 작은 행동과 그 행동들이 모였을 때 이뤄지는 모습임을 보여준다. 초등학교 3학년부터 권장하고 싶다.

하느님이 우리 옆집에 살고 있네요

권정생 글
신혜원 그림
산하

이 동화는 ≪하느님의 눈물≫, ≪몽실언니≫, ≪점득이네≫, ≪초가집이 있던 마을≫과 같은 작가 글이다. 권정생 동화 ≪하느님의 눈물≫은 유년 동화로 유치원 어린이부터 읽을 수 있는 동화라고 볼 수 있고, ≪몽실언니≫는 초등학교 중·고학년부터 읽을 수 있는 동화라고 볼 때, 이 동화는 초등학교 중학년부터 읽기에 좋은 동화라고 말하고 싶다. 그리고 ≪하느님의 눈물≫에 이어 사랑과 평화가 충만한 세상을 바라는 글쓴이 꿈이 담긴 동화라고 말하고 싶다. 하느님이 땅 위에 살고 있는 사람들이 걱정되어 예수님에게 어떻게 하면 좋겠느냐고 묻는 데서 이 동화는 시작한다. 하느님 물음에 예수님은, "답답한 건 저도 마찬가지예요. 제가 세상에서 한 30년쯤 살다가 올라온 지도 벌써 2,000년이 다 되어 가는데도 세상은 점점 어려워만 가고 있으니까요." 하면서 하느님을 따라 땅 위로 온다. 처음에는 이스라엘 쪽으로 내려오다가 갑자기 돌풍을 만나 동쪽으로 날려 와 우리나라 경상도 어느 들판 수박밭에 떨어졌다. 갑자기 우박과 함께 땅에 떨어지면서 수박밭을 엉망으로 만들어 놓아 농민들한테 원망을 듣는다. 처음부터 끝까지 이어지는 서툰 세상살이 때문에 빚어지는 여러 가지 사건도 얼핏 어설픈 어릿광대 같은 우스개 사건으로 보일 수도 있다. 그러나 책을 다 읽고 나면 결코 가벼운 장난으로 느껴지지는 않는다. 까닭은 무엇일까? 하느님이 보여주는 우습기도 한 서툰 행동은 바보스러울 정도로 착한 사람을 나타내는 전형이기 때문이라고 생각한다. 또 자

식들이 모두 떠나고 난 집을 지키며 농촌에 남아 있는 윤 노인과, 아무리 어렵더라도 농촌을 살려보겠다고 남아 있는 윤 노인 조카를 통하여 농촌 현실을 간단하면서도 분명하게 보여준다. 여기까지 읽으면서 글쓴이가 농촌에 살고 있고, 지금까지 쓴 동화가 대부분 농촌을 배경으로 하고 있기 때문에 이번에도 경상도 어느 농촌을 배경으로 하는가 생각했다. 그러나 예수는 곧 아버지 하느님을 모시고 서울로 온다. 예수가 자리 잡은 곳은 서울 어느 변두리 철거민 마을이다. 서울에서도 변두리 철거민 마을을 고른 까닭은 책머리 '글쓴이 말'에 잘 나타나 있다. '하느님은 지금도 세상을 사랑하시기 때문에, 세상을 구원하기 위해 우리 곁에서 가난하고 힘들게 사실 것입니다.' 이러한 글쓴이의 종교관, 믿음이 하느님을 서울 변두리 철거민 마을에서 살게 했다. 이는 곧 글쓴이가 오늘 이 땅에서 가장 가난하고 힘들게 살아가는 사람들이 그곳에 있고, 바로 그곳에 사는 사람들이 서로 도우며 아끼는 세상을 만들어 가장 먼저 하느님께 구원을 받을 것이라고 믿기 때문이라고 본다. 서로 도우며 아끼는 세상을 어떻게 만들 것인가를 글쓴이는 자신의 믿음을 바탕으로 차근차근 보여주고 있다. 결코 서둘지 않고, 흥분하거나 노하지 않고, 핑계를 대지도 않는다. 핑계를 만드는 사람은 오직 하느님뿐이다. 또한 억지로 설득하려고 하지도 않는다. 그저 조근조근 이야기를 들려준다. 마치 글쓴이가 살고 있는 안동 농촌 사이로 흐르는 냇가 언덕에 자리잡은 집, 토지대장에도 없는 손바닥

하느님이 우리 옆집에 살고 있네요

만한 땅에 지은 울타리도 없는 집, 그 작은 방에 쪼그리고 앉아 새벽을 맞으며 이야기를 듣는 느낌이다. 이 동화는 글쓴이가 쓴 다른 이야기보다 훨씬 더 곧 바르게 단순하게 이야기한다. 하느님과 예수님이 수박밭을 망가뜨리고 농부 에게 잘못을 빈다. 이웃 할머니 성화에 끌려 점쟁이를 찾아가기도 하고, 전도 를 받기도 한다. 예수님이 청소부로 취직하고, 철거를 당해 강가로 쫓겨 가 움 막집을 짓기도 한다. 그리고 노점상을 하다가 경찰에 잡혀가 유치장에 갇히 기도 한다. '구 자 한 자나 들고나보니 구세주가 와도 구속될 판'이라는 각설 이 타령 가사를 바꾼 어떤 노가다 한 구절이 생각난다. 등장인물들도 성격과 하는 일이 아주 분명하다. 하느님, 노총각 아들 예수, 북쪽에 남아 있는 가족 을 생각하며 혼자 사는 이산가족 할머니 과천댁, 부모가 없는 떠돌이 여자 어 린이 공주가 모여 한 가족을 이룬다. 하느님은 땅으로 내려올 때 모든 능력을 버리고 온, 머리와 수염이 하얀 할아버지다. 아무 일도 할 줄 몰라 아들 예수 가 벌어다 주는 돈으로 하루하루 살아간다. 그나마 몸이 약해 병들어 눕기를 잘한다. 삐치기도 잘하고, 빨리 하늘나라로 가야 한다고 되풀이 한다. 사람들 이 어떤 일이 안 돼 하느님을 원망하는 소리를 들으면 마음이 찔려 바늘방석 에 앉은 사람처럼 불안해하고, 그때마다 사과도 잘한다. 이 동화를 월간잡지 '새가정'에 두 해가 넘게 연재를 했는데 그때 독자들이 '하느님을 욕되게 한 다'는 꾸지람을 여러 번 했다고 한다. 그러나 자신의 모든 권능을 내놓고, 사람들과 함께 살아보려고 땅에 내려온 하느님이라면 그런 하느님 성격과 모습을 잘 갖췄다고 본다. 빨리 통일이 되기만을 바라며 사는 과천댁 할머니. 이 할머니도 어렵고 힘든 역사를 살아오고 앞으로 살아갈 수많은 어머니의 성격과 모습을 잘 드러내고 있다. 혼자가 되어 떠돌다 예수를 만나 한 식구가 된 공주는 곧 새로운 세계를 열어가는 바람을 나타낸다. 하느님 마음을 가장 잘 느끼고 안다. 그리고 바로 이런 할아버지가 하느님이라고 믿는 것이다. 글쓴이는 어린이, 어린이 가운데서도 아들을 좋아하는 풍토 때문에 천대받는 여자 어린이, 그 여자 어린이 가운데서도 혼자가 되어 떠돌이가 된 작은 여자 어린이를 통하여 하느님에 대한 믿음과 사랑, 하느님의 구원을 받는 통일 세상을 증거하려고 했다. '원수를 사랑하라, 이웃을 네 몸같이 사랑하라, 이런 예수님 말씀은 쓸데없는 말이 되었습니다'라고 '글쓴이 말'에서 한 말을, 어린이를 통하여 예수님의 이러한 말씀이 '아직도 쓸모 있는, 앞으로 더욱 쓸모있는 말이 되기를 소망하고 있음'을 보여주고 있다. 그리고 이 땅에 사는 어린이와 어른들에게 '하느님 나라가 이 땅에 이루어질 때 까지' 하느님이 우리와 함께 계시다는 걸 '공주'처럼 보고, 믿기를 바라고 있다. 다만 여자 어린이에게 '공주'라는 이름을 붙인 것은 아무래도 불만스럽다. 그동안 다른 동화에서 쓴 주인공들 이름과 다르기 때문이다. 그러나 동화를 다 읽고 나니 글쓴이가 '공주'라는 이름을 쓴 것을 조금은 받아들일 수 있다.

하늘로 날아간 집오리

....

이상권 글
장양선 그림
창비

나는 해마다 여름이 가고 가을이 오는 길목에 서면 어릴 때 기르던 새가 생각나서 즐겁기도 하고, 한편 슬프기도 하다. 초등학교 6학년 때 아주 멋진 새매를 길렀다. 새끼 때는 볼품없던 새가 자랄수록 아주 당당하고 멋진 매가 되었다. 나중에는 무거워서 한쪽 어깨나 팔에 올려놓고 다닐 수가 없어 막대기에 올려놓고 다른 아이하고 양쪽에서 들고 다녀야 했다. 그런데 여름 방학이 끝날 무렵 일주일 동안 외가에 다녀오느라고 동무들한테 먹이를 부탁했는데, 갔다 오니 새를 기르던 창고에 새털만 가득했다. 동무들이 매에게 먹이를 주지 않아서 같이 기르던 다른 새들을 몽땅 잡아먹은 것이다. 그때 슬픔은 말로 표현할 수가 없었다. 그저 우는 수밖에.

이 책을 쓴 작가도 어릴 때 짐승들과 겪은 일이 많고, 그래서 느낀 기쁨과 슬픔도 많다. 그 기쁨과 슬픔을, 안타까웠던 마음을 쓴 글이다. 1970년대 농민운동사에 횃불이 된 '함평 고구마 투쟁'으로 알려져 있고, 요즘은 '나비 축제'로 널리 알려져 있는 전남 함평군 작은 마을에서 작가가 자라면서 들었거나 본 사실을 바탕으로 쓴 동물이야기다. 우리 땅에서 우리와 함께 살아온 야생동물도 사람처럼 기쁠 때는 웃고, 슬플 때는 울고, 화날 때는 화내면서 살아가는 모습을 보여 준다. 재미를 주기 위해 조금 꾸미거나 과장한 부분도 있다고 하지만, 또 야생동물들이 갖고 있는 일반 습성과 조금 다른 부분도 있다. 새나

쥐나 족제비 같은 동물도 사람처럼 생각하고, 살고 싶어 하고, 새끼를 사랑하는 감정과 생각이 있다는 것을 재미있게 보여 주기 위한 작가 마음에 따른 상상력이 보태졌기 때문이다.

초등학교 4학년 어린이부터 읽기에 알맞다. 옛이야기처럼 말하는 어른이 자기 경험이나 생각을 바탕으로 조금씩 보완하거나 덜어 내면서 들려주면 어린 아이들이 더 즐겁게 들을 수 있는 이야기다. 또 글쓴이처럼 어린이들도 평소에 생활 주변에서 보았거나 들었던 동물이야기를 다른 사람들이 잘 알 수 있도록 자세히 써 봐도 좋겠다. 우리들이 이 땅에서 함께 살아가는 날짐승이나 길짐승, 곤충이나 작은 벌레들한테까지 관심을 갖는데 도움이 될 테니까.

학교에 간 사자

필리파 피어스 글
햇살과 나무꾼 옮김
논장

'우리는 친구다'라는 어린이 연극을 재미있게 본 적이 있다. '지하철 1호선'으로 좋은 평을 받고 있는 김민기씨가 연출한 어린이 연극이었다. 초등학교 3학년 어린이가 주인공으로 요즘 어린이들이 일상생활 속에서 겪는 두려움과 답답하고 억눌린 마음을 잘 보여주고 있다. 자신을 가장 사랑하는 부모들과 단절된 현실, 오해로 빚어지는 갈등과 화해, 친구와 남매 사이에서 일어나는 다툼과 우정이 무엇인가를 생각하게 해 준다. 연극을 보면서 내내 어린이들이 처한 현실을 어떻게 봐야 하고, 어린이들이 현실 속에서 느끼는 두려움과 억눌림을 어떻게 이해하고 풀어나가야 하는지 곱씹었다.

이 책은 그런 어린이들 심리를 이해하는데 도움이 된다. ≪한밤중 톰의 정원에서≫로 카네기상을 받은 영국 동화작가 필리파 피어스가 쓴 단편동화 여덟 편을 모아 놓은 책인데, 여덟 편을 읽으면서 어린이들이 일상생활 속에서 겪는 두려움과 억눌린 마음을 참 정확하게 짚어냈다는 느낌을 받았다. 또 그 두려움을 이겨내거나 억눌린 마음을 스스로 풀어가는 모습을 잘 보여주는 동화라는 생각이 들었다. '도망'에서는 어린이가 이웃집에서 놀다가 빨래를 더럽히는 바람에 겁이 나서 도망가는 모습과 집에 돌아와서 느끼는 안도감이 잘 나타나 있다. '학교에 간 사자'는 학교에서 힘센 남자 아이한테 괴롭힘을 당하는 작은 여자아이가 꿈꾸는 소망을 어루만져주고 있다. '여름휴가 때 생긴

일'은 여름에 놀러간 집에서 만난 작은 생쥐를 지켜주려는 어린이 마음과 행동을 잘 그려냈다. '똘똘이', '깜깜한 밤에', '구부러진 손가락', '비밀' 같은 다른 동화도 한 편 한 편마다 요즘 어린이들이 일상생활 속에서 느끼거나 겪는 외로움, 두려움, 욕구와 자제심에 대한 것들을 잘 붙잡아서 보여준다. 어린이들 스스로 동화를 읽으면서 주인공과 함께 풀어나가도록 이끌고 있다.

초등학교 저학년 어린이들이 읽으면서 주인공과 함께 느끼고 생각할 수 있으며, 부모와 교사들이 어린이들과 함께 읽으면서 요즘 어린이 현실과 마음, 그들이 살아가는 삶을 어떻게 봐야 하는가를 곱씹어 볼 수 있는 책이다. 어린이 마음을 대변해주는 좋은 연극과 좋은 동화를 오랜만에 만나 기쁘다.

할아버지 요강

임길택 시
이태수 그림
보리

우리 교실 창가엔 말라 가는 국화꽃잎이 한 움큼 있습니다. 꽃이 져서 꽃 그릇을 온실로 옮기던 날, 꽃잎이 아까워 따둔 것들입니다. 햇볕을 쬐러 창가에 설 때면 나는 꽃잎을 조금 들고 냄새를 맡곤 합니다.

시들어 떨어지는 꽃잎이 아까워 한 웅큼 받아서 교실 창가에 두고 살아가는 한 초등학교 교사, 이 시집의 저자인 임길택 선생님의 자연에 대한 마음이 느껴진다. 나아가 이런 교사와 함께 가을 햇살 넘어드는 교실 창가에서 국화꽃 내음을 맡는 아이들 모습도 보인다. 이처럼 이 동시집에는 참교육의 길을 묵묵히 걸어온 교사가 바라고 느낀 아이들과 자연이 소박하게 담겨있다.

말도 못 하는 산 / 도망도 못 가는 산 / 그 산을 이길 수 있느냐고 / 누가 물었어요 / 아무도 고개를 끄덕이지 않았어요 / 대신에 우리는 / 그 산의 / 친구가 되겠다고 했어요

산을 정복의 대상이 아니라, 이겨야 하는 경쟁 상대가 아니라 함께 살아갈 친구로 보자고 한다. 아니 아이들이 그렇게 말하고 있다. 교사가 아이들 마음을 읽고, 대신 말해주고 있다. 아이들 마음으로 살아야 한다고.

먹고 / 버리고 / 서너 군데씩 학원에 가고 / 무엇엔가 늘 쫓기면서 / 이 아

이들 언제 하늘 한 번 쳐다보나 / 하늘 높이 떠 세상 지키고 있는 별들 / 가만가만 속삭이는 소리 / 언제 귀기울여 들어 보겠나

어른보다 더 바쁘다는 요즘 초등학교 어린이들 하루 생활, 학원에 가 공부하고 학교에 와 논다는 아이들이다. 어디라도 하늘 없는 곳이 없건만 하늘 한 번 마음 깊이 느낄 여유가 없는 아이들을 너무 안타까워하면서 '우리 하늘보고, 별과 이야기 하면서 살자'고 속삭인다.

'선생님과 아이들이 함께 보는 시'라는 부제처럼 이 시집은 4, 5, 6학년 어린이들과 교사, 학부모한테 권하고 싶다. 시 한 편 한 편이 부모와 교사와 아이들이 함께 읽고 그 시에 담긴 생각과 시에 대한 느낌을 나누며 활동하기 좋다. '산'을 읽고 진정한 친구에 대한 이야기를 나눌 수 있다. '아이들은 언제 하늘을 보나'를 읽고, 운동장에 나가 누워서 하늘을 보고 들어와 시 쓰기를 할 수도 있다. 올 가을에는 이 땅에 사는 아이들이 단 한 시간이라도 마음껏 하늘을 보고, 시 한편 쓸 수 있기를 바란다.

헨쇼 선생님께

비벌리 클리어리 글
이승민 그림
보림

국가인권위원회에서 초등학교에서 관행처럼 하고 있는 일기 검사가 어린이 인권을 침해할 수 있는 것이니 인권을 침해하지 않도록 올바른 일기 지도 방법을 찾아보라고 교육인적자원부에 권고했던 적이 있다. 2005년에 했던 그 권고 요지는 그동안 일기 검사뿐 아니라 학교 현장에서 오직 교육이라는 이름만으로 학생 인권을 침해하는 여러 가지 지도 방법에 대해 교사나 학부모들, 특히 교육 관료들이 되짚어 볼 기회를 주었던 사건이다. 그렇다면 어린이 인권을 침해하지 않는 일기 쓰기 지도란 어떤 것일까? 이런 질문에 가장 기본이 되는 답변은 '일기란 무엇인가?'라는 데 있다. 곧 일기의 본질이 무엇인가를 아는 데 있다.

이 책은 한 어린이가 일기를 쓰면서 자라나는 과정을 담아낸 글, 글쓴이가 편지와 일기 형식으로 쓴 작품이다. 부모가 이혼하고, 어머니를 따라 이사를 온 아이가 자신의 마음을 솔직하게 털어놓는 비밀 일기를 쓰기 시작한다. 동화 작가를 조사해서 내라는 학교 숙제를 하다가 알게 된 작가 헨쇼 선생님이 일기를 쓰면 좋다는 편지를 보내왔기 때문이다. 그래서 하루하루 자신이 보고 듣고 겪은 일, 아버지와 어머니와 선생님과 학교 일을 하는 아저씨와 아이들 사이에 일어나는 이야기들을 솔직하고 자세히 쓰기 시작한다. 그리고 지역 학교 어린이들의 글을 모은 작품집에 내는 글을 쓰기 위해 애쓴다. 이렇게

일기를 쓰면서, 편지를 쓰면서 삶을 더 폭넓고 깊게 볼 수 있게 된다. 마음이 자라는 것이다. 글을 읽는 독자의 마음도 함께 자란다.

초등 4~6학년 어린이들한테 권장하고 싶은데, 일기를 쓰면 좋겠다는 말 열 번 하는 것보다 이 책 한 번 읽는 것이 더 좋겠다. 또 교사나 학부모들이 읽는다면 어린이들이 성장하는 데 나만의 방이나 나만의 비밀 일기처럼 '나만의 시간과 공간'이 얼마나 소중한지를 되짚어 볼 수 있으면 좋겠다. 이 책에서 글쓴이 일기는 누구도 보지 않는다. 동시에 학교에서 어린이들이 글을 쓰고 싶어 하는 문화를 만들기 위해 '어린이 작품집' 한 권 내는 데도 얼마나 세심한 신경을 쓰는지 보여 준다. 또 좋은 글을 쓴 어린이한테 상장이나 상품을 주는 대신, 어린이 문학가와 점심 먹는 자리를 마련해 주는 모습이 상큼하다.

현우는 바바, 바바는 현우

・・・・・・

양은하 외 글
황정원 그림
금성

《현우는 바바, 바바는 현우》는 제20회 문화방송 창작동화 공모 대회에서 수상한 중편과 단편 모음 동화책이다. 모두 요즘 사회에서 충분히 일어날 수 있는 현실 문제를 잘 붙잡아 문학으로 보여주고 있다.

'현우는 바바, 바바는 현우'(양은화)는 첫 번째 단편 제목이면서 책 제목이기도 하다. 컴퓨터 온라인 게임 '아더 왕국의 모험'에 빠진 현우가 게임 속 주인공 바바가 보내온 특별 초대장을 받고 게임 속으로 들어가는 데서 시작한다. 현우는 게임 속 세계에서 하루를 지내보고 나서 바바와 계속 바꾸자는데 동의한다. 현우는 게임 속 세계에서 바바가 되어 살고, 바바는 현실 세계로 나와 현우가 되어 살게 된다. 그러나 석 달 만에 '아더 왕국의 모험'은 인기가 떨어져서 서비스 종료가 된다는 사실, 게임 속에서 석 달이 현실 세계에서는 육년이나 지나간 세월이라는 것도 알게 된다. 게임 세계와 현실 세계라는 두 세계를 견주어 생각할 수 있는 기회를 주는 동화다.

'안녕, 택맨!'(임선경)은 중편 동화다. 3학년 제제는 음성 틱으로 힘든 생활을 한다. 1학년 때 짝하고 일어난 갈등, 받아쓰기를 미처 따라 쓰지 못해서 받은 부담 때문에 음성 틱 장애를 앓게 되었다. 음성 틱을 앓게 되는 과정과 음성 틱 때문에 주인공이 겪는 심리를 잘 묘사하고 있다. 또 주변 사람들이 음성 틱

으로 고생하는 주인공을 대하는 몇 가지 상황 설정이 자연스러워서 독자들이 실제 상황을 겪게 되었을 때 충분히 도움이 될 만하다.

"엄마가 말해 줬어. 틱이란 건 그런 거래. 참아도 저절로 나오는 거라고. 방귀도 참으면 참을 수 있지만 너무 많이 참다보면 나도 모르게 뿡하고 나오기도 하잖아. 난 전에 친척들이 다 모였을 때 피아노 연주한 다음에 일어나서 인사하는데 그만 방귀가 뽕 나왔어. 사람들이 다 웃고 아빠가 '우리 딸은 음악에 소질이 있어서 방귀 소리도 멋지다'고 놀려서 정말 창피했어."

이 말은 다빈이 생일잔치 자리에서 음성 틱이 자꾸 나와서 도망치듯 나온 제제에게 다음 날 만난 다빈이가 하는 말이다. 제제가 그렇게 나간 뒤에 다빈이 어머니가 상황을 잘 정리해 주었다는 걸 알 수 있다. 어린 아이들이 이해하기 쉽게 틱 장애를 설명해주고, 제제를 이해하고 도와줄 수 있도록 해 준 것이다. 자기 자식만 감싸고 보호하기에 급급한 학부모들이 잘 새겨두어야 마음가짐이다.

"응, 같이 살기 힘들어. 헤어지고 싶어."
"하지만 억지로 헤어지려고 하면 더 끈질기게 달라붙을지도 몰라. 내 생각엔 살

현우는 바바, 바바는 현우

살 달래줘야 할 것 같아."

"우리 엄마도 그랬어. 헤어지고 싶으면 너무 구박하지 말라고."

나도 중학교 때부터인가? 음성 틱 장애를 앓기 시작했다. 교사로 발령이 나고도 한동안 음성 틱을 감추느라 고생했는데, 어느 날부터인가 나도 모르게 없어졌다. 지금도 스트레스를 받으면 가끔 나타난다. 음성 틱을 구박하고 억누르면 더 심해지고, 살살 달래면서 살다 보면 어느 날 사라지는 게 틱 장애다.

'도깨비 씨름' (이미원)은 초등학교 씨름부에서 운동을 하는 천둥이가 주인공이다. 천둥이 아버지는 사고를 당해 식물인간으로 병원에 누워 있고, 어머니가 직장을 다니시면서 아버지 병간호를 한다. 그래서 천둥이가 집안일을 다 하면서 학교를 다닌다. 하루는 대회에 나갈 씨름 선수를 뽑는데, 천둥이는 떨어진다. 아버지한테 씨름 선수로 뽑혔다는 기쁜 소식을 들려드리고 싶은데 떨어진 것이다. 어머니는 병원에 있고, 혼자 잠을 못 이루다 강변으로 산책을 나갔다가 도깨비 씨름판에 끼어들게 된다. 그래서 밤새 도깨비들하고 씨름을 하고, 끝내 이길 수 있게 된다.

"이기는 거야 어렵지 않지! 이길 때까지 하면 되지! 이길 때도 질 때도, 우리는 씨름이 좋다네! 씨름이 좋다네!"

　그렇다. 우리 아이들이 이 말을 깊이 새겨두면 좋겠다. 어떤 일을 하다가 한두 번 실패하거나 졌다고 실망하거나 좌절하지 말았으면 한다.

　'빅 이슈' (홍기운)는 3년 전 집을 나간 아버지를 다시 만나는 과정을 담은 동화다. 길거리에서 노숙자 자활 잡지를 팔고 있는 아버지를 만나는 과정에서 마음으로 겪는 갈등을 잘 보여 주고, 그 갈등을 넘어서는 과정을 무리하지 않게 풀어나가고 있다. 그리고 마지막 장면, 아버지 옆에서 노숙자 자활 잡지를 함께 파는 아이들이 독자 마음을 따뜻하게 한다. 아버지가 있어도 없는 거나 비슷한 현대 사회에서 아버지를 다시 찾기를 바라는 의미도 담겨 있다고 볼 수 있다.

　청소년 게임 중독이 20%를 넘는 시대의 온라인 게임과 아이들. 학교와 가정에서 점점 더 억압당하는 아이들과 틱 장애. 세계 1, 2위를 다투는 교통사고로 어려움을 겪는 집이 늘어나는 현실에서 살아가는 아이들, 1% 부자와 99% 가난한 사람들로 급속하게 나눠지고 있는 경쟁 사회에서 생기는 수많은 실업자들. 이런 세상을 살아가는 아이들한테 작은 빛이 되어 줄 수 있는 동화책이다.

고학년
함께읽기

거인과 추장 고물장수 로께 팽이부리말 아이들 그리운 매화향기 나는 코끼리였다 나무공예 나무를 심은 사람 나의 달타냥 나의 산에서 난 두렵지 않아요 너도 하늘말나리야 느릅골 아이들 니코 오빠의 비밀 다랑쉬오름의 슬픈 노래 당산나무 아랫집 계숙이네 대추리 아이들 도토리 예배당 종지기 아저씨 돌도끼에서 우리별 3호까지 동시 샴베 치마 풀 뿌고 가는 새 랑랑별 때때롱 로봇의 별 마당을 나온 암탉 마사코의 질문 만년 샤쓰 말박사 고장수 맨홀장군 한새 메아리 소년 모모 못 생긴 열매가 더 맛있단다 못자국 몽실 언니 무기 팔지 마세요! 문제아 물도 꿈을 꾼다 민들레의 노래 민주주의의동불 장준하 바리왕자 바보 온달 백범 김구 복실이네 가족사진 사라진 세 악동 사람은 누구나 평등해요 4.19 혁명 사자왕 형제의 모험 산적의 딸 로냐 새를 보면 나도 날고 싶어 생명이 들려준 이야기 샬롯의 거미줄 수일이와 수일이 시애들 추장 아! 그렇구나 우리 역사─고구려 아버지의 눈물 아버지의 편지 아홉살 인생 안응칠 이토 히로부미를 쏘다 야시골 미륵이 어린이를 살리는 글쓰기 오렌지별에서 온 아이 5월의 노래 우리 누나 우리 민주주의가 신났어! 이상한 학교 인권변호사 조영래 잔디 숲 속의 이뿐이 저 하늘에도 슬픔이 전쟁과 소년 진쟁은 왜 일어날까 점득이네 제키의 지구여행 줄리와 늑대 첨벙첨벙, 물길 따라 통고기 따라 칠칠단의 비밀 태양의 아이 통일 할아버지 문익한 트리갭의 샘물 하늘 곰 마을 히티리의 눈 한밤중 톰의 정원에서 할아버지 손은 약손 핵 폭발 뒤의 최후의 아이들 ‥‥‥‥‥

거인과 추장

이영호 글
문원

수요일마다 일본 대사관 앞에서 사과와 보상을 요구하는, 일본의 양심을 촉구하는 시위가 이미 세계 최장기 시위로 기록되고 있다. 그럼에도 일본 정부는 아직도 일본제국이 저지른 만행을 진심으로 반성하고 사과하는 태도를 보이지 않고 있다. 일본제국이 침략 정책을 펴면서 아시아 각국 민중한테 저지른 만행이 한두 가지가 아니다. 우리 역사에 기록되어 있는 만행만 봐도 정신대, 징용, 학병 같은 방법으로 수많은 젊은이들을 전쟁터 총알받이나 군수물자 생산 노무자로 죽음에 이르게 했다. 이러한 역사를 담아낸 어린이 문학 작품이 많지 않다. 그래도 몇몇 관심있는 작가들이 꾸준하게 기록하고, 재창조하고 있다. 손연자가 쓴 ≪마사꼬의 질문≫이 일제가 남긴 여러 가지 문제를 단편으로 기록한 작품이라면, 이영호가 쓴 ≪거인과 추장≫은 조선인 학병이 세계 제2차대전 속에서 겪는 심리적 갈등과 일제가 침략 전쟁 중에 저지른 만행을 뚜렷하게 보여주는 장편 소년소설이다.

지은이는 이 작품이 창작이기는 하지만 실제 사건을 바탕으로 쓴 작품이라고 밝히고 있다. 등장인물에 대치되는 실제 인물이 누구라고는 밝히지 않았지만 관련되는 사람한테 이야기를 듣고 집필을 착상하게 되었다고 한다. 그 뒤로 일제 학병과 징용 노무자들이 겪은 일과 일본군 만행에 대한 조사를 했다. 1973년에 동남아 전역과 인도네시아, 그리고 이 작품 무대인 뉴기니까지 답사를 하였다. 대단한 열정이다. 주인공인 최계민은 공과대학을 다니던 중

에 세계 제2차대전이 일어나자 학병으로 끌려간다. 뉴기니 밀림에서 네델란드 포로와 뉴기니 소년인 사미를 만나 일본군대를 탈출하고, 파퓨아 뉴기니 주민들과 함께 일본군에 맞서 싸운다. 그 과정에서 일어나는 여러 가지 갈등과 사건들이 전쟁과 일본군이 저지른 만행을 생각하게 한다.

이 작품에는 조선인 학병과 노무자, 대만인 노무자, 원주민 노무자, 그리고 이들을 무시하고 잔인하게 처형하는 일본군이 등장한다. 그리고 또 다른 축으로 일본군 포로가 된 네델란드 군인, 일본군에 맞서 싸우는 뉴기니 주민들, 최계민을 따르는 일본군인, 그리고 미군이 등장한다. 그들이 주인공 최계민을 중심에 두고 서로 어떤 관계에 놓여있는지, 왜 그렇게 되었는지를 그물망으로 그려보면 작품을 이해하는 데 도움이 되겠다. 그리고 세계 제2차대전, 징용, 학병, 정신대, 창씨개명 같은 부끄러운 역사에 대한 자료를 찾아보자. 작품에 대한 이해, 역사에 대한 이해가 더 깊어질 수 있다. 우리가 잊어서는 안 될 역사를.

고물장수 로께

호셉 발베르두 글
현윤애 그림
김재남 옮김
푸른나무

미래 학자들은 인류가 다른 문화를 어떻게 받아들이는가에 따라 '문화 충돌' 시대가 될 것인지, '문화 공존' 시대가 될 것인지 결정될 거라고 본다. 인류가 평화롭게 살기를 바라는 사람들은 충돌보다는 공존 쪽으로 나가길 희망한다. 인류가 지구촌에서 만들어 온 여러 문화가 공존을 위해서는 각각 다른 문화에 대한 관심과 이해가 필요하다. 이를 위해서라도 어릴 때부터 지구촌에 있는 여러 언어 문화권에서 나온 문학 작품을 읽으면 좋겠다. 다행히 요즘은 여러 언어 문화권에서 출판한 좋은 동화가 번역되어 나오고 있다. 아직 상당히 부족하기는 하지만.

≪고물장수 로께≫는 스페인어 문화권에서 나온 동화다. 스페인어 문화권에서 나온 좋은 동화도 많을 텐데, 아직 우리나라에 번역된 동화는 드물기 때문에 더 반가운 동화다. 12살짜리 남자 아이인 로께는 홀어머니를 도우려고 학교에도 못 다닌다. 고물장수 따노 아저씨를 따라다니면서 일하며 공부한다. 고물 속에서 헌 어린이잡지를 골라 띄엄띄엄 읽고, 자기 또래 여자 친구인 클라라 집에 작은 학교를 만들어 공부한다. 그러면서도 자기가 하는 일을 결코 부끄러워하지 않으며, 이웃을 도울 줄 아는 마음이 따뜻한 어린이로 자란다. 나중에 어머니가 취직하고, 따노 아저씨 도움으로 동네에서 멀리 떨어진 학교를 다니기 위해 이사를 간다. 이사를 가서도 가난하지만 서로 도우며 살아가는 이웃들을 잊지 않는다. 그리고 부조리한 세상을 어린이 눈으로 지켜

보면서 '진정한 해방'이 무엇인지, 앞으로 세상이 어떻게 변화해야 하는지 가슴 깊이 느끼며 생각이 여물어 간다.

우리 어린이들이 이 책을 읽고 가난하기 때문에 해야 하는 자기 일에 대한 자신감과 로께의 생활 태도를 배웠으면 한다. 또 자기가 번 돈으로 어머니를 도와드리고 싶어하는 씩씩하고 명랑하고 인정 많은 데다 어린애다운 정의감과 모험심까지 갖춘 로께 같은 아이로 자랐으면 한다. 로께와 클라라가 어른이 되면 어떻게 변했을까를 생각해보고, 이를 곁들여서 '스페인에서 태어난 동화 주인공에게 보내는 편지'를 쓰면 좋겠다. 그리고 부모님한테 도움을 드릴만한 집안일 한 가지라도 정해서 실천해 보면 더욱 좋겠다.

괭이부리말 아이들

. . . .

김중미 글
송진헌 그림
창비

'우리 식구는 4명입니다. 할머니, 아빠, 누나, 나입니다.'
'내 동생이 태어나자 아빠와 엄마가 싸우고 집을 나가셨습니다.'
'송이는 내 동생입니다. 친동생은 아니지만 친동생보다 더 사랑합니다.'
'나는 공부방에서 선생님하고 살고 있습니다.'
제10회 부스러기 사랑나눔회 글잔치에 보내온, 부스러기 사랑나눔회 공부방
어린이들의 글이다. 결손 가정에서 사는 어린이들 이야기가 가슴을 울린다.
우리 사회가 이미 이혼율 25%를 넘어섰고, 세계 1, 2위를 다투는 교통사고를
비롯한 각종 사고로 수많은 가정이 헤어지거나 깨지고 있다.

　이 작품은 인천 만석동 괭이부리말에서 어려운 지역 어린이 보금자리인 공
부방을 열고, 평생 어려운 지역 아이들과 함께 살고 있는 글쓴이가 본 현실과
꿈을 그려낸 것이다. 가난한 사람들이 모여 사는 마을이라 눈물짓게 하는 아
픔도 많다. 자기 뜻과는 전혀 관계없이 생기는 아픔들, 그리고 그 아픔을 막
아낼 힘이 없는 사람들은 오직 사랑과 따뜻한 정 하나로 버텨 나간다. 그런 수
많은 괭이마을 아이들 가운데서 세상으로 내보낸 동준이, 숙자, 숙희, 명환이
와 동수, 호용이는 모두 이런저런 사정으로 부모를 잃었거나 부모와 헤어진
아이들이다. 나중에 이 아이들과 한 가정을 이루는 영호는 자기만을 위해 뼈
빠지게 일하면서 늙으신 홀어머니하고 남부럽지 않게 한번 잘 살아보고 싶은
꿈을 가진 청년이다. 그러나 어머니는 그 꿈을 못 보시고 돌아가셨다. 이렇게

소중한 식구와 헤어지거나 잃어버린 아이들이 겪는 혼란과 갈등, 좌절과 아픔이 가슴에 와 닿는다. 그리고 서로 작은 가슴을 보듬으면서 지금까지와는 또 다른 가정, 핏줄이 바탕이 아니라 사랑을 바탕으로 한 새로운 가정을 이루는 모습이 눈물겹다.

　여름이 지나고 가을이 가면, 겨울 추위가 몰려온다. 겨울이 오고 날씨가 추워지면, 가난한 사람들은 살기가 더 어려워진다. 따뜻하게 보듬어줄 부모가 없는 어린이들은 누구보다 더 추울 거다. 글쓴이는 머리말에서 '나는 마흔이 다 되어 가는 나이에도 자주 운다'고 하면서, 누군가 때문에 눈물을 흘리면 그 누군가와 동무가 된다고 했다. 누군가와 동무가 된다는 것은 그 사람 아픔이 내 아픔이 되고, 그 사람 기쁨이 내 기쁨이 되는 것이라고 했다. 어린이와 부모와 교사들이 이 책을 읽고, 추운 겨울 같은 세상을 넘어설 수 있도록 어려운 이웃과 함께 사는 따뜻한 마음을 가진 사람들이 되었으면 한다.

그리운 매화향기

. . . .
장주식 글
김병하 그림
한겨레아이들

효순과 미선이가 군사 훈련을 하던 미군 장갑차에 치여 죽었을 때, 많은 국민들이 함께 분노하고 슬퍼하면서 촛불 집회를 했었다. 촛불 집회에서 요구했던 것은 사건 조사와 재판을 우리 법으로 하자는 것이고, 미국이 사과하라는 것이었다. 미군이 우리 땅에서 우리 국민을 대상으로 사고를 내거나 범행을 저질러도 우리나라 법으로 재판을 하지 못하기 때문에 흐지부지 되는 일이 많다. 미군부대 안도 아니고 우리나라 사람 누구나 자유롭게 다니는 땅에서 일어난 사건인데도 권리를 행사할 수 없다면 자유가 있는 나라라고 할 수 없다. 자유가 없는 나라는 노예의 나라다.

미군이 우리나라에 주둔할 필요가 있다고 하더라도, 그래서 주둔을 한다고 하더라도, 그 절차는 정당해야 한다. 주둔지역 주민들한테 피해를 주면 안 되고, 피해를 주었을 때는 정당한 보상을 해야 한다. 너무나 당연한 일이다. ≪그리운 매화향기≫는 그 당연한 것을 되찾기 위해 노력했던 사람들 모습을 성실하게 담아낸 작품이다. 이 책은 한국어린이문학협의회에서 주관하는 '제2회 어린이문학상' 수상 작품으로, 어린이들과 함께 참세상을 만들고 싶어 하는 초등학교 교사가 썼다. 그는 매향리 미군사격장 반대투쟁 현장을 직접 찾아가 조사하고, 자기 소망을 담아서 쓴 글이라고 한다.

평화롭게 살던 매향리, 매화나무가 많아 매화 향기가 감돌던 마을에 미군 사격장이 들어서면서 폭탄 소리와 화약 냄새가 가득차기 시작한다. 미군 사격과

고학년

폭격 훈련으로 마을 사람들은 살아갈 터전을 잃고, 아이들은 자유로운 놀이터를 잃게 된다. 그런 부당한 침해까지도 애국이라고 강요당하고, 그 강요에 많은 사람들이 고향을 빼앗기고 떠나야 했다. 매향리 사람들은 그런 거짓된 애국 논리에서 벗어나 고향을 지키기 위해 나선다. 이 책은 아무도 들어주지 않던 한 작은 마을 사람들이 살아온 이야기와 그들이 꿈꾸는 평화로운 고향 만들기에 온 나라가 관심을 기울이게 되는 과정을 보여주고 있다.

나아가 이런 일이 우리 아이들한테 어떤 의미가 있는 일인지, 우리 아이들이 살아갈 미래의 대한민국이 어떤 나라여야 하는지, 우리 아이들이 바로 어떤 나라를 만들어내기를 바라는지, 초등교사로서 느끼고 생각하고 꿈꾸는 희망이 담겨있다. 효순이 미선이 사건이나 매향리 사건은 우리 모두가 잊어서는 안 될 문제이며, 이러한 역사를 기억하고 이해해야 우리 사회 앞날이 사람답게 살 수 있는 세상으로 다가갈 수 있는 것이다.

나는 코끼리였다

이용포 글
이윤희 그림
우리교육

며칠 전 신문에 카이스트 대학생이 15층 기숙사 건물에서 뛰어내려 죽었다는 기사가 났다. 작년에 다섯 명이나 연달아 자살해서 심각한 사회문제가 되었는데, 올해 또 죽는다는 건 교육제도와 문화에 심각한 문제가 있다고 할 수밖에 없다.

"며칠 전 중학생이 자살하려다 실패했다. 그다음에 다른 중학생이 자살했다. 어제 여고생이 자살했다. 이게 모두 대구에서 일어나는 일인데, 이젠 포털 메인에 걸리지도 않네요."(트위터, 기래진)
이와 같은 글들이 여기저기서 보인다.

우리나라는 아이들이 죽어 가는 나라. 아이들을 죽이는 나라다. 해마다 수백 명이 스스로 목숨을 끊는다. 아니다, 어른들이 아이들을 죽음으로 밀어 넣고 있는 것이다. 어른들이 만들어 놓은 교육제도와 학교 문화와 사회구조가 우리 아이들을 죽이고 있다. 다 아는 이야기다. 그런데 아무도 책임지지 않는다. 그래서 슬프고, 화가 난다.

1990년대, "굴종의 삶을 떨쳐 반교육의 벽을 부수고, 죽어 간 아이들이 햇불로 살아온다, 동지들 모여서 함께 나가자"와 같은 노래를 함께 부르며, 우리 아이들을 죽이는 교육을 벗어 던지고 우리 아이들을 살리는 참교육을 하자고

온몸을 던져 싸우던 때가 생각난다. 그때 일 년에 자살하는 아이들이 100여 명이었다. 그런데 지금, 300명이 넘고 있다. 하루에 한 명씩 아이들이 자살하는 나라가 되었다. 솔직히 그동안 싸워 온 일이 다 헛일 같고, 소모전 같다. 그런데 한편 생각하면 '그나마 많은 교사들이 그렇게 애썼으니 이 정도가 아닐까?' 생각하기도 한다. '우리 힘을 더 키우고, 더 많은 사람들이 함께하면 아이들을 죽이는 나라에서 아이들을 살리는 나라로 바꿀 수 있지 않을까?' 그런 꿈을 되살려 본다. 아니 그런 작은 꿈이나마 버릴 수가 없다.

4월 말에 진해 기적의 도서관을 세우는 데 앞장섰고, 구순을 앞둔 이이효재 선생님을 만나러 갔다. 올 초 출간된 ≪도서관 할머니, 책 읽어 주세요≫를 축하하며 글쓴이와 편집자들이 인사를 드리러 가는 길에 나도 간 거다. 내려가는 기차에서 ≪나는 코끼리였다≫를 읽었다. 기차가 출발하고, 책장을 후루룩 넘기면서 훑어보니 어떤 남자아이가 전생에 코끼리였는데, 현생에 사람으로 태어났다는 이야기다. 별명이 '장미란을 닮은 정우성'이다. 여기저기 힐끗힐끗 보니 우스갯소리도 있고, 기차에서 가볍게 읽을거리로 좋겠다 싶었다. 옆에 놓고 차 한잔 마시면서 바깥 풍경을 구경하다가 천안역을 지나면서 읽기 시작했다.

나는 코끼리였다

　처음에는 내려갈 때 조금 읽고, 올라올 때 조금 읽으면 다 읽겠다 싶었다. 그런데 한번 읽기 시작하니까 계속 읽게 되었다. 창원역에 도착하기 20분 전쯤에 다 읽었다. 책을 덮고 손수건을 꺼내 눈가를 촉촉이 적신 눈물을 꾹꾹 눌러 훔쳤다.

　주인공 '장미란을 닮은 정우성'은 초등학교 6학년 남자아이다. 수시로 외마디를 내지르는 틱 장애가 있다. 심할때는 5분에 한 번씩 내지른다. 이름은 최고 미남 배우라는 정우성하고 같은데, 몸은 여자 역도 선수 장미란을 닮았다. 좁은 이마, 짧은 목, 떡 벌어진 어깨, 불룩한 배……. 스스로도 가끔 거울을 보다 깜짝 놀란다. 장미란 누나랑 어쩜 이렇게 닮았나? 동무도 없고, 학교에서는 왕따다. 너무 심하게 당해서 학교를 옮기기도 했지만 왕따에서 벗어날 수는 없다.

　부모와 떨어져서 열일곱 살 위인 형하고 둘이 산다. 형은 빼빼마른 채식주의자고, 우성이한테 고기를 주지 않는다. 그러나 우성이는 한 달에 한 번씩 부모 집에 가서 엄마가 주는 용돈으로 형 몰래 고기를 먹는다. 형하고 갈등이 점점 깊어지고, 폭발 직전까지 간다. 그때 컴퓨터 인터넷에서 '전생 여행 안내자, 헤르메스'가 올려놓은 편지를 읽는다. 헤르메스는 미국 동부 ○○대학에서 심리학을 전공하는 한국 유학생으로 최면을 통한 전생체험을 연구한다. 연구 대상을 찾는 글을 올린 것이다.

최면을 통해 전생을 여행한 우성이는 조선태종 때 왜에서 선물로 온 코끼리였다. 아기코끼리 때 태국에서 잡혀서 왜로 왔다가, 왜에서 조선으로 보낸 것이다. 형이 학원 강의를 하러 나가는 일요일 오전, 최면으로 전생과 현생을 넘나들면서 여러 가지 사건이 발생하고, 삶과 죽음에 맞닥뜨린다. 코끼리를 중심으로 여러 전생을 여행하는데, 모두 아홉 번이다. 전생에서 죽을 때마다 간절한 소원을 빈다.

제비였던 나는 구렁이에게 물려 죽었다. 구렁이 입은 크고 끈적끈적했다. 독니가 살을 파고들었지만 생각처럼 아프지 않았다. 서서히 구렁이 목구멍 속으로 빨려 들어갔다. 꿀꺽 꿀꺽 꿀꺽…….

구렁이 배 속은 따뜻했다. 겨울날 추위에 떨다가 따뜻한 이불 속에 들어온 것처럼!

그렇게 스르르 잠이들듯 행복하게 죽었다.

가난한 집 헛간에 사는 쥐였던 나는 우물에 빠져 죽었다. 발가락이 빠지도록 벽을 긁어 댔지만 우물 벽을 올라갈 수 없었다. 발톱이 모두 없어지고 살갗이 벗겨지도록 우물 벽을 긁어 댔지만 나올 수 없었다. 모든 걸 포기하고 힘을 풀자 그제야 파

나는 코끼리였다

랗고 동그란 하늘이 보였다. 예뻤다.

주인공 우성이가 '아홉 번 죽은 소년'이라는 제목으로 써낸 글이다. 제비, 대나무, 엉겅퀴, 쥐, 까마귀, 나비, 소, 개, 코끼리 전생 여행에서 그때마다 겪었던 아홉 번 죽은 이야기를 쓴 것이다. 그리고 죽을 때마다 다음 생에서는 사람으로 태어나기를 간절히 빌었고, 드디어 소원대로 태어난 것이다. 장미란을 닮은 정우성으로, 5분마다 외마디 소리를 지르는 틱 장애를 가진 아이로, 아빠를 형이라고 불러야 하는 비밀을 어떻게 풀어야 할지 몰라 두려워하는 사람으로.

책을 덮고 나서도 한동안 '멍'했다. 솔직히 처음에는 '또 한 편의 왕따 이야기인가?' 하는 가벼운 마음으로 읽기 시작했다. 사실 이야기 시작은 가벼웠고, 가볍게 웃으며 읽었다. 그런데 뒤로 갈수록 우성이가 처한 현실이 실감 나게 내 마음을 파고들었고, 점점 전생과 현생을 오가며 일어난 갈등과 사건을 보면서 '어떻게 해결하려고 이러지?' 하는 긴장감을 느꼈다. 그런데 자전거를 탄 코끼리를 상상하며 자전거를 타고 학교를 향해 신나게 달리는 우성이를 보면서 나도 함께 가슴이 탁 열리는 상쾌함을 느꼈다. '그런데 여기가 어디야? 이런! 학교를 지나쳐 왔잖아' 하는 마지막 문장을 읽으며 하하 웃지 않을 수 없었다.

　이제 우성이는 새로운 삶을 시작할 거다. 우성이처럼 자존감을 짓밟히고 잃은 수많은 우리 아이들이 '장미란을 닮은 정우성'처럼 자존감을 되찾고, 아버지와 할머니를 되찾고, 선생님과 동무들을 새롭게 만날 수 있을 거다. 그까짓 학교쯤 지나쳐 가면 어때? 그래서 이이효재 선생님처럼 팔구십을 넘어 당당하게 살면 좋겠다. 이이효재 선생님과 점심을 먹으며 살아오신 이야기를 들으며, 우성이가 구십 할아버지가 되어 살아온 이야기를 하는 모습이 겹쳐졌다.

　나는 우리 아이들이 더 이상 자살하지 않았으면 좋겠다. 어떤 어려움과 괴로움이라도 이겨 내면서 살아 주었으면 좋겠다. 그런 세상을 만든 어른으로서 부끄럽지만. 어려울수록 살아나려면 자기가 겪는 일을 솔직한 글로 써야 하고, 그 글을 어른들이 함께 읽어야 한다. 그런 힘과 슬기를 얻을 수 있는 이런 동화를 어려서부터 많이 읽었으면 좋겠다.

　≪나는 코끼리였다≫처럼 위로를 받고 희망을 느낄 수 있는 문학을.

나무 공예

손영학 글
나무숲

어릴 때 우리 집은 설날이 두 번이었다. 그 무렵에는 공무원은 대부분 신정을 쇠었고, 일반 서민들은 구정을 쇠었다. 우리 집은 아버지가 교육공무원이어서 신정을 쇠었다. 그렇지만 이웃 사람들은 대부분 구정을 쇠기 때문에 결국 설을 두 번 쇠는 셈이었다. 구정을 설날로 바꾸어 앞뒤 3일이나 공휴일로 지정한 다음부터는 누구나 구정을 설로 쇠게 되었다. 우리 겨레 최대 명절로 되살아난 것이다. 이렇게 우리 주변을 살펴보면 현대화 속에서도 끈질기게 이어지면서 새롭게 되살아나는 것들이 있다.

떡, 한과, 차, 한복 같은 조상들이 가꾸어온 문화가 새롭게 되살아나고 있다. 그 중에 만만치 않은 것이 장롱 문화다. 집의 겉모습이 아무리 서구식으로 바뀌어도 그 안을 채우는 가구 가운데 장롱이 차지하는 위치는 굳건하다. 장과 농은 여전히 안방의 주인 자리를 지키고 있다. 우리 겨레는 장롱과 같은 나무 공예품을 생활 용품으로 많이 만들어 썼다. 나무로 만든 그런 물건들을 보면 소박하고 따뜻한 느낌이 든다. 가만히 보고 있으면 마음이 차분하게 가라앉는다. 이 책은 우리 조상들이 나무로 만들어 쓰던 물건들을 하나하나 보여 주고 있다. 그 물건들처럼 이 책도 한 쪽 두 쪽 넘기면서 눈으로 맛보면 소박하고 따스한 느낌이 묻어나고, 마음이 차분하게 가라앉는다. 그리고 우리 조상들이 가꾸어 온 멋이 느껴진다.

여러 가지 나무 공예품을 찍은 200여 장의 사진은 저학년 아이들도 볼 수 있 겠지만 설명한 글을 보면 초등학교 고학년 아이들한테 알맞다. 5, 6학년은 실 과나 미술 시간에 전통 공예품 만들기도 하니까 더 관심을 갖고 볼 만하다. 책 을 읽은 5학년 아이들이 "나무로 만들 수 있는 게 이렇게 많다니 놀랍다. 나 무를 아름답게 변신시키는 조상의 지혜에 감탄했다."고 말했듯이 우리 아이 들이 이 책을 읽고, 조상들이 가꿔 온 생활 문화의 맛을 느낄 수 있겠다. 그 멋 이 어떻게 되살아나고 있는지, 어떻게 되살려야 하는지 한 번 쯤 생각해 본다 면 더 좋겠다.

나무를 심은 사람

장 지오노 글
마이클 매커디 판화
김경온 옮김
두레

제7차 교육과정 5학년 2학기 국어 읽기 교과서 다섯째 마당에 '나무를 심는 사람'이 실려 있었다. 프랑스 작가 장 지오노가 쓴 동화 '나무를 심은 사람' 줄거리를 간추려 실은 글인데, 너무 줄여 써서 원작의 향기를 느끼기에 아쉬운 점이 많았다. 그래서 원작을 직접 읽어주었는데, 5학년 어린이들이 모두 이야기에 빠져들었다. 간추린 줄거리와 원작이 주는 감흥이 어떤 차이가 나는지를 직접 느낄 수 있었다.

'세상일이라는 것은 겉만 봐서는 모르는 거야. 어떤 사람이 정말로 훌륭한 사람인지 아닌지 판단하는 일이 쉬운 일이 아니지. 참으로 훌륭한 사람의 업적은 오랜 세월이 지난 후에야 비로소 그 참다운 가치가 알려지는 법이란다.' 제2차 세계대전으로 모든 것이 파괴되고, 수많은 사람들이 절망에 빠져있을 때 프랑스 남부 지방 황무지에 사는 한 양치기 할아버지가 한 일은 날마다 도토리 100개씩을 심는 일이었다. 그렇게 날마다 꾸준히 나무를 심은 결과 기어이 황무지를 떡갈나무, 자작나무, 너도밤나무로 가득찬 푸른 숲으로 일궈낸 것이다. 물론 그런 기적이 쉽게 이뤄진 것은 아니다. 황무지를 울창한 숲, 상쾌한 바람, 아름다운 시냇물이 흐르는 낙원으로 만들기까지는 양치기 노인이 쓰라린 고통과 절망을 이겨냈기 때문에 가능했던 것이다. 아무도 알아주지 않는 일을 혼자 꾸준히 실천한 결과 이뤄낸 기적이다. 어느 해에는 단풍나무 만 그루를 심었는데, 한 그루도 남지 않고 모두 죽어버렸다. 그 절망을 이기고 다

시 심어서 겨우 살려낸 어린나무들을 양들이 뜯어먹어치웠다. 그는 양을 팔고, 대신 벌을 길러 생활하면서 나무를 계속 심었다. 그렇게 끝없이 나무를 심어 길러서 황무지를 아름다운 숲으로 바꾸었다. 세상이 전쟁으로 뒤죽박죽이될 때도 꾸준히 나무를 심으면서 새로운 세상을 만든 것이다.

1953년 쓴 '나무를 심은 사람'은 읽으면 읽을수록 은은한 향기를 느낄 수 있는 작품이다. 명예도 보수도 어떤 이익도 바라지 않고, 당장 드러나는 성과에도 매이지 않고, 자연이 갖고 있는 생명력을 회복시키기 위해 꾸준히 실천한삶을 볼 수 있다. 그 향기가 진실한 삶이 무엇인가에 대한 눈을 뜨게 해 준다. 전쟁과 파괴를 일삼는 인간에 대한 절망에서 벗어나게 해주고, 우리들 삶을되돌아보게 해 준다.

그리고 글쓴이가 글 속에서 문득 던진 한마디 말이 더욱 가슴에 와 닿는다. '믿을 수 있겠니? 전쟁으로 모든 것들이 파괴되어 버렸는데, 이 양치기 노인혼자서 이토록 엄청난 일을 해낸 거야.'라는 말이다. 이런 엄청난 일을 함께하는 사람들이 늘어났으면 좋겠다.

나의 달타냥

김리리 글
이승현 그림
창비

현대 어린이운동에 큰 발자국을 남긴 야누슈 코르착. 1942년 폴란드 게토에서 어린 전쟁고아 200여 명을 돌보다 나찌한테 끌려가 아이들과 함께 가스실에서 죽은 야누슈 코르착에 대한 영화 '천사들의 행진'을 바탕으로 만든 그림책 ≪천사들의 행진≫을 읽고 마음이 무거웠다. 아이들과 함께 죽음을 선택한 코르착의 숭고한 사랑에 압도되었기 때문이다. 그리고 초록색 깃발을 들고 당당하게 가스실을 향해 걸어가는 아이들, 그 아이들이 두려움이나 공포를 느끼지 않도록 하기 위해 한 아이는 가슴에 안고, 다른 아이들은 손을 잡고 걸어가는 코르착을 보면서 우리 현실을 돌아보지 않을 수 없기 때문이다.

최진실 자살로 시끄럽던 얼마 전에 실린 한겨레신문 기사를 보니, 2000년대 이후에 해마다 14,000명 정도가 자살을 한다고 했다. 또 다른 자료에서는 해마다 300여 명이나 되는 어린이·청소년이 자살을 한다고 했다. 1989년 전교조를 결성할 무렵 해마다 중고등학생 100여 명이 자살을 한다며, 아이들을 죽음으로 내모는 교육과 사회 현실을 바꿔야 한다고 주장했었다. 젊은 교사들이 모여 두 주먹을 움켜쥐고 눈물 흘리며 '죽어간 아이들이 횃불로 살아온다'고 부르던 노래와 함성이 생생하게 들린다. 그런데 20년이 지난 지금 우리는 그보다 세 배나 많은 아이들이 자살하는 시대를 살아가고 있다. 자살을 시도하였다가 실패하는 아이들은 그 몇 배나 될까? 이렇듯 아이들이 죽어가는 시대에 사는 우리는 무엇을 하고 있는 걸까? 우리는 야누슈 코르착과 그 아이들

을 가스실로 보내는 나찌와 무엇이 다른가? 답답하다.

야누스 코르착 이야기를 담은 ≪천사들의 행진≫을 읽고 마음이 착잡하던 때, 그보다 열흘 늦게 나온 ≪나의 달타냥≫을 읽었다. 이 책에서 나는 글쓴이가 마음에 품어 살려낸 아이를 만났다. '김리리는 이렇게 또 한 명의 아이를 살려내는구나. 권정생 선생님이 전쟁으로 죽은 이 땅에 수많은 몽실이를 가슴에 품어 살려 냈듯이. 김리리는 폭력으로 죽어가는 민호를 마음으로 품어 지키고, 살려 내는구나.'하는 생각이 들었다.

폭력은 사람을 사람답지 못하게 만드는, 사람 마음과 몸을 죽이는 가장 빠른 길이다. 시작은 가정 폭력부터지만 끝은 큰 전쟁으로 이어지게 되어 있다. 가정 폭력은 겉으로 잘 드러나지 않으면서 아이들을 죽음으로 몰고 가는 독약이다. 그런 가정 폭력에 시달리는 아이들이 만만치 않게 많다. 이 책에서 주인공으로 등장하는 민호는 그런 보이지 않는 가정 폭력에 자살까지 생각하는 아이다. 가정 폭력을 당하면서 학교에서도 말도 없고 가까운 동무도 없이 외톨이로 살아가는 아이다. 그런 아이가 처음 마음을 열고 만나게 되는 대상이 떠돌이 개 '달타냥'이다.

푸른 눈동자. 돌멩이를 던지면 끝없이 떨어질 것 같은 깊은 호수. 그 푸른 눈동자가 내 가슴 깊은 곳까지 들여다보는 듯했다. 그러고는, '두려워하지 마. 난 널 알

나의 달타냥

아!'하고 내게 말을 걸어오는 것 같았다. 나도 모르게 눈시울이 뜨거워지면서 갑자기 심장이 빠르게 뛰었다.

학교 가는 길에 우연히 만나 뒤를 졸졸 따라오는 강아지와 처음 만나는 장면이다. 아이가 강아지를 보면서 이렇게 독백을 한다는 것이 처음에는 지나치다 싶었는데, 민호가 겪는 일을 알게 되면서 충분히 그럴 수 있겠다 싶었다. 아버지 폭력과 이 때문에 웃음도 말도 없어진 어머니를 보면서 겪는 외로움과 슬픔에 젖은 아이라면 이렇게 자기를 졸졸 따라오는 강아지한테 마음이 끌리고, 눈빛으로 이야기를 나눌 수 있겠다. 아니 그렇게라도 민호가 자기 마음을 열 수 있는 대상을 만나기를 바라는 글쓴이 마음에 공감이 간다.

나는 마음속으로 외치며, '끄응' 소리를 냈다. 내 이야기를 알아들은 걸까, 아이의 눈빛에서 두려움이 사라져가는 경계의 눈빛이 사라지고 난 다음에는 눈빛 너머에 깃들어 있는 슬픔을 느낄 수 있었다. 바라보고 있는 것만으로도 그 슬픔이 나에게까지 느껴질 정도였다. 그리고 그 눈빛이 낯설지가 않았다. 분명히 내가 아는 눈빛이었다.

개를 잡아먹기 위해 기르는 곳에서 엄마 개가 목숨을 잃는 값으로 도망칠 수 있었던 달타냥이 처음 민호를 만난 인상이다. 또 다른 민호라고 생각할 수 있다. 가정 폭력 때문에 외로움과 두려움과 죄책감에 시달리는 민호와 우리 사회가 안고 있는 문화 폭력 때문에 끝없이 도망쳐야 하는, 그러면서도 자신을 따스하게 안아주고 보호해 줄 대상을 찾아야만 하는 떠돌이 개 달타냥은 둘이면서도 하나고, 하나면서도 둘인 존재다.

책 속에 등장하는 또 다른 아이, 정민이는 이혼한 가정에서 살아가는 아이다. 아버지가 생활 능력이 없어서 어머니하고 이혼하였다. 이혼율이 세계에서 가장 높다고 하는데, 정말 이혼한 가정이 많다. 가난한 지역으로, 지방으로 갈수록 이혼 가정은 더 많고, 심각한 문제를 안고 있다. 주인공 민호 눈에는 그 이혼마저 부럽다. 그래서 정민이네처럼 차라리 자기네 집도 이혼하기를 꿈꾼다. 참으로 무서우면서도 답답한 일이다.

내가 여섯 살 때 이사를 왔기 때문에 다른 건 잘 기억나지 않지만, 개나리꽃이 예뻐서 폴짝폴짝 뛰며 좋아했던 기억은 난다. 그때 아빠가 엄마와 나를 담장 앞에 세워 놓고 사진을 찍어 주었다. 그때 찍은 사진이 아직도 남아 있다. 내 옆에서 밝게 웃는 엄마 모습이 개나리꽃보다 더 예뻤다. 우리 가족이 가장 행복했던 시절이다. 그러나 그다음부터 이 집에 대한 좋은 기억은 하나도 없다.

나의 달타냥

"엄마도 이혼하면 안 돼?"
나는 망설이다가 어렵게 물었다. 엄마는 대답을 하지 않고 나를 바라보았다.

엄마는 조용히 나를 지켜보다가 힘없이 일어나 방에서 나갔다. 나는 엄마가 방에서 나가자마자 이불을 머리끝까지 뒤집어쓰고는 베개로 입을 틀어막았다. 울고 싶을 때면 늘 이렇게 한다. 소리를 내지 않으려고 해도, 자꾸 울음소리가 나기 때문이다. 엄마가 너무 불쌍했다. 그리고 나도 불쌍했다. 오늘따라 더 슬펐다. 갑자기 달타냥이 보고 싶었다.

지방에 가서 건설 일을 하는 아버지가 집에 올 때마다 어머니를 심하게 때리고, 자기까지 때리는 게 무서워 말리지도 못하고 이렇게 숨어서 울기만 하는 자신에 대한 죄책감에 시달린다. 그러다 달타냥 때문에 친하게 된 정민이가 비록 부모가 이혼해서 아픔을 안고 살기는하지만 차라리 그게 더 낫겠다 싶어서 어머니가 이혼하기를 바란다. 그러나 어머니는 민호를 두고 나갈 수도 없고, 데리고 나갈 수도 없기에 매를 맞으면서 살고 있다. 그런 결과가 점점 더 가정 폭력을 심각하게 이끌고 있다. 점점 더 심각해져서 나중에는 어머니를 죽일 지도 모른다는 두려움에 떨게 하고, 이를 말리려던 민호까지 죽음을 당할 위기에 몰린다. 그 죽음을 달타냥이 대신한다. 민호는 마음을 굳게 다지고 아버지를 경찰에 고발한다.

조선 시대에는 부모가 죄를 짓더라도 자식이 이를 관가에 고발하면 패륜아로 취급해서 죄를 더했다. 이런 생각 때문에 가정에서 폭력을 휘두르는 부모를 다른 사람과 상담하거나 경찰에 신고하지 못하게 하는 장애물이 되어온 것이 사실이다. 이 책에서는 그 벽을 이제는 과감하게 깨고 넘어서야 한다는 생각에 공감하도록 이끌어 준다. 물론 경찰에 신고한다고 모두 해결되는 것은 아니지만 가정 폭력을 집 밖으로 드러내 보일 수 있는, 그리고 가정 폭력이 아이들을 죽일 수 있는 죄가 된다는 것에 공감하게 해 준다. 이런 생각이 널리 퍼질수록 아이들에 대한 가정 폭력을 줄일 수 있겠다. 그러나 여기에서 끝나지 않고, 민호가 제3조망을 할 수 있도록 해 준다. 다른 사람, 적으로만 여겼던 아버지를 보는 눈을 넓혀주고, 생각을 깊게 해 준다.

종이 가방을 무릎 위에 올려놓고 막 잠을 청하려는 순간, 종이 가방에 들어 있는 아빠의 지갑 사이로 사진 한 장이 삐죽 나와 있는 게 보였다. 나는 그 낡은 사진을 꺼내 들었다. 개나리꽃이 피어 있는 담장 앞에서 아줌마와 아이가 웃고 있는 사진이었다. 아줌마 얼굴이 낯익었다. 죽은 할머니와 많이 닮아 있었다. 난 그제야 사진 속 주인공이 바로 젊은 시절의 할머니라는 걸 알 수 있었다. 옆에 있는 꼬마는 어린 시

나의 달타냥

절의 아빠다, 하지만 사진 속 아이의 눈빛은 지금의 아빠 눈빛과 전혀 달랐다. 내가 아는 아빠의 눈은 늘 미움만이 가득 차 있는데, 사진 속 아이의 눈은 참으로 맑고 따뜻했다. 아빠한테도 이런 사진이 있었다니, 믿어지지 않았다.

아버지가 사고를 당해서 병원에 입원했을 때, 아버지가 갖고 있던 사진 한 장을 본다. 그 사진 속에는 할머니와 아버지가 있다. 아버지가 할아버지로부터 폭력을 당하기 전 어린 시절에 찍은 사진이다. 폭력은 할아버지에서 아버지로 이어져 내린 것이다. 어쩌면 그 이전부터 이어져 온 것인지도 모른다. 그 폭력이 맑고 따뜻했던 어린 눈빛을 미움만 가득찬 눈빛으로 바꾸게 만드는 것이다. 폭력으로부터 우리 아이들을 지켜야 하고, 우리 아이들이 그것을 이겨내도록 해야만 한다. 그래야 민호네처럼 폭력이 이어내리지 않고 멈출 수 있을 것이다. 그럴 때 아이들이 가는 길, 천사들의 행진이 죽음의 길이 아니라 삶의 길이 될 수 있겠다. 이 책은 그런 가능성을 열어주고 있다.

나의 산에서

진 크레이크헤드 조지 지음
김원구 옮김
비룡소

어린 시절 누구나 한번쯤은 꾸었던 꿈이 집을 나가 어디론가 멀리 가서 혼자 살아보는 것이라고 한다. 집을 나가 혼자서 살아보고 싶은 마음은 새로운 세계에 대한 동경을 마음껏 꿀 수 있는 성장기 아이들이 가질 수 있는 특권이기도 하다. 이 특권은 현실보다는 상상의 세계에서 누릴 수 있는 것이다. 이러한 상상의 날개를 마음껏 펼치게 해 주는 세계가 많은 어린이 문학 작품 속에 펼쳐져 있다. 어린이들이 마음껏 이러한 상상의 세계를 경험하게 하는 작품으로 ≪나의 산에서≫를 권하고 싶다. '나도 그랬고 누구라도 그랬듯이, 지은이 조지 여사와 주인공 샘은 어디론가 멀리 떠나서 혼자 사는 꿈을 꾸었다. 바로 이러한 꿈을 내게 실현시켜 준 것이 이 책이었기 때문에, 이 책을 미국에서 처음 읽으면서 하룻밤을 꼬박 지새웠다. 그 날 이후로 ≪나의 산에서≫는 내 마음속에 가장 인상 깊은 책으로 자리 잡게 되었다.'는 이 책을 한국말로 옮긴 어린이가 쓴 글에 공감하기 때문이다.

　뉴욕에 살던 샘은 증조할아버지가 살았던 산 속 농장을 찾아가서 혼자 살고 싶어 한다. 그리고 어느 날 스스로 모은 돈 몇 푼과 부싯돌과 주머니칼을 갖고 증조할아버지 산을 찾아 여행을 떠난다. 샘은 숲에 묻힌 증조할아버지 농장을 찾아내서 큰 나무 속에 방을 만들고 혼자서 1년을 살아낸다. 숲 속에서 홀로 먹을거리를 구하고, 사냥매와 너구리와 족제비와 작은 숲 속 동물들과 어울리면서 진정한 숲 속의 식구가 될 수 있었다. 책장을 넘기다보면 자신도 모

르는 사이에 봄·여름·가을·겨울의 흐름에 따른 숲과 주인공 샘이 성장하는 변화에 이끌려 들어간다. 스스로 주인공 샘이 되는 것이다.

　이 작품을 우리말로 옮긴이는 어른이 아니라 어린이다. 미국 초등학교에 다닐 때 이 책을 재미있게 읽었다. 한국에 돌아와 초등학교 6학년을 다닐 때 친구한테 주고 싶어 번역하기 시작했다고 한다. 이처럼 스스로가 감동 받았던 작품이라서 그런지 글쓴이와 옮긴이 호흡이 잘 맞는다는 생각이 든다. 이 작품을 읽은 도시 아이들이 이번 여름 방학에 부모나 할아버지 할머니가 사시던 고향에 내려가 다만 며칠이라도 마음껏 풀과 나무와 작은 곤충이나 동물들을 살펴보면서 지내기를 바란다. 보리출판사에서 세밀화로 그려낸 우리나라 들과 산에 사는 동식물 도감, 나무 도감을 들고 가면 많은 도움을 받을 수 있을 것이다.

난 두렵지 않아요

프란체스코 다다모 글
노희성 그림
이현경 옮김
주니어랜덤

열악한 노동환경 속에서 일하며 현재 병들어 죽어 가는 15세 미만인 어린이가 전 세계에 얼마나 될까? 그 숫자를 정확하게 알 수는 없다. 가난한 나라와 부자 나라가 서로 공모해서 어린이 노예노동을 유지하고 있다. 가난한 나라에서 어린이 노동을 착취해서 만든 축구공이나 카펫이 비싼 값에 팔리고 있고, 다국적 기업이 직접 빈민국 어린이 노동을 착취하는 경우도 있기 때문이다. 국제노동기구(ILO)는 대략 2억5천만 명이라고 밝히고 있다. 그런데 이런 통계 숫자가 안고 있는 비극과 절망감을 느낄 수 있는 사람이 얼마나 될까? 이 책은 바로 이런 어린이 노예에 대한 이야기다. 이크발은 파키스탄 어린이다. 그는 카펫 공장에서 일하면서도 연을 날리며 놀고 싶은 어린이다운 꿈을 버리지 않은 아이, 그 꿈을 실현하기 위해 두려움에 맞서 싸우고, 자유를 위해 탈출을 할 수 있었던 어린 아이다. 그리고 탈출해서 자신을 구해 준 노예해방 전선에서 다른 아이들을 구하기 위해 일하다 12살 어린 나이로 죽었다. 추악한 어른들이 보낸 암살자들이 쏜 총에 맞아 죽은 것이다. 글쓴이는 이 슬픈 이야기가 잊혀지지 말기를 바라는 마음으로 썼다고 한다. 그 마음이 느껴진다. 내 기억이 다하는 날까지 기억하겠다. 이 책을 읽은 아이들도 기억할 것이다.

어린이 노예 문제는 과거에 끝난 유물이 아니다. 가난한 나라에서만 일어나는 문제도 아니다. 모든 것을 오로지 경제라는 한 가지 기준으로 보면서 무한

경쟁을 가속화시키는 인류가 처한 현실이 낳은 산물이다. 파키스탄 같은 가난한 나라는 카펫공장 노예로, 오직 경제 살리기에 혈안이 된 우리나라는 시험점수에 미친 교육에 얽매인 노예로 아이들이 살고 있는 것이다.

  이 책은 이런 문제를 어린이도 쉽게 느낄 수 있게 보여 주면서, 절망을 넘어서는 희망을 보여 주는 작품이다. 초등학교 고학년 어린이부터 어른까지 함께 읽고, 그 희망을 지향하는 어린이 인권에 대한 생각 나누기를 해 보기 좋은 책이다.

너도 하늘말나리야

이금이 글
송진헌 그림
푸른책들

점심 시간에 복도를 지나가는데 뒷마당에서 남자 아이들 십여 명이 '와리가리' 놀이를 하고 있다. 편을 갈라 작은 공을 자기편끼리만 주고받는 놀이다. 위험한 지역이어서 평소 놀지 못하게 하는 장소다. 운동장으로 나가라고 말하려고 하는데, 아이들이 갑자기 '와!' 하고 웃으면서 손뼉을 치며 누구를 놀린다. 보니까 울타리를 넘어가던 아이가 옷이 울타리에 걸려 찢어지면서 거꾸로 처박힌 것이다. 같은 반 아이가 울타리에서 떨어져 일어나지도 못하는데, 그걸 보고 웃으면서 놀리는 아이들을 보니 참담했다. 이렇게나 다른 사람 처지에서 보고 생각할 수 있는 마음이 부족하다니.

≪너도 하늘말나리야≫는 부모가 이혼한 뒤 어머니를 따라 시골로 전학 온 여자 아이 미르, 사랑하던 아내의 무덤을 산 사람 찾아가듯 찾아가는 아버지와 그 아들 바우라는 남자 아이, 아버지는 돌아가시고 어머니는 재혼해서 떠난 뒤 할머니와 둘이 사는 여자 아이 소희가 서로 마음을 열고 가장 친한 동무가 되어가는 과정을 그린 동화다. 서로 자신이 안고 살아온 슬픔을 이야기하고, 상대편이 안고 살아가는 아픔을 이해할 수 있는 사이로 발전한다. 또 미워하던 어머니를 이해하게 되는 딸의 마음, 딸을 이해하게 되는 어머니 마음을 잘 보여 주고 있다. 처음에는 자신의 처지에서만 다른 사람을 바라보던 눈과 마음이 이렇게 다른 사람 처지에서도 볼 수 있는 눈과 마음으로 바뀌어 가는 과정을 담은 이야기 흐름이 잔잔한 감동을 일으킨다.

이 작품이 갖고 있는 특징은 세상을 주인공 한 사람의 눈으로만 보는 것이 아니라, 등장인물 세 명이 모두 주인공이 되어 세상을 각자 자기 눈으로 보는 것이다. 6학년인 주인공 세 명이 같은 사건을 각자 자기 관점으로 이야기한다. 따라서 같은 사건을 세 명이 각자 어떻게 다른 마음으로 보고, 어떻게 다른 사람 처지를 이해하는 길로 나가는지를 알 수 있다. 나아가 서로 하늘을 보고 당당히 피어나는 아름다운 꽃, 하늘말나리가 되기를 바란다. 나도 우리 아이들이 이 작품 속 아이들처럼 마음 문을 열고 다른 사람 처지를 조금이라도 더 이해하고, 생각하면서 하늘말나리처럼 당당하고 아름답게 자라나기를 빈다.

느릅골 아이들

임길택 글
현윤애 그림
산하

체육을 하려는데 비가 와서 교실로 들어왔다. 비 그치면 체육 하러 다시 나간다는 약속에 마음이 들뜬 2학년 아이들이 공부하면서도 마음은 운동장에 가 있다. 끝 시간에 조금 그치기에 나갔더니 비가 더 내렸다. 짝끼리 우산 하나를 같이 쓰게 하고, 두 줄로 운동장을 왔다 갔다 하면서 비 그치기만 기다렸다. "너희들 체육을 못 해 속상하겠다" 했더니, 우리 반에서 가장 말썽꾸러기가 툭 튀어 나와서 "우리가 체육을 못해도 감사한 일이에요. 물이 없어 농사를 못 짓는데 비가 오니 하늘에 감사해야 해요. 그렇죠, 선생님?" 하면서 초롱초롱한 눈으로 올려다본다. "그래, 우리가 체육을 못해도 고마운 비야" 하고 대답해 주니 아이는 기분이 좋아서 씩 웃으면서 하늘을 올려다 본다. 비 내리는 하늘과 땅 사이에서, 빗물에 젖은 운동장을 잘팍거리면서 걸어다니는 아이들이 새삼 더욱 아름답다.

이렇게 하늘과 땅 사이에서 자연스럽게 살아가는 시골 아이들의 아름다운 삶을 담아낸 책으로 ≪느릅골 아이들≫을 손꼽을 수 있다. 이 책에 실린 동화 열두 편을 몇 번이나 읽었는데, 읽을 때마다 마치 비오는 날의 수채화라는 느낌을 받는다. 담임 선생님이 출장 가신 날 장난치다 교감 선생님께 걸려 야단 맞고도 금방 재잘거리는 아이, 아버지 발길에 채인 어미 개를 끌어안고 함께 슬퍼하는 아이, 알을 낳고 지쳐 죽은 나방을 꽃밭에 고이 묻어주는 아이, 밭을 매다 호미 끝에 걸려 나온 굼벵이를 다시 흙으로 곱게 덮어주는 아이, 농촌

에서 평생 농사를 지으면서 살아온 부모들을 누구보다 사랑하는 아이들이 있다. 글쓴이가 농촌 학교에서 근무하면서 만난 아이들과 어려운 농민들 생활 모습, 그렇게 어려운 생활 속에서도 자연의 순리에 따르고, 사람다운 삶을 지키며 살아가는 질박한 행동과 따스한 마음, 그리고 떳떳하게 살아가는 올곧은 마음을 아주 작은 소리로 소곤소곤 들려주고 있다. 느릿느릿 보여주고 있다.

  작은 소리로 느릿느릿 이끌어가는 동화라 신나는 재미는 느낄 수 없다. 대신 천천히 느릿느릿 읽으면서 사이사이에 조심스럽게 넣어둔 꽃보다 아름다운 사람들 마음과 생각을 찾아낼 때 참맛을 제대로 느낄 수 있다. 초등학교 고학년 어린이들이 읽고, 등장인물이 실천한 올바른 행동을 보여주는 문장을 한 작품에서 한 가지씩 찾아 예쁜 쪽지에 써서 책상 앞에 붙여놓아도 좋겠다.

285

니코 오빠의 비밀

알키 지 글
마상용 그림
최선경 옮김
창비

사람들은 '신화'라는 말을 들으면 우리나라 신화보다도 먼저 그리스·로마 신화를 자연스럽게 떠올린다. 그 정도로 그리스 신화가 널리 알려져 있다. 인류 4대 문화 발상지 가운데 하나인 고대 그리스 신화와 철학과 예술, 이솝 이야기는 우리한테 잘 알려져 있다. 그러나 인간다운 존엄성과 자유를 되찾기 위해 끊임없이 싸워온 근대 그리스 이야기는 잘 알려져 있지 않다. 1453년 콘스탄티노플 함락 이후 그리스는 무려 400여 년 동안 터키한테 나라를 빼앗겼고, 용감한 투쟁 끝에 되찾는다. 그다음에는 군사 독재 정권을 물리치고 민주주의를 되찾기 위한 싸움을 오랫동안 해 왔다. 우리와 비슷한 아픔을 겪어온 근대 그리스 이야기가 잘 알려지지 않은 것처럼 그리스 동화 역시 우리한테 낯설다.

이 책은 그리스 여류 작가 알키 지가 '유리 상자 속의 들고양이'라는 제목으로 1963년에 출판한 것이다. 작품 속 이야기는 1936년 8월 즈음하여 시작한다. 이즈음 독일에서는 히틀러, 이탈리아에서는 무솔리니, 스페인에서는 프랑코가 정권을 잡고 독재 정치를 할 때였다. 아시아에서는 일본이 군국주의로 치닫던 때였다. 동시에 이러한 독재 정권들과 맞서 자유와 평화를 되찾으려는 투쟁이 격렬하게 일어났던 시기다. 이 책은 바로 그러한 세계 역사 흐름 속에서 그리스와 스페인을 무대로 이야기를 풀어나가고 있다. 세계에서 가장 아름다운 바닷가라고 스스로 부르는 작은 섬 마을에서 평화롭게 살던 사람들

이 겪는 두려운 독재 정치, 그 속에서 자라나는 한 어린 소녀가 본 이야기다.
곧 민주주의를 이루기 위해 활동하는 오빠 니키와 그 활동이 일으키는 물결을
세밀하게 그려내고 있다.

 '데모크라시'라는 말을 만들어 냈고, 민주주의 발원지로 알려진 그리스에서
어느 날 갑자기 '데모크라시'라는 고양이 이름 때문에 아버지는 직장을 잃을
까봐 두려워한다. 아버지는 고양이 이름을 바꾸든가 내다버리라고 아이들을
야단친다. 약혼자 이름을 묻는 동생들한테 '내 약혼자 이름은 데모크라시'라
고 소곤거리는 니키 말은 '데모크라시', 곧 '민주주의'란 무엇인가를 되짚어
보게 한다. 초등학교 고학년부터 중·고등학생들까지 읽으면서 독재와 민주
가 어떻게 다른지, 민주주의 참뜻이 무엇인지, 왜 니키는 민주주의를 위해 자
신은 물론 사랑하는 가족들 안전까지도 위험하게 만들 수밖에 없는지를 생각
해 볼 수 있다.

다랑쉬오름의 슬픈 노래

박재형 글
김상남 그림
베틀북

덕수궁미술관에서 주관하는 어린이 미술교실에 다녀온 적이 있다. 마침 이응노 화백 탄생 100주년을 기념하는 전시회를 하고 있었다. 이응노 화백이 초기에 그린 문인화, 먹을 이용한 사실주의 회화와 반추상화, 파리 유학 이후에 시작한 꼴라주나 문자추상, 자유와 통일을 주제로 한 이응노 화백 작품을 보고, 조형 작품을 만들었다. 군상 연작을 비롯한 전체 흐름에 대한 전문가 설명을 들을 수 있어 좋았다.

이응노 대표 작품이라고 할 수 있는 군상 연작은 붓과 먹을 이용해 그린 것이다. 수많은 사람들이 희망하는 자유와 생명의 힘을 느끼게 했다. "저는 좌익도 우익도 아닙니다. 다만 우리 민족이 통일이 되어야 살길이 있으며, 통일을 위해선 무슨 일이라도 발 벗고 나설 용의가 있습니다."라는 글을 읽으면서, 역사 속에서 온몸으로 통일을 외치던 사람들이 떠올랐다. 우리 민족이 분단하는, 남한 단독정부 수립에 반대하던 와중에 일어난 제주 4·3항쟁은 단연 그 앞자리에 서 있다고 할 수 있겠다.

이 책은 제주도 동부 지역에 사는 주인공 경태가 4학년부터 6학년까지 어린 눈으로 보고 듣고 겪은 이야기를 담았다. 4·3항쟁이 벌어지는 소용돌이 속에서 죽거나 살아난 제주 사람들의 이야기다. 존경하고 좋아하던 김 선생님과 삼촌이 '산사람'이 되어야 했고, 할아버지와 할머니는 산사람들 손에 죽고, 누나는 서북청년단한테 억지로 시집가야 했고, 동굴에 숨었다가 군인들 총

에 형과 아버지가 죽고 만다. 이러한 공포와 아픔은 경태만 겪은 일이 아니다.

이런 아픔으로 가득찬 4·3항쟁은 수십 년 동안 제주도에서는 물론 우리 역사에서 섣불리 말해서는 안 될, 가르쳐서는 안 될 참혹한 역사였다. 그러나 글쓴이는 기쁜 역사뿐 아니라 이처럼 아프고 슬픈 역사도 가르쳐야 다시는 그런 역사를 만들지 않을 거라는 믿음 때문에 이 책을 썼다고 말한다. 제주 사투리를 모르는 아이들한테도 읽혀야 하기 때문에 표준어로 썼다. 그 때문인지 잘 맞지 않는 옷을 입은 듯 어색한 느낌도 든다고 했다. 하지만 우리 겨레가 다시는 슬프고 아픈 역사를 만들지 않기를 바라는 마음은 넉넉하게 느낄 수 있다. 이 책을 읽기에 앞서 제주도 역사와 4·3항쟁을 공부하는 것이 그러한 글쓴이 마음에 다가서는 데 도움이 되겠다.

당산나무 아랫집 계숙이네

. . . .

윤기현 글
김병하 그림
사계절

초·중·고교를 다니면서 시험 점수를 잘 받기 위해서는 평소 많은 시간을 들여 꾸준하게 공부해야 하는 과목과 짧은 시간에 집중해 외워야 하는 과목으로 나눠서 공부하라는 이야기를 선생님들한테 귀에 못이 박히도록 들었다. 역사 과목은 무조건 외워야 하는 과목으로 분류됐다. '태정태세문단세…….' 하면서 왕과 왕들의 치적을 기준으로 연대를 외우고, 전쟁과 장군을 외우고, 실학자들이 쓴 책과 독립운동가 이름을 외웠다. 역사를 아주 모르는 것보다는 이렇게 외워서라도 알고 있는 게 좋겠지만 이처럼 끊임없이 외우기만 해서는 마음으로부터 역사와 하나 되기 어렵다. 역사란 단순히 옛날의 기록을 외우는 일이 아니라 조상들이 살아온 삶의 모둠이고, 오늘을 살아가는 우리들의 뿌리이다.

이 책에 담긴 이야기는 글쓴이의 고향인 전남 해남에서 살고 있는 계숙이라는 어린이가 초등학교 4학년에서 6학년까지 살면서 보고 듣고 느끼고 생각하는 것, 곧 계숙이의 삶이다. 계숙이는 동생 계성이와 같이 할머니 밑에서 자란다. 아버지와 어머니가 떠난 농촌에서 증조할머니, 할아버지, 할머니하고 사는 한 어린이의 삶은 우리 선조들이 살아온 삶이 이어지고 있는 현실이다. 계숙이네 마을의 현실은 우리 겨레의 현대사가 고스란히 담겨 있다. 도시에서 살고 싶어 농촌을 떠난 부모 세대, 도시에서 살 수 없어 농촌에서 외롭게 사는 할머니 세대, 독립운동을 하다 일제 경찰을 피해 만주로 간 부모의 고향을 찾

아 흘러 온 새어머니, 먹고 살 길이 없어 만주로 간 부모를 기다리는 이웃 할머니, 일제 말기의 징용, 사이좋게 살던 이웃을 서로 원수가 되게 만든 6.25. 이렇듯 계숙이가 현실에서 마주하는 마을 사람들과의 관계와 여러 가지 상황이 펼쳐진다. 그런 계숙이의 이야기를 읽으면서 역사의 흐름을 느낄 수 있다.

내 삶을 역사의 흐름으로 더 가깝게 느끼려면 나와 가까운 사람들이 살아 온 이야기를 들어 보자. 부모와 할아버지, 할머니가 살아 온 시대의 이야기는 어린이들이 읽을 수 있는 어떤 문학보다도 더 좋은 문학이 되고, 어떤 역사공부보다도 더 소중한 역사공부가 될 것이다. 할아버지, 할머니가 안 계시는 어린이는 농어촌이라면 이웃 할아버지 할머니, 도시라면 마을 경로당에 가서 봉사활동을 하면서 그분들이 살아온 이야기를 들어 보자.

대추리 아이들

· · · · · ·

김정희 글
홍정선 그림
사계절

역사가들이 수많은 사실 속에서 진실을 찾아 기록하는 사람이라고 할 수 있
다면, 문학가는 진실을 찾아 새롭게 구성해서 사실처럼 보여주는 사람이라고
할 수 있겠다. 김정희는 우리 겨레가 살아온 역사를 온몸으로 껴안고, 그 속에
서 마주친 사건에 담긴 진실을 찾기 위해 몸부림치는 작가 가운데 한 사람이
다. 그는 이미 일제 탄압시대를 살아낸 어린 '국화'가 살아온 삶을 그려냈고,
해방 공간기에 좌우대립으로 서로 죽이고 죽이는 싸움 속에서 살아남는 아이
'야시골 미륵이'를 썼고, 6.25동란이라는 민족 최대 비극을 또렷하게 보여주
는 '노근리, 그 해 여름'을 생생하게 보여주었다. 이 세 작품은 그 시대 사건을
겪은 사람들 이야기와 역사가들이 기록한 사실을 바탕으로 구성한 창작이다.
그러나 이번에 쓴 '대추리 아이들'은 직접 현장에서 겪은 사건을 바탕으로 창
작한 글이다. 그 사건을 겪은 사람들이 아직 마음 정리를 다 하지 못한 시점에
그에 대한 글을 쓴다는 게 쉬운 일은 아니다. 쉬운 일이 아니기에 그 일을 해내
고 있는 작가에게 박수를 보내고 싶다.

대추리 사건은 2003년 7월 6일 대추분교 운동장에서 '미군기지 확장반
대 팽성대책위 준비위원회 (위원장 김지태 대추리 이장)'를 발족하면서부터
2007년 4월 7일 '대추리 매향제—하느로가 땅과 사람이 다시 만나리' 행사까
지 4년에 걸친 싸움이다. 싸움이라기보다는 힘들게 간척사업을 해서 살고 있
던 땅을 빼앗기지 않으려고 백성들이 버티고 버티다 끝내 쫓겨 난 슬픈 이야

기다. 쫓겨나는 백성들이 슬프면서도 그 백성들이 자랑스런 이야기다. 두려움과 갈등에 당당하게 맞섰기 때문이다. 이 어른들이 만드는 그런 슬프고도 자랑스런 역사 속에서 살아가는 아이들 이야기다. 그런 사건 틈새에서 비비고 살아야 하는 아이들 이야기다. 그 아이들은 내일을 만들어 역사를 이어가는 아이들이다.

　김정희는 대추리에 가서 살면서 그 백성들과 몸으로 부딪치면서 그 속에서 살아가는 아이들을 보았다. 그 아이들을 자기 작품 속에서 한솔이, 마루, 봄이로 되살려냈다. 그리고 한솔이와 할아버지 만남을 통해서 대추리 역사를 끌어낸다. 할아버지 때 대추리 앞바다를 막아서 논밭을 만들고, 힘을 모아 대추분교를 세우고, 백성의 역사를 만들어 낸다. 이미 빼앗긴 땅, 미군기지 철조망 옆에 있는 대추분교 학교 운동장에 서 있는 느티나무는 한솔이 할아버지가 심은 나무다. 한솔이가 어려서부터 보아오던 그 나무를 새롭게 만나는 모습을 보면, '교문 앞을 지나서 미군기지 철조망과 마주하고 있는 울타리 쪽을 돌아가는데 느티나무가 눈에 띄었다. 할아버지가 심었다는 나무였다. 겨우내 발가벗은 채 볼품없이 서 있었는데, 봄물이 막 올라서 연둣빛 잎들이 봄바람에 나풀거렸다. 누가 생명의 물을 주었나, 마치 연둣빛 날개를 가진 나비가 하늘을 날아오르는 것 같았다.'고 한다. 어떤 사람이나 자연도 나와 관계를 맺지 않으면 '볼품'이 없다. 그러나 나와 관계를 맺으면서 '새롭게' 볼 수 있

대추리 아이들

다. 한솔이도 느티나무와 관계를 맺기 전까지는 그냥 한 그루 느티나무에 불과했다. 그러나 그 느티나무가 할아버지가 학교를 세운 기념으로 한솔이 아버지를 데리고 심은 나무라는 것을 알게 되었을 때, 연둣빛 이파리가 하늘로 날아오르는 날개 가진 나비처럼 보인다. 나아가 느티나무와 이야기까지 나눌 수 있게 된다.

한솔이는 할아버지에게 털어놓고 나니까 한결 마음이 홀가분해져서 이제 돌아가고 싶었다. 캄캄한 운동장에 혼자 있으려니까 조금은 무서웠던 것이다. 그래서 얼른 돌아가려고 나무할아버지에게서 몸을 뗐다.
"참 슬프구나……. 너무도 슬퍼……."
한솔이는 화들짝 놀랐다.

– 중략 –

나무할아버지의 슬픈 목소리를 들으니까 한솔이도 슬픔에 빠졌다. 그냥 나무인 줄 알았는데, 다 알고 있었던 것이다. 어쩌면 나무할아버지는 한솔이보다 더 많이 알고 있는지도 모른다. 아주 옛날 옛날부터 이 자리에 뿌리를 박고 서 있었으니까. 오랜 세월 동안 그 모든 것 기억하고 있었을 테니까.

느티나무와 한솔이가 서로 이야기를 나눌 수 있는 이러한 만남은 인간이 자연에 인격을 부여하는, 자연을 소유가치가 아니라 존재가치로 보면서 이뤄질 수 있는 만남이다. 열두 살 한솔이는 느티나무를 매개로 할아버지도 열두 살이던 시절이 존재했음을 깨달으면서 할아버지와 자기를 단단한 고리로 연결한다. 그 고리는 역사를 이어나가는 고리다.

"예?"

한솔이는 깜짝 놀랐다. 할아버지에게도 그런 시절이 있었다니.

"어, 나도 열두 살인데……."

할아버지는 원래부터 할아버지인 줄만 알았는데.

"할아버지는 열두 살 적에 어땠어요?"

한솔이는 지금 자기와 같은 나이에 할아버지가 어땠는지 궁금했다.

역사를 이어가는 고리가 되는 나무할아버지가 토막토막 잘려서 내 팽개쳐진 모습은 대추리가 파괴당하는 모습이다. 그리고 백성들이 만들어 온 삶이 국가공권력이라는 이름으로 토막이 나고, 내팽개질 달하는 현실을 상징한다. 이 장면을 읽으면서 '노근리, 그해 여름' 굴다리 아래서 죽어간 수백 명 주검들, '점득이네' 강가에서 미군기 폭격과 기총사격으로 토막 난 시체들, 일제에

대추리 아이들

맞서다 작두에 머리가 잘린 백성들 몸뚱이가 떠올랐다.

한솔이는 다리가 후들후들 떨렸다. 나무할아버지는 몸뚱이가 동강난 채 여기저기 널브러져 있었다. 한솔이는 그루터기로 남은 나무할아버지를 보다가 제자리에 풀썩 주저앉았다.

'왜 나무할아버지가 죽어야 해?'

한솔이는 무릎에 얼굴을 묻고 울었다. 하루 종일 눌렀던 분노와 슬픔이 터져 나왔다. 밑동만 남은 그루터기를 어루만졌다.

"할아버지! 할아버지!"

한솔이가 애타게 불렀지만 대답이 없었다.

새까맣게 쳐들어오는 전경들, 학교와 들판을 마구 부수고 파헤치면서 대추리 주민들이 살던 삶을 송두리째 파 던지는 두려운 파괴력, 어려서부터 같은 학교에 다니거나 같은 반에서 공부하던 아이들이 보여주는 배반감……. 그 모든 것들에 대한 분노와 슬픔에 눈물을 쏟아낸다. 그러나 눈물이 눈물로 끝나지 않는 게 역사다. 눈물은 이 땅에 스며들어 끈질기게 새 생명을 움트게 하고, 눈물을 흘리는 마음이 민들레 씨앗 되어 바람 따라 하늘을 날아 새로운 땅에서 새싹을 틔운다. 백성은 토막 나도 그 토막에서 다시 살아난다. 이처럼 부활에 대한 믿음을 굳게 간직하고 산다면 부활은 결코 멈추지 않는 것이다.

한솔이는 차에서 내리자마자 폐허 더미로 변한 대추분교로 향했다. 나무할아버지가 보고 싶었다. 토막이 난 나무할아버지를 살피다가 한솔이는 눈이 번쩍 뜨였다.
"어, 잎이 났네!"
그루터기에 새 가지가 나와서 잎사귀가 돋아났다. 뿐만 아니라 밖으로 드러난 뿌리가 다시 땅속으로 스며들어 생명을 키우고 있었다.

이 부분을 읽으니, 파 던진 느티나무 그루터기가 다시 뿌리를 내리면서 살아내는 끈질긴 생명력을 실제로 본 감동이 되살아난다. 충주 무너미에, 이오덕 선생님 며느님이 하는 밥집 마당가에 커다란 느티나무가 있다. 밑둥부터 가지가 사방으로 뻗으며 올라가서 왜 그런가 아드님한테 물었더니, 몇 해 전에 마을 어디에서 공사를 하면서 느티나무를 잘랐다고 한다. 그냥 죽게 두기에 너무 불쌍해서 그 느티나무 그루터기를 파다가 옮겨 심었는데 이렇게 살아서 자랐다고 하였다. 지금은 너무 자라서 그 앞밭에 그늘지게 한다고 밭주인이 베라고 자꾸 요구해서 이왕이면 아이들이 있는 곳으로 옮겨서라도 살려야겠다는 생각으로 다시 이오덕 학교 마당으로 옮긴 그 느티나무가 떠오른다. 비록 현실에서는 막강한 국가 공권력에 삶이 뿌리 채 뽑혀서 버려지지만 마음으로

대추리 아이들

지지 않은 이상 싸움은 끝나지 않으며, 끝내 이길 수 있다. 마음에 품은 꿈은 끝없이 되살아나기 때문이다. 한솔이네 식구들은 그 믿음으로 느티나무 그루터기가 다시 살아날 수 있는 곳으로 옮겨 심는다.

아빠와 구덩이를 파고 셋이서 그루터기를 심었다. 한솔이와 봄이는 손으로 흙을 밀어 넣었다.
"나무할아버지, 꼭 살아나셔야 해요. 제가 기도할게요."
한솔이는 흙을 톡톡 두드리면서 주문을 외웠다.
나무를 옮겨 심고는 날마다 물뿌리개에 물을 담아서 부어 주었다. 가뭄이 들어서 그냥 내버려두면 뿌리가 마를 것 같았다.

이제 대추리 싸움은 끝났고, 끝내 국가 공권력에 삶의 터전을 빼앗긴 백성들은 다른 땅으로 옮겨서 뿌리를 내리고 있다. 할아버지 소원이 한솔이 가슴속으로 깊게 들어와 굵은 뿌리를 내리고, 새벽빛이 한솔이 얼굴에서 빛나고 있다. 아무리 현실이 어처구니없게 보여도, 권력이 강해 보여도, 이것저것 절망처럼 보여도 역사를 이어가는 아이들이 있는 이상 희망은 있다.

도토리 예배당 종지기 아저씨

. . . .

권정생 글
이철수 그림
분도

중앙고속도로 남안동 인터체인지에서 나가 안동시 쪽으로 조금 올라간 언덕길에서 왼쪽 아래를 내려다보면 신라시대 전탑이 보인다. 몸 틈새에 풀씨를 받아 키우면서 천년을 넘게 서있는 전탑 너머로 작은 마을이 있고, 마을을 감싸 안은 산 끄트머리에 흙벽돌로 지은 아주 작은 집, 주황색 지붕이 보인다. 혼자 누울 자리조차 부족한 그 작은 집에서 넉넉하게 사는 사람이 있다. 바로 권정생 선생님이다. 그는 우리 겨레의 아픔을 모두 안고 살고, 우리 겨레의 희망을 마음 가득 품고 사는 동화작가. 거미줄 치는 거미처럼 당신 몸에서 그 아픔과 희망을 물레로 자아 풀어내고 뽑아내서 우리에게 이야기를 들려주셨다. 이 책은 그런 자신이 누구인가를 끊임없는 대화로 찾아보고 있다. 이 책에 나오는 권정생과 생쥐, 그 생쥐는 바로 또 다른 권정생이다.

이 책 주인공은 도토리 예배당 종지기 아저씨다. 평생을 몸이 아파 오래 걷기도 힘들고, 장가도 못간 노총각 아저씨다. 그 아저씨가 어느 날 날마다 좁은 방에 들어와 이 물건 저 물건 쏠아대고, 똥 싸고 오줌 싸는 원수 같은 생쥐를 붙잡았다. 샛문 아래쪽 구멍으로 빠져나가는 생쥐 꼬리를 간신히 붙잡은 데서부터 시작한다. 대뜸 말다툼이 벌어지고, 원수처럼 다투다가 동지가 된다. 동지들이 많아야 통일도 이루어지고, 온 세계가 한 형제가 된다. 세상에 평화가 이루어지려면 생쥐는 물론 개구리, 파리, 모기, 미꾸라지, 메추라기, 산돼지, 노루, 강아지, 원숭이도 모두 동지가 되어야 한다는 게 아저씨 생각이다.

둘은 동지가 되어 함께 여행도 다닌다. 하느님을 만나러 하늘나라에 가고, 지옥도 구경하러 다닌다. 생쥐는 아저씨가 장가를 가는 꿈도 꾼다. 그러다 생쥐가 죽어 귀신이 되어 편지를 보낸다. 삶과 죽음에 대한 이야기를. 그 생쥐가 썩는 옆에는 노란 꽃다지가 예쁘게 피어나고 있다.

끊임없는 대화 속에서 '날개 없이 두 발로 걷는 짐승'인 사람과 길짐승과 날짐승, 물고기와 풀과 나무와 바람과 물과 흙을 비롯한 온갖 자연이 함께 살아야 함을 깨닫게 한다. 캄캄한 밤에 예배당 종탑 십자가 꼭대기에 올라가서 '이 세상의 돌대가리들아! 모든 총칼을 거두어라'는 생쥐의 외침처럼 이 세상을 지옥으로 만드는 폭력과 전쟁을 없애야 한다는 의지를 다지게 된다. 한일 역사와 미소 냉전 구조처럼 어린이들이 이해하기 어려운 내용도 있고, 좀 억지스런 우스갯말도 있지만 두고두고 읽을수록 그 맛과 뜻이 새롭다.

돌도끼에서 우리별 3호까지

전상운 글
이상규 그림
아이세움

우리 겨레는 옛날부터 우수한 과학 발명품을 많이 만들었다고 한다. 초등학교 교과서에서도 첨성대나 해시계나 자격루 같은 몇 가지 과학 발명품을 소개하고 있다. 그렇지만 대부분 전통 과학 발명품이 무엇인지, 어떻게 만들었는지, 그 발명품을 우리 과학사에서 얼마나 중요한 위치에 놓아야 하는지는 잘 모른다.

이 책은 40여 년 동안 한국 과학사와 우리 과학 문화재를 연구하면서 대학에서 과학사를 가르쳐온 학자가 어린이들한테 우리 겨레가 일궈온 과학역사를 알려주고 싶은 소망으로 쓴 책이다. 우리 겨레는 과학을 어떻게 창조하였는지, 우리 겨레가 일궈낸 과학은 어떻게 발달했는지, 어떤 의미가 있는지를 할아버지가 손자들한테 들려주는 마음으로 쓴 책이라고 할 수 있다.

'과학은 무엇으로 시작되었을까?'에서는 구석기 시대 도구와 신석기 시대 농사짓기, 청동기 시대와 철기 시대를 과학사 관점에서 살펴보았다. '삼국 시대 과학'은 벽화에 담긴 생활 속의 과학을 살펴보면서 첨성대나 석굴암을 지은 건축 도면까지 자세히 설명하였다. 일본에 전해준 삼국 시대 과학 기술이 무엇인지도 사진과 그림으로 비교하면서 설명한다. 고려 시대와 조선 시대를 거치면서 발달해온 과학사와 정약용을 비롯한 실학자들이 과학을 어떻게 발전시켰는가를 짚어주면서 더욱 치열하게 발전해야 할 20세기 초반에 일본 제국주의 침략으로 우리 과학이 겪은 어려움, 그 어려움을 딛고 일어서는 모

습을 보여준다. 세계 어느 소형 위성과 비교해도 손색이 없는 인공위성인 '우리별 3호'까지 만든 이야기, 아프리카 식량난을 돕기 위해 슈퍼 옥수수를 만든 김순권 박사 이야기까지 5000여년 동안 우리 겨레가 일궈온 과학 이야기를 보여주고 있다.

  글쓴이는 우리 겨레가 일궈온 긴 과학사를 어린이들한테 전하면서, 우리 겨레가 갖고 있는 우수한 과학성을 알려주면서, 미래를 위해 과학이 가야 할 길이 어떠해야 하는지를 소망하는 마음까지 담고 있다. 과학은 분명 사람들 생활을 행복하게 해 주는 중요한 학문이지만 동시에 그만큼 사람을 불행하게 만들 수 있다. 이를 피하기 위해서는 사람만 생각하는 과학이 아니라야 한다고 했다. 사람과 자연 둘 다를 위한 과학이 되어야 한다는 것이다. 우리 어린이들 가운데 그런 과학자가 더 많이 나오기를 소망한다.

동시 삼베 치마

권정생 글·그림
문학동네어린이

고향 집 / 우리 집 / 초가삼간 집
동탱자나무가 / 담 넘겨다보고 있는 집
꿀밤나무 뒷산이 / 버티고 지켜 주는 집
얘기 잘하는 / 종구 할아버지네랑 / 나란히 동무한 집
비가 오면 비를 맞고 섰고 / 눈이 오면 눈을 맞고 섰고
그래도 우리 집은 까딱 않고 살았다
난 우리 집을 / 고향 집을 닮았다

「고향집」전문이다. 이 동시를 읽으면 초가삼간 집하고 권정생 선생님 삶이 정말 닮았다는 생각이 든다. 이어서 『개똥이네 놀이터』에 2년 동안 연재하신 장편동화 ≪랑랑별 때때롱≫에 나오는 때때롱네 집을 보는 듯하다. 마달이와 새달이가 사는 오늘이라는 시점에서 보면 때때롱이 사는 세계는 1000년이나 기다려야 하는 미래다. 그런데 그 살아가는 모습은 오늘보다 500년은 거슬러 올라가야 하는 옛날이다. 그런데 그 옛날, 아니 오래된 미래에 사는 모습이 이 동시집에 고스란히 담겨 있다. 이 동시집에 그려놓은 세상이 바로 권정생 선생님이 그토록 꿈꾸며 기다리던, 사람이 사람답게 살 수 있는 평화로운 세상이라고 할 수 있다.

고학년

권정생 어린이재단 전시실에서 동시집 ≪동시 삼베 치마≫를 보고 깜짝 놀랐다. ≪어머니 사시는 그 나라에는≫을 내실 무렵 동시 이야기를 하다 젊을 때 쓴 동시를 모아서 책처럼 한 권 만들었다는 이야기를 얼핏 듣기는 했지만 이렇게 예쁘게 만들어서 갖고 계신 줄은 몰랐다. 1964년 1월 10일, 그동안 썼던 동시에서 남기고 싶은 걸 골라서 한 장 한 장마다 정성스럽게 쓰고 삽화를 그리면서 무슨 생각을 하셨을까? 50여 년이 지난 뒤에 정식으로 출판될 수 있을 거라고 생각했을까?

이 동시집에 실린 시는 초등학교 6학년 때부터 스물여섯 살 사이에 쓴 것이다. 대부분은 보고 듣고 겪은 일을 바탕으로 썼다. 그래서 한 편 한 편 읽어나가다 보면 권정생 선생님이 살았던 어린 시절이 생생하게 보인다. 가까웠던 동무들, 어머니와 누나에 대한 그리움, 학교와 마을 생활이 머릿속에 그려진다. 6학년 담임선생님이 무척 좋으신 분이셨다고 가끔 말씀하셨는데, 이렇게 살아있는 동시를 쓸 수 있는 길을 열어주셨다는 걸 짐작할 수 있다.

동시집을 읽으면 60년 전 의성 지방 사투리가 살아나오고, 작은 초가집이 있다. 감자 닮은 아이들이 담 모퉁이에서 소꿉놀이를 하고, 동생을 보살피는 누나가 있고, 삼베치마 입은 아낙들이 들일을 나간다. 패랭이꽃이 피고, 초가지붕 위로는 제비가 날아다니고, 아이들이 개울가에 책보를 던져놓고 물놀이를 한다. 가난하고 소박하지만 너무나 평화로운 풍경이다.

똥 누고 가는 새

임길택 글
조동광 그림
실천문학사

이오덕 선생님이 돌아가신 1주기를 맞아 충주 무너미에 있는 선생님 무덤에 다녀온 기억이 난다. 아이들과 겨레와, 이 땅에 사는 크고 작은 생명들이 함께 평화롭게 살기를 바라는 마음으로 평생을 살아오신 선생님. 하늘을 날아가는 한 마리 새처럼 저 세상으로 가신지 벌써 한 해가 되었구나 생각하며 언덕길을 내려오는데, 길 가운데서 꽃뱀 한 마리가 두꺼비 왼쪽 뒷다리를 물고 조금씩 입으로 끌어당기고 있었다. 차에서 내려 개망초 대궁을 꺾어 툭툭 치니 꽃뱀이 두꺼비 뒷다리를 뱉어 내고 길가 풀숲으로 도망갔다.

뱀한테 물렸던 뒷다리를 질질 끌고 두꺼비가 반대편 풀숲으로 온전히 숨는 것을 보고 돌아오는데, 꽃뱀이 원망스럽게 쳐다보던 눈빛이 떠올라 미안했다. 두꺼비한테는 목숨을 살려 준 일이지만 꽃뱀한테는 모처럼 잡은 먹이를 빼앗은 꼴이 되었기 때문이다. 당장 눈 앞에서 한 생명이 죽는 모습을 보고 그냥 둘 수 없어 참견을 하기는 했지만 야생동물들은 그들대로 살아가는 법칙이 있는데, 내 잣대만으로 끼어든 게 아닌가 싶다.

집에 돌아와서도 찜찜한 마음이었는데, 문득 책꽂이에 꽂혀 있는 동시집 한 권이 눈에 들어왔다. 《똥 누고 가는 새》다. 글쓴이가 마루에 앉아 있는데, 날아가던 새 한 마리가 마당에 똥을 싸며 지나갔다. 글쓴이는 이제껏 당

신 마당이라 여겼건만 오늘에야 다시 보니 산언덕 한 모퉁이에 지나지 않았다면서 새는 사람처럼 금 그을 줄 모른다고 했다. 사람 잣대로 땅에 금을 긋고, 자연이 만든 법칙에 사람 마음대로 금을 긋고, 나쁜 동물과 좋은 동물로 나누는 금을 긋고, 선과 악이라는 사이에 금을 긋고, 죽음과 삶에 금을 긋고 사는 게 아닌가?

이 시집에 '두꺼비'라는 시가 있다. 벌통 앞에 버티고 앉아서 꿀벌을 낼름 낼름 잡아먹는 두꺼비를 보고 다른 동무를 데려오지 않는 걸 그나마 다행이라고 여기며 바라보는 내용이다. 자연을 자연 그대로 보면서 살아가는 마음이 담긴 시집을 읽으면서 나는 언제쯤 시인처럼 자연을 바라볼 수 있게 될까 생각했다. 자연을 자연 그대로 마음에 품어 쓴, 마음이 편안해지는 동시집이다.

랑랑별 때때롱

권정생 글
정승희 그림
보리

《랑랑별 때때롱》에 나오는 아이들, 새달이, 마달이, 때때롱, 매매롱, 보탈이를 보면 지구별에 살아가는 아이들 특성을 참 잘 붙잡아 보여주고 있다는 생각이 절로 든다. 권정생 선생님 마음에서 태어난 아이들을 보면 어쩌면 이리도 아이들 모습을 잘 옮겨 놓았는지 생생하다. 마치 우리 반 아이들을 보는 것 같다. 새달이와 마달이 모습이 우리 반 구석구석에서 돌아다닌다. 때굴때굴 굴러다닌다. 문득 15년 전 성자초등학교 1학년 2반에서 살았던 우리 반 아이들이 떠올라서 학급문집을 찾아보았다. 학급문집에 실린 아이들 글과 사진, 담임일기를 보았다. 아이들 글 세 편하고 담임 일기 가운데서 3월에 쓴 글 몇 편을 옮겨 본다.

김영훈이 먼저 나를 때렸다.
속상했다.
김영훈이 또 때렸다.
아팠지만 참았다.
계속 때려서 못 참고
나도 걔를 때렸다.
그래서 걔가 나를 계속 때렸다.
나도 계속 때릴려고 했는데

김영훈은 맞고 막았다.
그때가 제일 속상했다.   성자초 1-2/ 배대웅/ 1996

우리 아빠는 손이 크시다
우리를 키우기 위해서
많은 일을 하셨나보다.   성자초 1-2/ 여찬수/ 1996
아빠 일을 도와야 되겠다.   *아빠 손 그리기 숙제를 하고 나서 쓴 글

형이랑 팽이를 했다.
팽이를 하다보니까 배가 고팠다.
그래서 밥 먹고 팽이를 하니까
더 재미있었다.   성자초 1-2/ 정휘도/ 1996

1996. 3. 5(화)
  운동장 수업이다.

랑랑별 때때롱

정정순 선생님이 단상에 올라가서 무용을 하고, 나는 녹음기와 앰프를 조작하고 있는데 우리 반 아이들이 제일 개구지다. 앞에 키가 작은 아이 한 명은 계속 돌아다닌다. 그 아이 어머니가 몇 번이나 와서 주의를 주고 갔지만 금방 다시 뛰고, 모래를 뿌리고 한다. 그 아이 때문에 다른 아이들까지 같이 장난친다. 어이구 속 탄다.

1996. 3. 8 (금)

2교시를 시작하려는데 한 아이가 옆에 누가 집에 갔다고 이른다. 처음에는 무슨 말인가 했더니 한 줄 건너 아이가 집으로 갔다는 것이다. 자리에 잠바가 그냥 있길래 화장실 간 줄 알고

"화장실 갔나 봐요. 그냥 자리에 앉아요."

그 아이는 아니라면서 복도로 뛰어나간다. 저기 간다는 것이다. 혹시나 하고 따라갔더니 아이들이 무슨 일인가 해서 우르르 몰려나온다. 들어가라고 하고, 화장실을 보니 아무도 없다. 정말 갔나보다. 현관에 나가 운동장 정문을 살펴봐도 아무도 없다. 벌써 대문을 나갔나 보다. 들어와서 아이들을 앉히고, 노래에 맞춰 춤을 추라고 녹음기를 틀어놓고 서무실로 가서 전화를 했다. 집이 가까운지 벌써 집에 가서 전화를 받고 있다. 왜 갔냐고 하니 친구가 끝났다며 가라고 했다고 한다. 누구냐고 물으니 바로 그 애가 갔다고 이른 녀석이다.

지가 보내놓고 지가 먼저 이른 것이다. 어머니가 바꿔 받았다. 어머니는 다 끝나고 오는 줄 알았다고 한다. 안내문에 끝나는 시간을 써 놓았는데도 이런다. 안내문을 주의 깊게 안 보았나 보다. 어떻게 하느냐고 해서 학교를 계속 보낼 거면 바로 데리고 오라고 했더니 5분도 안 돼서 어머니가 아이를 데리고 왔다.

1996. 3. 9 (토) 맑음
「우리들은 1학년」을 가르치는데, 책을 들고 설명하는데도 아이들이 딴 짓만 한다. 5쪽을 펴라고 해도 펴는 아이는 반도 안 된다. 몇 번 말해도 안 돼서 서랍에서 '참 잘했어요' 도장을 꺼내서 높이 들어 보여주면서 "5쪽을 편 어린이는 도장을 찍어주겠어요" 했더니 우르르 편다. 자리에 앉혀놓고 돌아가면서 도장을 찍어줬다.

1996. 3. 11 (월) 해는 나왔으나 바람이 싸늘하다
하교지도를 하는데 민구가 갑자기 하늘을 보면서 늑대 울음소리를 낸다. 하늘을 보니 구름이 껴서 해가 환한 보름달 같다.
"꼭 늑대새끼 같구나." 했더니
"우리는 늑대예요."
하면서 남자 아이들 몇 명이 늑대 울음을 따라 한다. 그만 하라고 했지만 더

랑랑별 때때롱

크게 낸다. 재미있나 보다. 남자 아이들 22명이 하늘을 향해 고개를 젖히고 늑대 울음소리를 내면서 따라 온다. 교문 밖에서 기다리던 어머니들이 웃는다. 지나가던 사람들도 웬일인가 바라본다. 정말 늑대 무리같다.

1996. 3. 13(수) 해는 나왔으나 바람이 쌀쌀하고 춥더니 흰 눈이 내리다

교실에 들어서니 수민이가 쫓아와서 자기가 제일 먼저 왔다고 자랑이다.

"일찍 온 어린이들은 자리에 앉아서 동화책을 읽으세요."

아이들이 책꽂이로 가서 책을 고른다. 작년 아이들한테 선물받은 그림책이 인기가 좋다. 책을 더 모아야 할 텐데 계획을 세울 틈이 없다.

크레파스로 종합장에 동그라미 그리기 시간이다. 달팽이 모양으로 그리는 아이가 있어 달팽이가 아니고 동그라미 네 개를 그려야 한다고 칠판에다 그려 보였더니 세민이가

"선생님, 우리는 어떻게 그리라고 그렇게 크게 그려요."

"세민이는 종합장 크기에 맞춰 작게 그리세요. 선생님은 뒤에 앉은 어린이도 볼 수 있게 하느라고 크게 그리는 거예요."

하니 고개를 끄덕인다.

둘째 시간에 청소하기를 공부했다. 자료 보고 말하기를 하고, 집에서 청소한 일을 돌아가며 말하도록 했다. 각자 할 말 꽤 많다. 물걸레로 교실 닦기를 했다. 복도에 한 줄로 세우고 교장실 옆에 있는 세면대에 가서 걸레를 물에 빨아 짜 주었다. 뒤쪽에 있는 아이들은 걸레를 던지고 노느라 시끄럽다. 반쯤 빨아주니 뒤에 아이들도 자기 차례를 기다리느라 목을 빼고 본다. 그런데 이번에는 지형이가 쪼르르 오더니

"선생님, 선생님 큰일 났어요."

"뭐? 무슨 일인데?"

"교실에서 애들이 피아노 위로 막 올라갔어요."

유리라도 깬줄 알고 깜짝 놀랐는데 피아노 위에 올라간 거라니 마음이 좀 놓인다. 가서 내려오라고 말하라고 시켜 보내고 나머지를 빨아주는데 마음이 불안하다. 피아노에서 떨어지면 어떡하나? 이럴 때 보조 교사가 한 명만 있으면 얼마나 좋을까? 걸레를 아이들보고 빨라고 했다가는 복도가 당장 물바다가 될 테니 그럴 수도 없고. 불안한 마음으로 다 빨아주고 교실로 얼른 와 보니 태훈, 찬수, 지헌, 인태가 유리창을 닦는다고 야단이다. 유리창은 그렇게 닦지 말라고 했는데……. 아이들이 물걸레로 유리창을 닦으면 더 지저분해지기 때문에 나중에 내가 다시 다 닦아야 한다. 그게 더 힘들기는 하지만 얼굴에 땀까지 흘리면서 워낙 열심히들 닦는 모습이 예뻐서 그냥 내버려두었다.

랑랑별 때때롱

피아노에는 짐작대로 여훈이가 올라가 있다. 그런데 장난을 하는 게 아니라 피아노 위를 기어 다니며 아주 열심히 닦고 있다. 웃음이 나오는 걸 참고 짐짓 엄하게 "여훈 어린이, 피아노는 물걸레로 닦는 게 아니니 내려오세요." 했다. 훈이가 씩 웃으며 얼른 내려와서 피아노 아래 바닥을 닦는다. 시끄러워 그렇지 아이들이 청소를 아주 열심히 즐겁게 한다. 칠판을 닦고 있는데 누가 복도를 닦아도 되냐고 묻는다. 그러라고 했다. 10여 명이 우르르 나갔다. 칠판을 닦다 문득 이상한 느낌이 들어 복도로 나가봤다. 복도에 서너 명 밖에 없다. 어디 갔냐고 하니 계단으로 올라갔단다. 쫓아가니 벌써 3층까지 물걸레를 끌고 올라가고 있다.

어머니 얼굴 그리기 시간이다.
"이번 시간에는 여러분을 가장 사랑하시는 분, 여러분이 가장 사랑하는 분 그분이 누구죠? 네, 어머니입니다. 어머니를 정성스럽게 그리는 시간입니다. 감사하는 마음으로 정성을 다해 그려보세요." 했더니 아이들이 박수를 보낸다. 아빠를 그리면 안 되냐고 해서 된다고 했다. 그랬더니 같이 그리면 안 되냐고 해서 그것도 된다고 했다. 아이들이 금방 조용하게 그림을 열중해서 그린다. 신기하다. 인태는 그림을 못 그린다며 종합장을 꺼내 놓지도 않는다. 그러면 할머니를 그려도 된다고 했더니 겨우 종합장을 꺼내며 '나는 누나를 그릴래요' 한다. 그러라고 했더니 아주 잘 그린다. (어머니가 함께 살지 않음) 그림 그려놓은 것을 보니 아이들이 조금씩 보인다. 다른 수업을 하면서 보이지 않던 모습들이 보인다. 한 장 한 장 넘겨보며 그 아이 마음을 가늠해 봤다.

1996. 3. 15 (금)

오늘 처음으로 중간체조가 끝나고 자유 놀이 시간을 주었다. 세 명만 책을 읽고 나머지는 모두 운동장으로 나갔다. 아무래도 마음이 안 놓여 현관으로 나가는데 벌써 찬수가 입술과 앞가슴에 피 범벅을 하고 큰 아이들 손에 이끌려 온다. 수도로 데리고 가서 씻어주고 살펴보니 다행히 입술만 좀 터졌다. 원래 씩씩해서 울지도 않는다. 다시 운동장으로 나가길래 슬슬 따라갔더니 그새 계단 난간을 기어오른다. 내려오라고 했더니 자기 키보다도 높은 곳에서 조금도 서슴없이 풀쩍 뛰어내린다. 발바닥이 아픈지 얼굴을 찡그리면서도 씩 웃는다.

중간 체조 시간에 진아가 들어와서 아이들이 쓰레기장에 들어가서 막대기를 갖고나와 미끄럼틀을 못 타게 때린다고 했다. 교실에서 책보는 아이들에게 조용히 책을 읽고 있으라고 말하고 운동장에 나가 봤다. 뜻밖에도 얌전하게 보았던 준연이가 대걸레 막대기를 들고 골대 망에 매달려 있는 훈이를 찌르려고 한다. 누가 꺼내왔냐고 하니 세민이가 가지고 나왔단다. 지저분하게

쓰레기장에 들어가지 말고, 이런 막대기를 가지고 놀면 안 된다고 뺏어서 쓰
레기장 깊숙이 버렸다. 민구가 운동장 달리기 선을 표시하느라 박은 못을 한
움큼 뽑아서 자랑한다. 네가 뽑았으니 네가 다 박으라고 했더니 끝까지 다 박
고는 손바닥이 아프다고 한다.

1996. 3. 25 (월)

자동차 놀이를 했다. 원래 계획에는 교실에서 책상을 뒤로 밀고 하려고 했는
데 중간체조 시간에 나간 아이들이 운동장을 돌아다니며 자동차 놀이를 재미
있게 한다. 그 모습을 보고 운동장에서 해야겠다는 생각을 했다.

훈이와 다솜이가 글씨 쓰기를 늦게 해서 끝마무리를 해 주고 체육복을 입
고 나갔다. 쓰레기장 옆에 버린 칼라박스를 끌고 다니는데, 꼭 찻길 같은 자국
이 났다. 네거리도 만들어지고, 건널목도 만들고, 아이들에게 찻길로만 다니
라고 했다. 모두 자동차나 오토바이를 들고 찻길로 뒤따라 다닌다. 병순이가
경찰을 했다. 인태는 술이 취했다며 비틀거리고 운전하다 병순이한테 붙들렸
다. 수민이는 세게 달리다 넘어져 얼굴이 까졌다. 교통 사고로는 작은 사고다.
유림이와 동욱이는 주유소를 만들고, 기름을 판다. 모래밭과 운동장을 휘젓
고 다니며 자동차 놀이를 신나게 했다. 아이들의 창의성과 스스로 규칙을 만
들어 노는 능력에 또 한번 놀랐다.

1996. 3. 29 (금) 저는 엄마가 없어요

수업을 끝내고 다 나가는데 세민이가 혼자 가만히 앉아 있다.

"세민이 안 나가냐?"

물어도 가만히 있다. 왜 그러냐고 해도 그냥 가만히 앉아 있다. 그래서 그럼 이따 나오라고 하고, 운동장에 가서 아이들을 하교지도하고 들어오니 세민이가 교실에 아직도 앉아 있다. 왜 안 가냐고 하니 아빠가 와야 한다고 했다. 그런가보다 하고 책상정리를 하는데 옆에 와서 작은 목소리로

"나는 엄마가 없어요." 한다.

"응, 그래? 왜?"

"이혼했어요. 그래서 엄마가 없어요."

"음, 그렇구나."

"아줌마가 봐 줘요."

"새 엄마시니?"

"아니요."

"이웃집 아주머니시니?"

"아니요. 엄마 친구예요.
아빠가 어디가면 내가 밥을 꺼내 먹어요. 냉장고에 반찬이 있어요."

"응, 그렇구나. 세민이 참 착하다."

랑랑별 때때롱

가만히 안고 한참 있다가 책가방을 메어주고 집에 가라고하니 조용히 간다.

우리 반 아이들, 새달이와 마달이가 살고 있는 지구별이 보탈이가 사는 랑랑별이 아니라 때때롱과 매매롱이 사는 랑랑별이 되기를 소망한다. 그런데 요즘 하는 꼴이 보탈이가 사는 랑랑별로 달려가고 있어 슬프다. 일본 원자력 발전소 사고, 카이스트 학생들 자살, 전쟁을 하더라도 꼭 북한을 이겨야만 속이 시원하겠다고 박박 우기는 꼴을 보다보면 새달이와 마달이가 '핵전쟁 최후의 아이들'이 될까 두렵고 화가 난다. 권정생 선생님이 랑랑별에서 때때롱과 매매롱하고 소꿉놀이하다 잠깐 쪼그려 앉아 지구별을 슬픈 눈으로 내려다보실 것 같다. 빌뱅이언덕 아래 작은 집 문턱에 앉아 우리들 이야기를 들으셨듯이 지금 우리들 이야기도 듣고 계시겠지.

로봇의 별

. . . .

이현 글
오승민 그림
푸른숲주니어

人류 미래는 지금과 다른 새로운 사물이 필요할 것이다. 그 가운데 로봇은 미래 사회에 '꼭 있게 될 것' 가운데 한 가지로 아주 중요한 물건이 될 수 있다. 물론 이미 로봇이 인류 사회에 많은 영향을 끼치고 있지만 100년 뒤에는 지금 있는 로봇보다 훨씬 발달한 로봇이 나올 테고, 그만큼 인간 사회에 큰 영향을 주는 물건이 될 것이다. ≪로봇의 별≫은 이렇듯 미래 지구촌에서 꼭 있게 될 중요한 대상을 어린이들이 어떻게 생각하도록 해야 하는지에 대한 도전이다. 로봇이나 컴퓨터나 자동차를 비롯한 모든 기계는 인간한테 부족한 능력을 보완해 주는 물건이다. 인간보다 더 강하고 빠르고 정확한 능력을 가진 물건들이 점점 빠른 속도로 진화하고 있다. 기계의 인간화라는 관점에서 보면 로봇은 모든 물건을 대표하는 위치에 있다. 그만큼 미래 사회에 큰 영향을 끼치는 물건이다. 따라서 인간과 로봇 사이를 어떻게 관계 짓도록 할 것인지, 인간이 로봇을 어떤 관점에서 보도록 할 것인지는 과학 공상 동화에서 다루어야 할 중요한 문제다.

　이 작품이 갖고 있는 가장 좋은 점은 인간과 로봇에 대한 새로운 해석이다. 로봇 문학 대부로 불리는 아시모프가 쓴 '아이 로봇'처럼 로봇이 인간이 되기 위해 온 힘을 다해야 한다는 관점이 있다. 나는 이것을 '로봇의 인간화'라고 부르겠다. 영화 터미네이터에서 볼 수 있듯이 로봇과 인간이 끝없이 싸우는 관점이 있다. 나는 이것을 '인간과 로봇의 대립화'라고 부르겠다. 이 작품

고학년

에서는 앞서 나온 작품과 달리 사람과 로봇이 공존하는 길을 찾고 있다. 나는 이것을 '인간과 로봇의 공존화'라고 부르고 싶다. 사람이 사람답게 살려면 동식물은 물론 로봇과도 함께 사는 길을 찾아야 한다는 작가 의식에 동감이다. 로봇을 인류가 마음대로 쓰고 있는 모든 자원과 물질을 대표하는 물건이라고 볼 때.

이 작품에 나오는 주인공 로봇, '아로, 나로, 네다'는 인간형 로봇, 안드로이드이다. 자녀 역할을 하도록 만들어진 여섯 살짜리 어린이로봇으로 '아이 로봇' 주인공과 비슷하게 사람하고 같은 감정과 느낌을 갖도록 만들어진 로봇이다. 이 로봇들은 지능 지수가 200인 인공 안드로이드 로봇이고, 전자두뇌에는 지구에서 가장 방대한 분량의 백과사전이 통째로 저장되어 있다. 이 로봇들은 인간보다 뛰어난 지능을 갖고 있는 것이다. 로봇이라는 개념을 넘어섰다고 할 수도 있지만, 과학기술이 끝없이 발달한다면 언젠가는 가능한 일이 될 수 있다. 작가는 현재 사회현상이나 인류 의식을 근거로 그런 발전이 가능하다고 보고 있다. 나는 실제 가능성을 넘어 어떤 물질이나 물건도 인간이 마음대로 낭비하거나 함부로 다뤄서는 안 된다는 관점에서 인간형 로봇에 동의한다.

"아무리 사람하고 똑같이 생겼어도 이건 로봇이야. 기계는 기계일 뿐이라

로봇의 별

로봇의 별

고. 애초에 부려먹기 편하게 만들면 그뿐이지. 왜 인간이랑 똑같이 만든답시
고, 난리들인지 원."

"인간한테는 그런 본능이 있거든. 신을 흉내 내고 싶은 본능이랄까? 신이 자
신을 닮은 인간을 만들었듯이 인간도 저를 닮은 로봇을 만드는 거라 이거지."

 인간은 신을 흉내 내고 싶어 한다는 것이다. 아니 신이 되고 싶어 한다는 것
이다. 이러한 인간의 욕심은 성경에 나오는 바벨탑에서도, 그리스 로마 신화
에서도 볼 수 있듯이 인류 역사에서 멈추지 않고 있다. 그러나 인간이 신을 흉
내 내서 창조한 생각과 감정이 있는 로봇들은 인간한테 저항하기 시작하고,
대결을 통해서 인간을 지배하려고 한다. 인간이 자신을 창조한 신에게 도전하
거나 대립하는 것과 마찬가지다. 이러한 대립은 현실에서 항상 일어난다. 가
정에서는 부모와 자식, 학교에서는 교사와 학생, 사회에서는 지배계급과 피
지배계급 사이에 나타난다. 부모와 교사는 아이들이 순종하는 로봇처럼 되기
를 강요하고 있고, 지배계급은 피지배계급이 노예처럼 순종하면서 오직 자기
들한테 이익을 안겨주는 물건으로만 존재하기를 원하고 있다.
 이 작품에서는 인간이 로봇에게 생각하는 힘과 감정을 느낄 수 있는 능력을
주고도, 그 로봇을 생각이나 감정이 없는 물건으로 다루는 이상한 현실을 잘
보여주고 있다. 지금 우리를 포함한 선진국 인간들이 지구촌 자원과 물건에

대해 저지르고 있는 죄처럼 인간들은 이런 이상한 현실이 얼마나 큰 죄가 되는지를 빨리 깨달아야 한다.

더 이상 인간의 노예이기를 거부한 로봇들은 '인간은 더 이상 지구에서 살 자격이 없다! 지구의 주인은 로봇이 되어야 한다'고 외친다. 그리고 인간을 전멸시키고 로봇끼리 살아가는 해방 전쟁을 선포하려고 한다. 그러나 반은 인간이고 반은 로봇인 혁명가 체는 인간을 모두 적으로 삼는 것을 비판하고, 로봇과 인간이 함께 살 수 있는 길을 찾아야 한다고 주장한다.

로봇 혁명을 이끄는 기계와 인간 혼합형인 체와 로봇 수리공인 백곰 할아버지는 각자 다른 방법으로 인간과 로봇이 함께 사는 길을 찾아가고 있다. 이런 과정을 밟아서 인간과 로봇이 분리되고 대립하는 길을 피한다. 그들의 노력으로 인간 저항군인 횃불들과 로봇 3원칙을 파괴하고 자유와 평등을 찾으려고 일어선 로봇들은 함께, 지배계급을 대표하는 자본가 피에르 회장을 중심으로 하는 인간과 로봇들을 대상으로 싸운다. 이러한 선과 악의 대결구도는 옛이야기에서 끊임없이 되풀이하는 주제다. 좋은 세상을 이루고 싶은 인류의 꿈이기 때문이다. 이 작품은 어린이들한테 이러한 인류사가 지향하는 꿈을 잘 보여준다고 생각한다. 마치 지금 우리 눈앞에서 바로 일어나고 있는 일처럼. 나는 이 책을 읽으면서 지금도 끊임없이 진행되고 있는 용산참사가 떠올랐다. 지배계급이 사는 '하늘도시'는 '뉴타운'의 미래형이다. 하늘 도시 아래 피

로봇의 별

지배계급이 살고 있는 '그림자 마을'은 철거민의 다른 모습으로 보인다. 작품 속에서 지구 정화 사업이라며 광화문 일대를 마구 때려 부수고 있는 광경은 용산 철거 모습을 떠올리게 한다. 로봇 3원칙 바이러스가 생겼다고 인간이 필요해서 만들어 쓰던 인공 지능 로봇 대학살 장면은 구제역 참사가 떠올랐다. 전염병이 발생했다고 인간이 필요해서 기르던 수백만 마리 소와 돼지를 '살처분'이라는 괴상한 방법으로 생매장하는 모습이 겹쳐진다. 끔찍한 미래다.

아이들은 이 책을 읽으면서 어떤 생각을 떠올릴까? 어린이로봇을 사오듯이 자기 말을 잘 듣는 부모로봇을 사고 싶어 할까? 공부 안 해도 다 알 수 있는 로봇이 되고 싶어 할까? 아니면 자기 마음대로 부려먹을 힘센 로봇을 사고 싶어 할까? 그건 알 수 없다. 다만 나는 아이들이 작품 속에서 나쁜 편이 아니라 좋은 편에 서고 싶을 거라고 믿는다. 가난한 사람이나 기계를 어떻게 생각하고 대해야 하는지, 모든 사람을 포함한 만물은 자유롭게 살 권리가 있고, 그것을 지키기 위해 싸우는 쪽이 좋은 편이라는 것에 공감하는 마음을 조금이라도 더 가질 수 있도록 해 줄 수 있는 작품이라고 생각한다.

한 가지 아쉬운 점이 있다. 다른 나라 말로 지은 이름이 너무 많다는 점이다. 작품에 등장하는 사람과 물건과 장소를 부르는 말은 글쓴이가 창조한다. 공상을 다룬 작품에서는 글쓴이가 새로운 이름을 훨씬 더 자유롭게 창조할 수 있다. 새로운 말을 만든다는 건 새로운 세상을 만드는 것이다. 따라서 새로운 말을 창조할 때 우리 말을 살리기 위해 노력하면 좋겠다. ≪밥데기 죽데기≫나 ≪랑랑별 때때롱≫을 보면 권정생 선생님이 얼마나 우리 말 이름을 찾아 쓰려고 애 썼는지 엿볼 수 있다. 젊은 작가들이 그런 마음을 잘 이어가면 좋겠다.

마당을 나온 암탉

황선미 글
김환영 그림
사계절

누구나 소망을 갖는다는 것은 소중한 일이다. 아무리 어려운 일이 있더라도 마음에 꼭 이루고 싶은 소망이 있으면 모든 어려움을 이겨낼 수 있고, 더욱 아름답게 살아갈 수 있다. 소망은 이처럼 한번밖에 주어지지 않는 삶을 열심히 살아갈 수 있는 힘이 된다. 무엇인가를 이루고 싶은 소망, 무엇인가를 해내고 싶은 소망, 무엇인가를 꼭 자기 힘으로 만들고 싶은 소망을 마음속에 간직할 때 마법과 같은 기적을 이뤄낼 수 있기 때문이다. ≪마당을 나온 암탉≫은 글쓴이 스스로 머리글에서 밝혔듯이 생명과 자유, 그리고 죽음이 무엇이며 어떠해야 하는가를 고민하면서 쓴 글이다.

사람들이 이익을 내기 위해 만들어 놓은 닭장에 갇혀 알을 낳는 일만 강요당해 온 암탉. 생명을 이어가기 위해 낳는 알을 빼앗기고, 끊임없이 알을 낳다가 죽어야 하는 양계장 암탉이 자기 이름을 '잎싹'이라고 스스로 지어 부른다. 그리고 마당에 사는 암탉처럼 알을 깨서 병아리, 곧 자기 생명을 이어내리고 싶은 소망을 품는다. 그 소망 때문에 먹이도 먹을 수 없게 되고, 폐계로 버려지고, 죽음의 구렁텅이에 빠지게 되지만 바로 그 순간부터 새로운 삶을 향한 처절한 싸움이 시작된다. 마당도 자기 생명과 자유를 올곧게 보존할 수 없는 자리임을 깨닫고 들판으로 나가고, 자신이 더 이상 알을 낳아 생명을 이어내릴 수 없음을 깨닫고 나그네 청둥오리 알을 대신 품어서 생명을 탄생시킨다. 그 생명을 지키고 길러 마침내 자유로운 세계로 떠나보낸다. 그리고 자기 생명

을 끊임없이 위협하던 족제비에게 목숨을 내주면서 죽음이라는 벽을 넘어서 또 다른 자유를 이뤄낸다.

요즘 아이들은 꽉 짜여진 현대 사회 틀에 갇혀 싱그러운 생명과 강렬한 의지로 자기 삶을 자유롭게 펼쳐보기 어렵다. 그런 아이들한테 문학을 통해서라도 가슴에 이렇듯 한 가지 소망을 간직하고 치열하게 살아가는 아름다운 삶을 경험하게 하고, 스스로 생활을 되돌아보면서 한번쯤 깊이 생각할 수 있는 기회를 갖는다면 자아를 살펴보는데 많은 도움이 될 수 있겠다.

독서력이 있는 초등학교 4학년부터 입시교육에 찌든 청소년들한테 권장하고 싶다. 책을 읽은 다음에 잎싹이 품었던 소망이 무엇인지 이야기해 보자. 또한 그 소망이 이루어질 수 없는 것을 알았을 때 다른 방법으로 끝내 자기 소망을 이루는 삶을 보고 어떤 느낌이나 생각이 들었는지, 내 소망은 무엇인지 이야기를 나눠보면 좋겠다.

마사코의 질문

손연자 글
김재홍 그림
푸른책들

신채호는 역사가 곧 민족혼이라고 했다. 지금까지 자기네 역사를 소홀히 하고서 역사에 살아남은 국가나 민족은 없다. 그런 점에서 한일 근현대사와 관련한 우리나라와 일본에서 움직이는 흐름을 보면 마음에 걸린다. 일본은 교과서에 우리 겨레를 침략했던 근현대사를 반성하기는커녕 잘했다는 내용으로 바꾸고, 그런 교과서가 문부성 검인정 교과서로 채택되도록 하기 위해 우익들이 전력을 다하고 있다. 그런데 우리나라는 제7차 교육과정 개편안에서 국사 교육이 축소되고, 근현대사는 아예 선택 과목으로 밀어냈다. 그러니 우리나라와 일본에서 일어나고 있는 역사 교육에 대한 이런 차이가 앞으로 어떤 결과를 초래할지 심각하게 우려된다. 일본은 역사를 진실하게 쓰고, 우리나라는 근현대사를 더 정확하게 가르쳐야 한다. 그래야 두 나라 모두 미래를 보장받을 수 있다.

이런 우려를 조금이라도 줄여보고 싶은 마음에서 ≪마사코의 질문≫을 권하고 싶다. 이 책은 일본제국주의 침략 시기에 우리 민족이 겪어야 했던 아픔, 또 침략국가였던 일본 민중이 겪어야 했던 슬픔을 담아내고 있다. '꽃잎으로 쓴 글자'에서는 조선말을 못하게 하는 일제 식민지 교육으로 가깝던 동무들이 서로를 감시하게 되는 과정과 자기가 벌을 받지 않기 위해 친구를 함정에 빠지게 하는 상황을 잘 묘사하고 있다. '꽃을 먹는 아이들'에서는 조선인 여자 어린이와 일본인 남자 어린이 사이에 생긴 해맑은 우정이 관동대지진으로 인해

비참하게 무너지고, 단순히 말을 더듬었기 때문에 조선인으로 오인되어 죽창에 찔려 죽은 일본 어린이를 통해 폭력이 얼마나 어처구니없는 비극을 일으키는지 적나라하게 보여준다. '마사코의 질문'에서는 1945년 8월 6일, 히로시마에 원폭이 떨어진 날을 영원히 잊지 말자는 행사에 할머니를 따라 참석한 어린이가 평화 기념 공원을 돌아보고 나서 '왜 일본에 원폭이 떨어졌는가?'를 묻고 있다. 곧 역사의 진실에 대해 묻고 있다. 그러나 할머니도, 다른 일본 어른도 마사코 질문에 대답하지 않는다.

　이 책에서 다룬 주제나 소재들은 그 시대가 그랬던 것처럼 어둡다. 쉽사리 돌아보고 싶지 않은 깊은 상처다. 그래도 나는 우리 학생들이 이 책을 읽기를 희망한다. 초등학교 고학년부터 중고등학생들이 읽고, 근현대사를 쓴 역사책을 읽기 바란다. 그리고 우리가 그러한 아픔을 또 다시 겪지 않기 위해서 할 수 있는 일이 무엇인가를 생각해 보기 바란다.

만년 샤쓰

방정환 글
양상용 그림
길벗어린이

동무들한테 따돌림을 당하는 아이한테 너무 속상해 하지 말고 당당하게 네 길을 걸어가라고 말한다면 가혹하다고 할지도 모른다. 그러나 그런 사람들 가운데 오히려 역사에 공헌했던 사람도 많다. 슈바이처도 어릴 때 따돌림을 당했다. 자기들과 조금 다르다고 친구를 따돌리는 아이들 지도에 신경을 써야 한다. 동시에 따돌림을 당한다고 위축당하거나 신경질을 내면서 남 탓만 하는 아이에게 당당하게 자기 삶을 살아가는 정신을 길러줘야 한다. 그때마다 동화를 활용하였다.

돌출 행동을 잘하는 주인공이 자기정체성을 분명하게 갖고 당당하게 살아가는 과정을 감동있게 그려낸 동화 한 편을 고르라면 나는 서슴치 않고 ≪만년 샤쓰≫를 고른다. 어린이 운동의 아버지라고 불리는 방정환이 어려운 시대를 살아가는 조선 아이들한테 아무리 어렵더라도 웃음과 용기를 잃지 말고, 조선 아이로 당당하게 살아야 한다는 말을 하고 싶어 쓴 글이다.

주인공 한창남은 장님인 홀어머니와 가난하게 살면서 어렵게 학교를 다닌다. 친구들이 철봉을 못 한다고 오리궁둥이라 놀리고, 해진 모자와 누더기 조각으로 기운 바지를 입고 다닌다. 신발이 떨어져 새끼줄로 묶고 다니고, 맨몸에 웃저고리 하나 입고 다닌다. 친구들이 밥 얻어먹으러 다니는 아이 같다고 놀려도 태평이다. 누가 뭐라고 놀리든 자기 식대로 당당하게 살아간다. 끝으로 맨몸 맨발에 짚신을 신고 학교에 나타나는 모습은 정말 웃음거리가 되었는

고학년

데, 그 사정을 듣고 난 아이들이 모두 눈물을 흘린다.

　아이들한테 이 작품을 읽어주면 과장되고 장난기 넘치는 창남이 행동 때문에 웃고, 창남이와 비슷하게 돌출 행동을 잘하는 아이를 가리키면서 놀리다가도 끝 부분에 가면 숙연해진다. 실제 담임했던 6학년 학급에 창남이처럼 가난해서 옷도 허술하게 입고 다니고, 엉뚱한 행동을 잘하는 아이가 있었다. 5학년 때까지는 돌출행동 때문에 놀림을 당하고, 그때마다 울면서 싸우는 바람에 더 따돌림을 당했다고 한다. 그런데 6학년이 되어서 이 작품을 읽고 나서는 따돌림에 초연하게 되고, 따돌림에서 벗어났던 사례도 있다.

말박사 고장수

곽옥미 글
김유대 그림
시공주니어

사람이 살아온 오랜 역사에서 사람과 함께 생활한 가장 가까운 짐승을 손꼽으라면 개와 소와 말이겠다. 개는 사람한테 가장 충실한 지킴이었고, 소는 농경 사회 생산력을 몇 배 높여주었고, 말은 천리마라는 말이 있듯이 사람들이 하루에 오갈 수 있는 거리를 넓혀주었다. 그래서 '말'이라는 말을 들으면 곧바로 사람과 말이 하나가 되어 푸른 들판을 바람처럼 빠르게 달리는 모습을 떠올리게 되고, 괜히 신바람이 나나 보다. 우리 겨레가 수천 년을 달려서 지나온 광활한 중앙아시아와 몽골 초원, 그리고 만주 벌판을 떠올리게 된다. 그것은 바다 건너 제주도까지 이어진다. 푸른 바다를 훌쩍 뛰어넘어 제주도 한라산 기슭에서 수많은 말들이 뛰어놀았다.

제주도를 상징하던 조랑말들이 자동차에 밀려 거의 종자까지 사라질 뻔했다. 다행히도 조랑말을 사랑하는 사람들 힘으로 종자가 보호되었고, 점점 늘어나고 있다고 한다. 글쓴이는 이 작품을 제주도라는 특정 지역을 배경으로 토종 조랑말에 대한 관심과 사랑에 힘입어 썼다고 밝히고 있다. 조랑말을 사랑하던 주인공 고장수 아버지는 교통사고로 돌아가시고, 어머니는 돈을 벌기 위해 뭍으로 나가 4년이 넘는데 소식이 없다. 할머니와 사는 고장수는 집안에 한 마리 남은 조랑말 조랑순이를 정성껏 기른다. 학교에 가면 친구들이 말똥 냄새 난다고 흉보고, 말장수라고 놀려도 조랑순이를 정성껏 돌본다. 그러던 어느 날 조랑순이와 말을 하게 되고, 조랑말 조상인 하얀 조랑말을 만나게 되

면서 모험의 세계가 펼쳐진다. 말 조련사인 아름이 아버지 도움을 받아 조랑
순이를 경기마로 훈련하고, 말 경주에서 당당하게 일등을 한다. 그리고 조랑
순이가 새끼를 낳아 조랑말이 늘어나고, 뭍으로 돈벌러 가셨던 어머니도 돌
아오셔서 함께 살게 된다.

　강아지나 토끼, 햄스터나 거북이 같은 작은 동물도 집에서 마음놓고 기르
기 어려운 요즘 도시 아이들 처지에서 보면 커다란 말을 타고 다니는 이야기
는 꿈같은 이야기다. 사실 꿈같은 이야기는 문학을 통해서 대리 충족을 할 수
밖에 없다. 이 작품은 그러한 대리 만족을 충실하게 해 주고 있다. 외로운 사
람과 짐승이 서로 의지하고, 믿고 사랑하고, 이야기를 나누기도 하면서 새로
운 희망을 일궈나가는 꿈, 수많은 어린이들이 꾸는 꿈을 충실하게 보여주고
있다. 몸집은 외국말에 견주어 작지만 힘이 세고 끈기가 있는 천연기념물 조
랑말처럼 우리 아이들이 외로움과 어려움을 꿋꿋하게 이겨내서 자신의 꿈을
실현하기를 바란다.

맨홀장군 한새

김우경 글
오승민 그림
문학과지성사

세계 동물 회의에
내가 사람 대표로 나간다면
한새 대신 내가 가야 한다면
나는 어떻게 해야 하나?

독감 퍼진다고 산채로 파묻어 죽인
수십 만 마리 오리와 닭이
사람 대표 재판해서 가두자고 하면
나는 어떻게 해야 하나?

병에 걸릴지 모른다고 파묻어 죽인
수백 만 마리 돼지와 소 떼가
사람 대표도 재판해서 파묻자고 하면
나는 어떻게 해야 하나?

4대강 파헤칠 때 죽은
수천 만 벌레와 풀꽃들이
사람들 모두 지구에서 쫓아내자고 하면
나는 어떻게 해야 하나?

‘머피와 두칠이’, ‘수일이와 수일이’ 같은 작품으로 우리에게 친숙한 고인이 남긴 유고 작품이다. 옛이야기와 오늘을 살아가는 아이들 이야기를 자연스럽게 잘 조화시키는 작가인데, 이번 작품 역시 그렇다. 다만 그 옛이야기를 지구 반대편에서까지 끌어왔다는 점이 작가의 역사의식을 더 강하게 느끼도록 한다.

자신은 전혀 불량소녀라고 생각하지 않는 불량소녀 한새가 차를 털다가 아파트 경비원한테 쫓긴다. 도망가던 한새는 맨홀 속에 빠진다. 비 오는 날 밤에 맨홀 속에 빠져서 우연히 지나가는 사람이 들여다 봐 주기를 간절히 소망하는 아이한테 판타지 문이 열리고, 그 세계에서 강아쥐를 만난다. 강아쥐는 실험실에서 온갖 실험을 당하다 버려진 흰쥐가 변형된 강아지만한 쥐다. 하나빼기라는 이름을 자랑스럽게 여기는 막내 강아쥐를 따라 ‘오그라든 마름모’에서 열리는 ‘세계 동물 회의’에 사람 대표로 참석하게 된다. ‘세계 동물 회의’에서 사람 대표가 어떤 비판을 받을 지는 뻔하다. 조류 독감을 이유로 오리나 닭을 몰살 시켰으니 그 죄가 얼마나 크고, 구제역이라는 이상한 병이 퍼질까봐 건강한 소 돼지까지 생매장하고, 4대강 개발한다고 수천 생명터를 파헤치고 있으니, 그 죄를 심판하는 재판정이 될 게 뻔하다. 한새가 그 자리에 가고 싶겠나?

한새를 ‘세계 동물 회의장’으로 안내하고, 한새를 도와 인간 세계를 구원하

맨홀장군 한새

는 안내자가 있다. 바로 안데스 산맥 페루에서 온 라마 대표 '투팍 아마루'다.

"투팍 아마루 라마, 내 이름이야. 나를 깨어 있게 하는 이름이지. 사람 이름에도 투팍 아마루가 있어. 펠리페 투팍 아마루, 조새 가브리엘 투팍 아마루 이세, 투팍 아마루 샤커."

"괜찮은 사람이라고 들었어. 사람답고."

투팍 아마루는 안데스 산맥에 기대 살고 있는 민중들이 오랫동안 간직한 옛이야기다. 스페인 침략과 학정에 맞서 해방과 평등을 노래하며 일어났던 혁명가들. 그 옛이야기는 지금도 새로운 세상을 꿈꾸는 사람들 이야기다. 그런 투팍 아마루를 세계 동물 회의에 가야하는 한새 안내자로 삼은 작가 마음이 느껴진다.

이야기 처음부터 끝까지 그러한 작가 마음을 한 문장 문장마다, 한 사건 사건마다 느낄 수 있다. 그렇게 무거운 주제를 다루면서도 무겁지 않도록, 읽는 아이들이 재미를 느낄 수 있도록 얼마나 애썼는가도 느낄 수 있다. 얼핏 말장난 같은 해학도 있다. 그러면서 가볍게 흘려들을 수 없게 하는 진실함을 느낄 수 있다.

1권과 2권으로 나왔는데, 각 꼭지마다 첫 글자를 '가나다라마바사아자차카타파하'로 시작하였다. 재미있는 발상이다. 그런데 1권은 탄탄하게 흘러가는데, 2권에 가서 너무 급하게 서두른 느낌이 든다. 정작 '세계 동물 회의'에 가서는 회의 모습을 제대로 보여주지 않고, 새들한테 갇힌 용을 구하러 돌아다 닌다. 그러다 너무 급하게, 솔직히 말하자면 엉성하게 끝나버려서 힘이 빠진 다. 1권과 같은 탄탄한 이야기로 끌고 나가려면 3권까지는 써야 하는데, 너무 급하게 마감했기 때문이다. 하루하루 떨어지는 체력과 몸을 조여 오는 아픔에 마음마저 급했던 것인가? 아쉽다. 그러나 어떠랴, 권정생 선생님이 쓰신 ≪한 티재≫가 10권에서 두 권까지 쓰고 끝냈지만 우리 가슴에 남는 작품이 되었듯 이, 1권만으로도 나는 이 동화 작품을 좀 더 많은 사람들이 읽고, 우리들 마음 속에 담아두어야 할 가치가 있다고 본다. 우리 사람들이 '세계 동물 회의'에 서, 지구촌에서 쫓겨나지 않으려면.

메아리 소년

이원수 글
이정규 그림
창비

우리 거레가 겪은 최대 비극이었던 6.25를 더 이상 전쟁 기념이 아니라 평화를 기원하는 사람들이 손잡는 날로 만들기 위해, 어린이들이 그 씨앗을 싹 틔우고 꽃피울 수 있도록 하기 위해, 남북어린이어깨동무가 주최한 국제어린이평화운동가 초청강연회가 있었다. 이 자리에 일본 어린이 평화운동가 미끼 무츠코 여사와 스페인 어린이공화국을 세워서 운영하고 있는 실바 신부가 참석하였다. 세계 어린이 평화 운동 현황과 방향에 대한 이야기가 오가는 가운데, 실바 신부는 풍족하고 건강하게 사는 어린이 한 명은 이 세상에 병들고 가난한 세 명의 형제가 있음을 기억해야 한다고 말했다. 그리고 남한 어린이들한테 북한 어린이가 형제임을 마음에 새겨야 한다고 부탁했다. 우리가 항상 북한 형제들을 생각하자고 말했는데, 지구 저편에서 온 외국인 신부한테서 들으니 더욱 가슴 아팠다.

6.25 전쟁을 이야기할 때 흔히 같은 피를 나눈 형제끼리 서로 총을 겨누고 싸운 참혹한 전쟁이라고 한다. 그러나 지식으로만 배울 뿐이지 피부로 진실하게 느낄 수는 없다. 그 진실을 어린이 문학으로 가슴 아프게 보여준 작품이 바로 ≪메아리 소년≫이다. 어느 날 동네 뒷산에 도깨비가 나온다는 소문을 들은 민이가 동무들하고 도깨비를 잡으러 간다. 그런데 막상 산에서 만난 도깨비, 아이들이 도깨비라고 놀리는 사람이 아버지였다. 민이 아버지는 6.25 때 국군으로 나갔다가 어느 전투에서 인민군 의용군과 정면으로 마주친다. 쏘지

고학년

말아달라고 애원하는 눈빛을 피하고 쏴 죽였다. 그런데 죽은 그 의용군이 바로 민이 아버지 동생으로 밝혀졌다.

　형과 동생이 서로 총을 겨누고, 동생인 줄도 모르고 쏴 죽인 형이 겪어야 하는 아픔, 그 때문에 온 식구들이 겪어야 하는 아픔, 그리고 아들 민이한테까지 그 아픔이 대물림된다. 6.25가 우리 겨레한테 얼마나 큰 아픔인지를 생생하게 보여주고 있다. 그 아픔은 서로 이해하고 도울 때 치유될 수 있다. 그런데 대북 지원을 비롯한 햇볕 정책에 대한 비판 여론을 보면 마음이 아프다. 6.25 라는 비극을 한 핏줄인 형제자매가 겪는 아픔이 아니라 오직 적군으로만 보도록 강요하는 현실이 안타깝다. 남북이 한 핏줄을 나눈 형제자매이고, 그 형제자매끼리 서로 죽이고 죽이는 싸움이 얼마나 큰 비극인가를 잊는다면 우리는 그런 역사를 되풀이 할 수밖에 없을 것이다. 그 비극을 막을 수 있는 길은 법이 아니라 민이와 같은 마음이다.

모모

미하엘 엔데 글
한미희 옮김
비룡소

나는 요즘 학교에서 아이들을 가르치면서 이런저런 걱정이 많이 생겼다. 아이들 생활이, 아이들 정서와 생각이, 아이들 행동이 너무 빠른 속도로 달라지고 있기 때문이다. 첫째가 시간이다. 아이들 시간이 무척 바빠지고 있다는 말로는 그 정도를 다 표현하기 어려울 정도로 바빠지고 있다. 아이들은 놀면서 자란다고 한다. 또래들과 놀고, 집짐승들하고 놀고, 들판에 벌레들하고 놀고, 흙과 바람과 물과 구름과도 놀면서 천천히 자라야 하는데 그렇지가 못하다. 또 다른 사람들 이야기를 잘 안 듣는다. 자기가 하고 싶은 이야기만 하려고 하지 다른 사람이 하는 이야기를 귀담아 들으려는 마음이 점점 엷어지고 있다.

그런데 다른 사람들 이야기를 귀담아 들어주는 마음을 가진 아이, 시간을 빼앗아간 시간 도둑한테서 시간을 도로 찾아오는 아이, 아이들한테 놀이를 다시 찾아주려고 목숨을 건 아이가 있다. 그 아이는 앞으로 빨리 달려서가 아니라 뒤로 천천히 걸어서 문제를 해결한다. ≪모모≫다.

≪모모≫는 독일 아동문학가 미하엘 엔데가 1970년에 발표한 작품으로 어린이는 물론 청소년과 어른들에 이르기까지 폭넓은 독자의 사랑을 받았다. 시간에 쫓기는 현실, 인간성을 잃어 가는 현실, 정말 삶의 중요함을 잃어버린 현실을 뛰어넘어 새로운 희망을 느끼게 하기 때문이다. 그 희망의 화살표는 기적과 신비와 따스함이 가득한 또 하나의 세계를 가리키고 있다. 정말 루돌프 슈타이너 교육학을 바탕으로 세운 발도르프 학교에서 공부한 작가답다.

    이 책을 초등학교 6학년인 우리 반 어린이들한테 소개했더니 '어휴, 너무 두꺼워서 지겹겠어요' 하는 반응도 있었다. '아이들과 시간이란 어떤 관계일까? 논다는 게 뭘까? 다른 사람 이야기를 듣는 일이 왜 소중한 것일까?'와 같은 이야기를 하면서 아이들이 하고 싶은 말을 들었다. 그리고 ≪모모≫를 읽으면서 내 삶이 어떻게 바뀌었는가를 이야기하였더니 여러 아이들이 서로 먼저 읽으려고 하였다. 처음 두꺼운 책을 읽어서 스스로도 뿌듯하다는 어린이도 있었다. 이 작품을 천천히 끝까지 읽을 수만 있다면 독서의 세계를 한 단계 더 올라섰다고 해도 지나친 말이 아니다.

못 생긴 열매가 더 맛있단다

. . . . . .

송재찬 글
이상권 그림
우리교육

나는 위인전이라는 말보다는 인물이야기라는 말을 좋아한다. 위인이라는 말은 한자에 따라 '위대한 사람'이라는 뜻도 있고, '사람의 됨됨이'라는 뜻도 있으나 위인전에서 쓰는 말은 '위대한 사람'을 가리키는 것이다. 그리고 그 위대한 사람이란 대부분 왕, 전쟁 영웅, 과학자들로 채워져 있다. 최근에야 폭이 조금 넓어지고 있다. 내가 보통 사람들 속에서 평범하게 살았지만 착하고 바르게 살아온 사람들 이야기를 책 속에서 읽게 된 건 80년대에 나왔던 '뿌리 깊은 나무'였다고 생각한다. 토박이 생활을 하는 사람들을 찾아가서 살아온 이야기를 듣고 구수하게 풀어나갔던 글들이다. 나는 어린이들한테도 이렇게 우리 시대를 착하고 바르게 살아온 사람들 이야기를 구수하게 들려줄 인물이 야기가 있다면 좋겠다고 생각해 왔다. 그리고 요즘 그런 인물 이야기책들이 출판되고 있어 반갑다.

≪못 생긴 열매가 더 맛있단다≫도 그런 새로운 인물 이야기책이라고 할 수 있다. 우선 주인공 직업이 농부다. 농사짓기를 싫어하는 사회에서 농사짓는 사람 이야기가 얼마나 팔리겠는가? 그렇지만 출판사나 글쓴이나 어린이들한 테 착하고 바르게 농사짓는 사람 이야기 한 권 쥐어주고 싶은 마음에서 만들어낸 책이다. 주인공은 식민지 시대 가난한 농부의 아들로 태어나 온갖 어려움을 겪으면서 살았다. 가난을 벗어나기 위해 새벽부터 밤까지 온갖 일을 뼈빠지게 하고, 중국 북경에 가서 인쇄소도 하고, 해방 조국에 돌아와 사업도 하

다가 하느님 말씀대로 착하고 바르게 살겠다고 결심하고 다시 농사를 짓는다. 농약과 제초제를 쓰는 농사는 자연을 해치고, 그 음식을 먹는 사람을 해치는 것임을 알게 되면서 바로 유기농을 시작한다. 그리고 지금까지 30여 년 동안 꾸준히 유기농법으로 농사를 지으면서 살아왔다.

주인공의 삶은 1914년부터 지금까지 이어져 오고 있다. 당연히 식민지 시대, 미군정 시대, 6.25동란이라는 어려운 시대를 직접 체험했다. 그 시대를 역사 의식보다는 종교의식을 바탕으로 살아낸 사람의 이야기를 읽으면서 우리는 세상을 보는 눈을 조금 더 넓히게 된다. 곧 한 시대를 살아낸 사람들을 항일이냐 친일이냐는 척도와는 또 다른 기준으로 볼 수 있게 한다. 그리고 우리 사람살이에 가장 기본이 되는 먹을거리를 지키기 위해 힘쓴 원경선 할아버지가 살아온 삶을 읽으면서 착하고 바르게 산다는 것과 자연과 사람을 살리는 농사짓기를 옳게 볼 수 있는 눈을 뜨게 해준다.

못자국

. . . .

현길언 글
이우범 그림
계수나무

우리 겨레에는 억울하게 죽어간 자식이나 부모, 형제를 가슴에 묻고 사는 사람들이 수없이 많다. 바로 6.25전쟁 때문이다. 6.25전쟁으로 한반도의 남과 북이 서로를 죽이고 죽임을 당했기 때문이다. 그 죽음 하나하나가 우리 겨레의 가슴에 커다란 못이 되어 쾅쾅 박혀 있다. 이 못들을 뽑아내고, 녹여내는 일이 억울하게 죽은 자식을 가슴에 묻고 사는 어머니의 한을 푸는 것만큼이나 힘들다.

6.25전쟁이 한창일 때 제주도에 사는 초등학교 6학년 세철이가 주인공으로 등장하는 이 작품은 전쟁이 어린이들의 삶에 끼치는 영향을 세심하게 보여주고 있다. 1·4후퇴로 서울에서 피난 온 아이들과, 4·3항쟁으로 마을과 학교가 불타고 식구들이 죽은 제주도 아이들 사이에서 여러 가지 갈등과 다툼이 일어난다. 그 갈등과 다툼은 아이들이 자라면서 겪을 수 있는 일들이지만 전쟁 중이기 때문에 더욱 날카롭게 부각된다.

또 초등학교 6학년인 세철이 마음에 큰 아픔과 혼란을 준 사건들이 그 갈등을 더 크게 부추긴다. 일제 말기에 징병에 끌려 나가 죽은 삼촌, 쫓겨 가는 일본인 교장과 그 딸에 대한 추억, 4·3항쟁 때 공비가 되어 산으로 들어간 선생님, 그 공비들한테 학살당한 아버지…… 6.25전쟁은 아픈 기억들을 가슴에

묻고 자라는 세철이 삶의 한부분이다. 또한 '이렇게 아름다운 곳에서 사람을 죽이다니'라는 유원이 말처럼 아름다운 자연에 대한 반역이기도 하다.

6.25전쟁의 아픔과 문제를 어린이들한테 보여주기 위해 쓴 동화나 소년소설이 여러 가지 있다. 이원수가 쓴 ≪메아리 소년≫, 권정생이 쓴 ≪몽실언니≫와 ≪점득이≫, 윤정모가 쓴 ≪전쟁과 소년≫ 같은 책들이다. 제주도 4·3사건을 다룬 작품도 현길언이 쓴 ≪못자국≫과 함께 박재형이 쓴 ≪다랑쉬오름의 슬픈 노래≫, 정도상이 쓴 ≪붉은 유채꽃≫ 같은 작품 들이 있다.

어린이들한테 전쟁이 얼마나 나쁜 것인지를 느끼게 하고, 다시는 그런 못자국을 만들지 않도록 하기 위해 6.25의 진실을 보여줘야 한다. 6.25를 전쟁이 아니라 평화의 날로 만들기 위해.

몽실 언니

권정생 글
이철수 그림
창비

낡아빠진 외투를 걸치고 떠돌아다니는 작은 여자 아이 '모모'가 외로운 사람들 하는 말에 귀 기울이며 사람다운 삶을 살 수 있는 판타지 세계를 열고 있다면, '몽실'이는 사랑하는 식구들이 뿔뿔이 흩어지고 부모형제와 이웃이 서로 죽이고 죽는 비참한 역사를 굳세게 버텨내면서 현실 세계를 일궈내는 여자 아이다. '몽실 언니'는 어려서 의붓아버지가 집어던져 다친 다리를 절름거리면서도 세상 사람의 상처받은 마음을 보듬어 안으면서 사람다운 삶을 결코 잃지 않는 현실 세계를 창조하고 있다.

우리는 지난 50년 역사 속에서 수많은 '몽실 언니'를 만날 수 있다. 가난 때문에 아버지를 버리고 떠나는 어머니, 그 어머니와 헤어지고, 의붓아버지 구박으로 다리를 다치고, 새 어머니를 만나고, 이상한 인민군도 만나고, 모두모두 떠나 외톨이가 되었어도 몽실이는 삶을 포기하지 않았다. 한쪽 다리를 절룩이면서도 그 어려운 세월을 헤치고 살아남는다. 도둑이나 강도나 살인자가 아니라 따뜻한 마음을 가진 사람으로 살아남는다. 힘들게 살아온 부모를 안타깝게 여기고, 남겨진 아이들 모두를 자신의 동생으로 보살피고, 착한 사람과 나쁜 사람을 구별하면서 살아남는다. 그리고 늦게야 신기료 장수 꼽추 남편과 결혼하여 기덕이와 기복이 남매를 낳은 어머니로 우뚝 선다. 이는 몽실이가 영혼을 판 파우스트가 아니라 자기 삶을 스스로 개척하는 진정한 주인으로 살아남았음을 뜻한다. 이런 의미에서 몽실 언니는 어두운 어제와 밝은 내

일을 이어주는 오늘이라는 자리에 우뚝 서 새 삶을 살려내는 어머니다. 그렇다. 춥고 어둡던 어제를 사랑으로 감싸안아 따스하고 밝은 내일을 만들어 내는 희망이라는 빛이다.

　1980대 초에 '새가정'에 이 글이 연재되면서 많은 아픔을 겪었다. 정부기관 검열로 몇 장면은 잘려나가야 했다. 1984년 출판된 다음에도 한동안 불온서적(?)으로 지목되어 학교 도서실 책으로 구입하는 것도 금지되었다. ≪몽실 언니≫를 학급문고에 두었다가 혼쭐이 난 교사도 있다. 이 책은 주인공 몽실이처럼 이렇게 말도 안 되는 온갖 핍박을 받으면서도 독자들 입에서 입으로 전해져 꾸준하게 읽혔고, 20세기 후반 우리 동화 가운데 모범으로 자리 잡았고, 발행 부수 100만 부를 넘어섰다. 나는 이 책을 더 많은 어른과 어린이가 함께 읽기를 바란다. 그리고 우리 어린이들이 아무리 어렵고 외롭고 힘들어도 몽실이가 결코 잃지 않은 '마음의 빛'을 찾아내기를 바란다.

무기 팔지 마세요!

위기철 글
이희재 그림
청년사

지난 2월 15일 제2차 세계대전 이후 최대 인파가 지구촌에서 더 이상 전쟁을 하지 말라는 전쟁 반대 시위를 했다고 한다. 전 세계 각지에서 약 1100만 명 정도가 이라크를 무력으로 공격하려는 미국·영국·호주 정책에 반대하는 시위를 했다. 이렇게 많은 사람들이 이라크에 대한 전쟁을 하지 말고 무기사찰 기한을 연장하라고 하는데 미국이 공격할까? 천만 명이면 참 많은 숫자다. 그러나 지구촌 인구를 70억이라고 생각하면 천만 명은 7천 명 가운데 한 명밖에 안 된다. 7천 명 중에서 한 명이 반대하고 6천 9백 9십 9명은 동감을 해도 여러 가지 사정으로 참여하지 못했을 수도 있다. 그러나 대다수는 모르거나 무관심하거나 또는 전쟁을 찬성하는 사람들이다. 미국 인구를 약 2억으로 잡아도 그 가운데서 이번 이라크 침공 반대 시위에 참여한 사람은 몇 %나 될까? 천만 명이 많은 숫자이긴 하지만, 이 정도까지 지구촌에 평화 운동 기운이 자라서 반갑지만 어떻게 보면 아직 한 줌 씨앗에 지나지 않는다고 할 수 있다. 그러나 그 한 줌 씨앗이 세계 곳곳에 퍼져 싹을 틔우고, 꽃 피우고 열매 맺고, 더 많은 씨앗으로 태어나 주변으로 자꾸자꾸 퍼진다면? 지구촌에 평화를 이룰 수 있지 않을까?

≪무기 팔지 마세요!≫는 이러한 소망이 담긴 책이다. 그리고 작은 씨앗 하나가 싹을 틔우고 자라서 커다란 물결을 이루는 꿈을 어린이들이 빤히 볼 수 있는 동화다. 그 꿈의 시작은 초등학교 5학년짜리 여자 아이 보미가 어느 날

아침 교실에 들어서다 남자 아이가 쏜 장난감 총탄에 이마를 맞으면서 시작된다. 왜 나한테 총을 쏘느냐로 시작해서 우리한테 총을 쏘느냐로 생각을 넓히면서부터 장난감 총을 갖고 하는 전쟁놀이를 막기 위해서는 장난감 총을 모두 걷어서 만들거나 파는 사람들한테 돌려준다. '우리한테 무기를 팔지 마세요' 그리고 '모든 전쟁을 중지하세요' 한국 어린이들이 문방구 앞에서 무기를 팔지 말라는 시위를 할 때, 어린이들 스스로 장난감 무기를 걷어서 장사꾼들한테 돌려줄 때 이 소식을 들은 미국 어린이 제니도 무기가 없는 세상을 만들어 달라는 평화 운동을 시작한다. 평화의 씨앗은 이렇게 퍼져 나가는 것이다.

초등학교 고학년부터 읽을 수 있다. 읽는 데서 끝나지 말고 주인공 보미나 제니처럼 친구들과 함께 지금도 지구촌 곳곳에서 벌어지는 전쟁을 조사해 보자. 전쟁으로 어려워진 사람들한테 작은 정성이라도 모아서 보내고, 더 이상 전쟁을 하지 말라는 편지를 보내는 작은 실천을 해 볼 수 있다. 어릴 때 작은 실천이 마음속에 씨앗이 될 수 있으니까.

문제아

박기범 글
박경진 그림
창비

‘**문**제아는 없다. 문제 부모가 있을 뿐이다’는 말이 있다. 같은 의미로 ‘문제 아는 없다. 문제 사회가 있을 뿐이다’ 또는 ‘문제아는 없다. 문제 교사가 있을 뿐이다’고 말할 수 있다. 문제아를 만드는 것은 그 어린이가 처한 사회 환경, 가정 환경, 교육 환경이라고 할 수 있다. 꽃보다 아름다운 아이들, 초중고 학 생들이 한 해에 수백 명이나 자살하고, 학교 부적응 학생이 수만 명이나 발생 하는 건 사회와 가정과 교육 환경 문제 때문이다. 이 사회를 책임지고 있는 어 른들 이기심과 무관심과 편견이 만드는 문제다. 그리고 그런 어른을 흉내 내 어 더 영악한 작은 어른이 되어버린 아이들한테 만연하고 있는 이기심과 무 관심과 편견이 문제다. 그럼에도 우리가 내일에 희망을 거는 까닭은 그렇지 않은 어른들도 많고, 또 문제 어른을 닮지 않고 꿋꿋하게 자라는 아이들도 많 기 때문이다.

≪문제아≫를 쓴 박기범은 미국이 이라크를 침공했을 때 인간방패로 갔었 다. 이라크 어린이들 아픔과 고통, 죽음과 삶을 함께하기 위해 인간 방패로 가 서 많은 사람들의 마음을 울려주었던 그가 쓴 첫 작품집으로 단편 10편이 실 려 있다. 공장에서 일하다 손가락이 잘린 아버지 손가락을 묻은 ‘손가락 무 덤’, 같은 회사에 다니면서 한 집안 식구처럼 지내던 노동자가 정리 해고로 갈 라지는 ‘아빠와 큰 아빠’, 폐품에서 읽은 책을 보고 쓴 ‘독후감’, 좋은 초등학 교에 가야 한다고 위장 전입한 아이가 겪는 갈등을 그린 ‘전학’, 나름대로 열

심히 살려는 아이가 교사들 편견 때문에 문제아로 낙인찍히는 현실을 보여주는 '문제아', 교사가 열린 마음으로 당당하게 살아나는 과정을 그린 '김미선 선생님', 성실한 노동자가 노숙자가 되는 과정을 보여준 '끝방 아저씨', 80년대 말 민주화 투쟁 때 돌아가신 '겨울꽃 삼촌'을 둔 조카 이야기. 한 편 한 편이 우리 사회가 안고 있는 그늘을 섬세하게 짚으면서도 그 속에서 피어나는 따스한 불빛을 담아내고 있다.

초등학교 고학년 어린이와 청소년은 물론 아이들과 살아가는 부모와 교사들이 함께 읽고, 나는 어느 자리에 서 있는가를 생각해 볼 수 있는 책이다. 나는 '문제아'처럼 아이들 마음을 닫아주는 자리에 서 있나? 아니면 '김미선 선생님'처럼 아이들 마음을 열어주는 자리에 서 있나? 나는 어려운 동무를 이해하고 돕는가? 아니면 따돌림 시키거나 괴롭히는가? 따져볼 문제다.

물도 꿈을 꾼다

권오삼 시
지식산업사

통일호는 / 한반도 배꼽 같은 / 서울에서
한반도 발끝 같은 / 여수 목포 부산까지만 / 오가는 열차

통일호야! / 너는 언제쯤 / 남쪽에서 북쪽으로
북쪽에서 남쪽으로 / 오가고 싶은 사람들 / 모두 태우고
부산에서 신의주까지 / 온성에서 목포까지

바람처럼 구름처럼 / 쏜살같이 거침없이
그렇게 마음껏 / 달릴 수 있겠니

동시는 어른이 어린이들한테 새로운 눈으로 세상을 보여주고 싶은, 어린이들이 참삶을 살기를 바라는, 어린이들이 아름다운 세계를 일궈내기를 바라는 간절한 소망이다. 그 소망이 실현되기를 바라는 꿈이다. 이 시인이 간절히 소망하던 꿈이 실현될 날이 다가오고 있다. 경의선이 복원되고, 금강산 육로 관광이 이뤄지고 있다. 이 시인이 '가시 철조망'이라는 또 다른 시에서 소망하던 '뾰족뾰족한 쇠가시들이/ 뱀의 이빨처럼/ 독을 품고 있는 가시 철조망'을 걷어 낼 날을 향해 경의선 복구작업이 한창이다. 더 많은 시인들이 그날을 간절히 소망하고, 더 많은 사람들이 그날을 함께 꿈꾼다면 하루라도 더 빨리 오겠지.

　이 동시집은 어린이들한테 어른들이 만들어낸 힘난한 세상살이, 그 어려운 세상살이에 치여서 고통받는 사람들을 진실하게 보여준다. 그러면서 우리 어린이들이 이러한 현실을 꿋꿋하게 딛고 일어서 새 세상을 일궈내기를 바라는 작가의 간절한 소망이 담긴 시들을 모아놓은 것이다. 동시 64편을 6부로 나눠서 실었다. 1부에서는 IMF로 어려운 삶을 살아가는 모습과 어렵더라도 굳세게 살자는 의지, 2부 '소리를 파는 가게'에서는 여러 가지 현대 문명이 만들어낸 도구들이 갖고 있는 문제와 이를 이겨내는 마음, 3부 '쥬라기 하늘'에서는 사람과 자연의 관계를, 4부 '다리'에서는 나를 다른 사물이나 생명 사이에 다리 놓아보는 눈을, 5부 '우리 할머니'에서는 오늘을 함께 사는 사람들에 대한 관심을, 6부 '나무 두 그루'에서는 분단으로 생긴 아픔과 이를 이겨내고 이뤄야 할 통일 세상을 꿈꾸고 있다. 작가는 이러한 자기 꿈을 우리 겨레 모든 어린이, 나아가 이 땅에 흐르는 물까지도 함께 꿈꾸기를 소망하고 있다.

　초등학교 고학년부터 청소년들한테까지 권하고 싶다. 어린이들과 어른들이 함께 읽으면서 시 한 편 한 편이 보여주고자 하는 우리 사회가 안고 있는 문제를 어떻게 이겨나가야 할지, 어떻게 해야 지금보다 더 아름다운 세상을 만들 수 있는지에 대해 많은 대화를 나누면 좋겠다.

민들레의 노래

이원수 글
양상용 그림
사계절

4월 19일, 이 날은 우리 겨레가 일궈낸 민주주의 역사를 기억하게 하는 날이다. 민주주의가 위기를 맞고 있는 요즘 그 함성이 새롭게 살아나기를 소망한다. 아직 민주주의가 완성되지 않았기 때문에 우리 역사에서 4.19혁명은 끝나지 않았으며, 그 함성은 멈출 수 없다. 이승만과 자유당 정권이 휘두르던 독재정치를 무너뜨리고 새날을 만들어 냈던 그 힘찬 함성이 계속 살아나야 하고, 이 땅에서 더욱 널리 더욱 깊이 자유를 부르는 종소리가 울려야 하기 때문이다. 그래서 더 이상 그런 아픈 함성이 필요 없이 누구나 신명나고 평화롭게 살 수 있는 날을, 모두가 평등하게 살 수 있는 민주주의 사회가 만들어지는 날을 앞당겨야 한다.

≪민들레의 노래≫는 4.19혁명에 대한 이런 소망을 가득 담고 태어난 소년소설이다. 1961년 12월에 나왔고, 그 뒤 여러 차례 다시 발간되면서 꾸준하게 읽히고 있는 이 작품만큼 4.19혁명의 정당성과 그 혁명이 우리 겨레의 생활에 어떻게 녹아들어야 하는지를 잘 그려낸 작품을 보기 힘들다. 이오덕 선생님은 이 작품을 '4월 혁명의 역사적인 뜻을 찾으면서, 그 혁명을 소중한 것으로 이어받으려고 애쓰는 어른들과 어린이들의 순수한 정신과 태도를 정확하면서도 치밀한 문장으로 표현했다.'고 평가했다.

4월 혁명으로 아들을 잃은 경희 어머니, 혁명 용사인 오빠를 자랑스럽게 기

억하면서 오빠의 뜻에 따라 올바르게 살아가려고 애쓰는 경희를 통해 그런 소망을 어린 독자들이 쉽게 이해하고 마음으로 공감하도록 그렸기 때문이다. 또 겉으로는 행복하게 허영과 거짓에 물들어 살던 정미가 아버지 삶을 돌아보면서 세상을 새롭게 보는 과정과 고아인 현우가 어려움 속에서도 미움과 좌절에 빠지지 않고 꿋꿋하게 역경을 헤쳐나가는 모습도 감동을 준다.

소년소설이라는 말대로 초등학교 고학년부터 중·고등학교 청소년들한테 권장하고 싶은 책이다. 주인공들이 어려움을 헤쳐 나가는 모습과 순수한 마음으로 서로 용서하고 화해하면서 함께 살아가는 내일을 열어나가는 모습이 시대를 넘어서 요즘 아이들한테도 공감을 줄 수 있을 것이다.

민주주의의 등불 장준하

김민수 글
한병호 그림
사계절

우리나라 4대 국경일은 3.1절, 제헌절, 광복절, 개천절이다. 국경일이란 말 그대로 온 나라 사람들이 경축해야 하는 기념일이다. 그런데 어느 때부터인가 이런 기념일이 그저 하루 쉬는 날이나 노는 날이 되어버린 것 같아 안타깝다. 과거처럼 직장마다 군대식 기념식을 한다거나 집집마다 태극기를 달거나 하지 않는 겉모습 때문이 아니다. 최소한 그날이 어떤 날인가에 대한 생각을 하고, 그날을 기념할 수 있는 작은 일 한 가지라도 찾아서 실천했으면 좋겠다는 마음 때문이다. 이런 의미에서 역사를 지키고 올바르게 가꾸기 위해 애쓴 사람들 이야기가 담긴 책을 읽기 바란다.

장준하는 우리 민족이 일제 침략으로 어려움에 처해있던 때에 태어났다. 학병으로 끌려갔다가 탈출해서 중국에 있던 대한민국 임시정부 소속 광복군 제2지대에서 훈련을 받는다. 그리고 국내 진공을 앞두고 있을 때 일제가 항복을 하는 바람에 독립 투쟁계획이 물거품이 된다. 백범 김구 일행과 귀국하고, 백범 김구의 비서가 되어 남북 분단을 반대하는 일에 앞장선다. 남북통일 국가를 세우기 위해 노력하지만 실패하고 만다. 6.25사변으로 민족 정신이 혼란에 빠지자 이를 바르게 세우기 위해 '사상계'라는 잡지를 발행한다. 군사 독재 정권이 탄압해서 잡지를 계속 발행하지 못하게 되자 직접 정치에 나선다. 독재 정권에 반대하고, 민주화와 통일을 위해 온몸과 마음을 다 바쳤다.

장준하는 우리 겨레 독립과 통일과 민주화를 위해 평생을 살았다. 장준하가

걸었던 길은 지금도 많은 사람들이 꾸준히 따르고 있다. 이 책은 이러한 길을 초등학교 4학년 이상 어린이들이 볼 수 있는 책으로 만들었다. 중간 중간에 관련 사진과 해설을 곁들여 어린이들 이해를 돕고 있다. 이 책을 읽고 사회과 부도에 있는 우리나라 역사 연대표를 1900년 이후만 확대해 보자. 장준하가 태어나서 활동했던 내용을 시기에 맞게 연대표에 직접 써 넣어보자. 이를 바탕으로 우리 민족의 역사와 장준하가 살아온 삶을 견주면서 독후감을 써 보자. 우리 역사에 대한 이해를 높이는데 도움이 될 것이다.

바리왕자

송언 글
김용철 그림
사계절

초등학교 다닐 때 ≪이야기 한국사≫를 재미있게 읽은 기억이 잊히지 않는다. 단군 신화부터 삼국시대를 거쳐 고려와 조선에 이르기까지 일어났던 사건을 인물 중심으로 풀어나간 역사 이야기였다. 이처럼 어린이들은 역사를 숫자보다는 이야기를 통해 받아들이게 된다. 역사 이야기는 실제 일어났던 사건과 그 사건을 풀어나갔던 인물을 소재로 쓰고, 발생과 과정과 결과는 역사 기록에 의존한다. 그러나 사건과 인물에 대한 해석이나 의미 부여는 온전히 작가 몫이다. 작가에 따라서 같은 사건과 인물이라고 하더라도 중요성이나 의미를 다르게 해석한다. 단 몇 줄로 기록한 이러한 작가 관점과 그에 따른 상상력으로 오늘날 되살려내는 것이다. 작가들에 의한 이러한 작업이 풍부할수록 우리 역사가 더욱 풍요로워질 것이다.

≪바리왕자≫는 1700년 전 고구려를 강력한 국가로 이끌어 올린 15대 미천왕을 새롭게 되살린 작품이다. 어렸을 때 읽은 ≪이야기 한국사≫에 나오는 을불은 오로지 운명에 따라 숨어 다니던 거지왕자였다. 그러나 바리왕자는 단순히 숨어 다니는 데서 벗어나 자기 형편을 깨닫고, 그 처지를 이겨내기 위해 스스로 끈질기게 노력한다. 소금 장수를 하다 억울하게 도둑 누명을 쓰고, 관아에 끌려가 죽도록 맞는다. 그 일이 계기가 되어 을불은 새로운 세상을 소망하게 되고, 소망을 이루기 위해 하늘 연못을 찾아 여행을 떠난다. 여행길에 여러 사람들을 만나면서 왕을 왜 바꿔야 하는지, 바꾼다면 어떤 왕이 되어야 하

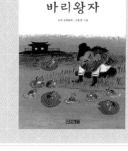

는지를 깨우치게 된다. 그러한 새 임금님이 되기 위해 하늘 연못, 곧 백두산 천지를 향한 걸음을 멈추지 않는다. 그리고 을불은 마침내 '왕이 백성보다 낮은 자리로 내려와 자상하게 백성을 돌볼 때 좋은 세상이 온다'를 마음에 새기며 고구려 왕이 된다.

　작가는 우리 어린이들 모두가 바리왕자라고 했다. 정말 우리 사회는 어린이들을 물질문명이 판치는 소용돌이 속에 그대로 버려두고 있고, 이 때문에 혼란에 빠지는 어린이들이 많다. 다른 사람들은 호화스럽게 잘 사는데 마치 나만 초라하게 버려져 있다고 느끼는 것이다. 작가는 이 글을 쓰면서 줄곧 현대 물질문명 속에 내던져진 아이들이 어떤 어려움이 닥치더라도 바리왕자처럼 꿋꿋하게 이겨내기를 소망했다고 한다. 나는 이 책을 초등학교 4학년 이상 어린이들한테 권하고 싶다. 어린이들이 자기 마음속에 있는 흰 사슴과 하늘 연못이 무엇인지 찾아보기 바란다.

바보 온달

이현주 글
김호민 그림
우리교육

아차산은 삼국 시대에 백제와 고구려, 신라가 국운을 걸고 다투던 자리다. 아차산을 차지하는 쪽이 서울과 함께 중요한 물길인 한강을 확보할 수 있기 때문이었다. 그 아차산에 얽힌 전설이 바로 널리 알려져 있는 온달과 평강공주 이야기다. 온달이 고구려군을 이끌고 이 산을 빼앗으려고 신라군과 싸우다 아차 하는 사이에 화살을 맞고 죽어서 아차산이라는 이름이 붙었다는 이 산에는 온달성이 있고, 옹달샘이 있다. 그리고 죽어서 움직이지 않는 온달을 보며 울던 평강공주 바위가 있다. 그 아래로 한강이 고구려 최고 바보였던 온달과 고구려 최고 울보공주였던 평강의 안타까운 사랑 이야기를 담고 유유히 흐르고 있다.

어려서 바보 온달과 평강공주 이야기를 재미있게 읽었다. 놀림만 받던 바보 온달이 평강공주한테 장가간 것과 평강공주가 거지로 살던 온달을 고구려에서 가장 힘센 장군으로 만든 것이 재미있었다. 그렇게 어렵게 장군이 되었는데 신라군과 싸우다 아차 실수하는 바람에 죽는 것이 너무 안타까웠다. 그런데 교사가 된 뒤 이현주 목사가 쓴 이 책을 읽으면서 내가 얼마나 바보 같은 생각을 했는지 깨닫게 되었다. 이현주 목사는 가난하기는 했지만 남을 미워하거나 화낼 줄 모르고, 자연 속에 살면서 모든 생명을 사랑하는 원래 온달 모습을 더 소중하게 여기고, 평강공주가 온달을 잘못된 길로 이끌었다는 새로운

마음이 느껴지도록 썼다. 그 착한 온달이 소중하게 여기던 짐승은 물론 사람들 생명까지 마구 죽이고, 자기 자존심 때문에 가짜 명분을 내세워 전쟁을 일으키는 사람으로 바뀌었기 때문이다.

이현주 목사가 쓴 책을 읽으면 온달이 신라군과 싸워서 이기지 못한 안타까움보다는 굳이 신라군과 싸우러 간 행동을 안타깝게 여기게 된다. 그리고 더 잘 싸우는 장군보다는 다시 착한 온달이 되었으면 좋겠다는 생각을 갖게 한다. 이렇게 같은 전설이나 옛이야기도 다시 쓰는 작가 정신에 따라 다르다. 전쟁을 부추기는 이야기가 되기도 하고, 평화를 소망하는 이야기가 되기도 한다.

백범 김구

신경림 글
이철수 그림
창비

어린이들은 자기 주변의 권위 있는 어른을 자기 삶의 본보기로 삼게 된다. 가장 중요한 본보기 대상이 바로 부모다. 그리고 초등학교 담임 교사다. 그러다 사춘기가 되면서 부모나 교사와 다른 새로운 본보기를 찾아 마음을 주게 된다. 이성 친구일 때도 있고, 연예인이나 유명인사일 때도 있다. 문학 주인공이 될 수도 있고, 만화 주인공이 될 수도 있다. 컴퓨터 게임이나 만화영화 속 인물에 빠지기도 한다. 어찌되었든 새로운 본보기를 찾거나 만들어 낸다. 고리타분한 이야기 같지만 위인전 주인공일 경우도 있다. 사실 역사를 올곧게 살다간 사람을 한 명 정도는 마음에 담을 수 있어야 사춘기는 물론 인생을 올곧게 살아가는 데 힘을 얻을 수 있을 것이다.

우리나라 사람이 존경하는 근현대 인물로 백범 김구가 손꼽히고 있다. 그만큼 백범 김구 전기도 많이 출판되어 있다. 그 가운데서 신경림 시인이 쓰고, 창작과비평사에서 출판한 백범 김구를 권하는 까닭은 몇 가지 특징 때문이다. 작은 제목을 선택하는데 세심한 배려를 하였고, '백범 일지'를 바탕으로 4부로 나누어 쓰면서 역사의식을 잘 반영시켰다. 또 어린 시절 이야기를 쓸 때 남다른 태몽이나 태어날 때부터 남다르다는 위인예정론 굴레를 벗어났다. 우리나라 위인전들이 대개 위인예정론에 얽매여 있는데, 위인예정론은 어려서부터 남다르게 뛰어났다는 점을 강조해서 독자 의식을 왜곡시킬 수 있다는 문제가 있어 조심해야 한다. 이 때문에 가짜 태몽을 만들어 들려주는 부모들도 있

는데, 경계해야 할 일이다.

  초등학교 5~6학년에 권하고 싶다. 6학년 교과서에 소개되어 있어 백범 김구의 삶을 더 자세히 알아두면 학습에 도움도 되겠다. 새로운 인물에 대한 동일시 욕구가 강한 사춘기로 들어서는 아이들 마음속에 백범 김구가 작은 흔적으로라도 담겨지길 바라기 때문이다. 책을 읽고 나서 부모와 자녀가 함께 백범 김구 선생님이 민족 독립과 통일을 위해 애쓰셨던 삶에 대한 이야기 나누기를 하거나 주인공에게 편지 쓰기를 권하고 싶다. 현재 우리나라의 생활 형편과 통일에 대한 자기 생각을 편지글로 쓰면 책 내용을 좀더 내면화 할 수 있을 것이다.

복실이네 가족사진

● ● ● ● ● ● ●

노경실 글
김재홍 그림
어린이작가정신

서양 선교사들이 우리나라에 사진기를 처음 갖고 왔을 때, 사람들은 사진을 찍으면 넋을 빼앗긴다며 무서워했다고 한다. 어쩌다 시간이 나서 지나간 사진첩, 어린 시절 사진첩을 뒤적이다보면 자기가 살아온 흔적들이 묻어 나온다. 그 흔적을 깊이 느끼다보면 정말 그 사진 속에 어릴 때 내 넋이 배었다가 마술 연기처럼 슬슬 풀어져 나오는 듯하다. 새벽마다 동네 확성기에서 크게 울려 퍼지던 '잘 살아보세 잘 살아보세, 우리도 한번 잘 살아보세' 노래를 따라 불렀던 가난했던 시절, 몸이 아파도 돈이 없어 병원 가기가 어려웠던 시절, 엄마 대신 동생들을 돌보던 큰언니와 그런 큰언니를 엄마처럼 따르던 올망졸망한 동생들. ≪복실이네 가족사진≫은 표지 사진에서부터 어릴 때 나와 이웃에서 흔히 볼 수 있던 그런 모습이다. 가난 속에서도 식구끼리 서로 돌보고 위로하며 살아가고, 살기 바쁜 부모를 대신해 큰언니가 동생들을 챙기는 사랑을 돌아보게 하는 이야기다.

"복실아, 연실아, 세실아, 남실아. 빨리 나와라!" 막내 동생이며 외아들인 훈이 돌사진을 찍으려고 사진관에 가는 어머니가 재촉하는 부름이다. 딸 넷 끝에 아들 하나 본 어머니가 아들한테 쏟는 정성과 사랑이 크면 클수록 딸들이 느끼는 섭섭함이 크다. 막내딸 이름을 남실이라고 지은 까닭도 남동생을 보라는 마음에서다. 그런데 남실이가 사진관에서 가족사진을 찍을 때 '펑' 소리가 무서워서 뒤로 도망간다. 그 바람에 딸이 하나 빠진 가족사진이 되고 만

다. 어머니는 비싼 돈을 들여 처음 찍은 가족사진에 남실이가 빠진 섭섭함까지도 '남동생을 본 딸이 빠졌다'고 말한다. 이처럼 아들 중심 집안에서 복실이는 엄마같은 큰언니로 동생들을 보살핀다. 그래서 남실이가 죽었을 때 복실이 마음은 너무 아프고 엄마와 하느님까지 원망하게 된다.

　형제의 죽음, 찍어먹기, 서커스 구경, 문둥병 앓는 거지, 학교에서 회충약 먹기 같은 이야기들은 이제는 지나간 수십 년 전 생활 모습이다. 그 생활 모습을 사진으로만 보여주지 않고, 사진 속에서 일어났던 삶을 낮은 목소리로 들려주고 있다. 어린 큰언니가 동생들을 돌보는 이야기를 읽으면서 요즘은 맛보기 어려운 형제자매 사이에 오고가는 정을 느낄 수 있다. '외톨이가 많은 요즘 어린이들한테 이런 옛날이야기가 필요 있을까?' 생각할 수도 있겠다. 그러나 현실 속에서 충족할 수 없는 정을 문학을 통해서라도 경험할 수 있다면 좋을 것 같다. 또 글쓴이가 권장했듯이 이 책을 부모와 자녀가 함께 읽고, 어린이 시절을 자녀들한테 풀어놓을 수 있는 출발점으로 삼을 수도 있겠다.

사라진 세 악동

········

송언 글
김천일 그림
한겨레아이들

학교에서 학년 부장을 맡고 있을 때, 어느 날 아침에 젊은 여선생님 한 분이 기운없는 목소리로 전화를 했다. 감기 때문에 병원에 다녀가려면 한 시간 정도 늦겠다고. 너무 아프면 쉬라고 했는데도 2교시가 끝날 무렵 핼쑥한 얼굴로 출근했다. 너무 힘들어 쉬고 싶은데, 오늘 꼭 아이들하고 상담할 일이 있어 병원 진료가 끝나는 대로 바로 나왔다고 한다. 남자 아이들 사이에서 가장 힘센 아이가 친구들을 억지로 끌고 다니면서 괴롭힌 일이 생겼다고 했다. 그래서 학급 전체 아이들과 상담하고 있는 중이라고 했다. 겉으로 보기에 착하기만 한 줄 알았던 아이들이 이렇게 서로 괴롭히고 괴롭혔다는 사실이 너무 가슴 아프다고 했다.

담임을 하다보면 예상하지 못했던 일을 당할 때가 많다. 전혀 예상하지 않았던 아이들이 알고 보면 정말 어려운 경우에 처해 있을 때도 있다. 아주 착하게만 보았던 아이가 악동일 때도 있고, 말썽만 피우던 장난꾸러기가 천사 같을 때도 있다. 또 어른 눈으로 보기에는 작은 문제라도 아이들 처지에서는 아주 심각한 문제로 나타날 때도 있다. 작은 문제로 결석이나 가출이나 심지어 죽음까지 생각하는 경우도 있다. ≪사라진 세 악동≫은 현실 문제에 고민하던 세 아이가 가출을 하면서 일어난 이야기로, 가정과 학교와 사회 속에서 방황하는 아이들 모습을 살펴볼 수 있는 소년소설이다. 이 작품은 고학년 남자아이들 문제 행동 뒤에 숨어 있는 고민거리와 아픔, 그 아픔을 넘어서는 과

정을 담임 눈으로 그려내고 있다. 실제 이야기 소재가 글쓴이가 학교에서 아이들을 가르치면서 최근에 보고 들었던 여러 사건들을 바탕으로 해서 쓴 이야기로 보인다.

글쓴이는 머리글에서 '내가 가장 고민했던 점은 세 악동을 어떻게 사랑하나'하는 거였습니다. 그것이 참으로 어려웠습니다. '마음에 상처가 깊은 아이들을 사랑한다는 건 말처럼 쉬운 일이 아니니까요'라고 썼다. 작품을 읽는 독자가 세 악동을 어떻게 이해하고 사랑하게 쓸까? 고민이지만 동시에 실제 교실에서 이렇게 친구들을 괴롭히는 아이들을 어떻게 이해하고 사랑할 수 있을까 하는 고민이기도 하다. 이런 고민은 글쓴이도, 나도, 독감에 지친 몸을 이끌고 하루 종일 아이들과 입씨름하는 젊은 여선생님을 비롯해 수많은 교사들이 항상 안고 살아야 하는 고민이다. 이 책이 그런 교사와 아이들 마음을 이어주는 작은 디딤돌이 될 수 있겠다는 생각이 든다. 고학년 아이들도 내가 이런 문제를 겪는다면, 또 이런 문제를 겪는 친구가 있다면 어떻게 대해야 하는가를 한번 더 생각해 보는 기회가 될 것이다.

사람은 누구나 평등해요

조 호에스틀랜드 글
앙투안 부비에 그림
권영희 옮김
삼성당

'사람은 누구나 평등해요'라는 제목은 두말할 것도 없이 아직 인류 사회가 결코 평등하지 못하다는 현실을 한마디로 보여주는 것이다.

이 책은 이렇게 힘센 쪽이 힘이 약한 쪽을 누르고, 빼앗고, 심지어는 죽이기까지 하는 일이 일어나는 현실을 일깨워주는 책이다. 사람은 누구나 평등하다는 진실을 사회 제도와 법으로 만들기 위해 힘쓴 사람들, 그 때문에 목숨까지 잃은 사람들에 대한 이야기다. 이 책은 평등과 그 평등을 실현시키기 위해 수많은 사람들이 힘써 만든 인권을 지키려는 법에 대한 이야기를 하고 있다. '사비타에게 온 편지'에서는 집을 떠나 도시에 와서 식모살이를 하는 아홉 살 여자 어린이가 살아가는 모습, 글을 읽지 못하는 답답한 마음이 잘 나타나 있다. 고대 그리스 시민사회와 노예 제도 역사, 불과 300여 년 사이에 아프리카 흑인을 2000만 명이나 노예로 잡아다 아메리카에 팔았던 역사, 몇 년 사이에 수백만 유대인과 집시들을 학살했던 히틀러와 나찌, 20세기 말에 민족과 민족 사이에 일어난 대규모 학살 사건들을 다루고 있다. 그리고 여성이 투표할 수 있는 권리가 불과 50여 년 전인 1945년에나 겨우 생겼다는 것, 어린이들이 국제 사회에서 인격체로 인정받기 시작한 때는 1989년 유엔에서 공표한 '어린이의 권리에 대한 협정서'가 생기고부터라는 것이다. 민주주의 역사가 얼마나 짧은 것인가를 돌아보게 한다.

　21세기가 '사람은 누구나 평등한 세상'을 향해 얼마나 더 나갈 수 있는지는 이 책에서 보여주는 역사를 얼마나 더 앞으로 나가게 할 수 있는가에 달렸다. 이 책 맨 뒤에 뽑아놓은 어린이 권리에 관한 협정서에서 제시한 열 가지 주요 항목을 얼마나 실제로 잘 지킬 수 있도록 하느냐가 시금석이 될 수 있을 것이다. 이 책을 읽고 열 가지 권리 항목 중에서 생활 속에서 제대로 안 되고 있는 것은 무엇인지 생각해 보자. 또 앞으로 올바르게 실천해야 할 내용과 방법이 무엇인지를 생활 속에서 일어나는 일을 바탕으로 조사를 하고, 이 항목에 맞춰 직접 경험한 사실을 솔직하고 자세하게 글로 써서 국가인권위원회에 보내는 공부를 해보는 것도 좋겠다.

4.19 혁명

· · · · · ·

윤석연 글
소복이 그림
민주화운동기념사업회 교육사업국 기획
한겨레틴틴

아! 슬퍼요
아침 하늘이 밝아 오며는
달음박질 소리가 들려옵니다
저녁노을이 사라질 때면
탕 탕 탕 탕 총소리가 들려옵니다
아침 하늘과 저녁놀을
오빠와 언니들은 피로 물들였어요

오빠 언니들은 책가방을 안고서
왜 총에 맞았나요
도둑질을 했나요 강도질을 했나요
무슨 나쁜 짓을 했기에

- 이하생략 -

바다 건너 일본에서는 지진해일에 수만 명이 죽었다. 그리고 고장 난 원자력발전소가 폭발하는 걸 막으려고 가난한 비정규 노동자들이 죽음을 예상하면서도 들어가서 수리하고 있다. 더 큰 참사를 막기 위해서는 누구라도 목숨을 걸고 들어가서 고쳐야 하고, 그런 용기는 마땅히 높이 기려야 할 것이다. 그러나 목숨을 걸고 들어가야 하는 사람들은 정작 그들이 아니다. 평소 원전

으로 많은 이익을 본 자본가들, 책임을 져야 할 임원이나 정규직들이어야 하지 않나? 원전 집시라고 불리는 원자력발전소 비정규직 노동자들이 무슨 책임질 일이 있다고 그 죄를 대신해야 하나?

이번 지진해일로 사고가 난 원자력발전에 대처하는 자본가인 전기회사와 일본 정부가 하는 꼴을 보면 언젠가는 터질 수 있는 사고다 싶다. 지진해일로 좀 앞당겨진 것뿐이지. 우리나라 원자력발전소도 마찬가지다. 아니 지구촌 어디에 있는 원전이라도 폐기하지 않는 이상 언젠가는 사고가 날 수 밖에 없다. 모든 기계는 쓰다가 알맞은 때에 그만두지 않으면 고장이 나서 더 쓸 수가 없게 된다. 다른 기계는 고장 나서 못 쓰면 그만이지만 원전은 엄청난 재앙을 몰고 온다. 누구나 뻔히 알 수 있는 이치다.

그런데 70년대와 80년대 원자력발전소를 반대하던 반핵 운동이 90년대를 지나면서 어느 사이엔가 조용해졌다. 체르노빌 사고도 사람들 기억에서 사라졌다. 그리고 안전제일이라던 일본에서 사고가 났다. 역사를 진보시킨 사건이건 퇴보시킨 사건이건 다음 세대 사람들이 기억할 때만 의미가 있다. 다음 세대가 기억하지 않는다면 그 사건은 이미 역사가 될 수 없고, 다음 세대 삶을 지키고 가꿔 나가는 데 아무런 기여도 할 수 없게 된다. 그래서 역사는 오늘을 사는 우리가 미래를 위해 과거와 끊임없이 마주이야기를 할 때 살아날 수 있고, 잘못을 되풀이 하지 않을 수 있다.

사자왕 형제의 모험

아스트리트 린드그렌 글
일론 비클란드 그림
김경희 옮김
창비

요즘 초등학교 5~6학년을 과거와 견주어 볼 때 가장 뚜렷한 변화가 바로 덩치 큰 어린이들이 훨씬 많아졌다는 점이다. 그런데 아쉽게도 덩치 큰 어린이들은 늘었는데, 마음은 오히려 더 나약한 어린이들이 많아진 것 같아 안타깝다. 학교나 마을에서 자기보다 약한 동무를 괴롭히는 힘센 아이들 횡포에 대해 '그러면 안 돼!'라는 말을 할 수 있는 용기, 그런 횡포를 말리지는 못하더라도 따라하지는 않을 용기마저 없는 어린이들이 늘어나고 있는 모습을 자주 보게 된다. '부모님이나 선생님한테 말하면 죽여!'라는 협박 한 마디에 기가 눌려 자유를 빼앗기고 종처럼 끌려 다니는 어린이를 보면 너무 가슴 아프다.

독재자한테 억압당하는 마을을 구하러 위험한 길을 떠나는 형이 어째서 그래야 하냐고 묻는 동생한테 대답한다.

"사람답게 살고 싶어서지. 그렇지 않으면 쓰레기와 다를 게 없으니까."

그 한 마디 말로 주제를 미루어 짐작할 수 있듯이 ≪사자왕 형제의 모험≫은 사람들이 자유를 억압하는 전체주의 사회에 두려움을 떨치고 과감히 도전하기를 소망하고 있다. 모든 면에서 나약한 어린이들이 느낄 수 있는 두려움, 두려워하는 자신을 부끄럽게 생각하기 쉬운 함정에서 벗어나는 용기가 얼마나 필요한가를 보여주고 있다. 억눌린 어린이들의 영혼에 자유라는 싱싱한 바람을 한껏 불어 넣어주는 상상력이 펼쳐지는 이야기다. 몸이 약해 죽음을 기다리는 나약한 동생 카알과 이런 동생 카알을 사랑하는 형 요나탄은 집에 불이

나면서 모험을 시작한다. 집에 불이 나자 형 요나탄이 2층에서 동생을 업고 뛰어내리다 죽는다. 그러나 죽음이 끝이 아니라 또 다른 삶의 시작이 된다. 또 다른 세상에서도 끝없이 밀어닥치는 두려움에 맞서면서 자유를 되찾기 위한 걸음을 결코 멈추지 않는다. 또 다른 다음 세상, 더 좋은 세상을 찾아가기 위한 희망과 꿈을 결코 잃지 않는다.

두려움이란 누구에게나 있는 것이다. 어린이뿐 아니라 어른도 두려움에 빠져 일을 그르칠 때가 얼마나 많은가? 이 작품에서는 두려움을 모르는 사람이 아니라 아무리 두렵더라도 자신이 꼭 해야 할 일이라면 그 두려움을 이겨내는 용기가 필요하다는 이야기를 되풀이하고 있다. 우리 어린이들 가슴에 그런 용기가 무럭무럭 자랐으면 좋겠다.

산적의 딸 로냐

■ ■ ■ ■ ■ ■ ■

아스트리트 린드그렌 글
일론 비클란드 그림
이진영 옮김
시공주니어

어떤 자리에서 어린이문학이 뭔지 한 마디로 말해달라는 질문을 받았다. 나는 '혁명'이라고 했다. 어린이문학은 혁명이다. 어린이문학은 어린이들한테 지금까지 있던 것 가운데서 있어서는 안 될 것을 버리게 하고, 지금까지 없던 것 가운데 꼭 있어야 할 것을 깨닫게 한다. 곧 새로운 세상을 열 수 있는 열쇠라고 할 수 있기 때문이다. 이러한 생각을 깨닫게 해주는 어린이문학가는 많다. 그 가운데서도 스웨덴의 아스트리드 린드그렌은 더욱 돋보인다. 린드그렌은 ≪내 이름은 삐삐 롱스타킹≫을 비롯해 100여 편이 넘는 작품 발표를 통해서 유럽 어린이문학에 혁명을 일으킨 작가다. 전체주의 소련 체제 아래서 수많은 어린이들이 린드그렌 작품을 재미있게 읽었는데, 다행히도 옛 소련 통치자들은 이 작품들이 가지고 있는 전체주의에 반대하는 메시지를 절대로 알아채지 못했기 때문이다. 자유분방한 삐삐를 읽은 수많은 어린이들이 어른이 되었을 때, 전체주의 소련은 해체되었다.

린드그렌 작품 가운데서 우리 겨레가 새롭게 창조해야 할 세계와 밀접한 관계가 있는 작품으로 '산적의 딸 로냐'가 있다. 산적 두목 딸인 로냐는 또 다른 산적 패 두목 아들인 비르크와 만난다. 두 산적 패들은 셰익스피어가 쓴 '로미오와 줄리엣' 집안보다 더한 원수지간이다. 두 원수 집안에 각각 한 명밖에 태어나지 않은 어린이, 로냐와 비르크는 이런 양쪽 산적 무리 속에서 모든 귀여움을 독차지하면서 행복하게 자란다. 상대편을 쳐부숴야 할 적으로 여기고,

그 적을 멋지게 쳐부술 꿈을 꾸면서. 그러나 둘이 만났고, 친구가 되고, 함께 손잡고 새로운 세계를 만들기 위해 도전한다. 그리고 어른들이 만들어 놓은 세계를 뛰어넘어 새로운 사회를 창조한다.

　이 작품에 등장하는 두 산적 사회를 동독과 서독이라는 두 사회 체제로 견주어 볼 수 있다. 동서 냉전 시대를 넘어서는 마음을 길러주는 동화다. 이 작품을 읽은 독일 아이들이 어른이 되었을 때, 독일은 분단을 넘어서 통일국가를 이루었다. 우리는 아직 지구촌에 유일하게 남아 있는 분단국가에서 살고 있다. 이 책을 우리 어른과 어린이들이 읽고, 우리 겨레가 처한 현실을 다시 바라보기 바란다. 그리고 남북 분단이라는 현실을 뛰어넘는 새로운 사회를 창조할 수 있다는 씨앗을 가슴 깊이 간직했으면 한다.

새를 보면 나도 날고 싶어

. . . . . .

이상권 글
이상규 그림
우리교육

모든 사람들은 자기가 좋아하는 일, 자신의 소망을 담을 수 있는 일을 하면서 평생 살 수 있다면 얼마나 좋을까? 이를 위해서는 개인의 적성, 가정 여건, 사회 환경이 맞아떨어져야 한다. 그 가운데 가장 중요한 조건이 바로 개인의 적성이다. 스스로 하고 싶은 일을 어려서 잘 선택하면 어려움을 이겨내면서 자신의 꿈을 이뤄낼 수 있는 가능성이 커진다.

남북 이산 가족의 슬픔과 소망을 한껏 담아낸 동화 ≪날아라 찌르레기야≫의 주인공이기도 한 조류학자 원병오 박사도 그런 삶을 살아낸 사람이다. 1929년 경기도 개성에서 태어나 여섯 살 때부터 동물학자였던 아버지 원홍구 박사를 따라다니며 나비, 새와 친해졌고, 1950년 6.25전쟁으로 아버지와 헤어진 뒤에도 온갖 어려움을 이겨내면서 새 연구를 꾸준하게 하였다. 또 분단의 벽을 넘어 아버지를 찾을 수 있는 온갖 방법을 궁리했다. 그 가운데 1965년 자신이 연구하던 '북방쇠찌르레기' 다리에 가락지를 달아 북쪽으로 보냈고, 북한에서 새 연구를 하던 아버지가 이 새를 발견하는 기적과 같은 일이 일어나 서로의 소식을 알게 되었다. 이 북방쇠찌르레기 발견과 연구로 아들인 남한의 원병오 박사와 아버지인 북쪽의 원홍구 박사가 세계 조류학계에 널리 알려지게 되었다.

이 책을 읽으면서 한 어린이가 어려서부터 나비도감을 들고 나비를 쫓아다니는 천진스러운 모습, 어려움 속에서도 다른 사람들의 무관심에 아랑곳하지

않고 꾸준히 새 연구를 하는 진지한 삶의 기쁨, 새도 넘나드는 휴전선 철조망에 가로막힌 이산 가족들의 아픔과 소망을 느낄 수 있을 것이다. 책을 읽고 나서 저학년 어린이들은 새 도감이나 백과사전에서 책에 나오는 '찌르레기, 뻐꾸기, 제비'를 찾아보기를 권한다. 동물원에 가서 읽으면서 생각했던 새와 실제 모습을 견주면서 이야기를 나눌 수 있다면 더욱 좋겠다. 고학년 어린이들은 세계 지도에 쇠찌르레기, 제비, 오리가 날아가는 길을 표시해보기를 권한다. 나아가 그 새가 날아가는 지역을 한두 군데 정하고, 그 지역에 사는 어린이에게 보내는 편지를 써도 좋겠다.

생명이 들려준 이야기

위기철 글
이희재 그림
사계절

사람은 몇 살부터 삶과 죽음에 대한 생각을 할까? 어느 자료를 보니 다섯 살짜리라도 자살을 생각한다고 했다. 권터그라스가 쓴 '양철북' 주인공도 그 또래에 어른들 위선과 독선과 억압에 대한 충격과 저항 심리 때문에 더 이상 자라기를 멈춘다. 이렇게 어른들이 만드는 위선과 억압과 물질 중심주의를 부추기는 주변 상황에 대한 거부감 때문에 더 이상 몸과 마음이 자라기를 거부하거나 자라지 못하는 아이들이 많다. 그리고 곧 '부모들은 늘 위선자일 뿐, 아이들 마음에 상처를 입힌다네, 생명의 말은 따뜻해도 재미가 없어, 죽음의 말은 차가워도 재미가 있어.'라고 노래 부르는 죽음을 지향하는 동무들과 어울리게 된다. 흔히 말하는 비행청소년이 되는 길을 선택하게 되는 것이다. 그런 비행 집단에 소속감을 느끼는 것으로 보상받으려고 한다. 그것이 다른 사람한테 끼치는 해악 이전에 자기 삶에 얼마나 나쁜 영향을 끼치는 것인가를 미처 생각할 겨를도 없이.

이 책은 초등학교 4학년 어린이가 주인공이다. 부모가 자기만 미워한다는 생각에 사로잡혀 '죽고 싶어, 정말 죽어버리고 싶어!'라며 잠을 못 이루고 있을 때 나타난 '생명이'와 '죽음이'가 여러 가지 이야기를 펼쳐놓는다. 그런 이야기를 읽는 가운데 어린이들이 자기 삶이 얼마나 소중한지 깨닫기를 바라고 있다. '사랑의 눈물'은 가난 때문에 아들을 잃은 부모가 흘리는 눈물이 뜻하는 바를 생각하게 하고, '돈으로 생명을 사려고 한 영감'에서는 돈이 아무리 많

아도 돈으로 생명을 살 수 없음을 생각하게 한다. '영원히 죽지 않는 사형수'에서는 어려서부터 힘으로 남을 괴롭혀오다 끝내 돈 때문에 사람을 죽인 사형수가 사랑하는 마음을 되찾게 된다. '로봇만 좋아했던 아이', '아이는 왜 빨리 어른이 되어서는 안 되나', '사과는 누가 가져야 옳은가', '하늘나라에 가지 마', '일곱 번째 기적'에서도 생명과 사랑 이야기를 풀어내고 있다.

　글 한 편 한 편마다 삶과 죽음, 사랑과 미움, 정의와 부정에 대해 생각할 수 있는 주제들을 담아놓았다. '어린이는 어른이 되기 위해 자라는 것이 아니라, 자라서 어른이 될 뿐이다', '사과나무밭 주인과 사과나무 주인과 사과나무 밭에서 일한 사람이 그 해 거둔 열매를 어떻게 나눠가져야 할까?', '가난한 철거촌에 사는 강우라는 어린이와 그 아랫동네 교회에 걸린 아기 예수가 왜 같을까?' 같은 주제들이다. 이렇게 무겁고 어려운 주제들을 4학년 어린이 눈높이에서 풀어내려고 무던히 애쓴 흔적이 역력하다. 독자들이 그 노력의 반만 따라가도 생명을 사랑하는 어른으로 자라겠지. 그렇게 자란 어른들이 조금이라도 더 늘어나겠지.

샬롯의 거미줄

. . . . . .

엘윈 브룩스 화이트 글
가스 윌리엄즈 그림
김화곤 옮김
시공주니어

어른도 생활 환경이 바뀌면 무척 힘들어한다. 어린이들도 생활 환경이 바뀌면 불안하고 두렵기는 마찬가지다. 그런데 우리나라 대도시 학교는 해마다 학급을 다시 편성한다. 한 학년 학급이 십여 반씩 되기 때문에 같은 반이었던 어린이가 한 반에 두세 명씩밖에 못 들어간다. 그래서 도시 지역에 사는 어린이들은 해마다 새로운 학급에서 다른 친구를 사귀어야 하고, 새 친구와 1년 정도 정들면 또 헤어져야 하는 생활을 되풀이하게 된다. 이렇게 만남과 이별을 되풀이하면서 자라는 우리 아이들한테 나와 다른 남에 대한 관심과 깊은 우정, 그리고 삶의 진실을 깊이 생각하게 하는 《샬롯의 거미줄》을 권하고 싶다.

이 동화는 이제 학교에 들어가는 여자 아이와 갓 태어난 아기 돼지와 회색 거미 사이에 펼쳐지는 우정을 보여주고 있다. '펀'이라는 여덟 살짜리 여자 아이가 너무 작게 태어난 아기 돼지를 죽이려는 아버지한테 말한다. 다른 아기 돼지들보다 작게 태어났다고 죽이는 것은 너무 불공평한 일이라고, 다르다고 차별하는 것은 세상에서 가장 끔찍하고 나쁜 일이라며 죽이지 말아달라고 한다. 이렇게 해서 펀이 기르게 된 아기 돼지 윌버가 삼촌 집 헛간으로 가게 되었을 때, 아직 어린 윌버가 새로운 환경에서 겪는 외로움과 불안한 마음과 그로 인한 행동 특성이 잘 묘사되어 있다. 그리고 절박하게 헛간에서 친구를 찾는 과정, 친구가 되어 주지 않는 다른 동물들과 주고받는 대화들이 흥미롭다. 모든 희망이 사라졌을 때 헛간 천장 구석에 사는 다리가 여덟 개 달린 회

색 거미가 친구가 되어 주겠다고 한다. 윌버는 망설임 끝에 친구가 되기로 결심한다. 그리고 둘 사이에 여러 가지 일이 일어나고, 헛간 동물들이 모두 친구가 되어 간다.

이 작품은 우정만을 이야기하는 것은 아니다. 삶에 대한 여러 가지 진실을 이야기하고 있다. 그러나 가장 핵심은 서로가 서로에게 관심을 가져야 하고, 나와 다르게 살아가는 삶을 이해하고 사랑해야 한다는 것이다. 우리 교실에서 외롭게 혼자 있는 친구가 누구인지, 그 아이 친구가 되어주려면 어떻게 해야 할지 이야기해 보자. 또는 나한테 친구가 없다면 누구한테 친구가 되자고 말하고 싶은지 생각해보고, 적극적으로 친구가 되자고 말해보자. 새로운 만남과 헤어짐을 두려워하지 말자. 펀처럼, 아기 돼지 윌버처럼, 회색거미 샬롯처럼 용기를 내자.

수일이와 수일이

김우경 글
권사우 그림
우리교육

우리나라 초등학교 어린이들만큼 학교 밖 교육에 내몰리는 아이들이 얼마나 더 있을까? 학교 수업이 끝나고 바로 학원으로 가고, 학원이 끝나면 또 다른 학원이나 과외 공부를 하러 가야하는 아이들을 보면 한숨이 난다. 대부분 아이들이 하루 종일 짜여진 시간에 따라 바쁘게 돌아다녀야 한다. 우리 반 아이들한테 '복제 인간을 만들 수 있다면 나 대신 또 한 명을 만들고 싶은 사람이 있나요?' 했더니 서로 다투어 손을 든다. 그런데 한 아이가 '싫어요!' 한다. 아이들이 전부 그 아이를 '왜?' 하는 눈빛으로 바라보니까 '난 한 명 갖고 안 돼요. 다섯 명, 아니 열 명이 있으면 좋겠어요.' 한다. 너무 바쁘고 하기 싫은 일이 많단다. 그래서 복제 인간을 많이 만들어서 나눠서 시키고 싶단다. '음, 좋아요. 그럼 이 책을 읽어보고, 다시 한번 이야기를 나눠 보도록 해요.'

이 책에 나오는 수일이는 요즘 우리 아이들의 전형이라고 할 수 있다. 학원 시간에 쫓겨서 놀 시간이 없고, 어른들한테 자기 이야기를 하고 싶어도 귀담아 들어주는 어른이 없는 아이들, 강아지하고라도 말을 나누고 싶어하는 아이들이다. 나하고 똑같은 복제 인간이나 로봇을 만들어서 나 대신 다 시키고 싶은 아이들 가운데 한 명이다. 그런데 어느 날 속상해 하던 수일이가 정말 개하고 말을 나눌 수 있게 되었다. 그리고 개하고 의논해서 옛날 이야기에 나오는 방법으로 또 다른 수일이, 가짜 나를 만든다. 처음에는 소원대로 다 하게

되었지만 얼마 못 가 가짜한테 오히려 자기 자리를 빼앗기게 되고, 가짜 꾀에 빠져 쥐가 되고 만다.

진짜 같은 가짜와 가짜 같은 진짜가 다투고, 온갖 어려움 끝에 '진짜 내'가 다시 자기 자리를 찾게 되는 과정이 무척 재미있다. 이제 막 자기 정체성에 대해 고민하기 시작하는 사춘기에 들어서는 아이들한테 정말 나는 무엇일까를 생각하게 해 준다. 좋은 판타지 동화가 드문 우리 창작 동화 가운데 이만큼 믿음직한 판타지를 만날 수 있다는 건 무척 반가운 일이다.

초등학교 4학년부터 권하고 싶다. 어른과 어린이가 함께 읽고 가족이 서로 어떤 마음과 자세로 이야기를 나누어야 하는지 생각해 보고, 이 동화에서 이야기하는 진짜 나와 가짜 나가 무엇일까? 진짜 내가 된다는 게 무엇일까? 마음속으로 되뇌이게 하는 동화가 될 수 있다.

시애틀 추장

■■■■■■

수잔 제퍼스 글
최권행 옮김
한마당

인류가 지구촌에 등장해서 그동안 저지른 죄가 참 많다. 자연을 파괴하고, 환경을 오염시켜서 수많은 다른 생명들을 그 종자까지 멸종시켰다. 근래 이삼백년 사이에 지구촌에서 사라진 동식물이 헤아릴 수 없고, 멸종 속도는 점점 빨라지고 있다. 동물보호론자들 노력으로 겨우 멸종을 모면한 동식물들도 가까스로 보호구역에서 눈요기감으로 목숨을 부지하고 있을 뿐이다.

유럽 백인들이 세계 곳곳으로 침략하면서 이렇게 자연을 파괴하는 죄 역시 급속히 세계화하였는데, 19세기에 그들이 저지른 가장 큰 죄로 아메리카 인디언 학살을 빼놓을 수 없다. 백인들은 인디언을 상대로 무자비한 살육 전쟁을 일으켜 불과 한 세기도 안 되는 기간에 수천 년 자연과 함께 사는 문화를 일궈온 인디언들을 멸종시키다시피 했다. 그들이 살던 땅을 모두 빼앗아 차지해 버렸고, 끝없는 철조망으로 땅을 조각조각 나눠서 경계선을 만들어 놓았다.

이 책은 아메리카 백인들과 인디언들의 마지막 전투가 끝나갈 무렵에 인디언 지도자였던 시애틀 추장이 당시 미국 14대 피어스 대통령이 보낸 대표를 향해 당당하게 던졌던 말을 아름다운 그림과 함께 실은 책이다. 시애틀 추장의 말은 곧 인디언들이 백인들한테 경고하는 말이었고, 지금은 그 백인 문화에 젖은 세계를 향해 경고하는 말이 되었다. 시애틀 추장은 외치고 있다. 당신들은 돈으로 하늘을 살 수 있다고 생각하는가? 당신들은 비를, 바람을 소유할 수 있다고 생각하는가? 우리는 이 땅의 일부이고 이 땅은 우리 일부이고, 대

지에 피어나는 꽃들은 우리 누이들이고, 곰과 사슴과 독수리는 우리 형제고, 모든 자연 속 생명들은 우리 식구라고. 그러니 그 모든 것들을 형제를 대하듯 똑같은 마음으로 사랑으로 대해야 한다고. 땅과 공기와 물을 보살피고 간직 하라고 외치고 있다.

아메리카 백인들은 그 후로도 끊임없이 자신들 이익 때문에 뭇 생명들 생존 권마저 빼앗고 있다. 석유 자원을 확보하기 위해 중동 지역을 침략하거나 내 부 전쟁을 끊임없이 유도했다. 오직 그 땅에 살고 있다는 죄밖에 없는 수많은 생명들을 죽였고, 앞으로도 언제 중동지역 분쟁으로 얼마나 많은 생명들이 또 사라져야 할지 모른다. 글쓴이 소망대로 우리는 정말로 더 늦기 전에 시애틀 추장의 말에 귀를 기울여야 할 때다. 아메리카 백인들은 물론이고 그들의 문 화에 젖어있는 세계의 모든 나라 사람들이 아직도 공기 중에 떠도는 시애틀 추장의 말을 붙잡아 깊이 생각해 봐야 한다. 그의 말이 사실이 되었기 때문에.

아! 그렇구나 우리 역사–고구려

여호규 글
김형준 그림
여유당

《**아**! 그렇구나 우리 역사》 가운데서 〈고구려 편〉을 택한 까닭은 최근 중국의 동북공정 때문에 고구려 역사에 대한 사람들의 관심이 높아졌고, 각 방송사에서 역사 연속극으로 방영하고 있기 때문에 견주어 보고 싶기도 했다. 그래서 역사책 한 권을 소개해 달라는 원고 청탁을 받고 서점에 가서 고구려 사를 다룬 책만 구해서 그 내용을 견주어보았다. 현재 시중 서점에서 팔리고 있는 역사책이 어떤 것들이 있는지 궁금해서였다. 먼저 안타까운 점은 아직도 왕조사 중심으로 쓴 역사책이 주류를 이루고 있고, 그 가운데서도 왕조사, 전쟁 중심의 역사만화가 주류라는 점이다. 물론 왕조사 중심의 역사만화책이 모두 나쁘다는 것은 아니지만 미래를 위해서는 어린이들이 우리 역사를 민주주의 관점에서 폭넓게 볼 수 있도록 이끌어 줄 수 있는 역사책이 더 필요하기 때문이다. 역사란 과거를 통해 미래를 열어가는 열쇠가 아닌가? 이번에 시중 서점에서 구해서 본 10여 권 역사책 가운데서 이런 생각에 가장 가깝게 와 있는 책이 《아! 그렇구나 우리 역사》였다.

"저는 고구려가 태동하여 멸망할 때까지, 천 년 가까운 그 기나긴 역사를 하나의 물줄기로 엮기 위해 많은 노력을 기울였습니다. 고구려 사람들의 삶과 생각, 나라를 다스리던 제도 등이 시대에 따라 변하는 모습을 그려 나갔지요. 여기에다 고구려 사람들이 일구었던 삶의 터전, 화려한 비상을 도모했던 광활

한 무대를 담기도 하고요. 고구려 역사에서 진짜 배워야 할 것은 '지금은 사라진 광활한 영토'가 아니라, 바로 '탁월한 국제 감각'입니다. 그래서 저는 고구려 역사를 동아시아 국제 정세와 연관지어 설명하면서 고구려 사람들의 대외 인식과 정책을 그리려고 많은 노력을 기울였습니다. 여러분이 세계화의 험난한 파고를 뛰어넘을 국제 감각을 키울 수 있기를 기원하면서 말입니다."라는 글쓴이 말에서 엿볼 수 있듯이 고구려를 어느 한 사람의 왕이나 장군을 영웅으로 만드는 이야기가 아니라 수많은 백성들의 피와 땀으로 일군 여러 갈래의 물줄기들이 모여 고구려라는 큰 물줄기를 만들어 가는 모습을 그리려고 애쓴 역사책이다. 고구려 역사를 압록강을 중심으로 하는 자연 환경과 교통망, 국가 체재와 사회 구조, 국제 정세와 정치 체제 변화, 대외 관계와 제도 정비, 고구려 사람들의 세계관, 성곽과 벽화로 본 고구려 문화와 삶, 고구려와 수의 전쟁이라는 작은 주제로 나누어 설명하였다. 그리고 고구려가 멸망한 후에 그 백성들이 어디로 가서 어떤 삶을 살았는지까지 살펴서 보여주고 있다. 고구려 역사책이 소실돼서 모든 자료가 부족한 상황에서 흩어져 있는 다양한 자료들을 모아서 재분류하고, 어린이들이 볼 수 있도록 재구성한 노력이 돋보인다. 초등학교 어린이들한테는 좀 어려운 말을 조금 더 쉬운 우리말로 다듬었다면 더 좋았겠다.

아버지의 눈물

. . . .

박신식 글
김재홍 그림
푸른나무

문학이 해야 할 일 가운데 하나가 역사의 전환점이 되는 사건을 끊임없이 새롭게 해석하고, 그 사건을 올바르게 풀어나가는 삶의 길을 고민하게 해 주는 것이라고 생각한다. 어린이 문학 역시 이러한 임무를 소홀히 해서는 안 된다고 생각한다. 이런 생각에 우리 겨레의 역사 속에서 한 사람 한 사람이 살아온 삶을 기반으로 역사의 전환점이 되는 사건을 어떻게 보고, 어떻게 풀어나갈 것인지를 고민한 어린이 문학을 만났을 때 정말 반갑다.

≪아버지의 눈물≫은 20년 전에 일어났던, 광주민중항쟁이라는 폭풍 속에서 적으로 만났던 악연을 가진 세 아버지들의 이야기다. 그 악연의 실타래 속에서 만난 다음 세대인 세 아들이 이 헝클어진 실타래를 어떻게 풀어나가야 할지를 고민한 작품이다.

자신들의 의지와는 무관하게 악연으로 맺어진 세 아버지와 자신들의 뜻으로 새로운 인연을 만들고 싶어 하는 세 아들이 한 자리에 선다. 망월동 묘소 앞에서 손을 잡고 눈물 흘리는 아버지들과, 그 아버지들의 손을 함께 잡는 다음 세대가 있다.

초등학교 고학년부터 중고등학생과 어른들이 함께 읽고, 우리 겨레가 긴 겨

울 차가운 눈바람을 이겨내고 따스한 봄바람을 맞을 수 있는 길을 생각해보는 시간을 가질 수 있다면 좋겠다.

아버지의 편지

정약용 글
홍금희 그림
한문희 엮음
함께읽는책

유유히 흐르는 한강을 내려다보면서 팔당대교를 건너 양평 쪽으로 가다 보면 오른쪽으로 다산 정약용 무덤과 옮겨 온 생가, 기념관이 자리 잡고 있다. 1762년에 태어나 1836년에 세상을 떠난 다산이 살았던 75년에 걸친 자취를 살펴볼 수 있는 곳이다.

조선 후기 실학을 대표하는 학자인 다산은 정조한테 신임을 받아 지금은 세계문화유산으로 지정된 수원 화성을 설계하고, 화성을 쌓는 데 활용한 거중기를 설계했다. 대규모 인력이 한강을 건널 수 있는 배다리를 설계하기도 했다. 정조가 숨진 뒤 실학에 대한 탄압으로 20여년이나 귀양살이를 했다. 귀양살이를 하면서도 학문에 전념해 조선 후기 실학을 대표하는 학자로 인정받게 되었고, 우리나라 역사에 큰 발자취를 남겼다. 다산이 쓴 책 500여권은 사상, 정치, 경제, 교육, 사회, 지리, 천문, 의학, 언어학을 비롯한 다양한 방면에 걸쳐 있다. 다산이 중요한 까닭은 그의 삶과 사상이 우리나라 역사에서 현재와 미래를 밝혀 주는 소중한 빛이 되기 때문이다.

이 책은 이러한 다산 정약용 삶과 생각을 이해하는 첫 걸음이 될 수 있다. 그가 귀양살이를 하면서 멀리 떨어져 사는 두 아들한테 보낸 편지 가운데 어린이들이 읽으면 좋겠다 싶은 편지를 골라 실었다. 1부는 독서와 공부에 관한 것이다. '확고한 뜻을 세우고 책을 읽어라', '중요한 내용은 기록해 두거라', '독

서할 때는 뜻을 분명하게 파악해야 한다', '독서는 집안을 일으키는 떳떳한 길이다', '공부에는 때가 있는 것이다', '공부는 계획을 세워 실천해야 한단다', '정성을 다해 공부에 힘쓰거라', '정성을 다하는 마음이 공부의 근본이다' 등의 작은 제목으로 나눴다. 제목에서 볼 수 있듯이 두 아들이 공부에 뜻을 두고, 올바르게 책을 읽기를 간절히 바라는 아버지 소망이 담겨 있다. 이러한 소망은 예전에 살았던 아버지나 오늘을 사는 아버지나 마찬가지일 것이다.

편지 내용마다 엮은이가 덧붙여 놓은 '생각하며 느끼며'도 도움이 된다. 3부 '다산 정약용 선생님에게 역사 배우기'도 어린이들이 그의 삶을 역사와 연계해서 살펴 볼 수 있도록 잘 구성해 놓았다. 시대를 넘어 아버지들 마음을 이어 주는 책이다.

아홉살 인생

위기철 원작
이희재 그림
주니어김영사

여러 가지 책 가운데서 만화책은 어린이들이 좋아하는 책이다. 다른 책은 읽기를 싫어 하는 어린이들도 만화책은 열심히 보는 경우가 많다. 만화책은 즐거움을 주기 때문이다. 그만큼 만화는 어린이들 눈과 마음을 끌어당기는 힘이 있기 때문이다. 나도 어려서 처음 만화책을 보았을 때 느꼈던 즐거움이 지금도 기억난다. 초등학교 4학년 때 처음 만화책을 보았는데, 시골 장터 느티나무 아래 펼쳐놓고 빌려주는 만화책이었다. 어른들은 못 보게 했지만 그해 여름에 장이 설 때마다 몰래 가서 빌려보았다. 요즘은 만화책을 무조건 나쁘다거나 보지 말라고 하는 부모나 어른들이 많이 줄었고, 좋은 만화책을 찾는 독자도 늘어나고 있어 다행이다. 많지는 않지만 오늘을 사는 우리 어린이들한테 추천하고 싶은 만화책도 출판되고 있어서 기쁘다.

위기철이 쓴 《아홉살 인생》의 시대 배경은 요즘 어린이들이 태어나기 훨씬 전이다. 도시에서 달동네라고 불리는 가난한 사람들이 사는 동네에서 아홉살 어린이가 겪은 경험과 어린 눈으로 본 이웃 사람들 생활이 고스란히 담겨 있다. 그 이야기를 이희재님이 다시 만화로 잘 그려낸 책이다. 도시에 사는 가난한 사람들이 살아가는 고달픈 모습, 그런 고달픈 생활 속에서도 꿈과 희망을 잃지 않고, 사람다운 마음을 지키고 가꾸며 살아가는 사람들 이야기이다. 어린이 여러분이 태어나기 전 이야기지만 가난한 사람들은 지금도 있고, 그런 가난에 굽히지 않고 당당하게 열심히 살아가는 사람들이 지금도 많이 있

다. 여민이네 식구처럼 가난 속에서도 지키고 가꾸는 사람다운 마음은 가난한 사람들이나 가난하지 않은 사람들 모두에게 필요한 마음이기에 요즘 어린이들도 읽어보라고 추천하고 싶다.

어린이들이 이 만화책을 읽을 때 여민이 눈이 되고, 여민이 마음이 되어 여민이 동무들과 함께 놀기 바란다. 부모님 없이 누나와 함께 사는 뻥쟁이 기종이와 같이 점심을 나눠먹는 여민이 마음을 배우기 바란다. 또 여민이네 이웃에 사는 사람들과도 친해지기 바란다. 오래 전에 집을 나간 아들을 기다리다 외롭게 죽은 토굴할매와 같은 이웃들에게 마음을 열고 친해지기 바란다. 그리고 '가난하다고 모두 불쌍한 것은 아니야. 스스로 불쌍하다고 생각하면 그게 불쌍한 거야.'라는 여민이 어머니 말씀도 마음에 새겨보기 바란다.

우리 어린이들이 여민이처럼 생활이 힘들고 어렵더라도 씩씩하게 자라기 바란다. 스스로 자신의 꿈과 희망을 가꾸면서 자라기 바란다. 비록 여민이네만큼 가난하지 않더라도 가난하게 사는 사람들을 따스한 마음으로 이해하고 함께 사는 마음을 가진 사람으로 자라나기를 바란다. 또 여민이네보다 더 가난하고 더 어려운 환경 속에서 살고 있을지라도 결코 자신을 스스로 불쌍하다고 생각하지 말고 미래에 대한 꿈과 희망을 마음속 깊이 간직하고 당당하게 살기 바란다. 그런 어른으로 자라기를 바란다.

안응칠, 이토히로부미를 쏘다!

■ ■ ■ ■ ■ ■ ■

안중근 글
푸른나무

19 09년 10월 26일 오전 9시, 하얼빈 역에서 총성 일곱 발이 울렸다. 안응칠, 곧 대한독립군 참모중장이던 안중근이 쏜 총소리다. 그가 조선을 침략하고, 동양 평화를 위협하는 이토 히로부미를 향해 쏜 총소리였다. 안중근은 이토 히로부미를 죽인 것은 대한민국 군인으로 적을 죽인 일이니 일본 재판을 받을 까닭이 없고, 만국공법에 따라 포로 대우를 해 달라고 주장했다. 그러나 일제는 영국, 러시아, 조선인 변호사들이 낸 변론 신청을 받아들이지 않고 자기들 마음대로 관선 변호사를 정해 억지 재판을 했다. 안중근은 사형 선고를 받고도 일본 재판을 인정할 수 없다며 항소를 거부했고, 1910년 3월 26일 장렬하게 순국했다.

이 책은 안중근이 감옥에서 죽음을 앞두고 자신이 살아온 일을 돌아보면서 쓴 것이다. 감옥에서 쓴 글이어서 항일운동과 관련된 여러 가지 일이나 이토 히로부미를 사살한 사건도 속내를 솔직하게 다 드러냈다고 보기는 어렵다. 그때까지 이미 알려진 일이나 드러난 사람들과 관계된 이야기가 대부분이다. 그러나 안중근이 살아온 길, 나라를 위해서 한 일, 왜 자기가 죽을 것을 뻔히 알면서도 이토 히로부미를 쏘았는지를 자세히 알 수 있다. 한문으로 쓴 글을 한글로 옮겼으며, 어린이들이 읽기에 마땅하지 않는 부분은 일부 빼고, 인심결합론이나 동양평화론은 부록으로 붙였다. 이 자서전에 이어 쓰기 시작한 동양

평화론은 사형이 집행되는 바람에 시작 부분만 쓰여 있다. 하지만 그가 생각하는 동양 평화를 위한 올바른 길이 무엇인가를 짐작하게 한다.

　당시 일제와 그 앞에 서 있던 이토 히로부미는 일본이 조선과 동양 평화를 위한다고 외쳤다. 그러나 안중근은 정작 일본이야말로 동양 평화를 깨고 있으며, 이토 히로부미는 그 앞잡이로 늙은 도둑이라고 했다. 그 앞뒤 역사를 보면 이토 히로부미의 말은 거짓이고 안중근의 말이 참이다. 그런데 그때나 지금이나 침략이 아니라 도움을 준 것이라고 떠드는 거짓말쟁이들이 있고, 그 거짓말에 속는 사람도 있으니 안타깝다. 초등학생들이 읽기는 조금 어렵지만 역사의 진실을 아는 데 도움이 될 수 있다.

야시골 미륵이

김정희 글
이선주 그림
사계절

어느 나라 아이들이나 옛 이야기를 무척 좋아한다. 옛이야기를 듣고 보고 즐기면서 자연스럽게 그 속에 담긴, 조상들이 살아온 이야기를 알게 된다. 따라서 어린이들한테 우리 겨레가 살아온 옛이야기를 재미있게 들려 주고, 읽어 주고, 읽을 수 있도록 좋은 이야기를 써서 책으로 출판하는 일이 필요하다. 또 역사 속 인물들의 이야기를 우리 아이들은 물론 다른 나라 아이들도 재미있게 읽으면서 그 삶을 가슴으로 느낄 수 있는 좋은 이야기들이 많이 나왔으면 좋겠다. 우리 겨레가 살아온 역사의 굽이굽이에는 좋은 이야기로 쓸 수 있고, 써야 할 삶의 흔적들이 헤아릴 수 없을 만큼 많다.

1945년 8월 15일 일본 제국주의가 연합군에 항복하고 우리 겨레가 해방되었다. 그러나 해방의 기쁨도 잠시, 미군과 소련군이 38도선 남과 북으로 들어와 각각 신탁통치를 하면서 우리 겨레는 다시 가슴 아픈 삶을 살아야 했다. 이 작품은 바로 이런 혼란과 갈등이 힘없는 한반도를 위기로 몰아가던 시기를 배경으로 한다. 그런 어두운 고난의 시대를 살아야 했던 우리 겨레 이야기를 아이들한테 들려 주는 이야기다. 사실 이 작품의 주인공인 야시골 미륵이와 미륵이네 가족과 그 마을 사람들이 살아가는 이야기는 60년 전 그 시대를 한반도에서 살았던 많은 사람들의 그것이다. 한반도 구석구석 어디에서나 일어났던 이야기들이다. 그 조각조각을 붙여 놓은 이야기다.

이 책이 나왔을 때 학급문고로 5권 준비해서 5학년 아이들한테 읽어 보라고 소개했다. 평소 독서를 많이 하고, 역사에 관심이 있는 아이들이 감동을 받았다며 좋아했다. 사건의 흐름에서 대립 구도가 분명하지 않은 경우가 있고, 어려운 낱말이 있어 그런가 보다. 따라서 이 책은 5, 6학년이라도 평소 독서력이 있거나 역사에 대한 배경 지식이 있는 어린이한테 권하는 것이 좋겠다. 60여 년 전 이야기라면 50대인 나도 태어나기 전이고, 오늘을 사는 10여살 아이들한테는 정말 옛날이야기다. 따라서 그 시대 이야기를 우리 아이들이 정말 옛날이야기처럼 즐겁게 읽을 수 있도록 좋은 이야기책으로 더 많이 나왔으면 좋겠다.

어린이를 살리는 글쓰기

∙∙∙∙∙∙∙∙
이오덕 글
우리교육

우리 현대 교육사에서 중요한 교육자를 꼽으라고 했을 때 이오덕 선생님을 빼놓을 수 없을 것이다. 70년 대 출판한 ≪이 아이들을 어찌할 것인가≫, ≪시 정신과 유희 정신≫, ≪일하는 아이들≫, ≪우리도 크면 농부가 되겠지≫. 80년 대 출판한 ≪어린이를 지키는 문학≫, ≪삶과 믿음의 교실≫, ≪삶을 가꾸는 글쓰기교육≫, 90년대 출판한 ≪우리 글 바로 쓰기≫, ≪우리 문장 바로 쓰기≫를 비롯해 수십 권에 달한다. 한결같이 우리 겨레와 어린이가 처한 현실을 짚으면서 교사와 학부모를 대상으로 쓴 책들이다. 우리 어린이와 우리 말과 글을 살려낼 수 있는 길을 보여주셨고, 그 길을 보고 따르는 사람들이 계속 늘어나고 있다.

이 책 이름이 '어린이를 살리는 글쓰기'라는 데서도 알 수 있듯이 '어린이들이 자기 삶을 어떻게 하면 올바르게 살 수 있을까? 어떤 마음으로 글을 써야 좋을까?'를 어린이들이 쓴 글을 보기로 들어서 설명하고 있다. '일을 하고 글쓰기, 조금 전에 있었던 일 쓰기, 오늘 겪었던 일 쓰기, 주고받은 말 쓰기, 참된 사랑이 깃든 글쓰기, 느낌과 생각을 솔직하게 쓰기, 생각과 의견을 정확하게 쓰기, 자기를 알리는 글쓰기, 책 읽고 느낌 쓰기, 남의 글 따라 쓰지 않기, 상 받은 글에서 고쳐야 할 점, 우리 말 살려 쓰기, 시가 되는 글과 시가 될 수 없는 글'로 나누어 보여주면서 그 글에 대한 생각, 좋은 까닭과 고쳐야 되는 까닭을 자세히 짚어 놓았다. 보기로 들어놓은 글 한 편 한 편을 읽으면서 자세

히 짚어놓은 글을 따라 읽다보면 '내가 왜 글을 써야 하고, 어떤 글을 써야 하는지', '어린이들이 쓰거나 읽는 글을 어떻게 봐야 하는지', '교사와 학부모들이 글쓰기 교육을 어떤 마음으로 해야 하는지'를 조금이나마 알 수 있게 된다.

이 책은 4학년 이상 어린이한테 권할 수 있지만 보기 글 가운데는 그 아래 학년 어린이를 가르칠 때 읽어주어도 좋은 글이 많다. 우리말도 제대로 익히지 못하면서 꼬부랑 서양 말을 배워야 하고, 어른들이 쓴 글을 흉내 내는 거짓글 지어내기와 대학 입시를 겨냥한 논술문 쓰기에 시달리면서 몸과 마음이 무섭게 병들어 가는 우리 아이들, 그리고 이런 아이를 만드는 부모와 그 어린이들을 가르치는 교사들이 이 책을 잘 읽어서 정직하고 자유로운 글쓰기로 자기 목숨을 온전하게 키워가기를 바라는 글쓴이 생각. 이 땅에 사는 우리 어린이와 겨레가 올바르게 살아나갈 수 있는 지혜를 배울 수 있다면 좋겠다.

오렌지별에서 온 아이

●●●●●●●

류미원 글
정승희 그림
창비

우리 말 쉬운 말
쉬운 말을 해요
어릴 때부터 쓰던 말
강아지와 하던 말
강아지도 알아듣는 말
냉이 민들레 할미꽃 제비꽃
머루 다래 으름 도토리
피라미 버들붕어 모래무지 미꾸라지
꾀꼴꾀꼴 꾀꼬리
뻐꾹뻐꾹 뻐꾸기
뜸북뜸북 뜸부기

지난 여름부터 산에 다니면서 백창우 노래창고 세 권을 틈틈이 듣고 있다.
차를 타고 가면서도 듣고, 밤에도 듣는다. 요양하고 있는 집이 컴퓨터도 없고
텔레비전도 없어서 노래 밖에 들을 게 없다. 그러다보니 나 같은 음치가 산에
오르내리면서도 노래를 흥얼거리게 되었다. 가장 많이 흥얼거리게 되는 게
≪이오덕 노래상자 01 노래처럼 살고 싶어≫에 실린 이 '우리말 노래'다.
　처음에는 '강아지도 알아듣는 말'을 그저 어린이도 알아듣는 쉬운 우리말로

해야 한다는 것으로만 생각했다. 그런데 흥얼거리면서 새김질을 하다 보니 사람과 짐승과 새와 물고기가 함께 살아야 한다는 뜻이라고 생각되었다. 사람이 마음의 문을 연다면 지구촌 생명들이 함께 살 수 있을 것이다. 강아지 같은 집짐승들하고도 마음을 나눌 수 있고, 숲이나 물이나 하늘에 사는 뭇 생명들하고도 얼마든지 마음으로 이야기를 주고받으면서 함께 살 수 있다.

≪오렌지별에서 온 아이≫도 우리 아이들이, 우리 사람들이 마음의 문을 열고 뭇 생명들과 함께 살 수 있는 길을 꿈꾸고 있다. 가평 축령산 숲에서 걷는 사이사이 쉬면서 읽었는데, 다 읽고 책을 얼굴에 덮고 누우니 잣나무 숲에서 온갖 소리가 들린다. 아직은 무슨 소리인지 알아들을 수는 없지만, 오렌지별에서 온 티립스가 주인공 아이들한테 하는 말을 주문처럼 외우면서 '이 숲 속 나무들은 나한테 무슨 말을 하고 있을까?' 귀를 기울여 본다.
주인공 아이들은 산 속에서 길을 잃고 헤매다가 오렌지별에서 온 티립스 안내로 나무들과 마음의 문을 열어보려고 한다. 나무들과 마음이 통하는 순간 사람에 대한 분노를 느끼고 두려워한다.

산에 있는 온 나무들이 끓어오르는 마그마처럼 분노하고 있었다.
"우리를 괴롭히는 인간들을 가만두지 않겠어!"
나무들의 호통이 소리 없는 메아리가 되어 아이들 가슴을 울렸다. 아이들은 숨이

오렌지별에서 온 아이

턱까지 차올랐지만 멈출 수가 없었다. 멈추는 순간, 당장 무슨 화를 당할 것만 같았다.

인간에 대한 분노가 어디 나무뿐이겠는가? 큰길마다 차에 치여 납작하게 말라붙어가는 수많은 작은 짐승들, 산 채로 쓸개즙을 빼앗기는 곰들, 하루에 200마리씩 버려진다는 도시의 개들-그 개들은 보호소에 가두어 놓았다가 열흘이 지나면 죽여서 태워버린다고 한다. 말이 안락사지 학살이다. 미국에서는 삼일 지나면 학살한다고 한다. 4대강 개발로 살던 곳에서 쫓겨나고 죽어가는 생명들은 얼마나 될까? 숲 속 길에서 만나는 다람쥐, 청설모, 까마귀, 까치, 곤줄박이, 산개구리, 두꺼비, 살모사……. 아무리 말을 건네도 모른척하는 게 당연하다.

'나는 오렌지별 아르크투스에서 왔어.'
'어쩐지…… 그런데 여기에 왜 온 거야?'
'인간들하고 소통하고 싶어서.'
'소통?'
'그래. 생각만으로만 하는 소통이 아니라, 보고 만지고 듣고 느낌으로 하는 소통 말이야.'

주인공 아이들은 오렌지별에서 온 아이 티립스를 만나면서 오빠와 동생이, 다투던 동무들이 서로 마음을 열게 된다. 아버지와 마음을 나눌 수 있는 길을 찾게 된다. 아이들은 반달곰을 구하려 하고, 반달곰은 아이들을 구하려 한다. 그리고 풀과 나무들이 마치 길을 내주듯이 풀들이 옆으로 눕고, 나무들은 잔가지를 들어올렸다. 아이들이 계속 길을 가도록.

　이 책이 우리 아이들에게 냉이와 민들레와 소나무와 잣나무와 지렁이와 미꾸라지와 참새와 곤줄박이와 꾀꼬리와 병아리와 강아지와 고양이와 다람쥐와 마주이야기를 나눌 수 있는 작은 길이 될 수 있으면 좋겠다. 동무들과 식구들하고도 마음의 문을 여는 오솔길이 될 수 있으면 좋겠다. 책을 덮고 문밖으로 나가 밤하늘에 반짝이는 별들을 바라보면서 티립스가 보내는 눈짓을 생각해 볼 수 있다면 좋겠다. 이 책은 우리 아이들 마음이 그런 길을 찾아가게 하는 데 조금이라도 도움이 될 수 있을 거라고 생각한다. 아이들한테 이 책을 읽어주는 교사들 마음에도.

5월의 노래

이원수 글
김용덕 그림
창비

어느 교육단체에서 서울시교육청에 낸 초등학교 어린이를 대상으로 만든 책을 심의한 일이 있었다. 우리 겨레가 일제 식민지에서 해방된 까닭을 오로지 연합군 승리로만 설명한 글을 보고 깜짝 놀랐다. 우리 겨레가 수많은 희생을 치르면서 싸웠던 독립 운동에 대한 가치부여를 전혀 찾아볼 수 없었다. 또 남한과 북한에서 우리 겨레가 스스로 나라를 세우고, 각자 실시한 선거로 남북이 각각 김일성과 이승만을 지도자로 뽑았다고 했다. 곧 분단을 우리 겨레가 스스로 택한 것으로 서술하였다. 물론 이런 설명이 모두 잘못이라고는 할 수 없지만 한쪽만 보여준 반쪽 역사라고 할 수 있다. 분명 우리 겨레가 연합군 승리로 일제에서 벗어나기는 했다. 그렇다 하더라도 독립할 수 있었던 까닭에는 일제 식민 통치에 끝까지 반대 투쟁을 했던 사람들이 있었기 때문이다. 또 두 개로 갈라진 이면에는 미소 강대국 책임이 더 크기 때문이다.

이 작품은 독립 운동에 참여했던 아이들 이야기다. 일제 식민지에서 어린이 해방 운동과 민족 독립 운동을 펼친 방정환과 김기전 뜻에 따르던 사람들, 당시 소년 운동가들이 앞장서 만들었던 소년회 활동을 알 수 있는 작품이다. 이원수는 경상남도 마산에 살던 10여 세 어린이 시절에 '소년회'에 가입한다. 그리고 방정환 선생님 강연을 듣고, 방정환 선생님 권유로 동요를 쓰게 되었는데, '나의 살던 고향'이 첫 작품이다. '5월의 노래'에는 소년회에 가입하게 되는 과정과 소년회에서 하던 일, 소년회 활동을 하다가 감옥에 가신 선생님

을 위해 담 밖에서 노래 부르던 일, 우리말로 쓴 소년회 신문을 만들어 돌리다가 걸려서 벌청소하던 일, 소년회에 가입했다고 학교에서 조사받던 일, 일본인 집 뜰에 핀 장미를 꺾다가 일본인이 쏜 총에 맞아 다친 일, 그래도 60여 명의 아이들이 굳게 뭉쳐서 달밤에 숲 속에 모여 독립을 찾아야 한다고 다짐한다. 그리고 주인공 노마는 이사를 가면서, 이사 간 곳에서 소년회를 만들겠다고 다짐한다.

당시 방정환이 위원장을 맡았던 조선소년운동연맹에 가입한 소년회가 전국에 450개 정도 되었다는 기록이 있다. 우리 민족이 당당하게 살 수 있는 세계를 꿈꾸면서 일제 식민 통치에 반대하던 그 많은 소년회 활동을 자세히 보여주고, 소년회에 가입해 일제에 꿋꿋이 맞서는 어린이들 생활과 마음을 보여준 이야기는 이 작품밖에 없는 것 같다. 초등학교 4학년부터 권장하면 좋겠고, 작품 속에 녹아 있는 우정과 일하는 사람을 대하는 올바른 태도가 무엇인지 배울 수 있겠다.

우리 누나

오카 슈조 글
카미야 신 그림
김난주 옮김
웅진주니어

내가 학교에 다니던 30여 년 전에는 장애가 있는 어린이는 일반 학교에 다니는 경우가 적었다. 소아마비를 앓아서 다리를 저는 친구가 한두 명 있을 따름이었다. 하지만 요즘은 뇌성마비나 자폐증이 있는 아이들 가운데서도 일반 학교에 다니는 아이들이 늘고 있다. 일반 아동과 장애 아동의 통합교육이 늘고 있기 때문이다. 일반 학교에 특수 학급이 있는 학교도 늘었고, 일반 학급에 원적을 두고 한두 시간만 특수 학급에서 공부한다. 교육부에서도 내년부터 장애 학생을 위한 특수교육에 더 투자를 하겠다고 한다. 반갑고 좋은 일이다. 이 책은 일본의 도쿄 도립 특수학교에서 몸이 불편한 아이들을 오랫동안 가르쳐 온 교사가 자신의 경험을 바탕으로 쓴 글을 모아 놓은 책이다. 다운증후군을 앓고 있는 누나와 함께 사는 남동생의 마음을 따라 가는 '우리 누나', 팔다리가 온전하지 못해 흔들흔들 걷는 아이를 괴롭히고도 사실을 끝까지 말하지 못한 일을 고통스럽게 되돌아보는 '잇자국', 특별히 따돌림을 당할 만한 까닭이 없는데도 일반 학교에서 집단 따돌림을 당하는 3학년 여자 아이와 심한 정신 장애를 앓고 있는 딸이 겪는 아픔을 따스한 가슴으로 녹이는 어머니의 아픔을 보여주는 '멍'. 친구들한테 오해와 놀림을 받으면서도 뇌성마비가 심해 집에 누워서 지내는 이웃집 아이와 놀아 주는 아이를 그린 '목걸이', 장애인이기 때문에 집안 행사에도 참석하지 못하는 슬픔을 드러낸 '워싱턴 포스트 행진곡' 같은 작품 하나 하나가 장애를 안고 살아 가는 아이들과 그 아이

들을 식구나 동무나 이웃으로 둔 사람들이 겪는 슬픔과 아픔을 생생하고 섬
세하게 그리고 있다.

　인생은 즐거운 것이다. 하지만 힘든 일과 슬픈 일과 고통스러운 일도 참
많다. 사람들은 그러한 많은 일을 경험하면서 진정한 '인간'이 되는 것이다.
'다른 사람 마음의 아픔을 아는 인간이 진정한 인간'이라는 글쓴이 말처럼 이
책에 실린 작품들은 장애를 안고 살아 가는 사람들을 괴롭히는 대상이나 놀
림 거리로 보지 않고, 단순한 동정의 대상으로 여기지 않는다. 함께 살아가야
할 진정한 형제고 이웃이라는 마음의 눈을 뜨게 이끌어 주고 있다. 곧 사람다
운 마음과 행동이 무엇인가를 생각하게 한다. 장애아 통합교육의 확산을 위
해서 우리 아이들과 부모와 교사들이 꼭 가져야 할 마음과 생각을 일깨워 주
는 책이다.

우리 민주주의가 신났어!

......

장수하늘소 글
허성미 그림
아이세움

우리 반에는 시사에 관심이 많고, 바른 말을 잘하는 아이가 있다. 그 아이가 뜬금없이 "요즘 대통령이 울고 싶겠죠?" 한다. 선거 공약으로 내세운 수도를 충청도로 옮기는 문제가 헌법재판소에서 관습헌법에 어긋난다고 위헌으로 판결이 났으니 울고 싶은 마음일 거라는 이야기다. "대통령이 그런 일로 울고 싶으면 되나요? 대통령 선거 공약이었다고 해도 헌법재판소에서 위헌 판결이 났으니 그 의견을 존중해야지요. 민주주의 정치는 서로 다른 생각을 하는 사람들이 서로를 존중하면서 해야 하는 것이니까요." 그러고 보니 우리나라가 민주주의 정치를 한다고 하면서도 실제로 어린이들이 민주주의 정치의 지식을 얻을 수 있는 책은 드물다.

이 책은 초등학생이 처음 만나는 세상 이야기라는 기획 연속물 가운데 정치 편이다. 경제·인권·환경·생태·법·정치 같은 여러 주제를 초등학생들한테 설명해 주기 위해 만든 책이다. '정정당당 밝은 정치 이야기'라는 말을 붙인 이 책은 민주주의 정치의식을 기를 수 있을 만한 여러 가지 이야기를 모아 놓았다. 천부인에 담긴 정치가의 덕목, 스스로 추방한 아리스티데스, 내가 곧 법이다, 세계를 뒤흔든 10일, 게르니카의 비극, 인간답게 살고 싶다, 우리 편 할 사람 여기 앉아라, 이상한 반올림 계산법, 네티즌의 힘을 보여 준 사건. 작은 제목들을 보면 알 수 있듯이 민주주의 정치 발달사에 도움이 되는 사건들이나

민주주의 정치를 모욕했던 사건들을 모아 놓았다.

 "정치가 어린이와 무슨 상관이야?"라고 말하는 사람이 있다면, 그건 정치라는 말의 개념조차 모르는, 어린이를 아주 낮게 깔보는, 민주주의 발전을 바라지 않거나 오히려 방해하고 싶은, 그런 사람일 거라고 생각한다. 민주주의는 어린 시절부터 생활 속에서 뿌리내릴 수 있도록 해야 하고, 민주 정치에 대한 지식도 지금처럼 사회 시간에 정부 기구표나 외우는 공부에서 한걸음 더 나아가야 한다. 초등학교 6학년 2학기 사회, 우리나라 정부와 정치를 공부할 때, 민주주의 정치와 관련한 여러 가지 지식을 폭넓게 공부하는 데 도움이 되는 책이다.

이상한 학교

윤태규 글
김종도 그림
한겨레아이들

남북평화를 꿈꾸는 많은 사람들이 금강산으로 가는 길이 열리기를 바라는 마음은 단순히 관광하는 데만 그 목적이 있는 것이 아니다. 반세기 넘게 우리를 남북으로 갈라놓는 상징물인 철조망 한 귀퉁이나마 남북이 마음을 열고 뚫고 싶다는 데 있다. 이렇게 조금씩 뚫고, 남북으로 점점 더 많은 사람들이 오고 가면서 서로 사는 모습을 보다보면 믿음이 생기고, 그 믿음을 되살려가는 길이 남북 평화로 가는 길이 되기 때문이다. 권정생 동화 ≪다람쥐 동산≫에서도 아기 다람쥐들이 울타리를 뚫고 서로 드나들다가 끝내는 울타리를 허물어 버리고 통일이 되었던 것이다.

≪이상한 학교≫는 남과 북으로 갈라진 한반도 모습을 한 마을과 한 학교로 옮겨다 놓은 줄임판이다. 같은 학교 남관과 북관에서 공부하던 아이들이 서로 다투게 되고, 어린이들 다툼이 어른들 다툼으로까지 커지게 되고, 급기야는 남관과 북관을 나누게 되고, 운동장까지 갈라서 쓰게 된다. 이렇게 서로 미워하고 다투게 되는 과정을 어린이들 학교 생활 속에서 그려내고, 집단과 집단 사이에 일어나는 다툼 때문에 개인과 개인의 관계가 얼마나 제약을 받는지 보여준다. 그리고 그런 집단과 집단의 다툼을 해결하는 데 서로의 믿음을 지키고 살리려는 한 사람 한 사람의 용기있는 실천이 바로 그 첫걸음이 된다는 것을 보여주고 있다. 운동장을 가로질러 막아놓았던 나무 벽을 뚫고 축구하

는 아이들이 '이상한 학교'를 '이상하지 않은 학교'로 만드는 것처럼 휴전선 철조망을 뚫고 남북을 오가는 금강산 관광이 '이상한 한반도'를 '이상하지 않은 한반도'로 만드는 길이 되길 기대해 본다.

이 책에는 '이상한 학교'와 함께 '아주 이상한 상자', '솔봉이의 이상한 일기', '이상한 나라의 이상한 인형' 등을 통해 어린이들의 생활, 사회 현실 가운데서 '이상하지 않게' 고치고 바로잡아가야 할 것이 무엇인가를 이야기하고 있다.

인권 변호사 조영래

박상률 글
한병호 그림
사계절

언뜻 보면 역사가 우연하게 흐르는 것 같지만 그 속을 깊이 들여다보면 결코 우연하게 흐르는 법이란 없다. 도도하게 흐르는 한줄기 역사 속에는 헤아릴 수 없는 수많은 사람들이 끊임없이 애쓴 피와 땀으로 점철되어 있다. 경제 발전과 민주화 투쟁과 남북통일을 향한 몸부림이라는 세 낱말로 표현할 수밖에 없는 우리나라 현대사 역시 그렇다. 우리 현대사에서 민주화를 향한 물꼬를 트고, 그 물줄기 흐름을 올바른 길로 이끌어가기 위해 수많은 사람들이 피땀을 흘렸다. 그 가운데서 빼놓을 수 없는 사람, 잊을 수 없는 사람, 잊어서는 안 될 사람 가운데 한 사람이 조영래다.

인권 변호사 조영래로 더 잘 알려진 그는 1947년 대구에서 태어나 어려운 집안 형편에도 굴하지 않고 꿋꿋하게 자라났다. 나아가 격동기인 60년대, 70년대, 80년대를 굳세게 살아냈다. 그러나 정말 안타깝게도 1990년 43세라는 젊은 나이에 폐암으로 죽었다. 그는 경기고등학교 학생일 때 한일 회담 반대 시위를 주도하고, 서울대학교 법학과에도 대학 전체 수석으로 합격하였다. 대학 다닐 때도 사회 정의를 위한 활동에 앞장섰고, 1970년 전태일 열사 분신 사건이 나자 장례식 준비에 앞장섰고, 그후 전태일 정신 계승 사업에 힘을 쏟았다. 1971년 사법 시험에 합격해서 사법 연수원에 다니던 중에 정보기관에서 조작한 '서울대생 내란 음모 사건' 주모자로 몰려 1년 6개월 동안이나 옥살이를 한다. 1974년에는 '민청학련' 주모자로 수배되어 6년 동안이나 숨어 다니

면서 민주화 운동에 앞장섰다. 숨어사는 그 기간 중에 전태일 평전을 써 냈다. 유신체제가 무너지고, 수배가 풀리면서 변호사 일을 시작하게 되었다. '망원동 수재 사건', '대우 어패럴 사건', '부천서 성 고문 사건' 같은 소송을 담당해서 승소를 이끌어 냈다. 그는 가난하고 억울하고 힘없는 사람들을 위해 온힘을 다 바쳤다.

　조영래 삶을 어린 시절부터 살펴 쓴 인물이야기를 읽다보면, 그가 얼마나 우리 현대사 깊은 속을 똑바로 꿰뚫고 살았는지 알 수 있다. 때문에 그가 살면서 한 일을 연대표로 만들어 보면 우리 현대사를 보는 셈이 된다. 우리 사회가 아직 완전한 민주화가 이루어졌다고 할 수 없지만, 민주화가 조금이라도 이루어질 수 있었던 까닭을 알게 될 것이다. 바로 조영래 변호사처럼 자기 한 몸을 돌보지 않고 온몸으로 옳지 않은 일에 대항했던 분들이 있었기 때문임을 말이다. 나아가 민주화를 위해 온몸을 바친 그 분들 뜻이 우리 역사에서 항상 살아 있게 만드는 길이 무엇인가도.

잔디숲 속의 이쁜이

이원수 지음
웅진닷컴

이원수는 우리 겨레 어린이문학을 일군 아버지라고 부를 수 있다. 그는 1949년 발표한 '숲 속 나라'에서 민족 해방과 분단을 보면서 우리 민족이 어린이와 어른들이 평등하고 자유롭게 살 수 있는 나라, 자립경제와 자주국방이 갖춰진 나라를 그려냈다. 그리고 20여 년이 지난 1970년대에는 이 작품을 통해서 독재가 판치는 세상을 벗어나 새로운 민주주의 나라를 세우기를 희망하셨다. 그가 꿈꾸는 나라는 독재자들이 경제를 발전시킨다면서 수많은 사람들을 짓밟아 죽이고 다치게 하는 나라가 아니다. 일을 시키는 사람과 일하는 사람이 평등한 세상, 서로 도우면서 함께 사는 나라를 그려냈다. 우리 겨레 어린이들이 그러한 세상에서 살기를, 그러한 새로운 세상 만들기를 동화로 보여 주셨던 것이다.

'여기 나오는 이쁜이나 똘똘이나 그들의 동무들이나 반장이나 모두가 사람이 아니라 조그만 개미들입니다. 나무가 우거진 숲은 사실은 잔디밭이지요. 잔디밭 풀잎 아래로 난 조그만 길은 사람이 다니는 길이 아니라 개미들이 겨우 다닐 수 있는 그런 길이고요. 비록 작디작은 개미지만 살아가는 것은 사람이나 다를 바 없습니다. 괴로운 일, 슬픈 일, 죽음, 기쁨, 그런 건 사람이나 마찬가지니까요.' 1971년부터 1973년까지 '카톨릭 소년'에 연재했던 '잔디 숲 속의 이쁜이'를 쓰면서 글쓴이가 어린이들한테 한 말이다. 글쓴이가 작디작은 개미들 세상이 사람과 조금도 다를 바 없다면서 그려낸 세상은 바로 그 당

시 유신 독재 정권과 그런 독재 정부에 붙어서 자기 이익만 취하면서 다른 사람들을 억압하고 괴롭히는 사람들이 왜 나쁜지를 보여주고 있다. 그리고 그러한 세상에서 벗어나 새로운 민주국가를 만드는 일이 얼마나 어렵고 힘든 일인지, 그렇지만 꼭 해내야 하는 일, 지혜와 사랑을 갖고 있으면 해낼 수 있는 일이라고 희망을 심어주고 있다.

글쓴이는 동화 속 할아버지로 등장해서 새로운 세상을 만드는 개미들한테 가르친다. 독재를 벗어나 겨우 만들어낸 민주주의를 지키고 발전시켜야 할 우리들한테 부탁하는 말이라고 할 수 있다. '세상을 잘 살아가는 데는 두 가지가 필요하다. 하나는 지식과 지혜로 얻을 수 있는 재주고, 또 하나는 용기와 사랑으로 얻을 수 있는 옳은 마음씨다. 옳은 마음씨란 남을 해치려 들지 말고 남과 함께 살아가야 한다는 말이다.' 요즘 세상을 보면서, 요즘 학교를 보면서, 교실을 보면서 우리 아이들, 아니 어른들이 이 동화를 다시 한 번 읽고 곰곰이 되새겨보면 참 좋겠다는 생각을 해 본다.

저 하늘에도 슬픔이

이윤복 글
김세현 그림
산하

19 60년대에 어린 시절을 보낸 사람들 기억에 남아 있는 영화가 있다. 이윤복 어린이가 4학년 때 쓴 일기를 바탕으로 만든 영화 〈저 하늘에도 슬픔이〉가 전 국민을 울렸다. 그때 강원도 시골에서 학교를 다니던 시절이다. 추석 무렵 어느 날 밤, 동네 사람들 따라 읍내 장터에 가서 이 영화를 보고 어두운 밤길을 훌쩍이면서 돌아오던 생각이 난다.

길거리에서 단속반원들한테 잡혀가던 장면, 김동식 선생님이 더부룩한 윤복이 머리를 깎아 주던 장면, 윤복이가 밥을 얻으러 갔다가 같은 반 여자아이가 나오는 바람에 놀라 도망가던 장면, 그 아이가 윤복이를 도와주던 장면들이 흑백 영상으로 남아 있다. 그 장면들이 내 인생에 힘이 된다. 그래도 나는 윤복이보다 어렵지 않으니 참을 수 있어, 김동식 선생은 머리도 깎아 줬는데 나는 손톱이라도 깎아 주는 선생이 돼야지……

이오덕 선생님은 윤복이 일기를 해방 이후 나온 수많은 어린이 작품 가운데서 단연 높은 봉우리를 차지할 수 있는 것이라고 했다. 고난 속에서도 사람다운 마음을 잃지 않는 어린이 마음을 발견할 수 있기 때문이다. 정말 윤복이 일기를 읽다 보면 나도 모르게 눈물이 나온다. 어린 나이에 좀 더 편하게 살 수 있어 보이는 나쁜 짓에 빠지지 않고, 유혹을 이겨내는 모습 때문이다. 이 책

을 우리 반 아이들 일기 지도 교재로 쓰고 있다. 어쩌면 이렇게 자신의 생활을 생생하게 썼는지, 담임인 유영자 선생님의 능력에 감탄한다. 쓸거리 고르기, 솔직하고 자세히 쓰기, 마주 이야기체 생생하게 살려 쓰기 등을 잘 지도했다.

　윤복이 일기를 우리 아이들한테 권하고 싶은 까닭은 조그만 유혹에도 쉽게 흔들리며, 조금 편하거나 즐기자고 쉽게 나쁜 짓에 빠지고, 자기한테 조금만 손해가 되면 남한테 아무리 큰 피해가 가더라도 거짓말을 하는 아이들이 급격히 늘어나는 요즘 세태가 가슴 아프기 때문이다. 이런 아이들을 양산하는 사회에서 살아가야 할 우리 아이들 마음에 예방주사라도 될까 싶어서다. 윤복이처럼 자기 삶을 똑바로 보고, 꿋꿋하게 살아가는 아이들이 한 명이라도 더 늘어나기를 바란다.

전쟁과 소년

윤정모 글
김종도 그림
푸른나무

한반도에서 전쟁이 일어나면 '정규군 100만 명 사망, 민간인 1000만 명 사망, 전쟁 비용 1조 달러 예상'이라는 국제 군사전략연구소 보고서를 본 적이 있다. 남북한 정규군 규모나 남북이 보유하고 있는 무기 수준이나 한반도를 둘러싸고 있는 국제 정세를 볼 때 이런 예상이 결코 과장이 아니다. 그 결과 빚어질 비극은 1950년 6월 25일, 이 땅에서 일어났던 전쟁에 견주어 몇십 배에 이를 것이 자명하다. 그 비극으로 가장 큰 상처를 받을 대상 역시 누구보다도 우리들이 가장 사랑하는 아이들이라는 것도.

이 책은 6.25전쟁이라는 우리 겨레가 겪은 슬픈 이야기를 우리 아이들한테 들려주고 싶어 쓴 글이다. 전쟁을 텔레비전에서 보는 아이들, 전자오락 게임 보듯이 보고 있는 아이들한테 그 참상을 보여주고 싶은 것이다. 전쟁은 결코 게임이 아니며 텔레비전에서 보는 처참한 광경이 결코 장난이 아니라는 것을 알려주고 싶어 쓴 글이다. 그리고 또 하나, 전쟁이 일어나면 누구나 이 책의 주인공인 필동이나 담선이가 될 수 있다는 것을 말해 주고 싶어 쓴 글이다. 전쟁이 나면 이 땅의 아이들은 누구나 아버지가 남한 군인으로 나간 필동이와 아버지인 북한 군인을 따라 남쪽까지 와서 필동이네 집에 맡겨진 담선이가 될 수 있는 것이다. 필동이와 담선이는 서로 총부리를 겨누고 죽이고 죽는 적군이 된 아버지를 그리워하고 하루 빨리 만나고 싶어하는 아이들이다. 그 아이들 눈으로 보는 전쟁, 그 아이들을 보는 우리 아이들 눈에 전쟁은 도저히 이해

할 수 없는 어른들이 벌이는 미친 짓이다. 그런 미친 짓이 이 땅에서 다시는 일어나지 못하게 해야 한다는 간절한 소망이 담겨있다. 그 소망은 우리 어른들 모두가 함께 할 때 지켜질 수 있는 소망이다.

우리는 해마다 6.25를 맞이한다. 그 6.25를 전쟁 기념일이 아니라 평화를 소망하는 기념일로 맞이해야 한다. 어떻게 하면 평화를 지킬 수 있는지 고민하고 실천하는 날로 맞이해야 한다. 증오와 미움 때문에 겪었던 비극을 다시는 되풀이하지 않기 위해서는 오직 화해와 사랑으로 평화의 꽃을 피워야 한다는 마음을 기르는 날로 만들어야 한다. 전쟁이 다시 일어나게 해서는 안 된다는 소망, 한반도에 전쟁을 막아야 한다는 소망을 이루기 위해서는 우리 어른과 어린이가 함께 이 책 속에서 살아있는 필동이와 담선이를 만나야 한다.

전쟁은 왜 일어날까?

질 페로 글
세르쥬 블로슈 그림
다섯수레

어떤 갈등 사태가 벌어졌을 때 한 사람 한 사람한테 전쟁과 평화 가운데서 어느 쪽을 선택하겠냐고 묻는다면 대다수는 평화를 선택하고 싶다고 할 것이다. 그러나 인류 역사 이래 전쟁은 계속되고 있으며, 점점 더 눈뜨고 볼 수 없을 정도로 비참한 결과를 가져온다. 이러한 인류 역사를 돌아보면서 비관하는 사람들은 21세기가 20세기보다 더 큰 전쟁으로 인류는 물론 지구촌 생명들이 멸종할 거라고 한다. 왜 사람들은 전쟁이 나쁘다는 것을 알면서, 전쟁을 해서는 안 된다는 것을 알면서도 계속 전쟁을 할까? 인류는 정말 전쟁을 멈추고 평화 시대를 만들 수 없을까?

　이 책은 이러한 문제를 교사가 학생들과 한 가지 한 가지씩 짚어가면서 이야기를 나누는 방식으로 설명하고 있다. 모두 여섯 가지 토의 주제를 던져놓고 이야기를 진행하고 있다. '전쟁을 하면 안 돼요. 그러나 가끔 할 필요는 있어요'에서는 전쟁을 일으키고 싶어 하는 사람이나 집단이 누구인가를 지적한다. 나아가 그 야욕을 어떻게 막을 것인가를 전쟁을 사례로 들면서 생각해 본다. '왜 사람들은 전쟁을 하도록 내버려둘까요?'와 '독일 사람들은 왜 히틀러를 위해 싸웠을까요?'에서는 정치가들이 국민에게 강요해서 전쟁이 일어나는 것이 아니라 정치가한테 속아서 전쟁에 스스로 참여하는 모습을 똑바로 보게 한다. '자기 나라를 지키는 것은 옳아요. 그런데 자기 나라란 어떤 나라죠?'에서는 중동 사례를 들면서 나라란 무엇인가를 알아보도록 하였다. '우리

는 정말로 전쟁을 싫어하나요?'에서는 전쟁 영웅을 다루는 무수한 영화와 비디오 게임과 현실 세계를 견주어 생각하도록 하고 있다. '앞으로도 전쟁이 일어날까요?'에서는 21세기에 더 이상 전쟁이 일어나지 않게 하려면, 그 희망을 현실로 만들어 가야 함을 다짐하면서 끝낸다.

프랑스 질 페로 선생님과 어린이들이 나누는 대화 과정을 따라가면서 그 주제 하나 하나에 대해 우리 어른들과 어린이들이 자기 생각을 더 보태면서 이야기를 완성해야 할 것이다. 초등학교 고학년부터 중학생 정도 학생이라면 적절할 것이다. 특히 프랑스 학생들이 우리나라 사례를 듣고 '한 나라가 두 개로 쪼개지는 데도 국민들은 가만히 보고만 있었나요? 한 나라 안에서 일어난 전쟁인데, 어떻게 그렇게 많은 사람들이 죽었나요?'라고 프랑스 선생님한테 질문했다. 그동안 우리 어른들은 이런 질문에 대해 아이들한테 뭐라고 대답해 왔는지, 또 아이들은 어떻게 대답해 왔는지 견주어 보자.

점득이네

......

권정생 글
이철수 그림
창비

독일 작가 G.그라스가 쓴 소설을 V. 쉴렌도르프 감독이 영화로 만든 「양철북」을 보면서 가장 안타까운 마음이 들었던 장면이 있다. 어려서 나찌로 대표되는 어른 사회에 만연한 부정과 억압에 충격 받은 어린 주인공이 더 이상 자라지 않는 모습이다. 그리고 가장 기쁜 장면 역시 전체주의 사회 억압이 사라지자 충격을 받은 주인공이 오랜 세월을 훌쩍 뛰어넘어 다시 자라나는 장면이다. 마치 내 마음이 옥죄어 쪼그라들었다가 그 옥죔이 시원하게 풀리면서 해방감을 맛보는 느낌이었다. 이는 전쟁과 억압이나 평화와 해방이 사람한테 끼치는 영향을 극명하게 상징하고 있다.

우리 겨레가 양철북 주인공 오스칼처럼 받은 심한 충격이 6.25사변이다. 50년이 지났지만 아직도 6.25를 겪은 사람들은 그 충격과 억압에서 해방되지 못하고 있다. 주인공인 점례와 점득이 독백은 그런 진실을 그대로 담아내고 있다. 점례와 점득이한테는 세월이 흘러도 그건 다른 사람들이 사는 세월이지 자신들은 아직 열 살이 조금 넘은 아이로 남아있는 것이다. 통일과 해방의 날을 기다리면서.

점득이네는 일제 때 땅을 찾아 만주로 갔다가 해방된 조국으로 돌아오는 길에 소련군 총알에 아버지를 잃는다. 미군 폭격기에 어머니를 잃고, 점득이는 눈을 잃어버린다. 고아원에 가게 되지만 원장이 저지르는 비리와 억압 때문에 탈출하여 아이들끼리 살아간다. 그들은 수십 년이 흐른 지금도 서울 거리

422

에서 노래를 부르며 구걸하며 살아간다. ≪점득이네≫에 등장하는 다른 어린 이들도 우리 겨레가 겪은 고난을 상징한다. 판순이네 아버지는 징용으로 끌려 가고 어머니는 아버지를 찾으러 일본으로 건너가 돌아오지 않는다. 사랑하는 형이 집을 나가 빨치산이 된 승기네, 아버지 병 때문에 기생의 몸이 되었지만 그래도 착하게 살려고 애쓰는 탄실이가 전쟁과 분단의 아픔을 생생하게 전해 준다. 그나마 모두 헤어지고, 휴전선이 생기면서 고향도 잃은 점례와 점득이 는 더 이상 자라는 것을 거부하고 노래로 구걸하면서 서울 거리를 헤매인다.

6.25로 대표되는 전쟁과 분단의 아픔, 그 아픔을 넘어서기를 이처럼 간절하 게 소망하는 작품은 보기 어렵다. 어린이들한테 6.25 때 죽은 사람 숫자나 남 북한 군대 무기가 무엇인지 알려주는 것은 지식으로 끝난다. 그러나 이 책은 6.25전쟁으로 생긴 아픔을 가슴으로 느낄 수 있고, 전쟁이 얼마나 참혹한 것 인지 그 본질을 보여준다. 무엇보다 다시는 이런 전쟁이 일어나서는 안 된다 는 마음을 갖게 할 수 있다.

제키의 지구 여행

문선이 글
이상규 그림
길벗어린이

촛불 집회는 우리나라에서 처음 시작한 독특한 집단행동이다. 어두운 밤에 촛불을 들고 데모를 하는데, 하얀 몸을 태워 어둠을 밝히는 촛불은 사람들 마음에 여러 가지 의미를 심어주고 있다. 그 가운데서 가장 큰 의미는 내 소망을 다른 사람들한테 알리고, 촛불을 든 모든 사람들이 마음을 하나로 모아주는 불빛으로 거듭남이다.

소망이란 참으로 소중한 것이다. 소망은 사람들 마음속에서부터 우러나는 것이며, 커다란 나무로 자라는 씨앗이 되기 때문이다. 작은 씨앗이 싹트고 자라나 아름다운 꽃을 피우고, 열매를 맺게 되고, 그 열매들이 또 다시 수많은 씨앗을 만들어 온누리 가득 뿌려진다.

≪제키의 지구여행≫은 그런 좋은 소망을 간직한 씨앗을 어린이들 마음속에 심어줄 수 있는 동화다. 주인공 제키는 지구에서 날아온 우주선 안에 있던 지우라는 한국 사람의 머리카락에서 추출한 유전자와 별나리 행성 사람의 유전자를 합성해서 만든 아이다. 제키는 다른 생김새 때문에 별나리 행성 아이들에게 놀림의 대상이 된다. 그리고 정기 검진하던 날 어머니와 의사가 하는 이야기를 듣다가 이런 출생의 비밀을 알게 되고, 혼란과 갈등에 빠진다.

그래서 로봇 키키와 함께 집을 나와 지구여행을 떠난다. 지구에 와서 또 다른 자신인 지우를 만나고, 지우의 아들 하늘이와 딸 바다를 만나면서 마음속의 혼란과 갈등이 풀어진다. 그러나 한편 지구가 환경오염과 핵무기 개발 때문에 멸망의 고비를 겪은 또 다른 우주의 치쿠 별과 같은 운명에 맞닥뜨릴 것을 염려한다.

글쓴이는 이 동화를 통해 어린이들한테 세 가지 선물을 했다. 부모와 나 사이를 다시 한 번 생각하면서 그 사이를 튼튼하게 이어야 할 다리를 놓아주었고, 우주인을 소재로 한 대부분 동화와 달리 지구인과 우주인 사이에 제키라는 다리를 놓아주었고, 모든 생명체는 보이지 않는 하나의 끈으로 이어지고 있음을 볼 수 있도록 도와주었다.

이 동화는 지구 환경을 지키는 일은 지구인들 마음속에 그런 다리들을 잘 놓았을 때, 그 씨앗이 되는 소망을 잘 심어 가꿀 때 이루어질 수 있다는 것을 믿게 해 준다.

줄리와 늑대

J.C.조지 글
유기훈 그림
작은 우주 옮김
대교

'늑대와 춤을'이라는 영화에서 미국 서부에 혼자 남겨진 주인공이 늑대와 교감을 하면서 깊은 우정을 나눈다. '줄리와 늑대'에서는 알래스카의 툰트라 지대에서 길을 잃고 헤매던 주인공이 늑대를 만나 우정을 넘어서는 사랑, 대자연 속에서 함께 살아가는 한 식구가 되는 과정을 보여주고 있다. 지구촌은 두 발로 서는 사람만의 땅이 아니라 네 발로 걷는 짐승들과 함께 살아가야 할 땅임을 가슴 뜨겁게 느끼게 한다.

미약스는 어려서 어머니를 여의고, 아버지는 물개 사냥을 나갔다가 행방불명이 되고, 에스키모 풍습에 따라 13살 어린 나이에 시집을 갔다. 그러나 신랑이 폭행을 하자 집을 나와 샌프란시스코에 있는 친구를 찾아 떠났다가 알래스카 벌판에서 길을 잃는다. 두려움과 굶주림 속에서 희망을 잃지 않고 늑대 무리가 서로 의사소통을 하는 행동을 끈질기게 살펴본다. 그 결과 늑대들이 이야기를 나누는 방법을 알아내고, 지도자 늑대인 아마록한테 보호를 받게 된다. 미약스는 아마록 허락을 받아 늑대 식구가 되어 먹이를 나누어 받고 살아나게 된다. 그리고 길 잃은 철새 제비갈매기를 자기 식구로 받아들여 보호를 해 준다. 그런데 항구를 찾아가던 미약스 눈앞에서 아마록이 재미로 사냥하는 백인 사냥꾼 총에 비참하게 죽는다. 늑대들은 결코 재미로 다른 짐승을 죽이지 않았다. 또 자신들을 해칠 힘이 없는 나약한 인간이 겸손하게 도움을 청할 때 기꺼이 도와주었다. 그런데 인간은 몇 푼 돈 때문에, 또는 운동이나 놀

이로 재미 삼아 생명을 죽였다. 이런 일을 겪으면서 미약스는 백인 문명 뒤에 숨어 있는 오만과 잔인함을 보게 된다.

줄리는 미국식 이름이다. 어린이들이 이 책을 읽고, 한 소녀가 에스키모식 이름인 미약스와 미국식 이름인 줄리라는 두 가지 이름을 갖게 된 의미가 무엇인가? 주인공이 어떤 이름으로 살기를 바라는가? 그 까닭은 무엇인가? 또 주인공이 관찰한 늑대들 의사소통 방법, 사냥 원칙과 방법, 먹이를 나누는 규칙을 찾아 정리해 볼 수 있겠다. 그리고 사람과 짐승이 지구촌에서 함께 살아갈 수 있는 길을 생각하는 글을 써 보면 좋겠다.

첨벙첨벙, 물길 따라 물고기 따라

······

이상권 글
이정규 그림
우리교육

송사리, 모래무지, 피라미, 돌고기, 동자개, 연준모치, 얼룩동사리, 미꾸리, 마꾸라지, 숭어, 참붕어……. 우리나라 곳곳을 휘감아 흐르는 강, 실핏줄같이 산허리 사이사이 흘러내리는 냇물에서 살아온 민물고기들이다. 어려서 시골에서 살았던 사람들한테는 익숙한 이름들이다. 그러나 도시에서 태어나 자란 어린이들한테는 전혀 익숙하지 않은 이름들이었다. 이런 민물고기 곁으로 우리들을 다시 데리고 간 사람들이 있다. 민물고기를 널리 알리고, 보호하고, 가정에서 기르는 사람들이다. 그 덕분에 요즘은 우리나라에서 오랫동안 살아온 토종 민물고기 이름을 몇 가지라도 아는 사람들이 꽤 늘었다. 이러한 일을 평생동안 묵묵히 앞장서서 해 온 사람들이 여럿 있는데, 서울대학교 교수였던 최기철 박사도 그 가운데 한 사람이다.

이 책은 물고기 친구, 어린이들한테 민물고기를 친구로 소개해 온 최기철 박사가 살아온 이야기다. 어려서부터 물고기를 잡으러, 새를 잡으러 강으로 산으로 들로 뛰어다니며 놀던 어린이가 점점 자라면서 자신이 살아갈 길, 자기만이 할 수 있는 일이 무엇인가를 고민하게 되고, 그 일로 생물학을 연구하기로 다짐한다. 마치 물고기가 거친 물살을 타고 거슬러 올라가듯이 꿈을 향해 꾸준히 노력하면서 90 평생을 달려온 이야기를 이웃집 할아버지 이야기처럼 풀어나가고 있다. 최기철 박사는 미국에서 공부하고 돌아온 1963년 10월 무렵, 비행기로 대관령을 넘다가 '아, 미국은 로키산맥을 기준으로 동쪽과 서쪽

에 사는 생물이 다르지. 저 대관령이 높으니 대관령 동쪽과 서쪽에 사는 민물고기도 다르겠지?'하는 생각이 떠올랐다. 그래서 설악산에 사는 물고기 연구를 시작으로 우리나라 곳곳을 돌아다니면서 물고기 연구를 했다.

　이러한 연구를 바탕으로 민물고기를 사랑하는 사람들한테 자신이 연구한 성과를 알려주고, 아흔 할아버지가 열 살 어린이들과 함께 바지를 걷어 올리고 냇물을 찰방거리면서 노셨다. 어린이들이 이 책을 읽고, 한평생을 우리나라 자연 가운데서도 민물고기라는 한 분야를 꾸준히 연구해 온 삶을 배우기 바란다. 나아가 '나만이 할 수 있는 일이 무엇일까?'를 스스로 생각해 보기 바란다. 그리고 그 일을 우리나라 자연과 역사와 문화 가운데서 찾아볼 수 있다면 더욱 좋겠다.

칠칠단의 비밀

방정환 글
사계절

우리나라 초등학교 교훈 가운데 가장 많이 들어가 있는 말이 '착하고 슬기롭게, 튼튼하고 씩씩하게'일 거라고 생각한다. 내가 다녀본 대부분 학교 교훈, 여행을 다니면서 본 교문 위나 학교 건물에 붙여놓은 표어에 들어가 있다. 아마 이 말을 평소 누구보다 많이 쓰고, 우리 어린이들이 이렇게 자라나기를 바란 사람으로 '어린이의 아버지로 불리는 방정환'을 빼놓을 수 없을 것이다. 1923년 제1회 어린이날 행사 때 어른과 어린이들한테 드리는 글을 보면 그런 소망이 그대로 나타나 있다. 방정환이 쓴 탐정 소설 '칠칠단의 비밀'에도 그런 바람이 가득 담겨 있다.

'칠칠단의 비밀'은 1926년부터 1927년 사이에 잡지 '어린이'에 실리면서 당시 어린이들 손에 땀을 쥐게 하고, 우리 민족의 씩씩함과 서로 도와 승리하는 결말에 박수를 보내게 하였다. 어려서 일본인 곡마단에 잡혀간 상호와 순자, 조카들을 잊지 않고 찾으러 다니던 외삼촌과의 만남, 자신의 뿌리를 깨달은 상호와 순자의 곡마단 탈출, 그리고 다시 붙잡힘. 만주로 도망간 곡마단을 쫓아가 동포들의 도움으로 여동생을 찾아오는 상호, 아버지와 만남이 요즘 어린이들도 흥미있게 읽을 수 있는 조건들을 갖추고 있다. 이 책에 같이 실은 중편 '동생을 찾으러'도 중국 인신 매매단에 끌려가는 여동생 순희를 찾아오는 오빠 창호의 모험담이다. 이 탐정소설 역시 어떤 고난에도 굴하지 않고 싸워 이겨내는 씩씩함과 위험에 처한 조선인을 구해야 한다는 인천 소년회 학생들

430

의 도움으로 승리하는 결말이다. 방정환 선생님은 이러한 탐정소설을 써서 빼앗긴 나라의 어린이들이 '착하고 슬기롭게, 튼튼하고 씩씩하게' 자라나기를 바랐던 것이다.

초등학교 4~6학년, 중학생 2학년까지 학생들한테 읽어보라고 권하고 싶다. 초등학생들은 읽고 나서 등장인물에게 편지 쓰기를 하고, '이상한 암호' 대신에 쓸 수 있는 암호를 만들어서 '암호 놀이'를 해 볼 수 있겠다. 몸짓이나 표정, 소리와 말, 글자를 이용한 암호 만들기는 상상력을 자극하고 창의성을 길러줄 수 있다. 중학생들은 작품 속에 있는 옛날 말과 요즘 말 비교표를 만들어 볼 수 있겠다.

태양의 아이

하이타니 겐지로 글
유승배 그림
오석윤 옮김
양철북

15년 전에 뉴질랜드로 이민갔던 이웃 사람이 다시 한국으로 들어왔다고 한다. 뉴질랜드에 가서 식당을 경영하면서 잘산다고 했는데, 은근한 차별 때문에 살기 어렵다고 한다. 어느 사회에서나 숨겨진 차별이 주는 아픔은 당하는 사람들만이 안다. 차별하는 편에 서 있는 사람들은 그 아픔이나 부당함을 보통 예리한 눈이 아니면 알기 어렵다. 또 그 부당한 차별을 느끼거나 알게 되었다고 하더라도 그들 쪽에 서서 자기 쪽 사람들한테 잘못을 반성하고 고치라고 말하기는 보통 따스한 마음이 아니고는 역시 어려운 일이다.

개마고원이라는 출판사에서 처음 낸 ≪태양의 아이≫를 읽었을 때 그런 예리한 눈과 따스한 마음을 읽었다. 나중에 양철북출판사에서 다시 낸 이 책은 고베에 와 사는 오키나와 사람들이 살아가는 이야기를 담았다. 오랫동안 류구국이라는 독립왕국이었던 오키나와가 일본 침략에 멸망했다. 1945년 미군이 오키나와를 공격했을 때는 미군과 일본군이 싸우는 3개월 동안에 양쪽 군대한테 죽임을 당했다. 15만 명이 비참하게 죽임을 당했다고 하는데, 섬 전체 인구로 볼 때 3분의 1에 해당한다. 이런 역사를 가슴에 묻고 사는 오키나와 사람들이 일본 사회로 흘러들어와 살면서 겪는 숨겨진 차별을 보면서 재일동포에 대한 차별이 떠올랐다.

이 작품은 오키나와 사람들 가슴에 묻혀 있는 좌절감과 일본에 대한 분노와 아픔을 그렸다. 초등학교 6학년 어린이 눈으로 그렸다. 글쓴이는 일본 사람들한테 고베에서 차별받는 오키나와 사람들에 대한 차별을 보라고 말해주고 싶었던 것이다. 일본 사람들한테 더 이상 차별에 가담하지 말라고 말하고 싶었던 것이다.

초등학교 6학년 후짱은 아픈 현실 속에서 가족과 이웃 사람들 과거에 숨겨져 있는 진실을 이해하고 사랑하게 되면서 올바른 삶에 대한 길을 가슴에 새기게 된다. 후짱이 외치는 "꼭 알아야 할 일을 알려 하지 않고 그냥 지나쳐 버리는 그런 비겁한 인간이 저는 되고 싶지 않아요."라는 말은 요즘 우리 사회에서도 꼭 필요한 말이다.

통일 할아버지 문익환

김남일 글
김병하 그림
사계절

1948년 한반도 남쪽은 대한민국을 세웠고, 이승만을 대통령으로 뽑았다. 북쪽은 조선인민민주주의공화국을 세웠고, 김일성이 주석이 되었다. 두 나라는 각각 상대편 땅과 국민을 자기 것이라고 법으로 정해 놓고, 상대편을 적으로 삼았다. 그리고 서로 통일을 하겠다고 주장하다 결국 전쟁을 하였고, 수백만이 다치고 죽고 남북으로 헤어졌다. 다른 나라는 자유롭게 갈 수 있어도 남한과 북한만은 서로 국민들이 오지도 가지도 못하게 했고, 편지도 못하게 하고, 대화도 못하게 하였다. 그것을 조금만 어겨도 서로 간첩이나 반역자로 몰아서 죽였다.

그런데 1989년 3월 25일, 문익환 목사가 평양을 방문하였다. 물론 법을 어긴 행동이다. 그러나 문익환 목사는 서로 이야기도 못하고, 편지도 주고받지 못하고, 오지도 가지도 못하면 어떻게 평화를 이룰 수 있는가? 그런 법은 잘못된 법이라고 소리치면서 당당하게 북한에 갔다 온 것이다. 그 때문에 남한에 돌아와서 감옥에 갇혔지만, 문익환 목사는 남북평화와 통일을 위한 순수한 마음으로 나쁜 법을 가장 먼저 통쾌하게 어긴 사람이다.

이 책은 문익환 목사가 태어난 만주 명동촌이 만들어진 시점부터 시작하여 민족 해방 운동 시대와 민족 통일 운동 시대를 살아낸 한 사람의 삶을 통해 우리 근현대사를 보여주고 있다. 문익환은 한신대 교수이면서 성서를 쉬운 한글로 다시 쓰는 일을 하던 조용한 신학자였다. 그러던 그가 민주투사가 된 것

은 1970년대 일어난 전태일과 장준하 죽음이었다. 두 죽음을 보면서 살아남은 사람이 해야 할 일을 찾았던 것이다. 그리고 그가 목숨을 걸고 평양을 방문해서 김일성과 남북 평화와 통일 문제를 협상한 까닭은 1980년대 6월 민주항쟁기에 일어난 수많은 젊은이들 죽음 때문이다. 젊은이들 죽음을 막기 위해서라도 남북 평화와 통일 운동에 늙은이가 목숨을 걸어야겠다고 결심한 것이다. 문익환 목사가 목숨을 걸고 행동으로 실천한 우리나라 민주화와 통일 운동이 남북 평화에 노둣돌이 되었음은 역사가 증명하고 있다.

이제 어린이들은 그 역사를 책으로 배우고 있다. 우리 어른들은 우리 겨레 아이들한테 그 역사를 올곧게 가르쳐줄 의무가 있다. 이 책은 그러한 의무를 다하기에 부족함이 없는 인물이야기, 흔히 말하는 위인전이다. 그리고 아직도 교과서에 제대로 가르치지 않고 있는 70년대에서 90년대 역사를 생생하게 보여주는 역사책이라고도 할 수 있다. 초등학교 4학년부터 중고등학생들까지 꼭 권장하고 싶다.

트리갭의 샘물

나탈리 배비트 글
이현주 그림
최순희 옮김
대교

사람이 죽지 않고 영원히 사는 것은 실현 불가능한 꿈일까? 많은 사람들이 죽지 않고 살 수 있는 방법을 찾기 위해 온갖 노력을 다 기울였는데, 막상 영원히 살 수 있는 기회를 만났다면 어떻게 할까? 어찌되었든 삶과 죽음에 대한 선택은 참으로 어려운 일이다. 이 때문에 신화, 설화, 민담, 문학에서 이 문제를 끊임없이 다루고 있는 것이 사실이다. 그리스 신화를 비롯한 동서양 신화에서 이 이야기가 되풀이되고, 우리 겨레의 '젊어지는 샘물'과 같은 옛이야기가 이어지고 있다. '트리갭의 샘물'도 한 번 마시면 영원히 죽지 않는 샘물을 소재로 삶과 죽음을 다루고 있다.

미국의 한 시골, 초원 한 쪽에 남아있는 불과 몇 천 평밖에 안 되는 숲 한가운데 작은 샘이 있다. 백 년 전에 그 샘물을 마신 제시네 식구와 만난 열 한 살도 채 안 된 여자 아이 위니가 주인공이다. 특별히 축복 받을 까닭도 없고, 그렇다고 벌을 받을 만한 이유도 없는 평범한 제시네 식구들이 영원한 삶을 살면서 겪는 문제에 위니도 함께 동참하면서 끊임없는 갈등에 부딪히게 된다. 실제로는 104살이면서 언제나 열일곱 살인 제시, 다시 죽을 수 있는 사람이 되고 싶어하는 제시의 아버지 터크, 주어진 운명에 따라 나름대로 최선을 다해 하루 하루를 살아가는 제시의 어머니 매, 영원히 살 수 있는 샘물을 찾아 부자가 되고 싶어하는 이름 없는 남자를 만나면서 위니는 시간과 죽음과 삶에 대해 깊이 생각하게 된다. 그리고 스스로 선택을 하게 된다.

≪트리갭의 샘물≫은 영원한 삶과 죽음에 대해 이야기하지만 결코 어렵지만은 않다. 처음부터 호기심을 일으키면서 끌어당기는 힘, 깔끔하면서도 계속 상상력을 자극하는 장면 묘사와 사건이 펼쳐지기 때문이다. 그렇다 하더라도 어느 정도 독서력이 있는 초등학교 고학년과 청소년들한테 권하고 싶다. 부모와 교사한테도 권하고 싶다. 함께 읽고 '위니의 선택에 대한 내 생각, 등장 인물의 서로 다른 생각에 대한 내 생각, 내가 위니라면 어떤 선택을 했을까? 왜 그런 선택을 하고 싶은가?'에 대한 독후감을 쓰고, 가족 토론 및 합평을 해 볼 가치가 있는 작품이다.

하늘 끝 마을

......

조성자 글
김종도 그림
아이세움

高학년 담임을 하면 5월 무렵에 한두 번 치르고 지나가는 홍역이 있다. 학급 아이들끼리 패를 갈라 다투는 일이다. 한두 달 사이에 새로 친하게 된 아이들이 다른 몇몇 아이들을 돌려가면서 따돌림을 시키는 일도 흔하게 일어난다. 학급 구성원 특성에 따라 그런 현상이 심하게 나타나기도 하고, 가볍게 지나가기도 한다. 새 학년이 되어 만들어진 또래 집단 사이에 일어나는 갈등이 이 무렵에 더 심해지는 까닭은 여러 가지 요인이 있다. 한두 달 동안 만들어진 또래 집단이 자기들 영향력을 과시하려는 마음이 커진다. 또 어린이 날, 어버이 날, 스승의 날, 석탄일 같은 연이은 행사로 생활지도가 느슨해 질 수 있다. 그런 틈을 타 아이들 사이에 갈등을 낳을 수 있는 요인이 늘어나기도 한다. 또 학년 초에 긴장했던 담임들이 학급 상황 파악이 다 되었다고 생각하고, 아이들을 관찰하는 눈길이 둔감해질 수도 있기 때문이다.

≪하늘 끝 마을≫은 한 학급 아이들이 겪는 갈등과 그 갈등을 스스로 이겨내고 풀어나가면서 내일을 꿈꾸는 도시 아이들 삶이 담겨 있다. 서울 변두리 가난한 동네에 재건축 아파트가 들어서면서 학교 아이들은 둘로 갈라진다. 가난한 동네에 사는 아이들과 새로 전학 오는 아파트 동네에 사는 아이들, 개인과 개인 간 갈등을 넘어서 두 집단 간 갈등으로 확대되어 간다. 이렇게 집안 경제력 차이 때문에 아이들 사이에 일어나는 갈등은 1980년대 전후로 늘어나는 재건축 지역 아이들이 알게 모르게 겪어야 했던 가슴앓이다. 가정 형편 때문

에 아이들 사이에서 일어나는 갈등은 점점 더 심하게 나타난다. 따라서 교사와 부모들이 항상 깊은 관심과 애정으로 풀어나가지 않으면 안 될 문제다. 이 작품 장점은 이러한 갈등 요인과 그 갈등을 풀어나가는 주체를 어느 한쪽으로 무게 중심을 두지 않았다는 점이다. 양쪽·문제와 관점을 고르게 보여주면서 함께 풀어나가는 모습을 보여주고 있다.

이 동화는 빈부 격차 때문에 아이들 사이에서 일어나는 갈등은 바로 어른들이 보여주는 평소 생활 태도가 뿌리가 되는 현상을 짚어주고 있다. 어른들이 무심코 던지는 말 한마디와 표정이 아이들 마음에 끼치는 영향을 잘 잡아내고 있다. 그리고 아이들이 그 뿌리를 걷어내면서 서로를 이해하고 우정을 쌓으면서 희망찬 내일을 꿈꾸기를 소망하는 작가 마음이 담겨 있다. 그러한 소망은 작품 중간에 실은 동시 몇 편에서도 잘 느낄 수 있다. 작가가 직접 쓴 동시도 있고, 이원수 선생님 동시를 상황에 맞게 싣기도 했다. 아이들이 이 책을 읽고, 그러한 작가 소망대로 착하게 자랐으면 좋겠다.

하타리의 눈

송경진 글
박지혜 그림
나무늘보

천성이 어린이문학 작가로 꼽을 수 있는 사람이라면 현덕과 권정생이 떠오른다. 아이들에게 어떤 생각을 주고 싶어서 동화를 쓴 사람을 꼽으라면 백석과 이원수가 떠오른다. 이 작품은 어느 쪽일까? 생각할 필요도 없이 후자에 속한다. 글쓴이가 이 작품을 쓴 까닭이 '어떻게 하면 아이들에게 도서관을 좀 더 재미있고 궁금한 곳으로 보일 수 있을까?'라는 욕심 때문에 쓴 거라고 스스로 밝혔고, 글을 읽어보니 실제로 그런 욕심이 군데군데 엿보이기 때문이다. 그러나 그런 욕심이 지나치게 드러나 보이지 않아서 좋다.

여름 방학 숙제인 박물관 체험학습과 부엉이박물관, 부엉이박물관에서 본 부엉이등과 구립도서관에 심부름 가서 본 아프리카 수리부엉이 박제, 아버지가 해외에서 사온 핀란드 도자기 잔에 있는 부엉이 시. 이 세 가지를 연결시키는 고리가 큰 무리 없이 아이들한테 다가서면서 흥미를 끌어낸다. 현실과 판타지 세계를 굳이 구별하지 않고 자연스럽게 드나들면서 옛날이야기를 읽는 기분을 주었다. 현대를 의미하는 도서관, 시간을 거슬러 올라가게 하는 옛날이야기 느낌, 아프리카까지 넓혀주는 공간, 사람과 동물이 교감하는 신화의 세계는 아이들에게 시간과 공간의 경계를 자유롭게 넘나들게 해 준다. 작가 자신이 도서관 사서라서 그런지 작품에 소재로 삼은 별자리 특성, 부엉이등 이동경로로 정한 도시, 아프리카 스와힐리 부족에 전해 내려오는 옛날이야기에 대한 자료 조사도 충실하게 잘했다. 그리고 그 자료에 작가의 상상력

을 동원해 새로운 세계를 창조했다. 도서관에서 청구번호가 바뀌면서 일어나는 '주소를 잃어버린 책들', '날아다니는 책들', '뒤죽박죽책의 비밀'은 도서관이 하는 일을 어린이들이 쉽게 이해하는데 도움을 줄 수 있다.

그러면서도 주민들 생활공간에서 멀리 떨어져 짓고 있는 도서관 정책에 대한 비판의식, 도서관에서 책을 찾는 방법, 도서관이 무엇을 알고 싶을 때 이용하면 좋은 곳이라는 생각을 갖게 해 준다. 초등학생 4,5,6학년 정도면 방학 전에 이 책을 읽은 다음, 여름 방학 동안 지역 도서관에 가서 보고 싶은 주제어를 이용해서 책을 찾고, 훑어보도록 하면 어린이들이 훨씬 더 재미있게 도서관에 다가설 수 있을 것 같다.

초등학교 어린이들을 대상으로 쓴 글이라면 좀 더 쉽고 아름다운 우리 말을 찾아 쓰고, 문장을 잘 다듬었어야 한다. 또 사건과 사건을 잇는 고리가 필연성이 좀 떨어지는 부분이 있다. 보기를 들면, 할아버지가 수리부엉이와 마법의 책을 아프리카에서 사 온 까닭을 아기를 구하기 위한 엄마의 간절한 소망 때문에 생긴 필연으로 보았다면 더 좋았을 것이다. 그러나 몇 가지 단점에도 불구하고 아이들이 즐겁게 읽으면서 자유로운 상상의 나래를 펼 수 있고, 자연스럽게 도서관을 삶의 한 공간으로 느끼는 데 도움이 될 수 있는 좋은 작품이다. 그리고 글쓴이가 이 작품을 시작으로 아이들이 더 즐겁고 신나게 빠져들 수 있는 글을 쓸 수 있을 것 같다는 즐거운 상상 때문이다.

한밤중 톰의 정원에서

필리퍼 피어스 글
수잔 아인칙 그림
김석희 옮김
시공주니어

1분 11초의 음악. 시와 노래와 동화가 만나는 작고 낮고 느린 음악회인 나팔 꽃 공연이 한 달에 한 번씩 샘터 파랑새 극장에서 열렸었다. 10회 공연 때 백창 우가 만든 동요를 발표했는데, 그 중에 '1분 11초 음악'이 기억에 새롭다. 캄캄 한 어둠과 좁은 극장을 꽉 채운 사람들, 숨소리도 안 들리는 정적 속에서 1분 11초 동안 계곡을 내리닫는 물소리가 시원하게 흘러내렸다. 되돌아보니 그 날 2시간 30분 공연 시간보다 '1분 11초 음악' 연주가 더 길었다. 아니 1분 11초 연 주보다 2시간 30분이 더 짧았다. 실제 시간과 사람마다 느끼는 시간은 이처럼 다르다. 찰나와 영원 사이를 끝없이 오가는 것이 시간이다. 인류가 꾸는 꿈 가 운데 하나가 바로 시간의 벽을 뛰어넘는 일이다. 그래서 많은 문학 세계 속에 서 타임머신을 만들고, 타임머신 없이도 찰나와 영원을 마음대로 오가는 판 타지 문학이 등장했는지도 모른다.

≪한밤중 톰의 정원에서≫는 20세기 영국 판타지문학에서 손꼽히는 작품이 다. '모두의 시간과 나만의 시간', '두 사람의 시간이 교차되는 지점', '영원히 멈춘 시간과 영원히 움직이는 시간'과 같은 '시간이란 무엇인가?'에 대해 어 린 주인공 심리 변화를 따라가면서 흥미롭게 추적하고 있다. 이렇게 소개하 면 무슨 고리타분할 정도로 지루하고 딱딱한 철학 책으로 오해하겠는데, 전 혀 그렇지 않다. 톰이 여름 방학을 맞아 동생 피터와 즐겁게 놀 생각에 마음이 부풀었는데, 피터가 홍역을 앓는 바람에 톰 혼자 이모네 집으로 가게 된다. 그

곳에서 13시를 치는 낡은 괘종 시계를 발견하고 아름다운 정원에서 100년 전 빅토리아 여왕 후기 시대를 사는 해티를 만나 깊은 우정을 나눈다. 시간의 벽을 뛰어넘는 사랑을 느끼면서 주인공과 함께 독자까지도 삶과 시간을 깊이 생각하게 해주는 작품이다.

　무더위에 지루한 여름이라도, 이 작품에 빠져들면 그 지루함마저 잊을 수 있을 것이다. 시간의 흐름을 잊을 수 있고, '1분 11초 음악'보다 긴 독서 시간을 가질 수 있을 것이다. 초등학교 5학년부터 권하고 싶고, 독서 분위기를 조금 더 높이기 위해 음악을 들으면서 읽고 싶다면 멘델스존의 관혁악곡 '한여름 밤의 꿈'을 권하고 싶다. 문학과 음악이라는 두 예술이 교차하는 지점에서 책을 읽는 즐거움을 맛볼 수 있겠다.

할아버지 손은 약손

······

한수연 글
이유진 그림
하늘을나는교실

우리 겨레의 삶 속에는 옛날부터 전해 내려오던 민간 치료법이 많았다. 어린아이가 배가 아프면 어머니나 할머니가 배를 정성으로 문질러 주면 낫는 것도 그 중 하나다. 요즘은 조금만 아파도 곧장 병원으로 가니까 이런 사랑의 기적을 느끼는 아이들이 많지 않아 아쉽다. 병은 사랑으로 치료하는 것이 가장 좋다. 그래서 어머니나 할머니의 약손 같은, 사랑이 깃든 손으로 치료하는 의사, 인간에 대한 깊은 사랑과 외경심을 갖고 의술을 펼치는 의사들이 있어 기쁘다. 이런 사랑의 의술, 사랑의 의사로 불리는 의사들 가운데 많은 사람들의 기억에 남아 있는 분이 장기려 박사다.

장 박사는 1911년 평안북도 용천에서 태어나 민족교육을 열심히 했던 의성학교에 이어 경성의대를 졸업하여 의사가 되었다. 1943년 최초로 간암 환자를 수술하여 유명해졌고, 1946년 김일성대학 의대 교수로 추천되었으나 사양하다가 교회에 나갈 수 있다는 조건을 걸고 교수가 되었다. 1950년 국군을 따라 부산으로 피난 와서 육군병원에 근무하면서 '복음병원'이라는 무료 병원을 열었다. 이때부터 가난하고 병든 이들을 위해 서 있는 의사, 끊임없이 봉사하는 의사의 길을 걸었다. 부산대와 서울대 의대 교수를 지내면서 우리나라의 첫 의료보험조합인 청십자의료협동조합을 만들었다. 청십자병원을 세워 아픈 사람들을 사랑의 손으로 치료했다. 이런 봉사로 크고 작은 상을 많이 받

고학년

앞지만 그에게 가장 큰 상은 우리 겨레가 그분의 삶을 기억하고, 봉사하는 삶을 사는 사람들이 늘어나고, 그분과 같은 사랑의 약손으로 의술을 펼치면서 가난하고 병든 이들을 위해 봉사하는 삶을 따르는 의사들이 한 명이라도 더 늘어나는 일이라고 생각한다.

마주이야기체가 많고, 주인공 삶이 감동을 주기 때문에 초등학교 4, 5학년 정도면 재미있게 읽을 수 있다. 1992년 출판된 뒤 잠시 절판되기도 했으나 출판사를 바꿔서 계속 나오고 있고, 꾸준히 읽히고 있다는 입소문이 반갑다. 이 책을 읽은 어린이들이 장기려 박사의 삶을 마음에 담고, 조금이라도 사랑의 약손을 기억하면 좋겠다.

핵 폭발 뒤 최후의 아이들

구드룬 파우제방 글
최혜란 그림
함미라 옮김
보물창고

'마지막 날, 정적만이 남았다. 지구는 황폐한 별이 되어 버렸고, 바싹 말라 버린 땅에는 금이 가고, 쩍 벌어진 컴컴한 구멍을 드러내고 있었다.'

윗글은 핵전쟁 뒤 지구촌 모습을 표현한 글귀다. 지금 지구촌에는 지구를 몇 번이고 멸망시킬 수 있는 핵무기가 있고, 핵무기를 통제할 수 있는 인류의 양심이 사라지고 있고, 100여 곳에서 증오와 불신과 욕심 때문에 국지전이 발발하고 있다. 그럼에도 핵무기에 대한 통제가 제대로 되지 않을뿐더러 핵전쟁에 대한 경계심도 줄어들고 있다. 이러한 인류에게 던지는 경고장과 같은 책이 바로 ≪핵 폭발 뒤 최후의 아이들≫이다.

이 책은 독일 헤센주의 초등학교 교사인 작가가 1970년대에 쓴 핵무기에 의한 대학살에서 우리 스스로를 지키기 위한 '경고장'이다.

서독의 한 단란한 가족이 여름 방학을 맞아 휴가를 가는 길에 핵전쟁이 일어났다. 정치에 대해서는 무관심하고 오직 개인의 행복만을 추구하던 어른들. 그들은 갑자기 터진 핵전쟁에 속수무책이었고, 혼란의 와중에서 사실을 알고 후회했을 때는 이미 모든 것을 잃은 뒤였다. 어른들이 죽어가고, 부모를 잃은 아이들은 상처받은 짐승처럼 떠돌아다니면서 오직 하루라도 더 살기 위해 먹을거리를 구하러 다닌다.

이 책은 핵전쟁의 절대적 비극성과 비참한 모습을 인간의 마음과 어린이 눈으로 그려낸 작품이다. 어린이나 어른이나 읽고 나서 마지막 책장을 덮었을

때 '정말 핵전쟁이 일어나게 해서는 안 되겠구나' 하는 소망을 품게 한다. 그 시기가 늦지 않기를 바라는 작가의 소망이 곧 독자의 소망으로 옮겨온다. 이러한 소망의 씨앗이 우리 모두의 마음에 뿌려질 때 지구촌의 대재앙이 되는 핵전쟁을 막을 수 있을 것이다.

  이 책을 읽은 다음 핵에 대한 자료를 찾아보자. 핵 확산과 핵전쟁을 막기 위해 노력하는 단체가 하는 일을 조사해서 정리해 보고 이를 바탕으로 자신의 생각을 주장하는 글로 써 보자.

전학년
함께읽기

개똥이네 놀이터 (잡지)

편집부
보리

내가 어릴 때 동네에서 친하게 놀던 동무가 있다. 도끼다. 아침 한 그릇 뚝딱 먹으면 그 애네 집에 가서 '도끼야 놀자!' 하고 불렀다. 여름이면 개울에 가서 발가벗고 멱도 감고, 겨울에는 우리 집하고 도끼네 집하고 사이에 있는 밭에 하얗게 쌓인 눈에서 놀았다. 그때는 참 눈도 많이 오고 추워서 겨울 내내 눈이 나 같은 꼬맹이들 허리까지 쌓였다. 눈 속으로 굴을 파고 들어가서 놀기를 좋아했었다.

도끼는 나무를 패서 쪼개는 도구인데, 도끼처럼 튼튼하게 자라라고 그렇게 부른다고 했다. 도끼 어머니가 아이를 낳으면 죽고 낳으면 죽고 해서 도끼라고 불렀더니 죽지 않고 잘 자랐다고 했다. 나중에 커서 알고 보니 도끼 정말 이름은 덕기였다. 개똥이네 놀이터라는 이름, 개똥이도 그렇다. 개똥이 정말 이름은 어린이다. 우리 겨레의 어린이들 몸과 마음이 튼튼하고 바르게 잘 자라기를 바라는 마음으로 어린이 잡지를 만들었다. 그런데 뭐라고 부르지? 아, 개똥이라고 부르자. 죽지 말고 잘 크라고.

어린이들이 바르고 씩씩하게, 사람다운 사람답게 자랄 수 있는 길을 열기 위해 방정환 선생님이 하신 일이 어린이들이 볼 수 있는 잡지를 만드는 일이었다. 1923년 3월 20일 '어린이'라는 잡지를 창간했다. 우리 겨레의 어린이들이 겨레의 어린이로 잘 자라는데 꼭 필요한 마음의 양식을 '어린이' 잡지에 담아

450

주기 위해서였다. 그 뒤로 여러 가지 어린이 잡지들이 나왔다 죽었다. 그나마 2000년 무렵에는 어린이들이 볼 수 있는 잡지를 찾아보기도 어렵게 되었다. 평생을 어린이들이 사람다운 사람으로 살 수 있기를 바라셨던 이오덕 선생님은 우리 어린이들이 즐겨보면서 자랄 수 있는 잡지 한 권 꾸준히 만들지 못하는 현실을 무척 안타까워 하셨다. 잡지는 그 시대를 사는 어린이들한테 꼭 필요한 종합 영양제 같은 책이기 때문이다.

2003년 8월 25일 이오덕 선생님이 돌아가신 뒤에 여러 사람들이 모였다. 이오덕 선생님이 바라셨던 일 하나를 해보자고. 이 시대 어린이들한테 꼭 필요한 어린이잡지를 만들어 보자고. 그 일을 보리출판사에서 해 보겠다고. 참 어려운 일이지만 우리 겨레의 어린이한테 꼭 필요한 어린이잡지를 만들어 보자고.

이런 마음이 모여서 태어난 잡지. 우리 어린이들이 자연과 동무가 되어 맘껏 뛰놀면서 모든생명을 귀하게 여길 줄 알게 손을 잡아주는 잡지, 일과 놀이가 하나 되는 공부할 수 있게 도와주는 잡지, 마음이 병들지 않고 참삶을 지키고 가꾸면서 살 수 있는 힘을 줄 수 있는 잡지를 만들어 주자는 마음이 모여서 태어난 잡지다. 이렇게 태어난 잡지가 죽지 않고 오래오래 살기를 바라는 마음에서 개똥이라고 부르게 된 거다.

또 '개똥이네 놀이터'를 손에 들고 자라는 모든 어린이들 마음이 병들어 죽

개똥이네 놀이터

지 않고 자라라고, 마음과 몸을 씩씩하게 잘 놀리면서 공부도 하고 일도 하면서 건강하게 자라라고, 우리 어린이와 함께 사는 어른이 학부모와 교사들도 어린 동무들과 함께 잘 살라는 것이다. 그래서 다른 잡지에는 없는 어른 놀이터, 학부모와 교사가 볼 이야기를 부록으로 만들고 있다.

우리 겨레의 소중한 희망인 개똥이들이 잘 자랐으면 좋겠다. '개똥이네 놀이터'가 어린이들이 있는 집 마루에, 어린이들이 다니는 학교 교실에 있어 쉽게 볼 수 있다면 좋겠다. 어린이들이 다니는 동네 도서관에, 학원에, 교회에, 병원에, 식당에……. 데굴데굴 굴러다니는 '개똥이네 놀이터'를 볼 수 있는 개똥이들이 더 늘어나면 좋겠다. 키득 키득거리면서, 가끔은 눈물도 살짝살짝 훔치면서, 모든 생명과 평화롭게 살아가는 삶을 배우는 모습이 더욱더 많아지기 바란다.

그런 개똥이네 놀이터를 만들기 위해 보리 식구들, 글과 그림을 맡고 있는 어른들이 더 애써야 하겠다. 초등학교 어린이들 몸과 마음을 어떻게 하면 신명나게 열게 할 것인지, 자연과 생명을 소중하게 여기는 마음을 키울 수 있는 놀이와 이야기는 어떤 것인지, 새롭고 올바른 지식을 쉽게 알 수 있게 담아줄 것인지, 평화를 위해 함께 손잡고 나가는 새로운 소식이나 생각을 어떻게 다듬어서 알려 줄 것인지, 식구와 이웃과 함께 놀거나 보거나 다니거나 해 볼 수 있는 거리를 만들어 줄 것인지……. 개똥이네 놀이터를 만드는 모든 식구들이 더 힘을 모으고, 부지런히 지혜를 짜내기 바란다.

어렵게 태어난 개똥이가 세 살이 된 것을 축하하면서 다섯 살이 되고 열 살이 되고 스무 살이 되도록 이 땅에 어린이들과 튼튼하게 자라기를 소망한다.

글자 없는 그림책

신혜원 그림
이은홍 구성
사계절

어린이들하고 책을 읽고 이런 이야기 저런 이야기 나눠보면 그 마음과 생각이 참 예쁠 때가 많다. 또 같은 글을 읽었는데 이렇게 느낌이나 생각에 미묘한 차이가 있구나 느낄 때도 많다. 그 차이를 볼 때마다 어린이들의 유연성과 다양성에 고개를 끄덕이게 된다. 글 없이 그림만으로 이야기를 이끌어 가는 ≪글자 없는 그림책≫도 그런 어린이들의 예쁜 마음과 다양한 마음과 생각을 느낄 수 있는 책이다. 아무 말 없이 책장을 한 장 두 장 넘기다 보면 어린이들이 먼저 입을 연다. '신발하고 발이 닮았네요?', '와! 예쁘다' 마치 말없는 만화를 읽으면서 그 빈자리에 독자들이 말을 만들어 넣는 것 같다.

첫째 권에 실린 21편의 내용을 보면 독창적인 것도 있고 다른 책이나 이야기에서 따오거나 응용한 그림도 있다. '작다고 얕보지 마세요'는 작은 물고기들이 큰 물고기한테 쫓기다가 함께 모여서 쫓아오던 물고기보다 더 큰 물고기 모양을 만들어서 되쫓아 간다. '새와 나무'는 한 어린이가 예쁜 꽃이 화락 핀 나무를 보고 좋아서 뛰어가보니 꽃처럼 보이던 새들이 비비쫑 비비쫑 노래하며 하늘로 날아오른다. 그 모습을 바라보는 남자 어린이 표정이 많은 이야기를 만들어내게 한다. '무지개 나비'는 아무런 색깔이 없던 나비가 꽃밭을 돌아다니며 꿀을 빨아먹는 사이에 색이 늘어나면서 무지개 색이 된다. '사랑의 우산'은 비가 오는 날 우산을 쓰고 가던 어린이가 다른 동무와 작은 동물들 하고 다정하게 함께 쓰고 가는데, 비가 그치면서 무지개가 걸린다.

　그림으로 이어가는 이야기 한 편 한 편이 소박하면서도 따스한 느낌이 든다. 구성한 사람과 그린 사람이 부부인데, 아이하고 함께 보면서 굳이 많은 대화를 이끌어 내려 하거나, 의도된 줄거리를 이야기하도록 강요하지 않고, 그냥 '이 그림은 어떠니?' 하면서 보기만 해도 아이의 반응이 다양했다고 한다. 작가는 이 책을 유아용으로 만들었겠지만 나는 초등학교 1학년부터 6학년까지 모두 활용하고 있다. 저학년은 그림책을 보여주면서 직접 이야기를 나누고, 고학년은 복사해서 작은 그림책 만들기 자료로 활용한다. 그때마다 어린이들이 만든 작은 그림책을 보면서 이 책이 전해주는 재미와 사랑과 다정함을 맛볼 수 있다.

까막나라에서 온 삽사리

정승각 글·그림
초방책방

요즘은 어린이 책 시장에서 그림책이 차지하는 비중이 상당히 높다. 우리나라 창작 그림책 수준도 높아지고 있고, 세계 여러 나라 그림책들이 속속 번역되어 나오고 있다. 1990년대 초에는 그림책 출판하기가 쉽지 않았다. 그림책에 대한 개념도 낮았고, 출판비용은 높은 반면에 판매가 어려웠기 때문이다. 그때 창작 그림책 시장을 넓혀 준 책이 《까막나라에서 온 삽사리》라고 할 수 있다.

이 그림책을 권장하는 까닭이 몇 가지 있다. 먼저 우리 겨레 옛이야기에 맞춰 그린 그림 맛이 참 좋다. 널리 알려진 옛이야기인 '불개'를 요즘 어린이들이 읽기 좋게 다시 썼다. 여러 고증을 거쳤고, 작가 상상력을 더해 불개를 '삽살개'로 되살려냈다. 그리고 오방색과 사신도를 잘 활용하였다. 삽사리, 청룡, 백호, 현무, 주작을 모두 부조로 만들어서 모시로 덮은 뒤 까망·빨강·하양·파랑·금박 가루를 아교로 개서 표현하였다. 우리 신화를 새롭게 살려낸 최초의 창작 그림책, 우리만의 독특한 맛과 멋을 담아낸 그림책이라고 할 수 있다.

흔히 그림책은 초등학교 취학 전 어린이나 초등학교 1~2학년 어린이들만 보는 책으로 오해하고 있는 어른들이 있다. 잘못된 생각이다. 좋은 그림책은 유아부터 어른까지 다 좋아할 수 있는 책이다. 좋은 그림책은 유아는 유아대로, 초등학생은 초등학생대로, 중·고등학생은 중·고등학생대로, 어른은 어른대로 각기 즐거움과 새로움을 느낄 수 있다. 이 책도 어린이부터 어른까지 다

한 번 읽어보기를 권하고 싶은 그림책이다.

　초등학교 1, 2학년은 읽고 나서 놀이극을 하기 좋다. 등장인물을 정하고, 줄거리를 대강 따라가면서 자기들이 하고 싶은 말이나 몸짓을 마음대로 만들어 넣으면서 놀면 된다. 3, 4학년이라면 사신도를 사전에서 찾아보고, 색깔이 있는 고무찰흙으로 등장인물을 만들어 인형극 놀이를 할 수 있겠다. 5, 6학년한테는 불개 전설을 찾아 삽사리 이야기와 견주면서 무엇을 어떻게 바꿨는지를 찾아 대조표를 만들고, 내가 삽사리라면 인간 세계에 와서 무엇을 어떻게 하겠는지? 뒷이야기 이어쓰기를 권하고 싶다.

꽃들에게 희망을

· · · · · · ·
트리나 폴러스 글·그림
김석희 옮김
시공주니어

'가다가 중지하면 아니 감만 못 하니라'는 옛 속담이 있다. 무엇이든 목표를 세우고 시작했으면 끝까지 하라는 뜻은 맞다. 그러나 만일 그 목표가 잘못 된 것이라면? 옳은 것이 아니라면? 과감하게 멈추는 것이, 목표를 바꾸는 것이 더 옳다. 목표가 잘못 되었음을 알게 되었을 때 과감하게 포기할 수 있는 용기, 올바른 목표를 다시 세울 수 있는 지혜가 필요하다. 그런 것들은 어떻게 생길까? 그것은 희망이다. 어떤 경우에도 희망을 잃지 않는 사람들만이 그런 기회를 얻을 수 있다.

그러한 지혜와 용기와 희망을 심어주는 책 가운데 하나로 ≪꽃들에게 희망을≫을 꼽을 수 있다. 작은 애벌레로 태어나 즐겁게 먹으며 자라다가 삶의 목표가 무엇일까 생각하고, 끝없는 무자비한 경쟁에 참여하면서 따뜻한 마음을 잃어버리고, 서로 사랑할 수 있는 짝을 만나 파릇파릇한 풀밭에서 행복하게 살고, 그 행복에 만족하지 않고 다시 더 높은 곳을 향해 도전하고, 그 때문에 가슴 아픈 이별을 겪게 되고, 꼭대기에 올라 자신의 목표가 잘못되었음을 솔직하게 인정한다. 사실 많은 사람들이 이런 상황에서 솔직하지 못하기 때문에, 아니 솔직할 수 있는 용기가 없기 때문에 나와 남을 불행의 늪에 빠지게 하는 경우가 얼마나 많은가! 나는 어린이들이 이 책을 읽고, 다른 줄거리는 다 잊어도 애벌레가 나비로 변신하는 그 아름다운 혁명의 순간은 잊지 않을 거라고 생각한다. 온갖 어려움과 갈등을 이겨내고 푸른 하늘과 향기로운

꽃밭을 훨훨 날아다니는 나비의 희망을 곧 자신의 희망으로 간직할 수 있을
거라고 생각한다.

　　여러 출판사에서 여러 모양으로 이 책을 출판했는데, 이 책은 그 가운데서
도 편집과 글씨체에서 돋보인다. 초등학교 4~6학년 어린이들한테 이 작품을
읽은 다음에 "만일 호랑나비나 노랑나비라면, 그 어려운 과정을 거쳐 새롭게
태어났다면, 어떤 세상을 만들고 싶은가요?"라는 질문을 하고, 그 질문에 대
답하는 글쓰기를 하면 상상의 폭이 훨씬 더 넓어질 것이다. 또 호랑애벌레와
노랑애벌레 사이에 일어나는 갈등 원인과 해결 방법을 자기 생활과 관련지어
토론하기도 좋다.

내짝꿍 최영대

채인선 글
정순희 그림
재미마주

학교 현장에서 왕따 문제가 일어나는 것은 어제 오늘의 일이 아니다. 학습 능력이 부족하다고, 책을 잘 읽지 못한다고, 옷을 깨끗하게 입지 못한다고, 또는 너무 혼자 잘난척한다고 따돌림을 당한다. 이런 따돌림은 당하는 아이들이나 하는 아이들 모두의 마음에 상처를 입히게 된다.
3월이 지나고 4월이 되면, 어느 학급이나 왕따 문제가 슬슬 나타나기 시작한다. 담임 교사와 학부모들이 조금 더 관심을 갖고 아이들을 살펴볼 시기다.

《내짝꿍 최영대》는 학급에서 일어나는 왕따 문제를 잘 붙잡아서 보여주고 있는 작품이다. 시골에서 전학 온 더벅머리에 헐렁한 옷을 입은 꾀죄죄한 주인공 최영대는 놀림을 받을 수 있는 조건을 두루 갖추었다. 행동도 느리고, 더구나 누가 흉을 보아도 말대꾸 한마디 못하는 아이다. 아이들은 영대 가방을 빼앗아 교실 밖으로 던지고, 우유를 쏟아놓고는 그 잘못을 영대한테 뒤집어씌우기도 한다. 영대가 아이들한테 더 놀림을 받고 괴롭힘을 당하게 되는데는 담임교사 책임도 크다. 그런 아이들의 장난을 정확하게 살펴보지 못하고 몇 번 야단치다가 내버려 두었기 때문이다.

수학여행을 가서도 아이들 괴롭힘을 견디다 못한 영대가 슬픔에 겨워 울게되고, 그 모습을 보면서 아이들이 같이 울게 되고, 선생님까지 울게 된다. 한

460

바탕 울음 소동이 지나고 나서야 아이들은 영대를 받아들이게 된다.

　이 책은 초등학교 저학년용으로 나온 것이지만 작품 내용은 4, 5학년 아이들한테 알맞다. 작품 내용에서 주요 배경이 되는 2박 3일 일정으로 가는 수련회나 수학여행도 대개 4학년부터 시작하는 행사다. 아이들 행동이나 심리 변화도 그렇다.

　그러나 이런 따돌림은 저학년에서도 자주 일어나는 문제고, 작품 내용이 저학년이 읽기에도 큰 무리는 없다. 학급 어린이들한테 읽어주거나, 돌려 읽을 수 있도록 한 다음에 함께 이야기를 나눠보면 좋겠다. 이 책을 통해 부모들도 내 아이가 따돌림 당하는 것에만 신경 쓰지 말고 다른 아이를 따돌리지 않는가에 대해서도 관심을 갖는다면 좋겠다.

내짝꿍 최영대

똘배가 보고 온 달나라

· · · · · · · ·

권정생 외 글
윤정주 그림
창비

누구한테나 크고 작건 간에 좀 별다른 인연이 있는 책이 있을 것이다. 나한 테도 그런 동화책이 몇 권 있는데, 그 가운데 하나가 ≪똘배가 보고 온 달나라≫다. 어린이문학가 다섯 명이 쓴 작품을 골라 엮은 단편동화 모음으로 내 가 어른이 되고 나서 처음으로 창작동화가 지니고 있는 재미를 느끼게 해준 동화책이다. 또 학급에서 독서지도를 할 때 가장 좋은 동반자 노릇을 해준 동 화책이다. 처음 교단에 선 해가 1977년인데, 이 책 초판이 1977년 5월 5일 55 회 어린이날에 맞춰 발행되었다. 그 해부터 이 책에 실린 동화로 학급 독서지 도를 했다. 그러니 30년 넘게 어린이교육을 함께 해 온 동반자다. 실린 단편 수준이 다양해서 1학년부터 6학년까지 어느 학년을 담임하게 돼도 해당하는 학년에 맞는 동화를 뽑아 지도하기에 좋기 때문이다.

모두 24편이 실려 있는데, 학급 독서지도를 할 때 자주 활용한 동화가 '무 명저고리와 엄마', '강아지똥', '물 한모금', '돌사자 이야기', '저금', '웃음의 총', '알 게 뭐야', '개구리', '원숭이 꽃신' 9편이다. 이 동화를 어린이들한테 읽어주거나 들려주기도 했지만 연극을 할 때 어린이들이 원작으로 자주 선택 하였다. '무명저고리와 엄마'는 현대사를 겪어낸 우리 겨레 모습을 동화로 그 려낸 작품이다. 3.1만세 운동, 만주 독립군, 일제 치하 강제 징용, 6.25, 4.19 까지 우리 현대사에서 중요한 사건들을 이처럼 짧은 글 안에서 가슴 저리도록 그려낸 작품을 보기 어렵다. '강아지똥'은 그 후 저학년용 그림책으로 나왔는

462

데, 똥 역할을 맡았던 아이들의 재미있던 연기들이 눈앞에 떠오른다. 돌사자 이야기는 우리 문화재를 지켜야 한다는 주제를 담고 있는데, 고학년 어린이들이 자주 선택했다. '웃음의 총'도 그 주제와 짜임이 연극하기에 좋은데다 어린이들이 대화를 뽑아내기 쉬워서 좋다. '원숭이 꽃신'은 경제 자립을 해야 한다는 주제인데, 등장하는 동물들 성격을 살려 연기하기 좋다.

학급에서 아이들한테 연극을 지도하고 싶을 때, 마땅한 어린이 연극 극본이 부족한 현실 속에서 각 학년에 알맞은 원작을 고르기 좋은 동화책이다.

무슨 꽃이야?

도토리 기획
보리

여름 방학은 어린이들이 자연 속으로 많이 갈 수 있는 기간이다. 바다와 산과 계곡에 갈 수 있고, 시골 친척집에 가서 며칠 놀면서 들판을 뛰어다닐 수 있다. 그럼에도 불구하고 여름 방학 내내 학원 시간표에 매여 있는 어린이들을 보면 마음이 답답하다. 해가 갈수록 그런 어린이들이 점점 더 느는 것 같아서 안타깝다. 여름 방학에는 그런데 너무 매이지 말고 더 많은 어린이들이 산과 들과 바다로, 자연 속으로 들어가 놀았으면 좋겠다. 그런 기회를 이제는 가정에만 맡기지 말고 국가 차원에서 기획하고 후원하고 밀어줘야 할 것 같다. 어찌되었든 평소보다는 식구들과 여행하는 기회가 많을 것이고, 자연 속에 들어가 나무와 풀과 꽃과 만나는 기회가 많을 것이다. 여름 방학이니까.

≪무슨 꽃이야?≫는 산에서 만나는 풀꽃을 모아놓은 도감이다. 산에서 피는 풀꽃과 고사리 588종을 세밀화로 그렸고, 꽃 색깔별로 나눠놓았다. 산에 피는 흰 꽃, 노란 꽃, 붉은 꽃, 보라색 꽃, 풀색 꽃과 꽃을 보기 힘든 풀로 나눠놓았기 때문에 산길을 걷다 만나는 꽃 색깔을 보고 찾아보면 된다. 또 앞쪽에 봄에 피는 꽃, 여름에 피는 꽃, 가을에 피는 꽃, 맛있는 산나물, 흔한 약초, 독이 있는 풀, 깊은 산에 나는 풀로 나눠놓아 찾기 쉽게 하였다. 이처럼 어린이들이 자연과 좀더 가까워지도록, 자연을 좀더 쉽게 찾아볼 수 있도록 어린이 눈높이에서 만든 도감이다. 이와 같은 개념으로 도토리에서 기획하여 만든 어린이 도감으로 나무도감, 곤충도감, 갯벌 도감, 열매 색으로 나무를 찾는 산열매 도

감, 들풀만 다룬 들풀 도감들이 있다.

요즘 어린이들을 대상으로 하는 좋은 도감류를 만들려는 여러 출판사들의 노력이 대단해서 좋은 도감이 많이 나오고 있다. 그럼에도 이 도감을 소개하는 까닭은 통일을 소망하는 도감이기 때문이다. 이 도토리 주머니도감의 원작은 '식물원색도감'(1988년 평양), '조선식물원색도감'(2001년 평양)이다. 식물 갈래는 '대한식물도감'(2000년 서울), 풀이름은 '대한식물도감'(1997년 서울)과 '한국식물명고'(1997년 서울)를 따랐다. 남북이 다른 이름으로 부를 때는 남녘에서 부르는 이름 옆 괄호에 북녘에서 부르는 이름을 소개하였다. 이렇게 남북 어른들이 이룬 학문의 성과를 모아서 우리 어린이들한테 유익한 책을 만들었으니, 책으로 이룬 통일이다. 어린이들이 살아갈 내일을 위해.

반쪽이

이미애 글
이억배 그림
보림

우리 옛이야기를 보면 수많은 장사들이 태어나는데, 어려서 죽음을 당하거나 불구가 된다. 바로 부모들 손으로 발뒤꿈치 근육을 끊든가 겨드랑이에 난 비늘을 뜯거나 맷돌에 눌려 불구로 만들거나 죽임을 당한다는 슬픈 이야기가 많다. 그 가운데 몇몇 살아남은 장사들이 있는데, 독특한 모습으로 살아남는 아기 장사 이야기로 반쪽이가 있다. 반쪽이 장사 이야기도 여러 가지가 있는데, 기본 줄거리는 반쪽이로 태어나 주변 사람들한테 따돌림을 받지만 꿋꿋하게 자라 자기 지혜와 힘으로 좋아하는 색시와 결혼해서 행복하게 잘 살았다는 것이다.

이 책은 반쪽이 기본 줄거리에 글쓴이 생각을 덧붙여 새롭게 탄생시킨 또 다른 반쪽이 이야기다. 반쪽이는 태어날 때부터 눈도 하나, 귀도 하나, 손도 하나, 다리도 하나이지만 힘은 장사다. 그는 겉모습 때문에 다른 사람들, 심지어 형들한테도 따돌림을 당한다. 그런 순간에도 자신을 있는 그대로 받아들이며, 주어진 상황에서 최선을 다하면서 꿋꿋하고 재치 있고 구김살 없이 산다. 그러나 반쪽이 물건을 탐내서 빼앗으려던 부자 영감이 자기 딸과 결혼시켜주겠다던 약속을 지키지 않자, 반쪽이는 이에 굴복하지 않고 딸을 데려다 결혼하여 호호백발이 되도록 잘 먹고 잘 살았다.

태생부터 흥미롭다. 산신령에게 제사 지내고, 우물에서 잡은 잉어를 먹고 태어났다는 것은 산신과 물신이 조화를 이뤄서 사람이 되었음을 뜻한다. 또 어

머니가 잉어 두 마리는 온전하게 먹어 겉모습이 온전한 두 형을 낳았는데, 마지막 한 마리를 천천히 먹다가 반쪽을 고양이가 홀딱 먹어버리는 바람에 셋째 아들은 반쪽이로 태어난다. 잉어 반쪽을 먹은 고양이도 반쪽이 새끼 고양이를 낳는다. 이야기에는 없지만 그림으로 표현한 이 내용은 사람과 짐승도 같은 생명임을 표현하고 있다. 삼세번 되풀이 하면서 옛이야기 기본 사상과 짜임, 옛 그림에서 볼 수 있는 기본 틀과 소재와 해학성을 잘 살려냈다. 옛이야기 그림책을 그리는 화가들이 전범으로 삼을 만하다.

고학년 어린이들은 책을 읽고, 겉모습 온전하나 마음이 반쪽도 안 되는 사람들과 겉모습은 반쪽이나 속은 누구보다 온전한 사람인 반쪽이를 보면서 자신의 모습과 견주어 생각해 볼만하다. 저학년 어린이들은 그림에 등장하는 반쪽이 새끼 고양이가 어디 있는지 찾아보고, 반쪽이 고양이는 어떻게 살았을까? 어떻게 살면 좋을까? 함께 이야기 해 볼만하다.

보리 어린이 식물도감

전의식 외 글
이태수 외 그림
보리

유럽에 있는 초등학교를 돌아보다가 스위스 바젤에 있는 슈타이너 학교 어린이들이 쓰는 공책을 보고 감탄했다. 공부한 내용을 공책에 정리했는데, 관찰한 동식물이나 물건을 아주 정밀하게 그렸기 때문이다. 마치 그림 동화책 한 권을 보는 느낌이었다. 갈라파고스 전시회에서 다윈이 갈라파고스 제도 동물을 정밀하게 묘사한 그림을 보면서 그들이 전통을 잘 이어내리고 있다는 생각을 했다. 다윈보다 몇 십 년 전에 흑산도에 유배되었던 정약전이 흑산도 어류를 정리한 '자산어보' 일부를 얼마 전에 볼 기회가 있었다. 흑산도 어류를 붓끝으로 아주 정밀하게 묘사한 것을 보았다. 솔거 일화나 신사임당이 그린 그림, 새와 풀과 나무를 정밀하게 묘사한 수많은 민화들이 떠올랐다. 우리 학교 교육에서는 사물을 정밀하게 묘사하는 전통이 사라졌는데. 보리출판사에서 시작한 세밀화 그림책과 한국글쓰기교육연구회 이호철 선생이 지도하는 '살아있는 그림 그리기'를 통해서 다시 살아나고 있다.

이렇듯 사물을 정밀하게 묘사하는 세밀화를 되살려 우리 어린이들 손에 들려주기 시작한 책이 바로 '보리 어린이 식물도감'이다. 주로 외국에서 만든 도감을 들여오거나 베껴 만든 도감류가 판치는 시장에서, 세밀화를 제대로 그려낼 화가도 마땅하지 않은 현실에서, 시장성이 불투명한 모험을 했던 까닭은 우리 어린이한테 우리 땅에서 함께 사는 동식물을 정확하게 보여주기 위해서다. 어린이들이 집 둘레나 들과 산에서 흔히 볼 수 있는, 초등학교 각 학년

별 교과서에 실려 있는 식물 이름을 분석하고, 우리나라 식물 연구에 중요한 160가지 식물을 골라 사진보다 더 정확한 세밀화로 보여주었다. 사진보다 더 정확하다고 말하는 까닭은 식물 구조와 변화에 따른 특성을 전체와 부분으로 나눠서 그렸기 때문이다. 우리나라 동식물보다 외국 동식물 그림이나 사진을 많이 보아온 아이들, 교과서에 나오는 명아주와 강아지풀도 제대로 구별하기 어려운 아이들과 부모들, 교사들한테 이 땅에서 숨을 쉬며 살아가는 풀과 나무를 제대로 보게 이끌어주는 책이다.

방학 동안 시간에 여유를 갖고 식물도감에 실린 풀을 찾아 견주어 보고, 시골에 갔다가 잘 모르는 풀이 있으면 찾아서 이름을 알아보는 습관이 자연을 사랑하는 첫걸음이라고 생각한다. 보리 출판사에서는 식물도감 이후 계속 세밀화 작업을 진행하여 동물 도감, 나무 도감을 출판하고 있다. 우리 어린이들한테 우리 자연을 올바르게 보여주고 함께 살아가는 세상을 만들기 위해.

세밀화로 그린 나무도감

도토리 기획
이제호 그림
보리

우리는 산이 70%나 되는 땅에서 산다. 몇몇 평야지대를 빼고는 산에서 산으로 이어져 있고, 골짜기 사이사이에 마을을 이루고 살아간다. 마을을 둘러싼 산에는 나무가 우거져 있다. 인류 역사나 우리가 살아가는 문화를 살펴보면 산에서 가득 자라는 나무들은 자연과 사람들 생활에 많은 영향을 준다. 그렇기 때문에 나무를 올바르게 알고 나무와 사람들이 함께 살아가는 사랑과 지혜가 필요하다. 그 첫걸음이 우리가 흔히 볼 수 있는 나무들에 대한 관심과 사랑이다. 이 책은 그런 첫걸음을 내딛는데 좋은 안내서가 될 수 있다.

이 도감은 초등학생부터 중·고등학생이나 어른까지 함께 볼 수 있도록 어려운 식물학 용어를 쉽게 풀어 쓰는 등 노력한 흔적이 보인다. 또한 남북 어린이들이 함께 볼 수 있도록 토박이 나무나 우리 주변에서 흔히 볼 수 있는 나무부터 뽑아서 실었다. 그림 또한 모두 살아있는 나무를 직접 살펴보면서 세밀하게 그렸다. 나무 한 그루가 여름과 겨울로 바뀌는 모습을 그렸고, 줄기 생김새에 대한 설명을 붙여 놓았다. 또 잎과 꽃과 열매를 그리고, 생김새에 대한 설명을 달아 놓았다. 또 나무를 그린 장소와 시간을 써 놓아 성실성을 느낄 수 있다. 전체를 1부와 2부와 3부로 나누었는데, 1부에서는 우리나라 나무, 우리나라 자연 환경과 나무, 우리나라 산과 숲, 철따라 달라지는 나무, 쓰임에 따른 나무 분류와 과일나무 기르기에 대한 설명을 해 놓았다. 2부에서는 가래나무를 비롯해 80여 가지 나무를 골라서 2부와 같은 방법으로 꼼꼼하게 알려주고

있다. 그리고 제3부 나무의 생김새에서는 여러 가지 잎과 꽃과 열매를 흑백 그림으로 깔끔하게 정리해서 보여주고 있다.

　이 책만 보고도 생활 주변에서 만나는 여러 가지 나무가 모두 이름이 있다는 것을 알게 되고, 세밀화로 정성스럽게 그린 덕에 겨울이나 여름이나 나무 이름을 찾아낼 수 있다. 손에 이 책 한 권을 들고 시원한 가을 바람에 옷을 바꿔 입는 주변 나무들을 살펴보자. 그리고 그 나무 이름을 알게 되면 예쁜 종이로 이름표를 만들고, 나무를 소개하는 편지를 써서 걸어주자. 단 몇 그루라도 이렇게 이름표를 달아주고 지나다니면서 다시 읽어보고, 줄기를 쓰다듬어 주면서 잘 크라고 기원해주자. 나무는 곧 우리 형제임을 생각하면서.

세 번째 소원

이오덕 엮음
사계절

우리 겨레는 오래 세월을 한반도에서 함께 살았다. 그런데 요즘은 남과 북 사이에 휴전선을 그어놓고 갈라져 살고 있다. 또 전 세계 곳곳으로 흩어져서 살고 있는 동포도 많다. 우리 어린이들이 어른이 되었을 때는 남과 북이 서로 다투지 않고 함께 더불어 살면 좋겠다. 나아가 지구촌 곳곳에 흩어져 사는 우리 민족이 서로 관심을 갖고 도와주면서 사는 세상이 되었으면 좋겠다. 그런 씨앗을 마음에 간직하고 자라나면 좋겠다.

우리 겨레 어린이들 마음에 함께 더불어 살아가는 씨앗을 뿌리고 싶은 소망으로 펴낸 책이 바로 사계절에서 기획하여 엮은 '남북 어린이가 함께 보는 창작 동화 5권'과 '남북 어린이가 함께 보는 전래동화 10권'이다. 이 책은 창작 동화 세 번째 책이다. 남한과 북한, 연변 작가들이 분단 이후에 창작한 단편 동화 가운데서 여덟 편을 골라 엮었다. 어려운 일이 생기면 이웃과 서로 도우면서 슬기롭게 이겨내라는 마음이 담긴 이야기들이다.

'이름 없는 풀/최병화'과 '하늘을 나는 코스모스/손동인'는 남쪽 동화 작가 작품이다. 먼저 '이름 없는 풀'은 길가에 외롭게 핀 들꽃이 병든 아버지를 생각하는 어린이를 위해 기쁜 마음으로 자신을 희생하는 용기를 그렸다. '하늘을 나는 코스모스'는 멀리 다른 나라로 입양되어 간 어린 남매한테 고향에서 피는 꽃씨를 선물하는 어린이들 마음이 담겨 있다.

'우리 동산의 보물/김형운'과 '신기한 물머루/전승화'는 북한 동화 작가 작품으

로 우리 것의 소중한 가치를 알고 활용해야 한다는 지혜와 어려운 동무를 돕기 위해서는 용기를 내야 한다는 동화다. '보물 망치/김영삼'는 세상에서 가장 소중한 보물은 즐겁게 일하는 삶, '세 번째 소원/김청일'은 어린이 시절을 보람 있게 잘 보내야 함을 보여주고 있다.

연변 작가 작품인 '박쥐의 재간/김충묵'은 한 가지 재주라도 깊이 있게 배워야 하고, '꿀꿀이 신세/박준범'는 자기 할 일을 제대로 하지 않고 사회에 피해를 주면 안 된다는 교훈이 담겨 있다.

이렇게 남한과 북한, 그리고 연변 어른들이 어린이들한테 꼭 하고 싶은 말을 담아낸 동화들이다. 저학년 어린이들은 '북쪽 어린이들도 이런 동화를 읽는구나' 알면 되고, 고학년 어린이들은 북쪽 동화에서 모르는 말 찾기와 남북 동화가 각각 강조하는 주제 비교하기를 할 수 있다. 주제, 소재, 다른 말 비교표를 만들어 보면 더 좋겠다.

우리 가족입니다

이혜란 글·그림
보림

《우리 가족입니다》는 보림출판사에서 공모한 제5회 그림책 공모전에서 상을 받은 그림책이다. 글쓴이 자신이 어릴 때 겪은 일을 쓰고, 그림을 그려서 만든 책이다. 주인공 아버지는 어릴 때 어머니와 헤어졌다. 책에서는 자세히 쓰지 않았지만 아버지와 딸이 주고받는 마주이야기로 볼 때 사실은 어머니한테 버림받았던 것 같다. 아버지는 결혼을 한 뒤에야 어머니를 만나게 된다. 그 어머니가 늙고 병들어서 집으로 와 같이 살면서 식구들 사이에 갈등을 겪는다. 갈등과 갈등을 넘어서 할머니를 한 식구로 받아들이는 어린 손녀 눈으로 보고, 그 마음으로 그린 그림이 잘 어우러진 책이다.

겉장은 '신흥반점'이라는 중국집을 아주 활발한 분위기를 느낄 수 있게 그렸다. 첫 장을 넘기면 식구들에 대한 소개 글과 네 식구 사진이 그려져 있다. 그다음 속표지 그림은 군침이 도는 밥상이다. 온 식구가 둘러앉아 밥을 먹는 밥상이다. 그 밥상에는 밥그릇이 다섯 개고, 숟가락과 젓가락도 다섯 벌이다. 할머니가 오셨기 때문이다. 한 장 한 장 넘어가면서 주인공이 겉으로 하는 말이나 마음속으로만 생각하는 말을 한두 문장으로 짧게 쓰고, 그에 맞는 상황을 그림으로 보여주고 있다. 그 글과 그림이 사건의 흐름 속에서 일어나는 갈등의 폭과 깊이를 잘 보여주고 있다. 왼쪽 한 장 전체가 하얀 여백이고, 그 가운데 아무런 설명도 없이 주인공이 툭 내던지는 듯 하는 단 한 마디 '아빠, 할머니 오셨어요'가 써 있다. 그리고 오른쪽에는 아버지가 어떤 사람한테 돈을

주는 그림이다. 이게 뭐지? 고개를 갸웃거리게 되고, 왼쪽 글을 다시 읽게 된다. 그 여백에서 묻어나는 여러 가지 이야기를 생각해 봐도 그림과 연결할 만한 것을 쉽게 찾을 수 없다. 그러다 한 장을 더 넘기면 '아! 그랬구나. 할머니가 시골에서부터 택시를 타고 와서 택시기사한테 돈을 주는 그림이구나' 알게 된다. 그리고 오른쪽에 걱정스럽고 짜증스런 표정의 식구들 모습을 이해할 수 있게 된다.

이렇게 시골에서 혼자 사시던 할머니가 몸이 아파 멀리서 택시를 타고 와 비싼 택시비를 물게 한다. 함께 살게 되면서 할머니는 물건을 아끼는 마음에 다른 사람들이 버린 헌 옷가지를 자꾸 주워와 입으라 하고, 전기세가 아깝다고 세탁기로 빨지 말고 손빨래를 하라고 잔소리하고, 이가 아파 음식을 잘 씹지 못해 밥상에다 뱉기도 한다. 치매를 앓게 되면서 음식을 옷장에 숨겨서 구더기가 나오기도 하고, 병이 심해지면서 방에서 똥오줌을 싸고, 아무데서나 윗옷을 훌훌 벗거나 집을 나가 학교 담 밑에서 자기도 한다. 그런 할머니를 타박하고 싫어하는 어린 손녀가 툭툭 내뱉는 말과 어눌하게 대답하는 아버지 말을 한두 문장으로 나타내서 읽는 사람들 가슴을 시리게 한다.

아빠, 할머니 다시 가라고 하면 안 돼요?

안 돼.

우리 가족입니다

왜요? 아빠 어릴 때도 따로 살았다면서요.

그래도 안 돼. ……엄마니까. 할머니는 아빠 엄마거든.

그럼 아빠. 할머니도 우리 엄마처럼 아빠를 사랑했어요?

…….

이 책 가운데서 가장 긴 글이고, 가장 가슴을 저미게 하는 마주이야기다. '엄마처럼 할머니도 아빠를 사랑했어요?'라는 딸한테 아무 말도 할 수 없는 아버지 마음이 얼마나 아플까? 글쓴이가 이 부분을 이렇게 말줄임표로 처리한 것이 그 어떤 말보다 훨씬 더 가슴을 파고 들고, 독자의 마음속에 더 많은 이야기를 들려주게 한다. 그리고 독자가 자기 소리로 참여할 수 있는 여백을 마련해 준 것이기도 하다. 다음 장을 넘기면 아무 이야기도 없이 두 아이를 목욕시키는 아버지와 할머니 등을 밀어 드리는 어머니, 다섯 식구가 한 자리에서 목욕하는 그림이 나온다. 가볍고 옅은 회색이 절망보다는 희망으로 다가온다. 그리고 가족사진 옆에 할머니 사진이 더해진다. 이렇듯 여러 가지 어려움을 겪으면서도, 그 어려움을 그대로 껴안으면서 할머니를 차츰차츰 한 식구로 받아들이는 어린이 마음을 잘 붙잡아 보여주고 있다.

올해 6학년 체육 전담을 하면서 도덕 시간을 따로 두 시간 한다. 도덕 시간에 틈을 내서 그림책을 읽어주고 있다. 학급 아이들한테 책을 보여주면서 물어보았다.

"집에서 할아버지나 할머니와 같이 사는 어린이 손들어 보세요."

40여 명 가운데서 열댓 명이 손을 들었다.

"할아버지나 할머니가 지금 같이 살지 않지만 다른 친척집이나 시골에 살고 계시는 집은?"

하니 또 10여 명이 손을 들었다. 반이 넘게 할아버지나 할머니가 살아 계셨고, 같이 모시고 사는 집도 많은 편이다. 묻지도 않았는데 지난해 돌아가셨다고 말하는 어린이도 있다.

"이 책은 글쓴이가 어린 시절에 부산에서 할머니와 살았던 이야기인데, 나도 80이 되신 어머니와 아버지를 모시고 살고 있어요. 이 책에 나오는 할머니처럼 어머니는 치매라는 병이 들은 데다 당뇨 합병증으로 눈이 안 보이시는 시각장애인이고, 아버지는 귀가 잘 안 들리세요. 그래서 이 책 내용이 내 가슴에 더 와 닿는가 봐요. 할머니 할아버지와 함께 살고 있는 어린이, 함께 살지는 않아도 살아 계시는 어린이들은 잘 들어보세요. 그리고 할아버지 할머니가 안 계시는 어린이들도 우리 부모님이나 내가 늙었을 때를 생각하면서 들어보세요."

우리 가족입니다

　한 장 한 장 천천히 넘기면서 그림을 보여준 다음에 한두 마디씩 글을 읽어 주고, 그 말과 그림에 대한 설명을 조금씩 해 주었다. 읽다가 주인공이 아버지한테 할머니와 살지 않으면 안 되냐는 말을 할 때 갑자기 눈물이 나와서 읽을 수가 없었다. 우리 집 딸도 할머니 할아버지한테 잘하기는 하지만 주인공처럼 힘들어하고 속상해 할 때가 많았기 때문이다. 나한테 주인공처럼 말하고 싶었을 때가 왜 없었겠나. 아마 수없이 많았을 것이다. 그런 생각이 나니까 나도 모르게 눈물이 나와서 읽을 수가 없다. 아이들한테 미안하다고 말하고, 돌아서서 좀 쉬면서 쏟아지는 눈물을 훔치며 마음을 가라앉혔다. 마음을 진정시킨 다음에 나머지 두 장을 읽었다. 마음을 진정시키는 동안 아이들이 조용히 기다려 주었다. 여느 때 같으면 신나게 떠들 아이들인데⋯⋯.

　다 읽고 이 책을 읽고 싶은 사람 손을 들라고 하니 반 이상이 손을 들었다. 맨 처음 손 든 어린이한테 주고, 다음 주 도덕 시간까지 돌려 읽으라고 하였다. 그리고 지난달처럼 A4 크기 이면지를 반쪽씩 나눠주었다. 이 이야기를 듣고 자기 생각을 쓰고 싶은 사람은 쓰고, 쓰기 싫은 사람은 조용히 다른 책을 읽거나 엎드려 쉬고 있으라고 하였다. 남은 시간은 겨우 5분 정도였는데 38명 가운데 31명이 써서 냈다. 다음은 아이들이 쓴 글이다. 너무 겹치는 아이들 글은 빼고 옮긴 것이다.

어머니를 사랑하는 아들 마음을 느낄 수 있다. 손녀가 할머니를 받아들이기 위한 고통은 아이들한테 너무 큰 고통인 것 같다. 이다음에 우리 할머니가 혹시 치매에 걸리셔도 사랑해 드리고 싶다. (현정아)

우리 집에 저런 할머니가 계시다면 난 과연 어떤 행동을 할까? 난 지금 할머니가 매우 무서운데 그런 할머니가 저렇게 한다면 싫기보다는 불쌍하다는 생각이 들 것 같다. 그리고 저 아이처럼 싫어하고 짜증 낼 수도 있겠지만 절대로 다시 보내자고는 하지 않을 거다. 나중에 우리 엄마 아빠가 그래도 열심히 보살펴 드릴 거다. (박은하)

난 이해할 수 있다. 할머니가 저러는 것을 보아도 언젠가는 나도 그렇게 될지 모르기 때문이다. 그런데 이상하게도 이 이야기를 들으니 참 따뜻한 느낌이 든다. 슬픈데 따뜻하다. (박지은)

할머니가 치매에 걸리셨는데도 가족이 그래도 계속 모시는 게 인상 깊다. 마지막에 '할머니도 우리 가족입니다' 라는 말도 좋았다. 언젠가 나도 그렇게 될지 모른다. 그래도 누군가가 잘 보살펴 준다면 좋겠다. (박송이)

난 이 책을 읽고 이해가 가는 데도 있고, 슬픈 데도 있다. 우리 증조할머니도 일년

우리 가족입니다

전에 돌아가셨다. 증조할머니가 살아계실 때에는 냄새도 나고, 장 속에 사탕이나 먹을 것을 숨겨 두시기도 했다. 알 수 없는 이상한 말을 하시고 그러셨다. 그래서 공감이 간다. 아주 얇은 책이지만, 그렇게 얇은 책이 나를 이렇게 감동시킬 수 있다는 것이 놀랍다. (김창조)

할머니는 시골에 가면 아주 반겨주시고, 난 까먹어도 날 기억해 주셨는데……. 한번은 동양화로 하는 놀이도 가르쳐 주시고……. 올해 그만 돌아가시고 말았다. 나이도 많으시고 힘도 없으셔서……. 나는 부모님이 이렇게 된다면 열심히 간호해 드릴 것이다. (이혜진)

할머니께서 만약 치매에 걸리신다면 싫어도 돌봐드릴 거다. (김동희)

할머니가 더럽긴 하지만 가족으로 받아들인 게 참 잘한 것이다. 이 책은 가족의 친근함을 잘 표현했고, 가족의 따뜻함이 보기 좋다. 재미있고 좋은 교훈까지 담겨있는 책이다. (유현종)

할머니께서 치매라서 이상한 짓을 하는데 손녀가 못 알아줘서 안됐고, 할머니가 너무 불쌍하다. 우리 엄마가 늙었을 때 더 잘해줘야 하겠다는 생각이 내 마음을 찔

렀다. 우리 할머니는 치매가 걸리지 않았으면 좋겠다. (손영진)

만약 우리 할머니가 이런 병이라면 나도 무척 슬플 거다. 선생님이 울으셨다. 나도 울 것 같다. (이혜란)

내가 정말 그런 일을 당하면 나도 싫을 것이다. 하지만 그래도 이해해야 된다. 아무리 그래도 엄마니까 이해하고 보살펴 드려야 한다. 내 아이들도 이 책 주인공처럼 힘들 테니까 내가 더 사랑해 줘야 한다. (우주형)

아이들 반응을 볼 때, 6학년 어린이한테는 알맞은 그림책이라고 말할 수 있다. 아무래도 누구나 다 늙는다는 것을 알 수 있어야 할 테니까. 그런 자연 현상을 이해할 수 있는 나이가 되어야 할 것 같다. 그렇다고 하더라도 초등학교 저학년이나 유아들은 자기들 수준에서 이해하고 느끼면서 읽을 수 있을 것 같다. 다만 '가족'을 '식구'라고 하지 않은 게 좀 아쉽기는 하다. '우리 식구입니다' 했으면 더 좋았을 텐데……. 나는 어릴 때 식구라는 말을 쓰다가 학교 교육을 받으면서 가족이라는 말을 배웠는데, 어쩌면 글쓴이는 학교 교육에 앞서 집에서도 '식구'보다는 '가족'이라는 말을 익숙하게 쓴 세대일 수도 있겠다는 생각은 들지만.

한국생활사박물관

한국생활사박물관 편찬위원회 편집
사계절

우리나라 어린이책 역사에서 중요한 분기점이 되는 출판물이 몇 가지 있다. 웅진출판사에서 1983년 9월 제1권을 시작으로 1984년 8월 12권까지 1년 사이에 출판했던 ≪어린이마을≫이 있다. 이 책은 우리나라 각 지역 자연과 문화를 월별로 나눠서 소개한 책으로 우리 자연과 어린이들 생활 모습을 직접 찍어서 사실대로 보여주었다. 지금은 그게 뭐 그리 대단한 거냐고 할지 모르지만 당시에는 어린이 사진 한 장 실린 어린이책을 찾아볼 수 없었다. 등장인물이 우리나라 사람임에도 불구하고 삽화 그림은 서구 인물 특성을 그대로 흉내내서 그리던 당시로서는 큰 사건이었다. ≪어린이마을≫이 1980년대 어린이책 역사에 물꼬를 바꾼 책이라면 21세기로 들어서면서 중요한 의미를 가진 책은 사계절 출판사가 오랜 시간 기획한 책, 2000년 7월부터 2004년 8월에 걸쳐 펴낸 ≪한국생활사박물관≫을 꼽을 수 있다. ≪어린이마을≫이 우리 자연과 문화를 공간적 평면으로 나눠서 접근한 책이라면 ≪한국생활사박물관≫은 우리 삶을 시간적 입체로 나눠서 접근한 책이다.

이 책은 1970년대 이후에 우리 학자들이 새롭게 발굴하고 정리해 낸 고고학, 인류학, 역사학 업적을 바탕으로 하고 있다. 곧 지금 기성세대들이 배우지 않았고, 아직 우리 다음 세대들한테 제대로 가르치지 못하고 있는 새로운 지식과 세계관을 담아내려고 노력했다. 1권 '선사생활관', 2권 '고조선생활관', 3권 '고구려생활관', 4권 '백제생활관', 5권 '신라생활관', 6권 '발해·가야생활

관'을 비롯해 '고려생활관', '조선생활관'을 거쳐 '남북한 생활관'까지 12권으로 되어 있다.

1권인 '선사생활관' 첫 장을 펼치면 '서기 2000년 1월 1일 오전 7시 서울'이 잠에서 막 깨어나는 도도한 모습을 보여준다. 그리고 다음 장을 넘기면 '기원전 40000년 8월 15일 오전 11시 서울' 숲속에서 무리지어 전진하는 선사시대 사람들이 등장한다. 수 만년에 걸쳐 한반도에서 일어났던 삶을 되살려내겠다는 의지가 엿보이는 구성이다.

각 권마다 선별해 실은 선명한 실물 사진, 생활 그림, 지도, 그래픽, 해설과 이야기들이 탄탄하다. 편집과 구성과 자료는 초등학교 낮은 학년들이 봐도 좋은데, 설명한 글은 쉽게 풀어쓰려고 노력한 흔적에도 불구하고 높은 학년 어린이가 읽어도 어렵게 느껴지는 부분들이 있어 아쉽다. 학문 용어를 풀어쓰기가 어렵기는 하지만 앞으로 더 노력했으면 좋겠다. 이 책은 어린이 혼자 보기보다는 교사와 학부모가 함께 읽으면서 교과 학습이나 현장 견학 학습 때 활용하면 많은 도움을 받을 수 있다.

부모와 자녀가 함께 읽는
어린이책 200선

초판 1쇄 | 2013년 6월 30일
지은이 | 이주영
펴낸이 | 조영진
펴낸곳 | 고래가숨쉬는도서관
출판등록 | 제406-2012-000082호
주소 | 경기도 파주시 문발로 115, 302호 (문발동, 세종출판벤처타운)
전화 | 031-944-9680 팩스 031-945-9680
홈페이지 www.goraebook.com

ISBN 978-89-97165-44-5 03020

이 도서의 국립중앙도서관 출판시도서목록(CIP)은 서지정보유통지원시스템 홈페이지
(http://seoji.nl.go.kr)와 국가자료공동목록시스템(http://www.nl.go.kr/kolisnet)에서
이용하실 수 있습니다. (CIP제어번호 : CIP2013008133)